CONSTITUCIONALISMO TRANSNACIONAL
História, ontologia, epistemologia

ANDERSON VICHINKESKI TEIXEIRA

CONSTITUCIONALISMO TRANSNACIONAL

História, ontologia, epistemologia

Belo Horizonte

2025

© 2025 Editora Fórum Ltda.

É proibida a reprodução total ou parcial desta obra, por qualquer meio eletrônico, inclusive por processos xerográficos, sem autorização expressa do Editor.

Conselho Editorial

Adilson Abreu Dallari
Alécia Paolucci Nogueira Bicalho
Alexandre Coutinho Pagliarini
André Ramos Tavares
Carlos Ayres Britto
Carlos Mário da Silva Velloso
Cármen Lúcia Antunes Rocha
Cesar Augusto Guimarães Pereira
Clovis Beznos
Cristiana Fortini
Dinorá Adelaide Musetti Grotti
Diogo de Figueiredo Moreira Neto (*in memoriam*)
Egon Bockmann Moreira
Emerson Gabardo
Fabrício Motta
Fernando Rossi
Flávio Henrique Unes Pereira

Floriano de Azevedo Marques Neto
Gustavo Justino de Oliveira
Inês Virgínia Prado Soares
Jorge Ulisses Jacoby Fernandes
Juarez Freitas
Luciano Ferraz
Lúcio Delfino
Marcia Carla Pereira Ribeiro
Márcio Cammarosano
Marcos Ehrhardt Jr.
Maria Sylvia Zanella Di Pietro
Ney José de Freitas
Oswaldo Othon de Pontes Saraiva Filho
Paulo Modesto
Romeu Felipe Bacellar Filho
Sérgio Guerra
Walber de Moura Agra

FÓRUM
CONHECIMENTO JURÍDICO

Luís Cláudio Rodrigues Ferreira
Presidente e Editor

Coordenação editorial: Leonardo Eustáquio Siqueira Araújo / Thaynara Faleiro Malta
Revisão: Érico Barboza
Projeto gráfico: Walter Santos
Capa e Diagramação: Formato Editoração

Rua Paulo Ribeiro Bastos, 211 – Jardim Atlântico – CEP 31710-430
Belo Horizonte – Minas Gerais – Tel.: (31) 99412.0131
www.editoraforum.com.br – editoraforum@editoraforum.com.br

Técnica. Empenho. Zelo. Esses foram alguns dos cuidados aplicados na edição desta obra. No entanto, podem ocorrer erros de impressão, digitação ou mesmo restar alguma dúvida conceitual. Caso se constate algo assim, solicitamos a gentileza de nos comunicar através do *e-mail* editorial@editoraforum.com.br para que possamos esclarecer, no que couber. A sua contribuição é muito importante para mantermos a excelência editorial. A Editora Fórum agradece a sua contribuição.

Dados Internacionais de Catalogação na Publicação (CIP) de acordo com ISBD

T266c	Teixeira, Anderson Vichinkeski
	Constitucionalismo transnacional: história, ontologia, epistemologia / Anderson Vichinkeski Teixeira. Belo Horizonte: Fórum, 2025.
	299p. 14,5x21,5cm
	ISBN 978-65-5518-961-2
	ISBN digital 978-65-5518-964-3
	1. Direito constitucional. 2. Constitucionalismo transnacional. 3. Direito comparado. I. Título.
	CDD: 342
	CDU: 342

Ficha catalográfica elaborada por Lissandra Ruas Lima – CRB/6 – 2851

Informação bibliográfica deste livro, conforme a NBR 6023:2018 da Associação Brasileira de Normas Técnicas (ABNT):

TEIXEIRA, Anderson Vichinkeski. *Constitucionalismo transnacional*: história, ontologia, epistemologia. Belo Horizonte: Fórum, 2025. 299p. ISBN 978-65-5518-961-2.

SUMÁRIO

INTRODUÇÃO 9

PARTE I
HISTÓRIA

Três pressupostos históricos do constitucionalismo
transnacional 13

CAPÍTULO 1
A CONSTITUIÇÃO COMO LIMITAÇÃO AO PODER POLÍTICO 17

1.1   O constitucionalismo britânico e a Revolução de 1688 18

1.2   O constitucionalismo revolucionário francês de 1789 27

CAPÍTULO 2
A CONSTITUIÇÃO COMO DOCUMENTO POLÍTICO E JURÍDICO:
A GENEALOGIA DO CONSTITUCIONALISMO LIBERAL
AMERICANO 43

CAPÍTULO 3
A CONSTITUIÇÃO E A ERA DOS DIREITOS FUNDAMENTAIS 57

3.1   Jellinek e a doutrina dos direitos públicos subjetivos: do
direito natural aos direitos fundamentais 57

3.2   A Constituição de Weimar e o constitucionalismo dos direitos
sociais 71

3.3   O novo constitucionalismo latino-americano no início do
século XXI 76

PARTE II
ONTOLOGIA

Natureza e conteúdo do constitucionalismo transnacional 85

CAPÍTULO 4
O QUE É UMA CONSTITUIÇÃO? TEORIAS DA CONSTITUIÇÃO 87

4.1   Concepções jusnaturalistas 89

4.2   Edmund Burke (1729-1797) e a constituição histórica 91

4.3	Ferdinand Lassalle (1825-1864) e a constituição sociológica	94
4.4	Karl Marx (1818-1883) e a constituição como superestrutura?	95
4.5	Maurice Hauriou (1856-1929) e a constituição como instituição	98
4.6	Hans Kelsen (1881-1973) e a constituição positiva	101
4.7	Carl Schmitt (1888-1985) e o realismo da constituição	109

CAPÍTULO 5
A INTERNACIONALIZAÇÃO DO DIREITO E O INÍCIO DO CONSTITUCIONALISMO TRANSNACIONAL ... 115

5.1	As origens do direito internacional dos direitos humanos	115
5.2	Entre a "doutrina" dos direitos humanos e a "ontologia" dos direitos humanos	122
5.3	A dupla vocação do constitucionalismo transnacional	128

CAPÍTULO 6
A DIMENSÃO ONTOLÓGICA DO FENÔMENO CONSTITUCIONAL TRANSNACIONAL ... 133

6.1	O problema da legitimidade do poder	133
6.2	Entre a normalidade e o caos normativo	153
6.3	A noção de bem jurídico universal: a dupla natureza da solidariedade	167

PARTE III
EPISTEMOLOGIA

	A construção crítica de uma nova teoria	185

CAPÍTULO 7
A DIMENSÃO EPISTEMOLÓGICA: AS CONTRIBUIÇÕES DO DIREITO CONSTITUCIONAL COMPARADO ... 187

7.1	O comparatismo jurídico como método ou ciência?	188
7.2	A especificidade do objeto da comparação constitucional	195
7.3	Por uma metodologia constitucional comparada	199
7.3.1	Metodologia objetivista-normativista	202
7.3.2	Metodologia subjetivista-institucionalista	204
7.3.3	Metodologia histórico-culturalista	206
7.4	Quais são os objetivos do direito constitucional comparado?	208
7.5	Funcionalismo como princípio hermenêutico	211

CAPÍTULO 8
A DIMENSÃO OBJETIVA DO FENÔMENO CONSTITUCIONAL
TRANSNACIONAL 219

8.1   Do território ao espaço como conceito essencial 219

8.2   A dinâmica da criação constitucional: da pirâmide às redes 228

8.3   Da unidade do sistema à pluralidade das esferas
constitucionais transnacionais 235

CAPÍTULO 9
RUMO A UM CONSTITUCIONALISMO TRANSNACIONAL
PLURIVERSALISTA? 241

9.1   Propostas de um realismo discursivo como fundamento
epistemológico 242

9.2   A força normativa da constituição histórica transnacional 251

9.3   Os direitos humanos como um porvir discursivo do
constitucionalismo 265

REFERÊNCIAS 273

INTRODUÇÃO

As mudanças sociais, econômicas e políticas ocorridas desde meados do século XX conduziram a um quadro em que a definição dos conceitos jurídicos ocorre para além das fronteiras do Estado nacional. Não só a ideia do que é direito (do ponto de vista subjetivo) como também o próprio contexto do "direito" (do ponto de vista objetivo, institucional) sofreram significativas e inúmeras redefinições conceituais ao longo das últimas décadas. A consolidação da doutrina dos direitos humanos – e a sua reivindicação de validade universal – permaneceu essencialmente ligada às possibilidades de comunicação apresentadas pelos diferentes processos de globalização. Além disso, o surgimento de jurisdições internacionais e organismos de regulamentação que tratam de matérias específicas, como a Organização Mundial do Comércio, a Organização Internacional do Trabalho e vários tribunais internacionais, produziu uma espécie de normatividade transversal em condições de limitar a soberania dos Estados e de concentrar na esfera internacional o poder de definir a noção elementar de numerosos direitos presentes tanto nas ordens nacionais como na ordem internacional.

Por consequência, tem sido fundamental repensar o papel do Estado constitucional nessa complexa rede transnacional que já não se baseia no Estado como referência funcional, mas em vários níveis de normatividade que se desenvolvem ou se reforçam em relação aos já existentes no contexto internacional, permitindo-nos falar, em primeiro lugar, de um processo de transnacionalização do direito como fenômeno normativo de diferentes sistemas sociais e, em segundo lugar, da emergência de um constitucionalismo transnacional. A partir de um modelo de Estado axiologicamente centrado em si mesmo, observamos a consolidação de um modelo de Estado axiologicamente centrado na proteção do ser humano nas suas mais variadas dimensões de realização. Assim, a própria função do Estado constitucional e seus processos de proteção interna dos direitos fundamentais acabam também por sofrer uma refundação filosófico-política e um ajuste em face dos novos processos de proteção dos direitos fundamentais que gradualmente se consolidam.

O problema central da pesquisa aqui proposta reside na discussão sobre a forma como o Estado constitucional, entendido como produto da soberania da constituição de um Estado nacional, pode se constituir em um instrumento para a realização de um modelo de constitucionalismo transnacional pautado pela promoção da paz na ordem internacional e pela proteção dos direitos humanos aos diferentes níveis. A ideia de base do constitucionalismo transnacional, que surgiu com vigor após a Segunda Guerra Mundial, passou por uma profunda ideologização ao longo da segunda metade do século XX, especialmente com o período de bipolarização entre os Estados Unidos e a URSS. Contudo, o aumento de diferentes modos de interação das relações humanas, favorecido por diversos processos de globalização, conduz o direito constitucional a discutir formas de se adaptar ao surgimento do constitucionalismo transnacional.

Quanto às hipóteses teóricas a desenvolver, podemos dividi-las em duas espécies. A hipótese primária discute a possibilidade de que pela genealogia do constitucionalismo ocidental passa a genealogia do constitucionalismo transnacional, em um processo de continuidade histórica e evolutiva. Para isso, será necessário analisar as perspectivas mais relevantes apresentadas sob os "rótulos" de constitucionalismo transnacional, pós-nacional, internacional, transconstitucional etc., enfatizando as possíveis convergências entre essas proposições teóricas para uma nova concepção de constitucionalismo transnacional.

Secundária ou complementarmente será desenvolvida a hipótese principal acima exposta a fim de analisar a maneira pela qual a proposição teórica por nós defendida na obra *Teoria pluriversalista do direito internacional* poderia ser a melhor forma de fazer convergir os mais importantes processos de globalização e o próprio princípio da soberania nacional. Em apertada síntese, ao aprofundar a ideia de uma ordem internacional baseada num neorregionalismo policêntrico e multinível, aquela obra tratou especificamente dos aspectos teóricos de uma possível justificação filosófica e política alternativa das relações internacionais. Por outro lado, devemos discutir os princípios epistemológicos segundo os quais a transversalidade das disposições normativas criadas em uma ordem produz efeitos necessários em outras ordens diferentes, gerando, então, o que pode ser chamado de fenômeno constitucional transnacional.

Do ponto de vista metodológico, o livro está dividido em três partes. A primeira orienta-se pelo método analítico-descritivo, pois visa abordar os conceitos centrais da teoria constitucional ao longo da formação do constitucionalismo ocidental. Devemos enfatizar a importância da perspectiva histórica da Parte I para a compreensão da construção do constitucionalismo transnacional no quadro do desenvolvimento do constitucionalismo ocidental. Nesse sentido, será necessário explicar as razões para não considerarmos neste momento os processos constitucionais não ocidentais: (i) a própria origem histórica do constitucionalismo liberal, que provém das revoluções europeias; (ii) o caráter irruptivo do constitucionalismo transnacional como consequência de uma nova filosofia da história e de uma nova matriz não estatal do fenômeno político-jurídico; e (iii) as interações normativas entre as diversas redes transnacionais de normatividade já existentes, que são muito caracterizadas pelas contínuas relações econômicas, políticas, culturais e jurídicas.

Procurando abordar a natureza e o conteúdo do constitucionalismo transnacional, a Parte II começa por reconstruir as principais teorias ocidentais que pretenderam, ao longo dos últimos dois séculos, fundamentar um conceito de constituição. O capítulo seguinte procurará estabelecer o que se denomina direito internacional dos direitos humanos como o conteúdo substancial do fenômeno transnacional em exame. O último capítulo dessa Parte trata daqueles que podem ser considerados os conceitos essenciais de toda teoria constitucional moderna, nomeadamente o poder, a legitimidade, a noção de bem jurídico, mas redimensionando-os em uma perspectiva transnacional.

A Parte III baseia-se em um método crítico, que visa a uma abordagem propositiva das perspectivas teóricas mais importantes que sustentam cada tema específico da pesquisa, especialmente no que diz respeito aos conceitos que foram utilizados ao longo dos capítulos precedentes. Quando tratamos dos fundamentos epistemológicos do constitucionalismo transnacional, o objetivo é demonstrar como os processos de globalização conduziram a um fenômeno mais complexo do que a transnacionalização do direito, ou seja, a um fenômeno constitucional transnacional. Em seguida, será necessário analisar a chamada dimensão objetiva do fenômeno: a ressignificação de conceitos como espaço, território, sistema e redes normativas. Por fim, o último capítulo terá como objetivo propor os fundamentos epistemológicos do que chamamos de constitucionalismo transnacional pluriversalista. Antes de avançarmos, uma pergunta preliminar de cunho etimológico: pluriversalista ou pluriversal? A condição humana, compreendida em suas múltiplas possibilidades de existência, é pluriversal em decorrência da natureza analítico-descritiva desse conceito. Já o constitucionalismo, na medida em que tem a pretensão de ser prescritivo-normativo, será então pluriversalista.

***

At last, but not least…

Agradeço a Dominique Rousseau pela influência intelectual em algumas das ideias centrais que estruturam esta obra. A Xavier Phillipe sou grato pelas inspirantes reflexões que estão na base de algumas propostas desenvolvidas a seguir e, igualmente, por ter sido o *garant* do processo de HDR (livre-docência) na Sorbonne. A Marie-Claire Ponthoreau, Alexandre Viala e Marc Verdussen agradeço pelos comentários, perguntas e sugestões feitas nos relatórios preliminares e na sustentação final em banca pública de HDR.

Um importante agradecimento deve ser feito ao PROEX (Programa de Excelência) mantido pela CAPES (Fundação Coordenação de Aperfeiçoamento de Pessoal de Nível Superior) junto ao Programa de Pós-Graduação em Direito da UNISINOS por ter viabilizado, ao longo dos últimos quase 10 anos, minha participação como professor visitante e/ou palestrante na Sorbonne, na Universidade de Florença e na Universidade da Calábria, alguns dos principais locais em que pude compartilhar reflexões e trocar algumas ideias que ensejaram a esta obra.

Este livro é dedicado à minha esposa Patrícia Leandro Teixeira, pelo amor, compreensão e companheirismo ao longo desses anos, e ao meu filho Arthur, pelo amor e por ser fonte de esperança no progresso humano.

PARTE I

HISTÓRIA

Três pressupostos históricos do constitucionalismo transnacional

As primeiras páginas de uma obra concentrada na análise do constitucionalismo em perspectiva transnacional deveriam, necessariamente, delinear as linhas mestras dos mais elementares pressupostos epistemológicos que norteariam a tese de fundo proposta. Logo, qual a relação de um fenômeno transnacional notadamente contemporâneo – cujos principais desenvolvimentos teóricos iniciaram-se no pós-Segunda Guerra Mundial e que encontram no século XXI aquela que parece ser sua era típica – com a história do constitucionalismo moderno? Qual a necessidade, como sugere o título da presente parte, de uma reconstrução histórica das noções de constituição e constitucionalismo?

A presente obra parte de um pressuposto epistemológico que é, de fato, de cunho histórico: somente seria possível compreender o constitucionalismo em perspectiva transnacional, global, mais precisamente, para além das fronteiras do Estado-Nação, a partir da premissa de que se trata de um fenômeno em linha de continuidade histórica com a evolução do constitucionalismo ocidental. Ainda que possa parecer uma obviedade, em tempos pós-modernos e de "pós-verdade" mesmo o óbvio é colocado em discussão; logo, óbvio ou não, a compreensão de um conceito passa pela análise das condições precedentes que conduziram ao seu processo de formação e configuração atual; assim, atualidade e historicidade estão conectadas como causa e efeito nas relações naturais.

No entanto, há um questionamento – incomum aos juristas, sobretudo aos constitucionalistas – que deve ser feito neste momento: qual compreensão de história será adotada nesta abordagem do constitucionalismo?

Inegavelmente, todo trabalho de história constitucional ou que enfrente temas de história das constituições é um exercício de *história das ideias constitucionais*. As regularidades discursivas que atribuem sentido aos fatos históricos são externalidades que precisam ser compreendidas nas suas precisas dimensões de sentido, pois história dos fatos e histórias das ideias, quando no âmbito do direito constitucional, colocam sujeito (pesquisador) e objeto (fatos, textos constitucionais, documentos legislativos, por exemplo) em outro plano: o da narrativa. Sem a pretensão de aprofundar conceitos que são típicos de outras áreas que não o Direito, é necessário apresentar, por um lado, quais fatos serão examinados e, por outro, quais perspectivas teóricas serão adotadas nesta Parte.

Primeiramente, o objeto de estudo aqui será o constitucionalismo moderno no Ocidente em suas grandes matrizes. Todavia, concentrar a abordagem apenas na análise dos mais relevantes eventos históricos e as consequentes alterações constitucionais que ocasionaram transformaria a pesquisa em uma verdadeira historiografia das constituições modernas, o que não se mostra oportuno aos objetivos da presente pesquisa. Portanto, o primeiro dos três capítulos que se seguem objetiva analisar o surgimento do constitucionalismo liberal como um fenômeno de limitação ao poder político, com especial enfoque nas experiências britânicas e francesas. O segundo momento será destinado a analisar a noção de constituição como consolidação de um constitucionalismo, antes de tudo, político, instituidor de uma nova e independente ordem política: o caso dos Estados Unidos da América. Já a terceira parte objetiva tratar dos eventos do entre guerras e do pós-Segunda Guerra Mundial que levaram à afirmação dos direitos fundamentais não apenas como categorias constitucionais, mas, sobretudo, como componentes suficientemente fortes a ponto de reconfigurar o próprio constitucionalismo.

Retornando ao questionamento acima suscitado, para não o deixar em branco, deve-se definir ainda qual noção de história norteará esses três capítulos e, por consequência, a obra como um todo. Convém recordar que Marc Bloch sustentava a polêmica ideia de que a cada objeto histórico deve ser dada a sua periodização: "Um advento, uma revolução tem seu lugar fixado, ao longo do tempo, em um ano, ou mesmo em um dia. (...) Ora, cada tipo de fenômeno tem sua espessura particular de medida e, por assim dizer, seu decimal específico".[1] Ideia polêmica entre os historiadores, porque desconsiderava as possíveis interconexões entre os eventos históricos. No entanto, na história constitucional é fundamental compreender todo o significado de cada fenômeno dentro do seu espaço temporal e de sua dimensão física, limitados a uma descrição, assim, particularizada; isso não importa dizer que os fenômenos não tenham relação entre si; ocorre apenas que a primeira instância de análise é constrita aos limites temporais e físicos de cada fenômeno. Como veremos no último capítulo da Parte final, a progressiva e cada vez mais intensa interação entre diferentes culturas espalhadas pelo mundo permite que se discuta inclusive acerca de uma "história conectada", no dizer do historiador indiano Sanjay Subrahmanyam, constituída por aproximações não apenas na atualidade, mas, sobretudo, em épocas passadas.

Um segundo ponto pode auxiliar na resposta ao questionamento precedente: para saber em que medida um fenômeno é causa de outro, nada melhor que utilizar a comparação como instrumento analítico. Tal ideia já estava presente em Émile Durkheim ao afirmar que, não sendo o evento algo que possa ser observado e reproduzido nas suas condições de surgimento, cabe ao método comparativo a possibilidade de apresentar semelhanças e distinções entre os fenômenos em exame, permitindo que, por meio da comparação, padrões universais sejam encontrados.[2] Em outras palavras, a confirmação de um pressuposto como universalmente compartilhado pelos fenômenos estudados poderia ocorrer com o emprego do método comparativo.

Seria, assim, empregado um conceito estruturalista de história, capaz de conceber esta apenas como história dos fatos, em benefício de suas estruturas fixas? Não. Embora a história constitucional tenha fatos sólidos e ricos em detalhes, a resposta é não. Michel Foucault destacava a distinção entre a história dos pensamentos, dos conhecimentos, em

---

[1] No original: "Un avènement, une révolution ont leur place fixée, dans la durée, à une année, voire à un jour près. (...) Or chaque type de phénomènes a son épaisseur de mesure particulière et, pour ainsi dire, sa décimale spécifique". BLOCH, Marc. *Apologie pour l'histoire ou métier d'historien*. Paris: Armand Colin, 1960. p. 94.

[2] "Nous n'avons qu'un moyen de démontrer qu'un phénomène est cause d'un autre, c'est de comparer les cas où ils sont simultanément présents ou absents et de chercher si les variations qu'ils présentent dans ces différentes combinations de circonstances témoignent que l'un dépend de l'autre." DURKHEIM, Émile. *Les régles de la méthode sociologique*. Paris: Félix Alcan Éditeur, 1895, p. 153.

que se multiplicam as rupturas e as descontinuidades, e a "história propriamente dita", que "parece apagar, em favor de estruturas sem labilidade, a irrupção dos acontecimentos".[3]

A compreensão de história adotada aqui será então aquela que, partindo da dimensão objetiva dos fatos em si, tenha condições de também examinar o caráter disruptivo ou descontínuo dos processos internos que levaram o constitucionalismo ocidental a se fragmentar em tantas variantes ao longo dos últimos quatro séculos, permitindo que os processos transnacionais – *a priori* e *prima facie*, incompatíveis com a matriz estatal do constitucionalismo – possam ser interpretados a partir de postulados e pressupostos teóricos compartilhados pelo constitucionalismo ocidental desde suas origens. A preocupação em bem compreender as descontinuidades – chamadas aqui de elementos, fenômenos ou caracteres disruptivos ou irruptivos, de acordo com cada situação em que for necessário o emprego dessas terminologias – é consequência do fato de o próprio constitucionalismo transnacional ser entendido como um fenômeno disruptivo por alguns e irruptivo por outros.[4]

Em suma, a primeira hipótese sustentada nesta pesquisa é que pela genealogia do constitucionalismo ocidental passa a genealogia do constitucionalismo transnacional.

---

[3] No original: "Semble effacer, au profit des structures sans labilité, l'irruption des événements". FOUCAULT, Michel. *L'archéologie du savoir*. Paris: Gallimard, 1969, p. 13.

[4] Como veremos no Capítulo 5, Parte II, o realismo internacionalista aponta para uma irrupção da ordem internacional nas ordens nacionais, enquanto a perspectiva funcionalista sistêmica baseia-se na ideia de descontinuidades causadas por fatores externos, como a pressão dos mercados internacionais, por exemplo.

CAPÍTULO 1

A CONSTITUIÇÃO COMO LIMITAÇÃO AO PODER POLÍTICO

Este capítulo encontra-se dividido em duas partes distintas, que encontram o seu ponto em comum na necessidade de limitação do poder político. Tanto o constitucionalismo britânico, notadamente marcado pelas consequências da Revolução Gloriosa, quanto o constitucionalismo francês, cuja herança indelével da Revolução de 1789 se faz presente até os dias atuais, constituem-se nos dois fenômenos políticos que possivelmente melhor representam a noção ocidental de limitação do poder político por meio da constituição. Assim, a abordagem de ambos os movimentos será limitada a discutir qual a função da constituição dentro de cada um dos contextos históricos em questão.

Em razão das escolhas metodológicas que orientam esta pesquisa, o enfoque do capítulo estará em como as referidas revoluções deram origem a um constitucionalismo das liberdades, isto é, a um movimento constitucional centrado no indivíduo e sua condição de cidadania, ao invés de mero súdito. Portanto, não serão retomadas as discussões que envolveram a ideia de cidadania nos períodos precedentes e posteriores à Revolução Francesa, pois seria necessário empreender uma análise acurada acerca das variações de cidadania passiva à cidadania ativa, por exemplo, ou acerca das restrições à cidadania que regimes sucessivos à Revolução de 1789 acabaram gerando.[5]

---

[5] Para mais informações sobre o referido debate histórico, ver, em especial, GRANDMAISON, Olivier Le Cour. *Les citoyennetés en révolution*. Paris: PUF, 1992. Esta obra é produto da tese doutoral de Grandmaison em Ciência Política e aborda a construção das múltiplas noções de cidadania, iniciando desde a perspectiva privatista e, em muitos casos, fisiocrata acerca de tal conceito durante o *Ancien Régime*. Ainda sobre a cidadania na época da Revolução Francesa, ver o clássico GAUCHET, Marcel. *La Révolution des droits de l'homme*. Paris:

1.1 O constitucionalismo britânico e a Revolução de 1688

A história constitucional do Reino Unido é marcada por uma divisão entre o período de direito costumeiro e o período de *common law*. A distinção entre ambos os momentos históricos pode ser sintetizada na expressão cunhada por Christopher Hill: antinormanismo.[6] Essa expressão aplica-se, de modo mais sutil, como uma oposição da tradição e costumes locais britânicos contra as demais formas de organização societária existentes à época, sobretudo *vikings* e tradições mais ao leste. No entanto, a oposição maior será contra os eventos que se passaram no século XI e estão diretamente relacionados ao período de dominação de Guilherme, o Conquistador (*William, the Conquer*).

Embora a chamada era consuetudinária conte com raríssimas, quase inexistentes, documentações capazes de comprovar teses históricas acerca desse período, há uma corrente na historiografia moderna muito percuciente que divide a história constitucional britânica em um "antes" e "depois" do *Norman Yoke* (Jugo Normando). O "antes" seria um período marcado pela existência de um direito meramente local, centrado em costumes e desprovidos de institucionalidade; *i.e.*, um sistema de *municipal law*, para ser mais exato. A prevalência do direito local, do direito enquanto costumes típicos da cidade em condições de ordenar a vida social, tornaria desnecessário pensar um ordenamento jurídico "supramunicipal" ou minimamente capaz de unir os costumes locais. As concepções de direitos e obrigações eram determinadas no contexto de um costume tido como imemorial e desenvolvido localmente em cada cidade do Reino Unido; assim, o direito consuetudinário condicionava tanto a compreensão normativa como a esfera de positividade de eventuais leis escritas. A própria literatura romantiza, nos mais diversos sentidos possíveis, a era do direito costumeiro como sendo a origem de tudo que há de "imemorial" em solo inglês.

Gallimard, 1989. Já d'Alby de Fayard, Henri Bertin e Dumesnil de Merville abordam de modo muito interessante, em opúsculo pouco conhecido escrito alguns anos antes da Revolução de 1789, a defesa da cidadania por parte dos *francs-fiefs* (senhores feudais) contra os arbítrios e o próprio domínio em si do Reino em face dos ditos cidadãos de Périgueux na transição da alta para a baixa Idade Média; ver DE MERVILLE, Dumesnil; FAYARD, d'Alby de; BERTIN, Henri. *Idée de citoyenneté ou seigneurie de Périguex, & de la défense qui en a été proposée*. Paris: Quillau, 1780.

6 Ver HILL, Christopher. *Puritanism and revolution*: studies in interpretation of the English Revolution of the seventh century. New York: St. Martin's Press, 1997.

Hill e aqueles que se filiam à tese do *Norman Yoke* tiveram a capacidade de encontrar um elemento, por um lado, diferenciador do que existira em precedência e, por outro lado, em condições de marcar o momento histórico do nascimento do *common law*: a Invasão Normanda. Iniciada com a Batalha de Hastings, em 14 de outubro de 1066, uma nova ordem político-jurídica fora instituída, subvertendo o poder local do *municipal law* ao introduzir o direito romano como referência normativa, a ideia de corte judicial como *locus* típico para a solução das controvérsias, a primazia do direito escrito, o latim como língua oficial das cortes e do próprio direito legislado. Assim, o *common law* nasce não como consequência da Invasão Normanda, mas como um movimento do pensamento organizado contra a tradição romanista trazida pelos normandos.

Ressalte-se a significativa conotação de narrativa, de filosofia da história, presente nessa leitura que divide a história constitucional britânica em pré e pós-Invasão Normanda. A divisão entre *Ancient constitution* e *British constitution* seria assim claramente determinável no curso da história. John Pocock recorda inclusive que o Jugo Normando foi objeto de grande importância para movimentos políticos, como os Niveladores (*Levellers*), durante a primeira Guerra Civil Britânica (1642-1651); a retórica antinormanista favorecia a crítica e insurreição contra a ordem estabelecida àquela época, sobretudo contra o poder absoluto do monarca.[7] Os *Levellers* tinham a pretensão de sustentar uma soberania popular com base no argumento de que somente um homem livre poderia conhecer os desígnios de Deus para ele, o que tornava qualquer forma de mediação, seja exclusiva por meio do monarca ou de um parlamento restrito a nobres, uma ofensa à condição natural do homem e, em última instância, a Deus.

Por outro lado, há a clássica tese da continuidade histórica entre o período consuetudinário e a Invasão Normanda. Edward Coke esteve no centro de acirrados debates, sobretudo com os *Levellers*, na Inglaterra do século XVII. O primeiro ponto de desacordo entre eles reside no fato de que Coke entendia ter Guilherme assumido o trono em virtude de um exercício do seu direito com base nas antigas leis britânicas, não havendo assim a imposição de um novo sistema nem ruptura com a

---

[7] Cf. POCOCK, J. G. A. *Ancient Constitucional and the Feudal Law*. Cambridge: Cambridge University Press, 1967. p. 319.

ordem até então existente.[8] Durante a Guerra Civil, a tese da continuidade encontrou também nos parlamentares uma ampla acolhida, pois retirava a condição de "conquista" dos eventos de 1066, em virtude da manutenção dos costumes existentes à época. Coke não negava já ter existido outro sistema jurídico na Inglaterra, mas considerava o *common law* um direito fundado na razão ao longo dos séculos; um direito fundado não na "razão comum", mas, sim, na "razão artificial" dos juristas, ou seja, seria o produto de longos anos de evolução do pensamento jurídico e das experiências normativas em geral. Obviamente, por não ser um jurista, o rei não poderia por si mesmo interpretar o Direito, devendo atribuir tal tarefa a pessoas suficientemente qualificadas para tanto; por consequência, o parlamento seria um limite racional ao poder do rei de legislar e instituir tributos.

Se para os *Levellers* era importante sustentar a tese de que o Jugo Normando teria provocado uma ruptura na tradição histórica britânica, para os parlamentaristas era fundamental defender o *common law* como o melhor sistema para a realização plena da *commonwealth*[9] e para a função essencial de distribuição de justiça.[10] Enquanto aqueles sustentavam um modelo político republicano e revolucionário, capaz de colocar o povo diretamente no poder, Coke e os parlamentaristas buscavam algo politicamente mais viável: a limitação do poder da dinastia Stuart e a ampliação das prerrogativas do parlamento.

Para tanto, a concepção que Coke desenvolveu do *common law* estava assentada em alguns pressupostos fundamentais, que podem assim ser sintetizados: (i) o costume é produto da sabedoria popular de cada realidade social e permite ao povo diretamente promover o bem comum ao longo dos tempos, razão pela qual, pode-se dizer, não haveria sentido em considerar a Invasão Normanda como um episódio disruptivo; (ii) as leis escritas elaboradas pelo parlamento ou pelo próprio rei tendem a se tornar obsoletas com o tempo, pois não possuem a capacidade de se adaptar, como ocorre com o costume; (iii) uma vez aplicada nas cortes, a lei não seria mais a mesma de quando da sua

---

[8] Cf. SEABERG, R. B. The Norman Conquest and the Common Law: the Levellers and the Argument from Continuity. *The Historical Journal*, vol. 24, n. 4, 1981, p. 804.

[9] Registre-se a dificuldade de tradução literal para o português que a expressão *commonwealth* nos oferece, pois ela possui vários significados, como bem-comum, Estado, nação e comunidade.

[10] Cf. POCOCK, J. G. A. *Ancient Constitutional and the Feudal Law*. Cambridge: Cambridge University Press, 1967. p. 32.

produção pelo parlamento ou pelo monarca, tendo em vista que o costume e as circunstâncias do caso formam um componente empírico impossível de ser previsto pelo legislador.

Há um ponto que merece destaque aqui: a relação de continuidade entre a *Ancient Constitution* e a *British Constitution*. Coke e seus contemporâneos parecem sustentar concepções excludentes de direito positivo (*law*) e de costume. Ao considerar a lei como positivação do costume, aquela fica sujeita a um processo de constante mudança e adaptação fática, distanciando-se do caráter de rigidez que é peculiar à lei. Para resolver esse conflito conceitual aparente, os juristas do século XVII argumentaram ser a lei vinculada ao costume enquanto consequência de um longo processo histórico, originado ainda em um período remoto e imemorial por ancestrais míticos que possuíam a sabedoria responsável pela gênese da sociedade anglo-saxã. Portanto, o *common law* como direito consuetudinário de origens imemoriais era definido como anterior ao mais antigo dos antigos escritos normativos já produzidos.

O período da Invasão Normanda foi, para Coke, o momento em que muitas instituições existentes, sobretudo judiciais, foram criadas, porém sem rompimento com o respeito pelo passado imemorial britânico. A imemorabilidade do *common law* permitia argumentar que muitas leis foram produzidas na antiguidade por parlamentos locais nos quais existiria a figura dos *Comuns*. A lei produzida na antiguidade tinha por objetivo proteger a sociedade de invasões e influências externas, não se enquadrando nos conceitos modernos, e até mesmo medievais, de produção legislativa. Por mais que a história inglesa tenha interregnos, Coke defendia teses no âmbito da sua contemporaneidade com base em fatos ocorridos em um passado imemorial, tendo em vista que o *common law* seria o único sistema jurídico suficientemente forte para se manter íntegro ao longo dos séculos.[11]

Argumento retórico, interpretação filosófica da história ou historiografia precisa, seja o que for, a Invasão Normanda deixou um relevante e singular legado para aquilo que viria a ser a atual concepção de *constituição histórica* britânica. No entanto, para a compreensão dessa noção, é necessário demonstrar sua relação umbilical com outra categoria conceitual de origem notadamente britânica: *rule of law*.

---

[11] Cf. COKE, Edward. *The first part of the Institutes of the Laws of England*. 1st American, from 19th London Ed. Philadelphia: Robert H. Small, 1853. 71a e 71b.

Albert Venn Dicey, em seu *opus magnum*, sustentava que todos os poderes do Reino se encontravam ligados ao *common law*. Entendia que, por um lado, mesmo sendo este uma estrutura constitucional desprovida de constituição escrita, era dotado de uma vasta gama de *immemorial principles, immemorial customs* e alguns *bill of rights* que terminavam por atribuir integralidade e dinâmica funcional ao sistema, enquanto, por outro lado, o condicionamento dos atos do poder público à estrutura jurisprudencial de produção de normatividade jurídica colaboraria no sentido de evitar arbitrariedades por parte do Parlamento e do Executivo, restando os direitos individuais do cidadão sob a tutela, em última instância, do Judiciário.[12]

Sintetizando aquelas que podem ser tidas como as três características essenciais do conceito de *rule of law*, Dicey dizia que, antes de tudo, a constituição britânica empregava tal conceito na tutela do indivíduo contra o arbítrio, isto é, na tutela dos direitos individuais contra o poder discricionário do governo.[13] Em segundo lugar, *rule*, *prominence* ou *supremacy of law* significam que todo indivíduo está sujeito ao direito; não a qualquer direito, não a um direito real ou divino: a sujeição é ao direito ordinário produzido pelas cortes, o que torna todo governante, legislador, magistrado ou indivíduo comum alguém submetido ao dever de justificar seus atos perante o direito. Emilio Santoro recorda que Dicey não questionava a legitimidade da soberania do Parlamento, mas sustentava que, com base no *rule of law*, o simples fato de o Parlamento ter criado uma lei não significava que ela automaticamente entraria no *common law*: "Ela se tornará 'direito' somente se e quando as Cortes a fizerem parte integrante do *common law*, substituindo as regras pré-existentes".[14]

Assim como várias nações europeias afirmaram a igualdade jurídica (*legal equality*) ao longo do século XVIII, a Inglaterra passou por

---

[12] Cf. DICEY, Albert Venn. *Introduction to the Study of the Law of the Constitution*. 8. ed. London: Macmillan, 1915. p. 51-54.

[13] "When we say that the supremacy or the rule of law is a characteristic of the English constitution, we generally include under one expression at least three distinct though kindred conceptions." DICEY, Albert Venn. *Introduction to the Study of the Law of the Constitution*, *cit.*, p. 110.

[14] SANTORO, Emilio. Rule of law e 'libertà degli inglesi'. L'interpretazione di Albert Venn Dicey. *In*: COSTA, Pietro; ZOLO, Danilo (org.). *Lo stato di diritto. Teoria, storia, critica*. Milano: Feltrinelli, 2002. p. 200, trad. port. Rule of law e 'liberdade dos ingleses'. A interpretação de Albert Venn Dicey. *In*: COSTA, Pietro; ZOLO, Danilo (org.). *O Estado de direito. Teoria, história, crítica*. São Paulo: Martins Fontes, 2006. p. 201-263. Sobre o tema, ver também *Id*. *Common law e costituzione nell'Inghilterra moderna*. Torino: Giappichelli, 1999.

CAPÍTULO 1
A CONSTITUIÇÃO COMO LIMITAÇÃO AO PODER POLÍTICO | 23

revoluções e guerras ao longo dos séculos XVI e XVII para conseguir afirmar esta que parece ser a característica mais evidente do conceito em tela.[15] Nesse sentido, Dicey afirmava que a noção de *rule of law* deve ser usada como uma fórmula para expressar o fato de que o direito da constituição, todo aquele conjunto de normas que em muitos países se encontram presentes naturalmente em uma constituição escrita, não é a fonte, mas, sim, a consequência dos direitos individuais, estes que serão definidos e aplicados pelas cortes; assim, a constituição torna-se o produto do direito ordinário gerado nas cortes do reino.[16]

Ponto relevante a destacar neste momento é a peculiar estrutura de fontes de direito que o sistema terminou consolidando. Émile Boutmy destacava que, mesmo não havendo um texto constitucional escrito, o sistema inglês demonstrava possuir um preciso quadro de fontes de direito constitucional: "Os *tratados* e os *quase-tratados*, os precedentes e os usos comumente referidos sob o nome de *Common Law*, os *pactos*, os estatutos ou as leis".[17]

Podem-se separar, de um lado, os precedentes judiciais e as práticas jurídicas (*usages*) como a parte não escrita da constituição, enquanto, por outro lado, as demais fontes citadas formam a parte escrita dessa constituição histórica. Embora possa aparentar haver uma indefinição acerca de quantos e quais atos normativos comporiam a dimensão positiva da constituição britânica, verifica-se que são muito claros os atos em questão reconhecidos pela doutrina constitucionalista: (i) os tratados ou quase-tratados, denominados *Acts of Union*, com a Escócia (1707) e Irlanda (1800), foram responsáveis por nada menos do que definir os limites da soberania externa da Inglaterra em relação a dois países muito relevantes em sua história; (ii) os pactos são, de fato, as declarações de direito mais antigas e importantes ao longo da história

---

[15] Cf. DICEY, Albert Venn. *Introduction to the Study of the Law of the Constitution, cit.*, p. 115.

[16] "The 'rule of law', lastly, may be used as a formula for expressing the fact that with us the law of the constitution, the rules which in countries naturally form part of a constitutional code, are not the source but the consequence of the rights of individuals, as defined and enforced by the Courts; that, in short, the principles of private law have with us been by the action of the Courts and Parliament so extended as to determine the position of the Crown and of its servants; thus the constitution is the result of the ordinary law of the land." DICEY, Albert Venn. *Introduction to the Study of the Law of the Constitution, cit.*, p. 121.

[17] No original: "Les *traités* et les *quasi-traités*, les précédents et usages que l'on désigne ordinairement sous le nom de *Common Law*, les *pactes*, les *statuts* ou lois." BOUTMY, Émile. *Études de Droit Constitutionnel*: France, Angleterre, États Unis. Paris: Librairie Plon, 1885. p. 9.

britânica, como a Magna Carta, de 1215, a *Bill of Rights*, de 1688, o *Act of Settlement*, de 1701, e o *Human Rights Act*, de 1988.[18]

No entanto, tentando ir além de debates doutrinários sobre o tema, o Parlamento britânico publicou, em 2003, um relatório no qual, em meio a diversas outras questões, tentou estabelecer um elenco mais amplo de fontes de direito constitucional: Magna Carta (1297), *Bill of Rights* (1688), *Crown and Parliament Recognition Act* (1689), *Act of Settlement* (1700), *Union with Scotland Act* (1707), *Union with Ireland Act* (1800), *Parliament Acts* (1911-49), *Life Peerages Act* (1958), *Emergency Powers Act* (1964), *European Communities Act* (1972), *House of Commons Disqualification Act* (1975), *Ministerial and Other Salaries Act* (1975), *British Nationality Act* (1981), *Supreme Court Act* (1981), *Representation of the People Act* (1983), *Government of Wales Act* (1998), *Human Rights Act* (1998), *Northern Ireland Act* (1998), *Scotland Act* (1998), *House of Lords Act* (1999) e *Civil Contingencies Act* (2004).[19]

Independentemente da extensão e número de atos normativos que componham a constituição britânica, há um elemento responsável por reforçar a unidade de todo o sistema: o *rule of law* como pressuposto teórico ordenador do *common law*. Entendido como princípio imemorial desse sistema, sua precisa definição requer ainda a análise de alguns pontos centrais da relação entre *common law* e parlamento.

A longa história da Inglaterra demonstra que o *common law* é o mais abrangente, perene e sólido sistema jurídico já adotado naquele país, embora não tenha sido a única forma de ordenação jurídica já vista.[20] Conforme referido anteriormente, a transição da fase do direito consuetudinário para o direito normando e, em sequência, para o direito comum das cortes, isto é, o *common law*, encontra-se presente na narrativa histórica dos juristas britânicos como um processo contínuo desprovido de qualquer caráter disruptivo. Ainda que se trate de uma evolução marcada, indelevelmente, pela tese do *Norman Yoke*, sustentada

---

[18] Nesse sentido, ver ANTOINE, Aurélien. *Droit constitutionnel britannique*. 2. ed. Paris: L.G.D.J., 2018. p. 57-79; BOGDANOR, Vernon. *The New British Constitution*. Oxford: Hart Publishing, 2009; BLICK, Andrew. *Beyond Magna Carta*: a constitution for the United Kingdom. Oxford: Hart Publishing, 2015.

[19] Ver U.K. Parliament. *Joint Committee on Draft Civil Contingencies Bill*. First Report. London, 2003. O elenco acima referido pode ser encontrado no item 183 do tópico "5 Constitutional Matters" desse documento.

[20] Cf. DAVID, René. *Les grands systèmes du droit contemporains (droit comparé)*. Paris: Dalloz, 1964, trad. port. *Os grandes sistemas do direito contemporâneo*. Tradução: Hermínio A. Carvalho. 4. ed. São Paulo: Martins Fontes, 2002. p. 355.

por historiadores, o sistema que se sucedeu à Invasão Normanda possui algumas características que auxiliam a compreender a narrativa de continuidade desenvolvida pelos britânicos.

Primeiramente, a noção de sistema como totalidade ordenada por funções comuns pode ser percebida a partir do momento em que do legado normando restam vivas as instituições de alta relevância na produção normativa, sobretudo as cortes judiciais; assim, o modelo consuetudinário precedente, baseado em decisões locais tomadas por mecanismos assembleístas, não fora subvertido, mas, sim, limitado a questões materiais que podem ser compreendidas pela própria gramática do chamado *municipal law*. No lugar da praça como *locus* decisório surge a corte. Da prevalência do local/municipal passa-se à prevalência do comum/"nacional". Ressalte-se que tal "comum", já neste momento histórico, conduziria também ao uso corrente da noção de *commonwealth*: uma concepção de bem comum compartilhado e almejado por todos aqueles que possuíssem vinculação com o Reino britânico, uma concepção anterior muito mais antiga que o conceito moderno de nação.

Em segundo lugar, a relação entre parlamento e direito legislado também se mantém presente. Não obstante as supostas codificações realizadas por Guilherme, o Conquistador, nunca tenham sido comprovadas, o que dá respaldo para que os ingleses aleguem a ausência de textos legais produzidos nessa época, é inegável que já nas primeiras décadas que se seguiram à morte de Guilherme houve o desenvolvimento e paulatina afirmação da instituição do parlamento.

Em 1211, objetivando pôr fim a uma série de descontentamentos do povo com questões que iam desde cobranças de tributos até a condição do acusado de um crime, o Rei João Sem Terra convocou nobres provenientes de regiões distintas da Inglaterra para formar aquilo que à época fora tão somente um conselho real, mas que, com o tempo, veio a ser reconhecido como esboço de um verdadeiro parlamento. Tal tese é reforçada pelo fato de que o produto final da atividade desse "conselho" foi aquele que é considerado a primeira declaração de direitos produzida em solo inglês: a Magna Carta, de 1215. No entanto, a historiadora Louise Creighton destacava inclusive que uma *"struggle for the Great Charter"* foi colocada em prática pelos principais barões ingleses no sentido de constringir o Rei a assinar uma Carta que estivesse em condições de, por um lado, aproximar o monarca do povo e, por outro lado, tutelar liberdades individuais contra o próprio monarca.[21]

A Magna Carta, de 1215, foi, segundo Coke, a principal manifestação de um parlamento sobre questões legislativas na Inglaterra da Idade Média, representando o início da formação institucional do que viria a ser o parlamento britânico.[22] Esta é uma tentativa de Coke em demonstrar a independência que o parlamento possui frente à Coroa, como já havia feito anteriormente quando expôs que o próprio rei estava subjugado às leis produzidas em tempos imemoriais, pois acreditava que uma lei mantém as mesmas características desde sua criação.

A relação de continuidade entre a constituição antiga e a constituição britânica é um dos argumentos que não somente Coke, mas também outros filósofos e políticos da época usaram para criticar a monarquia e o excesso de poder atribuído ao rei. A consciência acerca da necessidade de um pensamento com sólido fundamento histórico foi talvez o elemento de maior valor em defesa da liberdade. O argumento central residia no fato de existir já no passado a legitimidade para todas as pretensões que no presente lhes eram obstadas pelo absolutismo monárquico. A constante busca pelos seus antecedentes históricos era uma característica dos ingleses nesse período, pois consideravam ser forte um sistema jurídico que já tivesse dado solução no passado para as questões problemáticas do presente. A lei fundamental era o substrato basilar dos *Comuns* e de todos aqueles que reivindicavam um direito supostamente já existente no passado. O fato de a Inglaterra ser norteada por uma lei fundamental, imemorável e contínua legitimava os *Comuns* a buscarem os privilégios e direitos que lhes pertenciam no passado. Todavia, a própria noção de *fundamental laws* do reino era algo de difícil precisão à época, pois muitos entendiam existir uma norma consuetudinária em condições de atribuir continuidade à evolução inglesa, ainda que tal sorte de norma pertencesse a um passado imemorial que

---

[21] Cf. CREIGHTON, Louise. *England, a continental power*: from the conquest to Magna Charta. Toronto: A. Miller, 1877. p. 61-63.

[22] Coke vai ainda além ao sustentar que a Carta estaria na origem das demais leis fundamentais do Reino: "This parliamentarie charter hath divers appellations in law. Here it is called *Magna Charta*, not for the length or largenesse of it, (for it is but short in respect of the charters granted of private things to private persons now a dayes being *elephantinae chartae*,) but it is called the great charter in respect of the great weightinesse and weightie greatnesse of the matter contained in it in few words, being the fountaine of all the fundamentall lawes of the realme; and therefore it may truly be said of it, that it is *magnum in parvo*." COKE, Edward. *The first part of the Institutes of the Laws of England, cit.*, 81a.

não mais poderia ser desvelado. Nesse sentido, ao parlamento restaria a função de guardião maior das *fundamental laws*, mesmo quando a proteção tivesse que ser contra o monarca.

De outra sorte, caso a tese de uma constituição histórica com primórdios localizáveis ainda nos séculos XII e XIII possa admitir objeções e refutações no que concerne sua precisão historiográfica, essa mesma tese, mas com seu marco inicial na Revolução Puritana, parece ser algo de difícil refutação. Convém recordar Karl Loewenstein quando ele chega a afirmar que o *Instrument of Government* (1654), de Cromwell, poderia ser considerado a primeira "constituição escrita" do Estado moderno, pois teria tido o condão de transformar uma monarquia absoluta em monarquia constitucional.[23]

Não obstante divergências interpretativas acerca de períodos históricos possam sempre subsistir, há de se reconhecer que os ingleses não concebem na sua história um embate ideológico sobre sistemas jurídicos conflitantes, mas, sim, sustentam existir um único e inquestionável ordenamento jurídico desenvolvendo-se ao longo dos tempos. Em suma, *common law*, *rule of law* e constituição britânica enquanto constituição histórica formam a tríade responsável por um modelo de organização político-constitucional difícil de encontrar em outro lugar que não seja o vigente em solo britânico.

1.2 O constitucionalismo revolucionário francês de 1789

Inicialmente, devemos diferenciar o sentido da expressão "constitucionalismo revolucionário" nos processos políticos ocorridos nos EUA, em 1787, e na França, em 1789. Aqui será empregada aquela expressão somente ao modelo francês surgido com a Revolução Francesa, pois a independência dos EUA significou, como veremos no item seguinte, a emergência de um modelo constitucional que entendia, ainda no século XVIII, a constituição como um documento essencialmente político. Assim, a noção de constituição como consagração de uma revolução, de uma troca de regime, será mais precisamente encontrada na França após os eventos que marcaram 1789. Em uma frase, a Revolução Francesa pode ser interpretada como tendo por fim a afirmação das liberdades individuais por meio da soberania nacional, isto é, a substancialidade dos

---

[23] Cf. LOEWENSTEIN, Karl. *Political Power and the Governmental Process* Chicago: University of Chicago Press, 1957. p. 134.

direitos individuais, mormente das liberdades públicas e dos direitos de cidadania, realizada e exercida mediante a soberania enquanto princípio político formal responsável pela estruturação do Estado-Nação. Ocorre que a profundidade das mudanças trazidas pela Revolução deixou em aberto um questionamento de difícil resposta: mas por meio de qual forma de governo realizá-la?

Cerca de um século após a Revolução, Adhémar Esmein, considerado um dos principais pensadores do direito constitucional francês clássico, ainda durante a Terceira República, ressaltava inclusive que o caráter revolucionário do constitucionalismo que se sucedeu a 1789 poderia ser uma das causas da efemeridade das primeiras constituições, sobretudo das girondina e jacobina, 1791 e 1793, respectivamente, devendo-se destacar que a segunda sequer logrou sucesso em entrar em vigor. Esmein, na mesma passagem, chegava a questionar se a solução britânica, notadamente orientada a uma forma política centrada no governo parlamentar, não teria sido o caminho mais seguro a seguir.[24]

Ao tratar das diferenças entre tradições constitucionais francesa e estadunidense, Raymond Carré de Malberg recordava que nos EUA a Constituição era o único documento político concebido como obra da vontade geral, tanto que o seu preâmbulo se inicia com o mais que conhecido *We, the People*.[25] Nesse sentido, o jurista francês destacava que "as leis ordinárias não configuram a obra do povo, e sim a criação da Legislatura, isto é, a obra de uma autoridade simplesmente constituída, exercendo a sua competência em virtude de delegação feita pelo povo por meio da Constituição".[26] Por consequência, existiria uma diferença

---

[24] "Mais lorsqu'aux derniers temps du premier Empire, l'amour, ou plutôt le besoin de la liberté politique, se réveilla en France, naturellement les esprits éclaires tournèrent leur attention vers le gouvernement parlementaire, tel qu'il s'était développé en Angleterre. Les dangers et l'oppression du pouvoir personnel étaient vivement sentis de tous. Les essais qu'avaient tentés l'Assemblée Constituante et la Convention pour organiser la liberté et le gouvernement représentatif dans un autre sens avaient échoué: bien qu'animées d'un esprit élevé et rédigées avec un rare talent, les Constitutions libérales de 1791 et de l'an III n'avaient eu qu'une existence très pénible. Restait-il une autre solution que d'accueillir la forme de gouvernement qui avait si bien réussi aux Anglais et dont on s'était détourné jusque-là?" ESMEIN, Adhémar. *Éléments de droit constitutionnel français et comparé*. 6. ed. Paris: Sirey, 1914. p. 223.

[25] No original: "We the People of the United States, in Order to form a more perfect Union, establish Justice, insure domestic Tranquility, provide for the common defense, promote the general Welfare, and secure the Blessings of Liberty to ourselves and our Posterity, do ordain and establish this Constitution for the United States of America".

[26] CARRÉ DE MALBERG, Raymond. *La loi expression de la volonté générale*. Paris: Economica, 1984. p. 109 (Tradução livre).

ontológica entre a Constituição e as demais leis, tendo em vista que somente a primeira seria produto direto da vontade soberana do povo, restando as demais leis ordinárias submetidas ao império da lei constitucional. Assim, Carré de Malberg entendia que a Constituição dos EUA havia já na sua gênese, em 1787, introduzido as bases para que as leis ordinárias, criadas pelo Legislativo, devessem ser pressupostas como constitucionalmente válidas, cabendo ao Judiciário a faculdade de não as aplicar em caso de conflito com o texto constitucional, pois "há de se entender que as leis adotadas pela Legislatura são válidas, desde que conforme à Constituição, devendo o juiz aplicá-las só depois de ter examinado a sua constitucionalidade", e que "a Legislatura e os juízes encontram-se, perante a Constituição, que é a fonte comum e única dos seus poderes respectivos delegados, em situação de igualdade".[27]

Em sentido semelhante, Maurice Hauriou destacou que fora tanto por meio do princípio da limitação de todos os poderes delegados quanto do princípio da superioridade da lei constitucional sobre a lei ordinária "que o controle de constitucionalidade das leis foi estabelecido nos Estados Unidos da América. Os Americanos dão muita importância à idéia de limitação do Parlamento".[28] Já Léon Duguit salientou que "o poder conferido aos tribunais americanos é a consequência lógica e direta do princípio da separação dos poderes", o qual foi concebido em 1789 de forma diferente na França e nos Estados Unidos.[29]

Outra questão merece ser referida: a experiência francesa também não poderá ser lida à luz da experiência britânica, nem em contraste com ela. Ambas são formas genuinamente próprias de desenvolvimento do constitucionalismo ocidental que inspiraram, ou mesmo ensejaram, diversos outros movimentos constitucionais nos séculos que se seguiram em diversas partes do mundo. Enquanto o constitucionalismo britânico orgulha-se de seu caráter histórico e não revolucionário, o constitucionalismo francês terá, propriamente, na revolução, na troca de regime político, aquilo que será sua principal nota distintiva frente aos demais movimentos constitucionais.

---

[27] CARRÉ DE MALBERG, Raymond. *La loi expression de la volonté générale, cit.*, p. 110 (Tradução livre).

[28] HAURIOU, Maurice. *Précis élémentaire de droit constitutionnel.* Paris: Recueil Sirey, 1930. p. 266 (Tradução livre).

[29] DUGUIT, Léon. *Traité de droit constitutionnel. Tome troisième*: La théorie générale de l'Etat, suite et fin. Paris: Fontemoing, 1928. p. 676 (Tradução livre).

Dito isso, a seguir analisaremos dois aspectos pontuais daquilo que chamaremos de constitucionalismo revolucionário francês: em primeiro lugar, sua singular relevância histórica em oposição ao *Ancien Régime*; em seguida, a concepção geral de estrutura institucional limitadora do poder do Estado que perpassa as diversas constituições francesas que se seguiram.

Quanto à singularidade histórica da Revolução francesa de 1789, um aspecto fundamental, do ponto de vista jurídico, a ser examinado concerne ao modo de compreender a função judicante. Notoriamente, os revolucionários buscaram afastar qualquer possibilidade de que o Judiciário pudesse ser tido como um elemento de equilíbrio em relação aos demais poderes.[30] Portanto, a percepção revolucionária do princípio da separação dos poderes não envolvia o Judiciário como um verdadeiro poder, mas, sim, como uma "autoridade". Há de se ressaltar que a primeira constituição pós-Revolução (1791) introduziu, no Capítulo V do Título III, o "Poder Judiciário" na separação tripartite proposta pelos legisladores constituintes. No entanto, a dita "constituição girondina" não durou muito tempo e acabou sendo substituída pela Constituição de 1793, ratificada em 24 de junho pela Convenção Montagnarde. Embora nunca tenha entrado em vigor, tendo em vista os desdobramentos do período chamado de Terror, logo após a execução do Rei Luis XVI, em 21 de janeiro de 1793, a Constituição de 1793 introduziu um sistema republicano que centrava o Estado francês em dois pilares: Executivo e Legislativo. O trágico fim da efêmera monarquia constitucional de 1791 e a relutância dos revolucionários em relação à figura do juiz tornaram a presença do "Poder Judiciário" algo inconstante nos textos constitucionais que se seguiram, tanto que aparece como Poder Judiciário na Constituição de 1795 (arts. 202-273), mas, logo em seguida, na Constituição de 1799, passa ao Título V (arts. 60 a 68) à condição de "Dos Tribunais" (*Des Tribunaux*). Tal condição seria ainda agravada na Constituição de 1802, quando, sob Napoleão Bonaparte, a função judicante fora submetida ao poder do Imperador (arts. 78 a 85), isto é, absorvida pelo Executivo de um modo que, mesmo com as trocas de regimes que se sucederiam até a Constituição da Quinta República,

---

[30] Ver TROPER, Michel. *La séparation des pouvoirs et l'histoire constitutionnelle française*. Paris: LGDJ, 1980. p. 124; TROPER, Michel. *La théorie de l'État, le droit, l'État*. Paris: PUF, 2001. p. 102.

em 1958, a função judicante terminou restando ainda assegurada pelo presidente da República (art. 64).[31]

A questão da relutância do senso comum francês à figura do juiz merece algumas considerações especiais. Veja-se que, mesmo no século XXI, quando surgem iniciativas transferindo aos juízes maior poder de controle dos atos administrativos e legislativos, há sempre o temor de uma "república de juízes" ou, como bem adverte Dominique Rousseau, de um retorno à configuração política existente antes de 1789.[32] Ocorre que até a Revolução existia na França um sistema norteado pelo princípio da *justice retenue* (justiça retida), isto é, o Judiciário estava excluído do controle do contencioso administrativo, cujas lides eram resolvidas, em última instância, pelo Conselho de Estado. A *justice retenue* era substancialmente diferente da *justice déléguée* (justiça delegada) no sentido de que a primeira conservava no próprio rei e em seus delegados diretos o poder de exercício da justiça, enquanto a segunda consistia na atribuição de tais prerrogativas a um poder autônomo e permanente.[33]

Antes ainda, quando da formação dos Estados gerais, entre 1302 e 1615, que dividiram os domínios do Estado francês segundo as classes existentes (nobreza, clero e terceiro estado), havia uma organização judiciária que se estruturava em um sistema de alta e baixa justiça. O grau inferior era ocupado pelos prebostes (*prévôts*) encarregados de administrar a justiça nas causas não feudais, cuja função era instrumental em relação a outras decisões já existentes sobre causas de menor relevância. Acima dos prebostes, havia a figura do bailio (*baillis*), isto é, alguém diretamente vinculado ao rei e que administrava a justiça em determinada jurisdição (bailiado/*bailliage*), buscando rever ou confirmar decisões dos prebostes.[34] Já a alta justiça era composta pelos chamados Parlamentos (*Parlements*), isto é, tribunais supremos de cada região da França, cuja função principal era servir de instância recursal

---

[31] Art. 64 da Constituição de 1958: "O Presidente da República é o garante da independência da autoridade judiciária". No original: "Le Président de la République est garant de l'indépendance de l'autorité judiciaire".

[32] Ver ROUSSEAU, Dominique. *Radicaliser la démocratie: propositions pour une refondation*. Paris: Gallimard, 2015. p. 159.

[33] Para um estudo comparativo com a realidade do Judiciário sob a égide da Quinta República, ver GIRARD, Didier. Le Président de la République: une autorité juridictionnelle méconnue. La justice retenue sous l'empire de la Constitution du 4 octobre 1958. *Revue du droit public et de la science politique en France et à l'étranger*, mai-juin 2013, nº 3, p. 673-705.

[34] Cf. GAUTIER, Alfred. *Précis de l'histoire du droit français*. 3. ed. Paris: L. Larose et Forcel, 1887. p. 344-345.

contra a baixa justiça. Além disso, deveria aplicar aos casos concretos as ordenações reais (*ordonnances royales*) ou, em não havendo casos a decidir com base nelas, torná-las públicas e de conhecimento geral.[35]

Não obstante a existência da *curia regis* permitir ao rei ter sempre o poder de decidir uma causa em última instância, ele poderia determinar que os parlamentos registrassem suas leis por meio do *lit de justice* ou das *lettres de jussion*, o que conferia a esses tribunais da alta justiça a possibilidade de suscitar o chamado *droit de remontrance*, que consistia no direito conferido ao Parlamento de questionar o rei acerca da compatibilidade da ordenação com o interesse do povo ou com as leis fundamentais do reino.[36] Assim, havia uma marcante conotação política na atuação judicial durante todo o *Ancien Régime*.

Passemos agora à estrutura institucional limitadora do poder estatal.

É possível visualizar que uma nova engenharia constitucional se seguiu à Revolução de 1789, implicando em uma concepção bipartite de separação dos poderes e em uma noção rousseauniana da lei, pois esta seria produto da vontade geral, isto é, um ato de soberania da nação no sentido de que somente aos representantes do povo caberia a interpretação daquela vontade soberana. Notoriamente, o Judiciário nunca se estabeleceu na França como um poder independente, pois desde a Revolução a figura do juiz fora reduzida à condição de mera "boca da lei", célebre expressão de Montesquieu. Assim, não havia espaço institucional para que um ato judicial pudesse interferir na esfera legislativa, pois a função judicante deveria se nortear pela estrita observância à lógica silogística.

A influência do pensamento de Emmanuel Sieyès é muito marcante nesse aspecto, pois a concepção de juiz construída ainda durante a Revolução deveria estar fora da relação entre Legislativo e Executivo, uma vez que aquele deveria preponderar sobre este; ou seja, o Legislativo, enquanto órgão de representação direta da nação, deveria se sobrepor ao decidido pelo Executivo. Logo, uma eventual intervenção judicial nessa relação seria nociva ao princípio da soberania popular. Passado mais de um século da Revolução, vale recordar Edouard Lambert quando, em estudo comparado entre França e EUA acerca da legislação protetiva de direitos sociais, dizia que as divergências entre os juízes

---

[35] Cf. GAUTIER, Alfred. *Précis de l'histoire du droit français*, cit., p. 351.

[36] Cf. GAUTIER, Alfred. *Précis de l'histoire du droit français*, cit., p. 352.

CAPÍTULO 1
A CONSTITUIÇÃO COMO LIMITAÇÃO AO PODER POLÍTICO | 33

e os entendimentos dos tribunais abalavam até mesmo o princípio do *stare decisis*.[37]

Convém também recordar, neste momento, a análise de Alexis de Tocqueville quando ressaltava a função política do juiz no contexto institucional estadunidense, pois a decisão judicial deveria estar sustentada, antes de tudo, na Constituição.[38] Tocqueville destacava que tal prerrogativa não fora outorgada ao juiz francês, já que interpretar diretamente a Constituição equivaleria atribuir aos tribunais um poder constitucional que os colocaria acima da nação.[39] Por consequência, seria preferível conferir o poder de interpretar e alterar o sentido da Constituição aos "homens que representam imperfeitamente as vontades do povo" – ou seja, os representantes – "do que a quem só representa a si próprio" – os juízes.[40]

Nesse sentido, com a promulgação da Lei nº 16, de 24 de agosto de 1790, em seu art. 10, a função judicial foi limitada ao contencioso civil nos seguintes termos: "Os tribunais não poderão tomar parte, direta ou indiretamente, do exercício do poder legislativo, nem impedir ou suspender a execução dos decretos do Órgão Legislativo, sancionados pelo Rei, sob pena de alta traição".[41] A excessiva vinculação dos juízes com o *Ancien Régime* levou os revolucionários a pretender excluir da vida política esse corpo de profissionais do Estado, limitando-os a uma condição de "boca da lei", no mais estrito sentido indicado por Montesquieu. Ao atribuir proeminência à lei, a Revolução inaugurara uma tradição que seria centrada na preeminência do Legislativo em face do Executivo, o que concedeu imunidade absoluta ao produzido

---

[37] "Ces divergences de vues entre les juges et ce flottement de la jurisprudence d'un même tribunal sur les questions de droit constitutionnel, ébranlant la confiance dans le principe du *stare decisis* en même temps qu'elles faisaient ressortir le caractère artificiel du placement sous l'autorité des Constitutions des vues morales et économiques des cours, se sont surtout fait sentir en ce qui concerne le jugement de la constitutionnalité des lois ouvrières ou industrielles." LAMBERT, Édouard. *Le gouvernement des juges et la lutte contre la législation sociale aux États-Unis*. Paris: Dalloz, 2005 (orig. Paris: Giard, 1921). p. 67.

[38] Cf. TOCQUEVILLE, Alexis de. *De la démocratie en Amérique*. 2 éd. Tome I. Paris: Rosa, 1837. p. 160.

[39] TOCQUEVILLE, Alexis de. *De la démocratie en Amérique, cit.*, p. 161.

[40] "Mais mieux vaut encore accorder le pouvoir de changer la constitution du peuple à des hommes qui représentent imparfaitement les volontés du peuple, qu'à des autres qui ne représentent qu'eux-mêmes." TOCQUEVILLE, Alexis de. *De la démocratie en Amérique, cit.*, p. 161-162.

[41] No original: "Les tribunaux ne pourront prendre directement ou indirectement aucune part à l'exercice du pouvoir législatif, ni empêcher ou suspendre l'exécution des décrets du Corps législatif, sanctionnés par le Roi, à peine de forfaiture".

no âmbito do Legislativo para qualquer possibilidade de impugnação judicial, mesmo quando o ato legislativo estivesse maculado por vício de inconstitucionalidade.

Recorde-se que, mesmo nos regimes mais autoritários, que buscavam subordinar o Legislativo ao Executivo, como foi o caso do Diretório (1795-1799),[42] do Consulado (1799-1804),[43] do Primeiro Império (1804-1814) e do Segundo Império (1852-1870), as espécies de controle de constitucionalidade que foram introduzidas não passavam de iniciativas para formalizar o protagonismo e hegemonia do Imperador na solução das controvérsias constitucionais. O *Senado conservador*,[44] fundado como órgão político sem funções jurisdicionais, fora instituído para fins de controle de constitucionalidade dos atos normativos, mas acabou se desvirtuando em um "instrumento dócil nas mãos do Imperador com o objetivo de emendar a Constituição, suspendê-la, bem como anular ou manter ao talante do mestre os atos legislativos, judiciários ou administrativos".[45] Em suma, o Senado servia para verificar se os atos oriundos do Legislativo não estavam em dissonância com os desígnios do Imperador.

Já em 1958, com o advento da Constituição da Quinta República, o Conselho Constitucional não havia ainda assumido as funções de uma corte constitucional, tendo um papel mais significativo no sentido de evitar instabilidades governamentais que pudessem ter origem em dissensos entre o Executivo e o Legislativo acerca da constitucionalidade de dada lei ou ato normativo com força de lei. Originada das dificuldades do General de Gaulle durante a Quarta República – instaurada com a Constituição de 1946, logo após o final da Segunda Guerra Mundial –, a Constituição de 1958, conforme salientou Michel Debré, em discurso ao Conselho de Estado, em 27 de agosto de 1958, teria a função de racionalizar o parlamentarismo, isto é, reconfigurar o regime parlamentar

---

[42] Regime político que se instaurou imediatamente após o período do Terror, de modo que o Executivo era exercido por cinco membros, denominados Diretores.

[43] Regime autoritário, posterior ao Diretório e durante o qual Napoleão se autoproclamou Imperador. Embora possa ser considerado o regime de maior poder do Executivo, Napoleão valia-se de três cônsules para tratar dos assuntos políticos em geral, deixando para si as questões que entendia vitais para a França.

[44] A esse propósito, convém salientar que a proposta de Sieyès, emitida durante a elaboração da Constituição de 1795, de criar um *jurie constitutionnaire*, independente dos poderes Legislativo e Executivo, e incumbido de apreciar a constitucionalidade da lei, não prosperou, tendo sido instituído no seu lugar, portanto, o *Sénat conservateur*.

[45] DUGUIT, Léon. *Traité de droit constitutionnel, cit.*, p. 666 (tradução livre).

CAPÍTULO 1
A CONSTITUIÇÃO COMO LIMITAÇÃO AO PODER POLÍTICO | 35

da República e eliminar o assembleísmo que era caracterizado pela subordinação do Executivo em relação ao Parlamento.[46]

Para os constituintes de 1958, em especial, para o General de Gaulle, a dita racionalização significaria sanar os principais vícios do Parlamento, de modo a melhor "enquadrar" a atividade parlamentar aos interesses nacionais.[47] Não apenas a configuração do Conselho Constitucional fora prevista nesse sentido, mas, sobretudo, os mecanismos do sistema primo-ministerial que se instaurava naquele momento. Diversamente das constituições anteriores, como as da Terceira República (1875-1946) e Quarta República (1946-1958), a Constituição de 1958 estabeleceu um amplo rol de competências do Parlamento, o que deixava ao Executivo e seus "regulamentos autônomos" a faculdade de regulamentar as demais matérias, isto é, todas aquelas que não eram competência constitucional do Parlamento.[48] Por consequência, ao prever que o presidente da República e o primeiro-ministro seriam os legitimados a provocar o Conselho Constitucional acerca da legitimidade constitucional de uma lei ou ato normativo com força de lei, a decisão do Conselho Constitucional se limitava a exercer um controle exclusivamente formal, tendo em vista que sua competência era limitada a verificar a conformidade do processo de elaboração da lei com o previsto pela Constituição acerca disso. Objetivando controlar o Parlamento, por meio da arguição de inconstitucionalidade formal por violação às competências constitucionais do Legislativo para que não invadisse a esfera de competência do Executivo, o Conselho Constitucional consolidou-se por algumas décadas como "cão de guarda do Executivo" (*chien de garde*), conforme recorda Georges Bergougnous.[49]

No entanto, esse cenário não perduraria para sempre. O próprio Conselho Constitucional, em uma importante decisão de 16 de julho de 1971, conhecida como "Liberdade de associação" (*Liberté d'association*), julgou-se competente para efetuar um controle substancial, não apenas formal, da lei impugnada no caso em exame. Para tanto, conferiu valor constitucional ao preâmbulo da Constituição de 1958 e reiterou

---

[46] Cf. VERPEAUX, Michel. *La question prioritaire de constitutionnalité*. Paris: Hachette Livre, 2013. p. 23-24.

[47] Cf. CONSTANTINESCO, Vlad; PIERRÉ-CAPS, Stéphane. *Droit constitutionnel*. Paris: PUF, 2004. p. 361.

[48] Arts. 34 e 37 da Constituição de 1958.

[49] Ver BERGOUGNOUS, Georges. Le Conseil constitutionnel et le législateur. *Les nouveaux cahiers du Conseil Constitutionnel*, n. 38, janvier 2013. Disponível em: https://www.conseil-constitutionnel.fr/node/1466/pdf.

a vigência do preâmbulo da Constituição de 1946 e da Declaração dos Direitos do Homem e do Cidadão de 1789, dando origem ao que viria a ser chamado de "bloco de constitucionalidade", consoante termo notoriamente cunhado por Claude Émery e teorizado por Louis Favoreau. Ao atribuir natureza normativa a um direito anterior à constituição vigente, presente no preâmbulo da primeira constituição posterior à Segunda Guerra Mundial, e ao analisar materialmente uma lei vigente desde 1901 relativa ao contrato de associação, o Conselho promoveu, segundo Dominique Rousseau, uma "verdadeira revolução política" que "rompe com os princípios tradicionais do direito".[50]

Ressalte-se que, dentro dessa ideia de "bloco de constitucionalidade", a Constituição de 1958 se limitava a organizar os poderes estatais, não havendo a previsão de um catálogo de direitos fundamentais, como outras constituições da Europa continental já previam. Diante disso, ganha ainda mais relevância a decisão *Liberté d'association*. Ao se considerar competente para examinar o conteúdo material de uma lei, não apenas os aspectos formais, o Conselho Constitucional inovou e se distanciou da função de mero "cão de guarda do Executivo", nos termos previstos pelo texto constitucional de 1958. Inaugurava-se uma nova era do Conselho em que assumiria a função de elaborar aquilo que Dominique Rousseau denominou de "Carta jurisprudencial dos direitos e liberdades",[51] isto é, um conjunto de direitos insculpidos na Declaração de 1789 e no Preâmbulo de 1946, bem como nos denominados "princípios fundamentais reconhecidos pelas leis da República".[52]

Por mais que a decisão *Liberté d'association* tenha inaugurado um sistema de controle de constitucionalidade até então inédito na França, a limitação de legitimados ativos para propor a arguição de inconstitucionalidade obstava um maior protagonismo institucional do Conselho Constitucional. Somente em 29 de outubro de 1974, com a aprovação da emenda constitucional que alterou o artigo 61 da Constituição, ocorreu a ampliação do leque de legitimados ativos a provocar o Conselho Constitucional também a deputados e senadores: "As leis podem ser

---

[50] ROUSSEAU, Dominique. *Justiça constitucional francesa*. Belo Horizonte: Editora Fórum, 2021. p. 134.

[51] ROUSSEAU, Dominique. Constitucionalismo e democracia. *RECHTD*. *Revista de Estudos Constitucionais, Hermenêutica e Teoria do Direito*, vol. 10, n. 3, 2018, p. 232.

[52] Essa categoria jurídica permitiu ao Conselho Constitucional elevar ao nível de princípios constitucionais os direitos e liberdades consagrados pelo legislador ordinário durante a Terceira e Quarta Repúblicas.

CAPÍTULO 1
A CONSTITUIÇÃO COMO LIMITAÇÃO AO PODER POLÍTICO | 37

submetidas ao Conselho constitucional, antes da sua promulgação, pelo Presidente da República, Primeiro-Ministro, presidente da Assembleia Nacional, Presidente do Senado ou por sessenta deputados ou sessenta senadores".[53]

A relevância política dessa emenda de 1974 decorre também do fato de ter encerrado a ampla fragmentação partidária que ocorria sob a égide das duas constituições anteriores, em especial, ao longo de toda a Quarta República.[54] Antes mesmo, com o *referendum* e a revisão constitucional de 1962, a instauração da eleição direta para presidente da República conduziu, em um primeiro momento, a uma bipolarização entre maioria e minoria tanto no Parlamento como no próprio campo político. Com isso, o mesmo partido poderia ter um membro na Presidência da República e também um membro na Presidência da Assembleia Nacional. Nesse caso, o presidente da República teria condições de se impor a uma eventual maioria parlamentar, indicando o conselho de ministros e, principalmente, o primeiro-ministro, cargo este que, por estar o chefe de Estado também vinculado ao partido vencedor das eleições, poderá ser indicado pelo presidente da República, mesmo com eventual discordância da Assembleia. Embora a Constituição tenha previsto um regime parlamentar, verificou-se a consolidação de um regime presidencialista ou, em caso de coabitação,[55] primo-ministerial, cuja atividade legislativa é determinada a partir das orientações estabelecidas pelo Executivo. Assim, ao estender a uma minoria parlamentar o direito de arguir da constitucionalidade de uma lei, a reforma de 1974

---

[53] Art. 61, alínea 2, da Constituição de 1958 (tradução livre).

[54] Sobre as crises políticas ao longo da Quarta República, ver RIOUX, Jean-Pierre. *Nouvelle histoire de la France contemporaine*. Tome 15: *La France de la Quatrième République: 1. L'ardeur et la nécessité, 1944-1952*. Paris: Éditions du Seuil, 1980; e AVRIL, Pierre; VINCENT, Gérard. *La IVe République*: Les noms, les thèmes, les lieux. Paris: MA Éditions, 1988.

[55] A coabitação ocorre quando o presidente da República e o primeiro-ministro são vinculados a dois partidos opostos. Ocorreram três coabitações durante o regime da Quinta República: 1986-1988, 1993-1995, 1997-2002. A coabitação decorre de eleições legislativas realizadas durante o mandato do presidente da República, e cujo desfecho é favorável ao partido de oposição, que se torna, portanto, majoritário na Assembleia Nacional. Sendo o regime político francês de caráter parlamentar, o presidente é levado a nomear como primeiro-ministro o chefe do partido que venceu as eleições, perdendo o chefe de Estado o comando do Executivo. Essas eleições, que geraram a coabitação, decorreram da dissolução – quando, manejado no intuito de fortalecer a sua base parlamentar, surge um resultado eleitoral diferente do esperado já que favorável à oposição – e da diferença de duração dos mandatos presidencial e legislativo (sete anos para o presidente, e cinco anos para os deputados). No entanto, desde a emenda constitucional de 2000, diminuindo o mandato presidencial para cinco anos – no intuito de alinhar a duração do mandato presidencial da do mandato dos deputados –, essa situação teve reduzidas as chances de ocorrer novamente.

tornou a oposição, ainda que minoritária, uma espécie de contrapoder, isto é, um grupo em condições de exercer a função contramajoritária em face, ao mesmo tempo, do Executivo e do Parlamento.

Se uma revolução política fora produzida com a decisão *Liberté d'association*, pode-se dizer, sim, que uma revolução jurídico-constitucional ocorreria quatro décadas após essa célebre decisão do Conselho Constitucional.

A emenda constitucional de 23 de julho de 2008 inseriu no texto de 1958 a chamada questão prioritária de constitucionalidade (QPC). Trata-se da primeira vez que um controle incidental de constitucionalidade é introduzido na França. Tendo entrado em vigor em primeiro de março de 2010, o novel instituto possibilitou que o jurisdicionado, isto é, o cidadão "comum", pudesse questionar a constitucionalidade de uma lei que se pretende aplicar ao seu caso concreto. A QPC esteve dentro do contexto mais amplo de uma reforma das instituições da Quinta República cujo teor foi fortemente influenciado pelo parecer emitido pelo *Comitê de reflexão e de proposição sobre a modernização e o reequilíbrio das instituições*, criado pelo então presidente da República, Nicolas Sarkozy, e presidido pelo ex-primeiro-ministro Édouard Balladur.

Todavia, a discussão sobre a introdução desse modelo de controle de constitucionalidade já havia ocorrido na França em outros momentos. Talvez o momento mais significativo tenha ocorrido em dezembro de 1992, quando um comitê consultivo, instituído pelo presidente François Mitterrand e presidido por Georges Vedel, propôs ao constituinte reformador formas de implementar o controle por via incidental. [56] O Comitê sugeriu, em parecer enviado ao presidente da República, que "o Conselho Constitucional poderia ser provocado, mediante pedido de um jurisdicionado, pelo Conselho de Estado ou pela Corte de Cassação, em virtude de uma questão prejudicial relativa à constitucionalidade de uma lei e arguida perante uma jurisdição". [57] Por mais que não tenha tido êxito em provocar uma mudança no texto

---

[56] *Décret n. 92-1247 du 2 décembre 1992 instituant un comité consultatif pour la révision de la Constitution*, JORF n. 281 du 3 décembre 1992, p. 16458.

[57] *Propositions pour une révision de la Constitution: rapport au Président de la République*, Comité consultative pour une révision de la Constitution présidé par le doyen Vedel, *La Documentation française*, Coll. "Collection des rapports officiels", février 1993.

por meio de emenda constitucional, a relevância dos trabalhos de 1992 pode ser sentida nos anos que se seguiram até a reforma de 2008.[58]

Inegavelmente, a inserção da QPC produziu alguns efeitos imediatos: (i) o controle de constitucionalidade deixou de ser meramente preventivo e passou a ser repressivo; (ii) a ideia em si de cidadania foi redimensionada, pois todo litigante – que, em muitas matérias, sequer precisa ser cidadão francês! – tem legitimidade para requerer, no curso de seu processo, que seja examinada a constitucionalidade de dada lei aplicável ao seu caso concreto; (iii) ainda que de modo interposto, isto é, a partir de um juízo preliminar exercido por instâncias inferiores e, sobretudo, pelo Conselho de Estado ou pela Corte de Cassação, o acesso ao Conselho Constitucional restou limitado apenas no controle concentrado, uma vez que se deu, de fato, uma democratização do acesso à justiça constitucional em termos de controle incidental de constitucionalidade. Mais ainda, pode-se dizer que, de um controle preventivo feito em abstrato, passou-se a ter um controle concreto de constitucionalidade como principal via incidental de acesso para o debate constitucional na mais alta corte francesa.

Importante referir que não se trata da introdução de um controle difuso de constitucionalidade, tendo em vista que aos juízes e tribunais é consentido apenas o juízo de admissibilidade da questão prioritária de constitucionalidade. O juízo acerca da constitucionalidade da lei compete, exclusivamente, ao Conselho Constitucional, nos termos do artigo 61-1 da Constituição, cuja redação decorreu da emenda constitucional de 2008:

> Quando, no decorrer de um processo judicial, alega-se a contrariedade de um dispositivo legislativo com os direitos e liberdades garantidos pela Constituição, poderá o Conselho Constitucional ser provocado sobre esta questão, mediante remessa do Conselho de Estado ou da Corte de Cassação, devendo aquele se pronunciar dentro de um prazo determinado.[59] (Tradução livre)

---

[58] Ainda sobre o tema, em perspectiva histórica, ver FACCHINI NETO, Eugênio; HENDGES, Carla Evelise Justino. E a França piscou: a questão prioritária de constitucionalidade e o fim do controle exclusivamente prévio de constitucionalidade. *A&C – Revista de Direito Administrativo e Constitucional*, ano 17, n. 67, 2017, p. 153-183.

[59] No original: "Lorsque, à l'occasion d'une instance en cours devant une juridiction, il est soutenu qu'une disposition législative porte atteinte aux droits et libertés que la Constitution garantit, le Conseil constitutionnel peut être saisi de cette question sur renvoi du Conseil d'État ou de la Cour de cassation qui se prononce dans un délai déterminé".

No concernente ao objeto passível de controle de constitucionalidade por meio da QPC, o artigo 61-1, supracitado, refere-se explicitamente a "dispositivo legislativo", isto é, atos normativos ou com força de lei adotados pelo Poder Legislativo, não cabendo o exame de decretos e decisões administrativas individuais, os quais são objeto de fiscalização e sindicabilidade apenas pela justiça administrativa. Outro aspecto importante relacionado aos objetos passíveis de controle por via de QPC reside nos pressupostos materiais: somente podem ser objeto do controle incidental as normas que supostamente ofendem "os direitos e liberdades garantidos pela Constituição" e que abrangem o "bloco de constitucionalidade" – ou a "carta jurisprudencial de direitos e liberdades",[60] conforme expressão de Dominique Rousseau –, ou seja, os direitos e liberdades contidos no texto constitucional, na Declaração dos Direitos do Homem e do Cidadão de 1789, no preâmbulo da Constituição de 1946, na Carta Ambiental de 2004, e os previstos nos Princípios Fundamentais Reconhecidos pelas Leis da República (PFRLR).

No tocante à dimensão subjetiva da QPC, somente poderá ser arguida a inconstitucionalidade de uma lei ou ato normativo aplicável a processo em curso cuja parte requerente demonstre em concreto a incompatibilidade da norma atacada em face de seus direitos e liberdades. Assim, seguindo tendências de outros sistemas constitucionais, seja de *common law*, como os EUA, seja de *civil law*, como Brasil, Espanha e Alemanha, a dimensão subjetiva do controle de constitucionalidade por via incidental na França assume importância decisiva para que o caso concreto possa ser examinado pelo Conselho Constitucional.

Embora o controle de constitucionalidade das leis seja competência exclusiva do Conselho Constitucional, tal característica do sistema francês não retira das jurisdições ordinárias – judiciais ou administrativas – o controle de "convencionalidade" da lei.[61] Tanto o juiz do contencioso judicial[62] quanto o juiz do contencioso administrativo[63] são competentes para examinar a compatibilidade da lei com os tratados e convenções internacionais, de onde decorre o fato de que o juiz ordinário deve priorizar a questão prioritária de constitucionalidade em face

---

[60] ROUSSEAU, Dominique. *Constitucionalismo e democracia, cit.*, p. 232.

[61] O controle de convencionalidade é o controle pelo qual os juízes e os tribunais verificam a conformidade das leis e das normas nacionais em relação aos tratados internacionais e às normas comunitárias (isto é, as normas editadas pelas instâncias da União Europeia).

[62] Corte de Cassação, *Arrêt Société des Cafés Jacques Vabre*, 24 de maio de 1975.

[63] Conselho de Estado, *Arrêt Nicolo*, 20 de outubro de 1989.

dos demais pedidos sob sua jurisdição, sejam os fundamentos da QPC relativos à constitucionalidade ou à convencionalidade da lei impugnada. O caráter democrático do amplo acesso à justiça constitucional, bem como a busca pela efetiva supremacia da Constituição, pode ser claramente percebido quando se verifica que o incidente de inconstitucionalidade que enseja a QPC pode ser suscitado perante qualquer instância ou grau de jurisdição, ainda que, em alguns casos, somente perante o Conselho de Estado ou a Corte de Cassação. A única exceção à possibilidade de suscitar uma questão prioritária de constitucionalidade são as decisões das *Cours d'assises*, jurisdição penal semelhante aos tribunais do júri no Brasil, em face das quais não cabe a QPC para fins de discutir o mérito da ação. Todavia, mesmo nas *Cours d'assises d'appel*, em grau de recurso sobre questão de direito, em vez de questão de fato, será possível suscitar a inconstitucionalidade de alguma lei aplicada ao caso concreto.[64]

Conclusivamente, é necessário recordar que a possibilidade de uma concomitância entre o controle preventivo – e abstrato – de constitucionalidade com um controle incidental – e concreto – por parte dos juízes ordinários já foi tema de discussão em solo francês por diversas vezes. Em pesquisa sobre as ideias que ensejaram a Constituição de 1958, Stéphane Pinon salienta que, já na década de 1920, havia um expressivo número de juristas, como Hauriou, Duguit e o decano da Faculdade de Direito de Paris Henri Berthélemy, que se manifestavam pela possibilidade de controle de constitucionalidade por parte do juiz ordinário, ficando restrita aos herdeiros da escola de Adhémar Esmein a defesa do sistema de mero controle político vigente à época.[65]

A introdução do controle incidental de constitucionalidade na França, justamente na primeira década do século XXI, coincide com o período da superação das grandes dicotomias do direito – público e privado, controle abstrato e controle concreto, *common law* e *civil law* –, que, como veremos nos próximos capítulos, caracteriza o fenômeno

---

[64] Conselho Constitucional, *Décision nº 2017-694 QPC*, de 2 de março de 2018, M. Ousmane K. e outros, sobre a "Motivation de la peine dans les arrêts de cour d'assises", declarou que os dispositivos que não previam a fundamentação da sentença nas decisões dos tribunais de justiça não estavam em conformidade com a Constituição. Uma decisão que parece um desenvolvimento importante desde a publicação da lei de 10 de agosto de 2011, que impôs a motivação explícita da decisão de culpabilidade, segundo o art. 365-1 do Código de Processo Penal francês.

[65] Cf. PINON, Stéphane. *Les réformistes constitutionnels des années trente. Aux origines de la Ve République*. Paris: LGDJ, 2003. p. 179-181.

constitucional transnacional. Dita superação das tradicionais dicotomias jurídicas é produto, por um lado, da maior circulação das ideias e categorias jurídicas, enquanto, por outro lado, decorre também da evolução de uma concepção de jurisdição constitucional limitada ao impulso por parte dos agentes políticos para uma concepção democraticamente aberta ao impulso por parte do cidadão.

CAPÍTULO 2

A CONSTITUIÇÃO COMO DOCUMENTO POLÍTICO E JURÍDICO: A GENEALOGIA DO CONSTITUCIONALISMO LIBERAL AMERICANO

O constitucionalismo estadunidense é responsável pela gênese da noção de constituição como documento jurídico supremo em uma ordem jurídica estatal. Durante o século XVIII, deu-se a introdução, em solo europeu, da ideia de constituição como documento político limitador do poder público – em especial, como consequência da Revolução Francesa –, mas ainda sem a dimensão jurídica claramente presente, isto é, sem a possibilidade de revisão judicial dos atos normativos.

Em 1803, o controle difuso nasce pela primeira vez nos Estados Unidos da América com a famosa sentença da Suprema Corte no caso *Marbury v. Madison*,[66] na qual foi analisada a constitucionalidade de um ato normativo ordenado pelo secretário de Estado do presidente da República em cumprimento à ordem direta deste. O caso começou, em 1801, quando o então presidente da República John Adams nomeia, nos seus últimos dias de governo, William Marbury como juiz de paz. Porém, não tendo ocorrido a posse ainda no governo de Adams, o novo presidente da República, Thomas Jefferson, ordena que o seu secretário de Estado, James Madison, anule o ato de Adams em relação ao

---

[66] *Marbury v. Madison*, 5 U.S. 137 (1803). Convém, de início, explicar ilustrativamente como se dá a referência aos julgados no direito estadunidense: em primeiro lugar, referem-se os nomes do recorrente e do recorrido, *"Marbury v. Madison"*; depois, o primeiro número que virá na sequência identificará o volume no qual foi publicado, "5"; em seguida, as letras servem para abreviar o órgão julgador, no caso da Suprema Corte, será "U.S."; o número após essas letras será o da primeira página "137", sendo que a referência terminará com o ano do julgamento entre parênteses "(1803)".

cargo que seria ocupado por Marbury. Irresignado com essa decisão, Marbury recorre à Suprema Corte pedindo que fosse ordenado um *writ of mandamus* para lhe restituir o direito adquirido que possuía à luz da legislação vigente e válida à época. No julgamento ocorrido em 1803, o presidente da Suprema Corte, John Marshall, afirmou que a Constituição "é um direito superior, supremo, imutável pelas vias ordinárias, caso contrário estaria no mesmo nível da legislação ordinária, e, como qualquer outro ato, seria alterável quando qualquer legislatura desejasse fazê-lo".[67] No entanto, a decisão final da Suprema Corte foi no sentido de indeferir o *writ of mandamus* requerido por William Marbury, sob o fundamento de que a Seção 12 do *Judiciary Act*, de 1797, seria inconstitucional na medida em que colidia com a Constituição de 1787 ao estabelecer para a Suprema Corte uma competência que a própria Constituição não previu: a de expedir ordens mandamentais (*writs of mandamus*) contra o Executivo.[68]

Ressalte-se que o contexto da época era dos mais desfavoráveis à Suprema Corte, pois esta era um órgão ainda pouco desenvolvido que sequer contava com sede própria – o que veio a ocorrer somente em 1935, quando deixou o Capitólio e se instalou nas atuais instalações –, e o juiz-presidente John Marshall estava há apenas três anos no cargo, sendo que, antes de assumi-lo, jamais havia exercido qualquer função na magistratura. Além disso, existiam fortes suspeitas de que um resultado negativo contra o presidente da República Thomas Jefferson poderia implicar em pedidos de *impeachment* contra os juízes da Suprema Corte.[69]

---

[67] Tradução livre de: "Is either a superior, paramount law, unchangeable by ordinary means, or it is on a level with ordinary legislative acts, and, like other acts, is alterable when the legislature shall please to alter it".

[68] Para mais informações sobre o caso, ver VAN ALSTYNE, William W.; MARSHALL, John. A Critical Guide to Marbury v. Madison. *Duke Law Journal*, vol. 1969, n. 1, 1969, p. 1-47; ALFANGE JR., Dean. Marbury v Madison and Original Understandings of Judicial Review: In Defense of Traditional Wisdom. *The Supreme Court Review*, vol. 1993, n. 1, 1993, p. 329-446; EISGRUBER, Christopher L. 'Marbury', Marshall, and the Politics of Constitutional Judgment. *Virginia Law Review*, vol. 89, n. 6, Marbury v. Madison: A Bicentennial Symposium, 2003, p. 1203-1234; CORWIN, Edward S. Marbury v. Madison and the Doctrine of Judicial Review. *Michigan Law Review*, vol. 12, n. 7, 1914, p. 538-572; ROSE, Winfield H. Marbury v. Madison: How John Marshall Changed History by Misquoting the Constitution. *Political Science and Politics*, vol. 36, n. 2, 2003, p. 209-214; e PFANDER, James E. 'Marbury', Original Jurisdiction, and the Supreme Court's Supervisory Powers. *Columbia Law Review*, vol. 101, n. 7, 2001, p. 1515-1612.

[69] Cf. VAN ALSTYNE, William W.; MARSHALL, John. *A Critical Guide to Marbury v. Madison, cit.*, p. 2-3.

Ainda que o caso em questão tenha sido inovador ao permitir a possibilidade de *judicial review* dos atos normativos ou com força de lei tomados pelo Legislativo e pelo Executivo, outra decisão em tema de controle de constitucionalidade veio a ser tomada somente em 1857, no caso *Dred Scott v. Sanford*,[70] em que fora declarada incompatível com a Constituição dos EUA uma lei federal que havia proibido a escravidão em todo o território nacional, pois negros, ainda que livres, não poderiam ser considerados "cidadãos" e, por isso, nem sequer estariam legitimados a ajuizar ações contra os "legítimos" cidadãos estadunidenses, uma vez que, segundo a perspectiva constitucional vigente à época, o negro era considerado apenas objeto passível de gerar direito de propriedade para um "cidadão", jamais podendo ser titular de qualquer sorte de direito.[71]

A forma como surgiu o controle de constitucionalidade (*judicial review*) nos EUA pode parecer, à primeira vista, um tanto paradoxal, em virtude de a Constituição estadunidense não prever a existência de qualquer sorte de controle de constitucionalidade das leis. Todavia, se observarmos melhor, veremos que a própria ausência de qualquer norma sobre esse tema permitiu e, antes disso, obrigou os juízes estadunidenses a inventar um mecanismo, por assim dizer "autossuficiente", de controle de constitucionalidade das leis. É evidente, de fato, que o silêncio da Constituição estadunidense acerca do controle de constitucionalidade das leis, enquanto elimina implicitamente um mecanismo de controle concentrado – dado que a atribuição feita de modo exclusivo a determinado órgão de tal competência requereria, necessariamente, a existência de uma previsão constitucional estabelecendo positivamente tal atribuição –, não elimina, porém, um mecanismo de controle difuso, pois tal controle pode ser exercido por qualquer juiz no exercício dos poderes a si conferidos por normas já existentes no ordenamento.

O princípio do controle difuso de constitucionalidade das leis parte da dúplice premissa do caráter rígido da Constituição estadunidense e do poder-dever – a chamada *Supremacy Clause*, presente na

---

[70] 60 U.S. 393 (1857).

[71] O *Chief Justice* Roger Taney, que presidiu o julgamento do caso *Dred Scott v. Sandford*, afirmou que: "A free negro of the African race, whose ancestors were brought to this country and sold as slaves, is not a 'citizen' within the meaning of the Constitution of the United States". Para um maior estudo sobre o caso, ver EHRLICH, Walter. Was the Dred Scott Case Valid? *The Journal of American History*, vol. 55, n. 2, 1968, p. 256-265; e BOMAN, Dennis K. The Dred Scott Case Reconsidered: The Legal and Political Context in Missouri. *The American Journal of Legal History*, vol. 44, n. 4, 2000, p. 405-428.

Constituição dos EUA, art. 6, §2[72] – que todo juiz tem de interpretar e aplicar tanto a lei quanto a Constituição.[73] O juiz que, no exercício da sua função, se encontre diante da necessidade de aplicar uma lei a um caso concreto deve verificar preliminarmente se tal lei não está em conflito com a Constituição. Enquanto, de fato, o conflito entre duas leis possa ser resolvido, por exemplo, aplicando o critério cronológico (*lex posterior derogat priori*), pois se trata de dispositivos legais hierarquicamente iguais e, portanto, dotados de uma mesma força normativa, na hipótese de conflito entre lei e Constituição, a inferioridade hierárquica da primeira a impede de modificar validamente a segunda. Nesse caso, o juiz deve dar prevalência à Constituição e não pode mais resolver a controvérsia submetida à sua decisão recorrendo à lei havida como inconstitucional. Desse modo, ele deve julgar prescindindo daquela lei, ou seja, deixando de aplicá-la no caso concreto e, por outro lado, aplicando a este outra norma determinada com base no critério analógico ou qualquer outro critério (por exemplo, o recurso aos princípios gerais de direito, a interpretação tópico-sistemática etc.) possível dentro daquele ordenamento jurídico positivo.

Porém, a desaplicação é um instrumento de efeitos singulares, no sentido de que vale somente para uma específica controvérsia que esteja em análise, não produzindo, com isso, qualquer vínculo em relação a outro juiz que se encontre diante de uma mesma controvérsia a qual deva dar uma resposta. É evidente como isso pode facilmente determinar situações de incerteza do direito, caso, por exemplo, um juiz decida sobre determinada controvérsia deixando de aplicar a norma "A", porquanto inconstitucional, para aplicar a norma "B"; e outro juiz decida a mesma controvérsia aplicando, pelo contrário, a norma "A", porquanto tida como conforme a Constituição. O remédio a tal inconveniente reside, segundo o ordenamento estadunidense, no

---

[72] O art. 6, §2, determina que: "This Constitution, and the Laws of the United States which shall be made in Pursuance thereof, and all Treaties made, or which shall be made, under the Authority of the United States, shall be the supreme Law of the Land; and the Judges in every State shall be bound thereby, any Thing in the Constitution or Laws of any State to the Contrary notwithstanding".

[73] A *Supremacy Clause* nasce como uma prerrogativa exclusiva da soberania estatal que determina a toda e qualquer autoridade pública assegurar a supremacia da Constituição em todo o país; mas, no que concerne ao Poder Judiciário, termina se constituindo em um dever específico que o juiz tem de garantir a supremacia da Constituição quando ele for chamado a decidir sobre um caso concreto. Sobre o tema, ver BIRKBY, Robert H. Politics of Accommodation: The Origin of the Supremacy Clause. *The Western Political Quarterly*, vol. 19, n. 1, 1966, p. 123-135.

princípio do *stare decisis*, segundo o qual as decisões da Suprema Corte são formalmente vinculantes frente a todos os juízes. Retornando ao exemplo acima ilustrado, a parte sucumbente em virtude da aplicação da norma "B" poderá recorrer ao segundo grau e, caso mesmo assim não logre sucesso neste, à Suprema Corte, sustentando que o juiz de primeiro grau erroneamente deixou de aplicar a norma "A" por ser tal norma, a seu juízo, não contrastante com a Constituição. Caso a Suprema Corte rejeite o recurso e, confirmando a não aplicação da norma "A" em razão da sua inconstitucionalidade, declare aplicável a norma "B", tal decisão será, a partir de então, vinculante para todos os juízes aos quais venha a se apresentar controvérsia como aquela que fora objeto da decisão da Corte. Logo, nenhum juiz poderá mais aplicar a norma "A", uma vez que esta foi definitivamente julgada inconstitucional pela Suprema Corte.

O poder-dever que todo juiz tem de interpretar tanto a lei quanto a Constituição é a herança mais nítida que se pode perceber, no âmbito do direito constitucional, do *common law* britânico em relação ao *common law* estadunidense. Mesmo nunca tendo existido na Inglaterra o modelo de constituição escrita consagrado pelo constitucionalismo europeu continental, a ideia de supremacia do direito (*rule of law*) fazia de todo intérprete/aplicador do direito um guardião da sua unidade e coerência sistemática.[74] Assim, o controle difuso de constitucionalidade encontrará sua origem em um momento remoto no qual o *rule of law* se afirmou como princípio de ordenação constitucional do *common law*, servindo como base para definir aquilo que está ou não em conformidade com o direito vigente. Com a Constituição estadunidense de 1787, a supremacia do direito se transmuta em supremacia da Constituição, de modo que a expressão *rule of law* assumirá, nos EUA, logo após a promulgação da Constituição, uma profunda vinculação com a ideia de garantia e proteção da Constituição.

Todo juiz que, no exercício da sua função, estiver diante da necessidade de aplicar uma lei a um caso concreto deverá verificar preliminarmente se tal lei não está em conflito com a Constituição. É pelas mãos do juiz singular que a Constituição e o *rule of law* vêm hodiernamente assegurados em todo o território dos EUA. Considerando a autonomia que o juiz singular tem para interpretar e aplicar a Constituição,

---

[74] Essa coerência sistemática tornou-se consagrada, desde a origem do *common law* britânico, mediante o princípio do *stare decisis*.

chegou-se até a falar em "governo de juízes", em especial com a crítica de Édouard Lambert, nos anos de 1920.[75]

A progressiva ampliação desse poder-dever de todo juiz interpretar a Constituição levou o controle difuso de constitucionalidade das leis (*judicial review*) a dar causa a um fenômeno que viria a ser chamado *ativismo judicial*. Costuma-se referir a decisão *Lochner v. New York*, da Suprema Corte dos EUA, como marco mais expressivo de intervenção judicial nas prerrogativas dos demais poderes. Na referida decisão, a Suprema Corte entendeu que o princípio de liberdade contratual estava implícito na noção de devido processo legal (*due process of law*) consagrada pela Seção 1 da 14ª Emenda à Constituição dos EUA. No caso em tela, a Corte declarou inconstitucional uma lei do estado de Nova Iorque que estabelecia 60 horas como limite para a jornada de trabalho semanal dos padeiros, alegando ser "irrazoável, desnecessária e arbitrária" tal limitação à liberdade individual de contratar.[76] Além de representar aquilo que veio a ser chamado de "Era Lochner" (1897-1937), na qual as intervenções estatais no domínio econômico foram continuamente invalidadas pela Suprema Corte dos EUA, pode ser considerado também um dos primeiros casos de flagrante ativismo judicial exercido por aquela Corte.[77]

Mas foi com o historiador Arthur Schlesinger Jr., em uma matéria da revista *Fortune* intitulada *The Supreme Court: 1947*, que o termo *judicial activism* entrou no léxico não apenas jurídico, mas, sobretudo, político e popular.[78] Referindo-se à capacidade de desempenhar um papel afirmativo na promoção do bem-estar social, Schlesinger chamou de

---

[75] Ver LAMBERT, Edouard. *Les gouvernement des juges et la lutte contre la législation sociale aux Etats-Unis*: l'expérience américaine du controle judiciaire de la constitutionnalité de lois. Paris: Dalloz, 1995.

[76] "Section 110 of the labor law of the State of New York, providing that no employes shall be required or permitted to work in bakeries more than sixty hours in a week, or ten hours a day, is not a legitimate exercise of the police power of the State, but an unreasonable, unnecessary and arbitrary interference with the right and liberty of the individual to contract in relation to labor, and, as such, it is in conflict with, and void under, the Federal Constitution." *Lochner v. People of New York*, 198 US 45 (1905).

[77] Sobre a Era Lochner, Cass Sunstein afirma que: "The received wisdom is that Lochner was wrong because it involved 'judicial activism': an illegitimate intrusion by the courts into a realm properly reserved to the political branches of government. This view has spawned an enormous literature and takes various forms. The basic understanding has been endorsed by the Court in many cases taking the lesson of the Lochner period to be the need for judicial deference to legislative enactments." SUNSTEIN, Cass R. Lochner's Legacy. *Columbia Law Review*, vol. 87, n. 5, 1987, p. 874.

[78] Cf. KMIEC, Keenan D. The Origin and Current Meaning of 'Judicial Activism'. *California Law Review*, vol. 92, n. 5, 2004, p. 1446.

"ativistas judiciais" (*judicial activists*) os juízes Hugo Black, William O. Douglas, Frank Murphy e Wiley Rutledge. Já os juízes Felix Frankfurter, Harold Burton e Robert H. Jackson foram rotulados de "campeões do autocomedimento" (*champions of self-restraint*), por entenderem que o Judiciário não deve ir além do seu espaço limitado dentro do sistema estadunidense. Em uma posição intermediária, o presidente da Suprema Corte naquele ano, Frederick M. Vinson, bem como o juiz Stanley F. Reed, não seriam plenamente caracterizáveis como deste ou daquele lado.[79]

Um aspecto fundamental do ativismo judicial que Schlesinger detectou imediatamente é a maleabilidade do raciocínio jurídico em detrimento da sua cientificidade. Keenan D. Kmiec, ao comentar o artigo de Schlesinger, destaca que este já havia detectado que os *judicial activists* entendem como indissociáveis direito e política, o que impediria existir uma resposta "correta" em definitivo, pois toda decisão judicial importaria em uma escolha política do julgador.[80] Segundo essa perspectiva, o autocomedimento não passaria de uma ilusória pretensão de objetividade no ato decisório, algo incompatível com o senso de justiça e o anseio por produzir melhoras sociais que devem nortear o julgador.

O famoso texto de Schlesinger nasce com dois problemas que parecem ter passado despercebidos aos olhos do autor: a imprecisão terminológica da expressão em debate e a indefinição quanto a ser algo positivo ou negativo. Ele rotula os juízes da Suprema Corte de "ativistas judiciais" e "campeões do autocomedimento", vincula características a cada um desses grupos, mas não deixa claro qual a melhor postura, seja do ponto de vista político ou jurídico. Em sentido semelhante ao exposto por Kmiec,[81] vemos que o que Schlesinger já deixa claro são os conflitos internos que o ativismo judicial termina produzindo:

- juízes não eleitos *vs.* leis democraticamente aprovadas;
- decisões orientadas politicamente *vs.* decisões orientadas juridicamente;
- uso criativo do precedente *vs.* uso estrito do precedente;
- supremacia da vontade popular *vs.* direitos humanos;
- política *vs.* direito.

---

[79] *Ibidem.*
[80] Cf. KMIEC, Keenan D. *The Origin and Current Meaning of 'Judicial Activism'*, cit., p. 1447.
[81] Cf. KMIEC, Keenan D. *The Origin and Current Meaning of 'Judicial Activism'*, cit., p. 1463-1476.

Todavia, as dúvidas existentes quanto ao caráter positivo ou pejorativo da expressão foram reduzidas à medida que a postura "ativista" era incorporada por diversos juízes, não apenas da Suprema Corte: durante a década de 1950, a jurisdição ordinária passou a desempenhar papel significativo na defesa dos direitos civis para as minorias sociais, sobretudo minorias raciais.[82] O expressivo crescimento de programas federais, durante o período do *New Deal*, demandava uma atenção específica para o impacto das suas ações nos contextos concretos das realidades locais, tornando o Judiciário espaço derradeiro no processo de garantia dos direitos das minorias. Surgiram então as ações afirmativas como instrumento político de combate à desigualdade social decorrente de fatores como sexo, raça, etnia, religião ou qualquer outra forma de discriminação.[83]

O ativismo judicial é correlato a outro fenômeno também típico do direito estadunidense: as ações afirmativas (*affirmative actions*). Ainda que se trate de uma matéria de natureza política, isto é, medidas originadas, em geral, do Executivo, elas assumem uma condição particular quando se transformam em objeto da jurisdição da Suprema Corte. O procedimento e a técnica decisória adotada por essa Corte não serão diferentes daquilo que ela usualmente costuma empregar quando diante de um caso concreto. Porém, os efeitos dessa decisão tocarão, ou passarão muito perto, de pontos de extrema delicadeza existentes em questões cruciais da política interna estadunidense, de modo que Cass Sunstein chega a falar que, em certas situações, a Suprema Corte entende ser melhor "deixar as coisas como estão", sem decidir, fazendo aquilo que ele chama de "construtivo uso do silêncio".[84] Com isso, o

---

[82] Ver o posicionamento (talvez demasiadamente) crítico de COVER, Robert M. The Origins of Judicial Activism in the Protection of Minorities. *The Yale Law Journal*, vol. 91, 1982, p. 1287-1316.

[83] Para um estudo quanto ao surgimento da *affirmative action*, ver KILLENBECK, Mark R. Pushing Things up to Their First Principles: Reflections on the Values of Affirmative Action. *California Law Review*, vol. 87, n. 6, 1999, p. 1299-1407; DAY, John Cocchi. Retelling the Story of Affirmative Action: Reflections on a Decade of Federal Jurisprudence in the Public Workplace. *California Law Review*, vol. 89, n. 1, 2001, p. 59-127; e ainda GOMES, Joaquim Barbosa. *Ação Afirmativa & Princípio Constitucional da Igualdade. A Experiência dos EUA.* Rio de Janeiro: Renovar, 2001.

[84] SUNSTEIN, Cass. Foreword: Leaving the Things Undecided. *Harvard Law Review*, vol. 110, 1996, p. 7, afirma que a Suprema Corte faz um *constructive use of silence* quando os juízes fazem uso do silêncio "for pragmatic or strategic reasons to promote democratic goals. Of course it is important to study what judges say; but it is equally important to examine what judge do not say, and why they do not say it".

autocomedimento (*self restraint*) acaba se colocando como extremo oposto ao ativismo judicial.

As ações afirmativas surgiram nos EUA como instrumentos políticos de combate à desigualdade social decorrente de fatores como sexo, raça, etnia, religião ou qualquer outra forma de discriminação. Em 1961, o então presidente John F. Kennedy assinou um decreto presidencial (*Executive Order* n. 10925) pelo qual passou a se exigir dos empregadores uma conduta mais do que meramente não discriminatória em relação aos seus funcionários. Essa norma requeria uma conduta *positiva* e *afirmativa* do empregador no momento de contratar e no momento de tratar dia a dia com seus funcionários, estabelecendo que o empregador também deveria ser um veículo de promoção da redução das desigualdades existentes em virtude de raça, cor, sexo ou nacionalidade de origem. Entretanto, no governo de Lyndon Johnson, o *Civil Rights Act*, de 1964, tornou-se o primeiro passo de um programa social que naquele ano e no ano seguinte faria entrar em vigor uma série de leis cujos dois objetivos principais eram: (i) auxiliar pessoas de baixa renda por meio de programas de incentivo à educação e de proteção à saúde, e (ii) estimular a economia para que novas vagas fossem abertas a pessoas que historicamente se encontravam excluídas ou marginalizadas dentro do sistema educacional e do mercado de trabalho.[85] Foi nesse contexto que o ativismo judicial ganhou fôlego em solo estadunidense e passou a representar a defesa em juízo de ações que politicamente não se mostravam suficientes.

Assim, nas décadas que se seguiram, as ações afirmativas se tornaram um instrumento político para tentar reduzir as históricas desigualdades, sobretudo raciais, existentes nos EUA. No entanto, tornaram-se um dos temas mais delicados que a Suprema Corte costuma julgar, pois, quando chega nesta, o panorama é quase sempre o mesmo: de um lado, vemos um indivíduo beneficiado por uma ação afirmativa – a qual possui um fundamento político que lhe atribui uma legitimidade decorrente de um longo processo histórico de exclusão social e de discriminação – e, do outro lado, encontra-se outro indivíduo que postula receber o mesmo benefício que aquele recebeu apenas com base em um critério arbitrário que busca promover a igualdade entre grupos distintos; porém, neste caso, tal critério termina produzindo

---

[85] Cf. MOSES, Michele. Affirmative Action and the Creation of More Favorable Contexts of Choice. *American Educational Research Journal*, vol. 38, n. 1, 2001, p. 5-6.

um sentimento de injustiça na parte que supostamente teria maior mérito específico ou legitimidade *in concreto* para receber o benefício em questão. Ou seja, em qualquer decisão que a Corte tomar ela estará arriscando manter uma desigualdade existente ou produzir uma nova.

A complexidade política que os efeitos da decisão da Suprema Corte podem assumir está bem sintetizada na decisão proferida no *Regents of the Univ. of Cal. v. Bakke*.[86] Nesse *case*, a Faculdade de Medicina da Universidade da Califórnia, de Davis, promoveu seleções, em 1973 e 1974, nas quais solicitava candidatos que apresentassem "desvantagens econômicas e/ou educacionais" e candidatos que pertencessem a "grupos minoritários" (negros, asiáticos, descendentes de índios, latinos). Todavia, enquanto os candidatos "regulares" deveriam atingir uma pontuação mínima de 2.5 em uma escala até 4.0, os candidatos que alegassem alguma desvantagem econômica e/ou educacional por motivos de raça poderiam ser admitidos com base em uma "escala especial", na qual não existe a necessidade de alcançar aquela pontuação mínima de 2.5. No caso em tela, ainda que a Suprema Corte tenha "decidido por decidir", ela o fez com extrema cautela. Em primeiro lugar, determinou que era inválido o procedimento de seleção em análise, por ofensa ao princípio da igualdade, garantido pela Décima Quarta Emenda à Constituição dos EUA, e por violação ao parágrafo 601 do Título VI do *Civil Rights Act*, de 1964, o qual veda a possibilidade de que uma pessoa seja excluída de qualquer programa social em virtude de raça ou cor. Em seguida, a Corte ordenou que Bakke fosse admitido pela recorrente, Universidade da Califórnia, de Davis, pois ele satisfez todos os critérios de seleção adotados pela recorrente, independentemente de existir ou não programa especial para grupos minoritários. Todavia, para tanto, a decisão da Corte se restringiu a produzir efeitos *inter partes*: em momento algum foi declarado inconstitucional o critério de seleção que reservava vagas para candidatos pertencentes a grupos minoritários; a Suprema Corte declarou inválido o modo como um programa específico de seleção estipulou seus critérios, criando situações como a de Bakke, um candidato que não foi admitido mesmo tendo preenchido, com farta margem de sobra, todos os requisitos postos na seleção.

Como se pode ver, a temática das ações afirmativas envolve questões que vão além da esfera própria da jurisdição da Suprema Corte. No caso *Regents of the Univ. of Cal. v. Bakke* surgiram fortes críticas no

---

[86] Decisão n. 438 U.S. 265 (1978).

CAPÍTULO 2
A CONSTITUIÇÃO COMO DOCUMENTO POLÍTICO E JURÍDICO: A GENEALOGIA DO CONSTITUCIONALISMO... | 53

sentido de que a Corte teria perdido uma ótima oportunidade de estabelecer um critério preciso sobre os pormenores das ações afirmativas, preferindo deixar em aberto o regramento jurídico destas.[87] Porém, a Suprema Corte tem, em reiteradas oportunidades, ressaltado a sua restrita função de controle quanto à legitimidade e constitucionalidade dos atos normativos e com força de lei que tratam de ações afirmativas, não lhe competindo a tarefa de fazer escolhas políticas e estipular programas sociais.[88] Inexistindo qualquer previsão constitucional sobre as ações afirmativas, cabe, de fato, à Suprema Corte a missão de tão somente determinar em quais casos ocorreram excessos e em quais não.

Importante referir que, não obstante os rótulos de ativista ou autocomedida, a Suprema Corte dos EUA consolidou ao longo do século XX sua função de garantidora da supremacia constitucional mediante também o controle (*judicial review*) de decisões de tribunais federais, estaduais ou distritais federais que tenham contrariado a Constituição, seja aplicando norma federal, estadual ou municipal em contraste com a norma constitucional, seja por ter deixado de aplicar norma federal, estadual ou municipal que contrarie a Constituição.

A breve análise de alguns casos já será suficiente para ilustrar a amplitude do poder de controle exercido pela Suprema Corte estadunidense.

No caso *Kolender v. Lawson*,[89] o objeto do juízo constitucional foi a decisão de um tribunal federal, qual seja, a Corte de Apelação da Califórnia, que confirmou a decisão de um tribunal distrital federal que julgou inconstitucional uma lei estadual (Código Penal da Califórnia, §647) que concedia à autoridade policial o poder de abordar, discricionariamente, qualquer indivíduo que estivesse dando sinais de "vadiagem" e prendê-lo por este crime, caso não lhe fosse possível apresentar documentos de identificação e justificar as razões da sua presença naquele local ou via pública. No caso de Edward Lawson, um afro-americano que à época tinha identificação com o movimento *hippie*, a sua aparência peculiar e hábitos voltados ao ócio fizeram dele objeto

---

[87] Para uma crítica ao posicionamento supostamente omisso adotado pela Suprema Corte no caso em questão, ver BYBEE, Keith J. The Political Significance of Legal Ambiguity: The Case of Affirmative Action. *Law & Society Review*, vol. 34, n. 2, 2000, p. 263-290.

[88] Nesse sentido, ver *Mississippi University for Women v. Hogan*, 458 U.S. 718 (1982); *Wygant v. Jackson Board of Education*, 476 U.S. 267 (1986); *Metro Broadcasting, Inc. v. Federal Communications Commission*, 497 U.S. 547 (1990); e *Adarand Constructors, Inc. v. Pena*, 515 U.S. 200 (1995).

[89] Decisão n. 461 U.S. 352 (1983).

de perseguição por parte da polícia de San Diego, pois, ainda que ele não tivesse cometido qualquer crime gravoso, a sua reiterada incursão em "vadiagem" justificou 15 prisões por esse motivo no período entre março de 1975 e janeiro de 1977, tendo sido processado duas vezes e condenado em uma delas a pagar multa por "vadiagem". Indignado com essa situação, Lawson ingressou com uma ação civil, junto à Corte Distrital Federal do Sul da Califórnia, pedindo a declaração de inconstitucionalidade do referido dispositivo legal e a reparação de danos patrimoniais e extrapatrimoniais (*punitive damages*) causados pelas prisões e pela condenação ao pagamento de multa. Em primeira instância, ganhou a causa em relação ao pedido de declaração de inconstitucionalidade por ofensa à Quarta Emenda, a qual garante ao indivíduo o direito de não ser perseguido ou preso sem um motivo razoável.[90] De outra sorte, a Corte não entendeu que fosse cabível reparação por danos extrapatrimoniais (*punitive damages*) contra os diversos policiais que o prenderam, uma vez que a autoridade policial estava sempre agindo de boa-fé ao aplicar uma lei que até então era tida como constitucional. A Corte de Apelação (instância imediatamente superior à Corte Distrital que prolatou a sentença em questão) confirmou essa decisão. Quando chegou à Suprema Corte, em 1983, o recurso impetrado pela autoridade policial foi indeferido, e a decisão *a quo*, mantida, constituindo o caso *Kolender v. Lawson* em precedente para a matéria em questão.

Um caso anterior, *Thompson v. City of Louisville*,[91] mesmo vindo da Corte de Polícia (*Police Court*) de Louisville sem ter passado por outras instâncias intermediárias, foi analisado diretamente pela Suprema Corte. Entretanto, ao invés de declarar inconstitucional ato normativo ou com força de lei, o que veio a ser declarado inconstitucional, por ofensa ao princípio do devido processo legal, garantido no item primeiro da Décima Quarta Emenda, foi uma condenação penal baseada em acusações de "vadiagem" e "conduta desordeira". A supressão das instâncias intermediárias se deu em virtude do fato de a matéria em questão e o valor da multa que seria aplicada a Thompson inviabilizarem o exame pelos tribunais estaduais e federais superiores.

---

[90] Quarta Emenda: "The right of the people to be secure in their persons, houses, papers, and effects, against unreasonable searches and seizures, shall not be violated, and no Warrants shall issue, but upon probable cause, supported by Oath or affirmation, and particularly describing the place to be searched, and the persons or things to be seized".

[91] Decisão n. 362 U.S. 199 (1960).

Outro caso que se constitui em um dos mais significativos precedentes da Suprema Corte é o *Brown v. Board of Education of Topeka*,[92] no qual restou determinado que a discriminação racial na educação pública é ato contrário à Constituição. Em poucas palavras, pode-se dizer que o fato começou quando Oliver Brown, pai de três filhos (a caçula Cheryl Brown Henderson é, atualmente, uma célebre defensora dos interesses dos afro-americanos no sistema educacional estadunidense e, também, na vida política em geral), não foi autorizado pela *Board of Education* da sua cidade, Topeka (Kansas), a matriculá-los em estabelecimento de ensino destinado para brancos, pois aquela cidade havia escolhido adotar um sistema segregacionista no ensino público. No caso, tanto Brown quanto os demais que se encontravam em situação análoga ingressaram com ações junto à corte distrital pedindo a declaração de inconstitucionalidade da lei estadual que permitia que cidades com mais de 15.000 habitantes mantivessem escolas separadas para negros e brancos. A segregacionista doutrina do "separados, mas iguais" (*separate, but equals*), até então aplicada ao transporte público, nos termos do caso *Plessy v. Ferguson*,[93] foi entendida como incompatível com o sistema educacional tanto pela corte distrital quanto pela Suprema Corte.

Ainda que o caso *Brown* seja o mais conhecido e paradigmático, o mais antigo sobre esse tema é o *Roberts v. City of Boston*,[94] mas a Suprema Corte de Massachusetts entendeu não ser cabível a ação. Segundo essa Corte, a lei estadual em questão, de 1845, era constitucionalmente legítima e não gerava prejuízos às crianças, pois seus professores tinham as mesmas qualificações e recebiam as mesmas remunerações, não existindo fundamento para se falar em desigualdade ou violação à Constituição. A Suprema Corte dos EUA manteve a decisão e, mais do que isso, adotou a doutrina do "*separate, but equals*". O caso *Brown v. Board of Education of Topeka* (1954) foi, de fato, o primeiro a produzir resultados positivos em termos de promoção da igualdade racial no sistema educacional estadunidense.

---

[92] Decisão n. 349 U.S. 294 (1954).
[93] Decisão n. 163 U.S. 537 (1896).
[94] Decisão n. 59 Mass. 198, 5 Cush, 198 (1849).

CAPÍTULO 3

A CONSTITUIÇÃO E A ERA DOS DIREITOS FUNDAMENTAIS

Este capítulo tem como objetivo reconstruir a noção de direitos sociais em uma perspectiva histórica não apenas eurocêntrica, buscando demonstrar como preocupações compartilhadas entre a Europa e as Américas já refletiam, no início do século XX, uma circulação de ideias que viriam a culminar em uma nova etapa do constitucionalismo ocidental, sobretudo no que concerne ao fato de impor obrigações prestacionais ao poder estatal. Mais ainda, como veremos, quando dos estertores do constitucionalismo liberal, no final do século XIX, as construções teóricas em torno da ideia de direitos públicos subjetivos abriram espaço para que debates típicos do século XX pudessem surgir, como a defesa dos direitos sociais, a doutrina dos direitos fundamentais e, em última instância, a própria concepção do constitucionalismo como um fenômeno norteado precipuamente pela dignidade humana em suas múltiplas dimensões, a começar pelas prerrogativas típicas da cidadania.

3.1 Jellinek e a doutrina dos direitos públicos subjetivos: do direito natural aos direitos fundamentais

Ao longo do século XX, consolidou-se uma diferenciação, procedida pela doutrina germânica, entre direitos humanos e direitos fundamentais, tomando-se como ponto referencial a relação com o direito interno dos Estados. Em suma, entende-se por direitos fundamentais aqueles que estão positivados nas constituições e nas leis infraconstitucionais, ou melhor, são aqueles que se encontram incorporados dentro da órbita jurídica estatal. De outra sorte, o âmbito dos direitos humanos se situa na esfera internacional e, até mesmo, num plano anterior ao do surgimento do direito, seja nacional ou internacional: vincula-se ontologicamente ao ser humano, influindo, destarte, na própria essência do direito, pois, como diria Miguel Reale, o ser humano é o valor-fonte do direito.[95] Elena Pariotti bem recorda que outra distinção possível pode ser de natureza funcional, pois os direitos humanos teriam uma função filosófico-jurídica, enquanto os direitos fundamentais teriam uma função teórico-normativa, ou seja, os direitos humanos "seriam um ideal que encontra parcial e diversa concretização dentro dos ordenamentos jurídicos internos. Os direitos humanos *podem* se transformar em direitos fundamentais, caso sejam concretizados dentro de um ordenamento jurídico nacional e dentro das instituições".[96]

Sublinhando o caráter supranacional dos direitos humanos, Otfried Höffe chegou a aproximá-los de uma espécie de moralidade universal, por ele chamada de direito intercultural, capaz de atribuir legitimidade às ordens constitucionais nacionais que os incorporem.[97] Embora Höffe reconheça a ideia amplamente difundida de que os direitos humanos são de origem notadamente judaico-cristã, com influências romanas, gregas e germânicas, ou seja, uma categoria jurídica ocidental, sustenta que mesmo as culturas não ocidentais que, *a priori*, seriam incompatíveis com os direitos humanos atribuem alguma sorte de primado moral à condição humana em relação aos demais seres, seja pela sua imanência ou pela vinculação direta a alguma divindade, de modo que a busca pela fundamentalidade intercultural dos direitos humanos seria o grande desafio dessa categoria no século XXI.[98]

Todavia, se os direitos fundamentais remontam ao desenvolvimento paralelo dos direitos humanos, destaque-se que a origem destes últimos costuma ser referida ao direito natural. Na tentativa de repensar essa associação lógica imediata entre direitos humanos e

---

[95] O homem é o valor-fonte de todos os valores ou a "fonte dos valores": "O homem é a fonte de todos os valores porque é da sua essência valorar, criticar, julgar tudo aquilo que lhe é apresentado, seja no plano da ação ou no do conhecimento". REALE, Miguel. *Experiência e Cultura*. Campinas: Bookseller, 1999. p. 196.

[96] PARIOTTI, Elena. *I diritti umani. Tra giustizia e ordinamenti giuridici*. Torino: UTET, 2012. p. 4.

[97] Cfr. HÖFFE, Otfried. *Derecho interculturale*. Barcelona: Gedisa, 2000.

[98] Cfr. HÖFFE, Otfried. A coexistência de culturas na globalização. *In*: TEIXEIRA, Anderson V. *et al.* (org.). *Correntes contemporâneas do pensamento jurídico*. São Paulo: Manole, 2009. p. 318-341.

direito natural, recuperaremos o *System der subjektiven offentlichen Rechte* (*Sistema dos direitos públicos subjetivos*), de Georg Jellinek, para que se possa repensar tal origem como possuindo um ponto intermediário que seria propriamente a categoria dos direitos públicos subjetivos. A teoria dos quatro *status* de Jellinek nos auxilia a melhor compreender, inclusive, a estrutura ontológico-normativa dos direitos sociais, uma vez que dissocia, como veremos, a ideia de bem de acordo com o interesse envolvido, por um lado, enquanto, por outro, coloca todas as estruturas internas dos direitos públicos subjetivos em uma categorização com sistemática própria e dinâmica condicionada pela posição do Estado na relação com o indivíduo.

Jellinek, em seu *System der subjektiven offentlichen Rechte*, já na introdução, referia que "a primeira tentativa de construção de uma concepção jurídica do Estado moderno foi dada pela escola do direito natural".[99] O surgimento do Estado moderno representou a racionalização e impessoalização do poder, mas conservou uma vinculação com o jusnaturalismo e, por consequência, com a tradição judaico-cristã. Na formação da doutrina dos direitos humanos, podemos encontrar dois legados notadamente cristãos que terminaram se constituindo em elementos centrais para os direitos humanos e para os direitos fundamentais nas ordens constitucionais ocidentais: o conceito de pessoa humana e o princípio da dignidade humana.

Quanto ao conceito de pessoa humana, é fato notório que foi com a justiça cristã que tal noção fora produzida no Ocidente, pois, desde Santo Agostinho até Tomás de Aquino, a figura central no mundo terreno era o indivíduo compreendido como *pessoa*, em vez de súdito, servo ou qualquer outra categoria conceitual que lhe retirasse a sua condição de individualidade.[100] O pensamento de Hannah Arendt mostra-se muito claro nesse sentido quando ela afirma que "a própria vida é sagrada, mais sagrada que tudo mais no mundo; e o homem é o ser supremo sobre a terra".[101]

---

[99] JELLINEK, Georg. *System der subjektiven offentlichen Rechte*. Freiburg: J. C. B Mohr, 1892, trad. it. *Sistema dei diritti pubblici subiettivi*. Milano: Società Editrice Libreria, 1912. p. 10. (Tradução livre)

[100] Sobre as vinculações históricas entre a doutrina do direito natural, predecessora dos direitos humanos, e a tradição judaico-cristã, recomendamos STRAUSS, Leo. *Natural Right and History*. Chicago: Chicago University Press, 1953, trad. fr., *Droit naturel et histoire*. Paris: Flammarion, 1986.

[101] ARENDT, Hannah. *Entre o Passado e o Futuro*. São Paulo: Perspectiva, 1972. p. 83. Em outra obra, a mesma autora associa o cristianismo à consolidação da vida como bem supremo:

Arendt é precisa ao destacar que a secularização do poder político não representou a fragilização da importância da noção de pessoa humana, mas, sim, o seu fortalecimento. Na Modernidade, foi essa concepção de homem que tornou possível qualquer tentativa – sobretudo após o Holocausto – de se mudar o paradigma axiológico que balizava a atividade estatal, passando de um Estado cujo fim supremo era o seu próprio bem para um Estado cujo bem maior é a vida humana.

Já o princípio da dignidade humana não consiste tão somente no fato de ser esta, diferentemente das outras coisas, um ser considerado em si mesmo, com o fim em si próprio e jamais sendo um meio para a consecução de determinado objeto; ela é também consequência da vontade racional do homem, pois só a pessoa tem autonomia suficiente para poder se guiar pelas leis que ela mesma elabora.[102] Por isso, ao ser humano fora atribuída a dignidade ao invés de um preço, como o que é vinculado às coisas. A dignidade da pessoa decorre do fato de ser o "humano" o ponto inicial de onde surgem todos os direitos. A individualista "era dos direitos" referida por Bobbio construiu suas

---

"O motivo pelo qual a vida se afirmou como ponto último de referência na era moderna e permaneceu como bem supremo para a moderna inversão de posições que ocorreu dentro da textura de uma sociedade cristã, cuja crença fundamental na sacrossantidade da vida sobrevivera à secularização e ao declínio geral da fé cristã, que nem mesmo chegaram a abalá-la. Em outras palavras, a moderna inversão imitou, sem questionar, a mais significativa viravolta com a qual o cristianismo irrompera no cenário do mundo antigo, viravolta politicamente mais importante e, pelo menos historicamente, mais duradoura que qualquer conteúdo dogmático ou crença específica. Pois a 'boa nova' cristã da imortalidade da vida humana individual invertera a antiga relação entre o homem e o mundo, promovendo aquilo que era mais mortal, a vida humana, à posição de imortalidade ocupada até então pelo cosmo". ARENDT, Hannah. *A Condição Humana.* São Paulo: Forense, 2002. p. 327.

[102] O ideal kantiano de dignidade da pessoa humana ilustra muito bem isso: "Se, pois, existirem um princípio prático supremo e um imperativo categórico no que diz respeito à vontade humana, deverão ser tais que, da representação daquilo que é necessariamente um fim para todos porque é fim em si mesmo, constitua um princípio objetivo da vontade, que possa, por conseguinte, servir de lei prática universal. O fundamento deste princípio é: *a natureza racional existe como fim em si.* É assim que o homem se representa necessariamente a sua própria existência; e neste sentido, esse princípio é um princípio subjetivo das ações humanas. Mas é também assim que qualquer outro ser racional se representa a sua existência, em consequência do mesmo fundamento racional válido para mim; é pois, ao mesmo tempo, um princípio objetivo, do qual, como princípio prático supremo, hão de se poder derivar todas as leis da vontade. O imperativo prático será, pois, o seguinte: *age de tal maneira que possas usar a humanidade, tanto em tua pessoa como na pessoa de qualquer outro, sempre e simultaneamente como fim e nunca simplesmente como meio*". KANT, Immanuel. *Fundamentação da Metafísica dos Costumes.* São Paulo: Martin Claret, 2003. p. 59.

estruturas normativas mais fundamentais a partir do princípio da dignidade humana.[103]

Corolário imediato do princípio da dignidade humana é, certamente, o ideal de humanidade, ou seja, a unidade do gênero humano. Por consequência, da sacralidade da vida e da sua necessidade de proteção decorre aquilo que o abade de Saint-Pierre e Immanuel Kant chamavam de "paz perpétua", algo que se tornou, no século XX, muito mais do que um ideal: um bem a ser almejado por todos os povos; um bem que toda a humanidade deveria sempre tutelar.

Consagrados os princípios fundantes da doutrina dos direitos humanos, as declarações de direito do século XVIII formaram os primeiros catálogos de direitos que se destinavam, exclusivamente, aos cidadãos, devendo todas as leis posteriores tutelar esses direitos e os reconhecerem em um *status* superior dentro da ordem constitucional. No entanto, era preciso fazer tais declarações romperem com os limites que o direito natural impunha, sobretudo devido ao seu elevado grau de abstração e desvinculação com as ordens jurídicas positivas. Para tanto, diferenciar os direitos humanos como uma nova categoria era tarefa que se impunha.[104]

Percebe-se claramente isso quando Jellinek afirmava que "os Estados constitucionais deveriam, antes de tudo, traçar uma linha de estreita separação entre a parte de liberdade originária que permaneceu ao membro do Estado e o poder em si do Estado".[105] Os direitos públicos subjetivos surgiam como uma categoria que assegurava tanto direitos garantidos formal e expressamente pelo Estado – que chegaram a ser chamados de direitos reflexos, já que seriam mero "reflexo" do direito positivo – quanto direitos subjetivos materiais, que consistiriam apenas "na constatação de um interesse individual reconhecido

---

[103] "Concezione individualistica significa che prima viene linidividuo, si badi, l'individuo singolo, che ha valore di per se stesso, e poi viene lo stato e non viceversa, anzi, per citare il famoso articolo 2 della *Dichiarazione* dell'89, la conservazione dei diritti naturali e imprescrittibili dell'uomo è 'lo scopo di ogni associazione politica." BOBBIO, Norberto. *L'età dei diritti*. Torino: Einaudi, 1997. p. 59.

[104] Nesse sentido, Vicente Barretto afirma que "o caminho encontrado por Georg Jellinek consistiu em trazer para a teoria do direito público uma nova categoria de direitos, os direitos públicos subjetivos. Com isto, Jellinek pretendeu, num primeiro momento, romper o vínculo que identificava os direitos naturais com os direitos humanos. Sustentava o jurista alemão que sob a influência das declarações de direito do século XVIII, formou-se a noção de direitos públicos subjetivos do indivíduo no direito positivo dos Estados europeus". BARRETTO, Vicente de Paulo. Ética e Direitos Humanos: Aporias Preliminares. *In*: TORRES, Ricardo Lobo (org.). *Legitimação dos Direitos Humanos*. Rio de Janeiro: Renovar, 2002. p. 503-504.

[105] JELLINEK, Georg. *System der subjektiven offentlichen Rechte*, trad. it. *cit.*, p. 106.

expressamente ou implicitamente pelo ordenamento jurídico".[106] Mas como o fato de ambos poderem estar expressamente previstos pelo direito positivo causaria uma confusão conceitual, a medida exata do direito público subjetivo material seria dada pelo interesse subjetivo material ou pela pretensão jurídica material subjacentes, operando, assim, um alargamento das hipóteses normativas originariamente previstas para dada norma jurídica que tutela certo direito. Ainda para auxiliar na dissociação da categoria de direito público subjetivo nas espécies formal e material, Jellinek afirma que, em relação ao direito positivo, os direitos públicos subjetivos formais são considerados sempre segundo o ordenamento positivo e as normas de direito público que definem as suas respectivas naturezas e características gerais, ou seja, a simples vontade do legislador de diferenciá-los do direito privado já lhes atribui formalmente tal condição de direito público; acrescente-se que eles podem também existir como meios para a efetivação de um direito público subjetivo material. Já estes últimos são direitos públicos em si, cuja natureza reflete com clareza a relação jurídica existente entre o titular do direito e o poder estatal, podendo o comando normativo ser expresso de modo a, até mesmo, prescindir de normas procedimentais para a sua efetivação.[107]

Com isso, supera-se a lógica subjetivista do direito natural mediante o estabelecimento do direito positivo como *standard* básico para a determinação dos critérios formais ou materiais, diretos ou indiretos, para o reconhecimento de direitos subjetivos contra o Estado.

O *System der subjektiven offentlichen Rechte*, de Jellinek é, certamente, uma das obras em língua alemã acerca da origem dos direitos fundamentais mais citadas – e criticadas.[108] Veja-se que Robert Alexy entende que "a teoria do *status* de Jellinek é o exemplo mais grandioso de uma teorização analítica no âmbito dos direitos fundamentais".[109] Quando publicada a primeira versão em 1892, não haviam ainda sido consolidadas a noção de direitos fundamentais e a própria noção de direitos humanos. Recorde-se que, ao longo do século XIX, o debate entre

---

[106] JELLINEK, Georg. *System der subjektiven offentlichen Rechte*, trad. it. *cit.*, p. 80.

[107] Cf. JELLINEK, Georg. *System der subjektiven offentlichen Rechte*, trad. it. *cit.*, p. 80-81.

[108] Entre todos, remetemos à crítica de HESSE, Konrad. *Grundzüge des verfassungsrechts der Bundesrepublik Deutschland*. Heidelberg: C. F. Müller, 1978, trad. port. *Elementos de direito constitucional da República Federal Alemã*. Porto Alegre: SAFE, 1998.

[109] ALEXY, Robert. *Theorie der Grundrechte*. Frankfurt: Suhrkamp, 1985, trad. esp. *Teoria de los Derechos Fundamentales*. Madrid: Centro de Estudios Políticos y Constitucionales, 2002. p. 261.

CAPÍTULO 3
A CONSTITUIÇÃO E A ERA DOS DIREITOS FUNDAMENTAIS | 63

escolas hermenêuticas, como a Escola da Exegese e a Escola Histórica do Direito, dava-se em torno do conceito de direito subjetivo. No entanto, a doutrina costuma reportar as origens da categoria direitos fundamentais à noção de direito público subjetivo, em especial à contribuição de Jellinek.[110] Antes disso, somente na obra de Carl Friedrich von Gerber, *Ueber öffentiliche Rechte*, de 1852, o direito público fora pensado a partir de uma perspectiva exclusivamente jurídica capaz de colocar também no indivíduo a titularidade desse gênero de direito. A *statuslehre* de Jellinek aproxima-se fortemente da sua igualmente célebre teoria da autolimitação do Estado, podendo ser tida inclusive como um complemento ou instrumento de realização desta.

Já no início da referida obra de Jellinek, vemos uma importante definição de ordem estrutural que ilustra muito bem o que falávamos anteriormente: "Um ordenamento objetivo do direito público constitui, portanto, o fundamento do direito público subjetivo".[111] Ou seja, não existe este sem que aquele o constitua. Um pouco mais adiante, Jellinek afirma que direito público subjetivo é "o poder de querer que possui o homem, protegido e reconhecido pelo ordenamento jurídico, na medida em que tenha por objeto um bem ou interesse".[112] Por consequência, tal categoria jurídica "não se funda sobre as normas que permitem, mas exclusivamente sobre as normas jurídicas que concedem um poder".[113]

Pressuposto básico que precisamos recordar é que a personalidade jurídica do indivíduo resulta do conjunto de qualidades e capacidades que o ordenamento jurídico confere ao indivíduo em si, decorrendo disso as pretensões jurídicas subjetivas em relação ao poder estatal. Portanto, o poder de querer (*Anspruch*), devidamente fundado no direito público, quando destinado a tutelar relações jurídicas de direito privado, busca a tutela de direitos subjetivos *privados*, enquanto, quando as pretensões jurídicas se voltam contra o Estado, assumem a condição de direitos subjetivos *públicos*. Jellinek destaca que, na expressão *direito público*

---

[110] Ingo Wolfgang Sarlet salienta que: "O que nos parece relevante é o fato de que a teoria dos quatro *status* de Jellinek, na medida em que foi sofrendo críticas e reparos, foi mantida viva mediante um contínuo processo de redescoberta pela teoria constitucional (inclusive no direito pátrio), de modo especial, na qualidade de parâmetro para a classificação dos direitos fundamentais". SARLET, Ingo W. *A eficácia dos direitos fundamentais*. 10. ed. Porto Alegre: Livraria do Advogado, 2010. p. 159.

[111] JELLINEK, Georg. *System der subjektiven offentlichen Rechte*, trad. it. *cit.*, p. 10 (tradução livre).

[112] JELLINEK, Georg. *System der subjektiven offentlichen Rechte*, trad. it. *cit.*, p. 49.

[113] JELLINEK, Georg. *System der subjektiven offentlichen Rechte*, trad. it. *cit.*, p. 57.

subjetivo, "deve-se, portanto, atribuir à palavra *direito* o seu significado mais amplo, no qual a própria palavra designa tanto a pretensão jurídica quanto a relação jurídica que a pretensão serve de base".[114] A expressão em tela deve se referir somente à pretensão jurídica porque "a situação jurídica que serve de base à pretensão jurídica de direito público é uma relação de direito, em vez de um direito em si".[115]

Embora tal sutil dissociação possa induzir à ideia de que os direitos públicos subjetivos não seriam direitos em si, ambos são parte de uma mesma lógica. Ocorre apenas que o fato de algumas pretensões serem de direito público resulta em um conjunto maior de possíveis *status*, como veremos na sequência.

A importância histórica do *System der subjektiven offentlichen Rechte* decorre da chamada teoria dos quatro *status* de Jellinek ou, simplesmente, *statuslehre*. Considerando que são direitos públicos subjetivos aqueles que resultam do fato de alguém estar em uma relação jurídica com o Estado ou possuir uma pretensão jurídica em relação a este, a análise de suas espécies dependerá da posição do indivíduo perante o Estado e vice-versa.

Passemos então ao exame de cada um desses *status*.

Status subjectionis (ou *status passivo*).

É a modalidade mais associada ao poder normativo do Estado, pois historicamente sempre caracterizou a dimensão jurídica do poder público. Trata-se da compreensão do indivíduo como sujeito de direitos, mas com especial destaque para sua condição de um "assujeitado" ao Estado, *i.e.*, alguém que se encontra na condição de destinatário passivo dos comandos normativos vindos do poder público. Não importa, neste *status*, que o indivíduo seja pensado como sujeito de direitos, mas somente como sujeito de deveres.[116] Por pertencer ao Estado, o indivíduo se enquadraria em uma série de relações de *status*, em que muitas seriam de subordinação. Jellinek destaca que, "por consequência dessa subordinação ao Estado, que forma a base de qualquer atividade estatal, o indivíduo, no limite da esfera de seus deveres individuais, encontra-se no *status passivo*, no *status subjectionis*, no qual está excluída a autodeterminação e, portanto, a personalidade".[117] Destaca ainda

---

[114] JELLINEK, Georg. *System der subjektiven offentlichen Rechte*, trad. it. *cit.*, p. 65.

[115] *Ibidem*.

[116] JELLINEK, Georg. *System der subjektiven offentlichen Rechte*, trad. it. *cit.*, p. 93.

[117] JELLINEK, Georg. *System der subjektiven offentlichen Rechte*, trad. it. *cit.*, p. 96.

que "uma personalidade absoluta do indivíduo, não subordinada, em definitivo, de algum modo à vontade do Estado é uma concepção incompatível com a natureza do Estado, e que se remonta somente à mística personalidade pré-estatal, da especulação do direito natural".[118]

Neste momento, resta clara a superação da tradição do direito natural na obra de Jellinek, pois os direitos públicos subjetivos consistem em "*pretensões jurídicas (Ansprüche)*, que resultam diretamente de *condições jurídicas (Zustände)*".[119] A relação indivíduo-Estado, marcada em linhas claras desde o pensamento hobbesiano no início da Modernidade, ganha agora âmbitos normativos que diferenciam tal relação de acordo com a natureza da *condição jurídica* na qual se encontram inseridos indivíduo e Estado.

Status libertatis (status negativo).

A soberania estatal é, evidentemente, um poder limitado que deve ser exercido de acordo com o interesse geral, *i.e.*, com o interesse público. Portanto, o *status libertatis* é uma nítida contraposição, originada no início do constitucionalismo liberal, ao poder absoluto do Estado, que pode ser sentido no *status passivo* anteriormente descrito. Jorge Miranda chega a afirmar que essa contraposição corresponde ao processo histórico de emancipação do ser humano.[120] Em outras palavras, os direitos fundamentais de primeira dimensão remontam a essa espécie de direito público subjetivo, de onde decorre a denominação direitos de defesa (*Abwehrrechte*).[121] O *status* negativo representa, assim, a pretensão jurídica (*Anspruch*) que o indivíduo possui ao reconhecimento da sua esfera de liberdade, resultando em uma "proibição às autoridades estatais de violar este *status* por meio de ordens ou constrições que não estejam fundadas na lei".[122]

---

[118] JELLINEK, Georg. *System der subjektiven offentlichen Rechte*, trad. it. *cit.*, p. 96-7.

[119] JELLINEK, Georg. *System der subjektiven offentlichen Rechte*, trad. it. *cit.*, p. 96.

[120] MIRANDA, Jorge. *Manual de Direito Constitucional*. 3. ed. Vol. IV. Coimbra: Almedina, 1988. p. 90.

[121] Canotilho é preciso ao definir a estrutura dos direitos de defesa: "Os direitos fundamentais cumprem a função de direitos de defesa dos cidadãos sob uma dupla perspectiva: (1) constituem, num plano jurídico-objectivo, normas de competência negativa para os poderes públicos, proibindo fundamentalmente as ingerências deste na esfera jurídica individual; (2) implicam, num plano jurídico-subjectivo, o poder de exercer positivamente direitos fundamentais (liberdades positivas) e de exigir omissões dos poderes públicos, de forma a evitar agressões lesiva por parte dos mesmos (liberdade negativa)". CANOTILHO, José Joaquim Gomes. *Direito Constitucional*. 6. ed. Coimbra: Almedina, 1993. p. 541.

[122] JELLINEK, Georg. *System der subjektiven offentlichen Rechte*, trad. it. *cit.*, p. 117.

Para haver a limitação à liberdade por força de lei, Jellinek reconhece que diversas podem ser as causas de restrições à liberdade individual, mas destaca as três que seriam mais usuais:

(a) em virtude de medidas restritivas de direitos individuais que não se constituem propriamente em pena, mas que decorrem de fatos cometidos pelo titular do direito e cujos efeitos voltam-se contra ele, impedindo que continue tendo o pleno gozo daquele dado direito;

(b) as penas, sejam de natureza pecuniária ou restritiva da liberdade, representam a expressão máxima da limitação à liberdade individual; e

(c) quando no exercício de determinada atividade ou pleiteando algo, o indivíduo busca se enquadrar em dada categoria; assim, constituir-se-á em uma limitação aos seus direitos de liberdade o enquadramento que venha a ocorrer nas condições estabelecidas pelo poder público para o pleno exercício daquela atividade ou ascensão a dada categoria.[123]

A herança dessa concepção de direitos de liberdade passíveis de limitação, restrição ou perda mostra-se presente quando tomamos em exame o art. 18 da Lei Fundamental (*Grundgesetz*) de Bonn, de 1949, que prevê, respectivamente, uma possibilidade extrema: a perda de direitos fundamentais. Tal medida pode ocorrer com aquele que abusa da liberdade de expressão de pensamento, em especial da liberdade de imprensa, da liberdade de ensino, da liberdade de reunião, da liberdade de associação, da garantia do segredo epistolar, postal e das telecomunicações, do direito de propriedade ou do direito de asilo, para combater o ordenamento fundamental, democrático e liberal da República Federal alemã. Competirá somente ao Tribunal Constitucional Federal declarar a perda de direitos fundamentais, determinando também a duração no tempo e os efeitos dessa declaração. Embora seja, atualmente, quase um exemplo acadêmico que encontra salvaguarda na Constituição alemã, vemos que sua finalidade última é impedir que os direitos de liberdade (do *status libertatis*) se constituam em antítese autônoma dos direitos que compõem o *status subjectionis*, cabendo ao Estado, mais especificamente

---

[123] Cf. JELLINEK, Georg. *System der subjektiven offentlichen Rechte*, trad. it. *cit.*, p. 123-125.

ao Tribunal Constitucional, a prerrogativa de fazer a justa composição entre ambos os direitos, quando em colisão.

Status civitatis (status positivus) e os direitos prestacionais. Também chamado de *status positivus*, tem como pressuposto que qualquer ação estatal é uma ação em nome do interesse público.[124] Em vez de considerar o indivíduo como mero destinatário dos comandos normativos ou como alguém que livremente pode agir, desde que não ofenda as normas jurídicas existentes em vigor, passa-se a entender que a satisfação do interesse público depende da satisfação de determinado interesse individual tutelado pelo direito objetivo.

Nesse sentido, Jellinek afirma que "o indivíduo não possui qualquer pretensão de atividade do Estado, ele pode somente pedir que se tenha atenção com seus interesses de fato, mas deve remeter à análise dos órgãos do Estado o poder de resolver se no caso concreto a proteção do interesse individual seja uma demanda do interesse geral ou se, pelo menos, seja compatível com este".[125] As palavras de Jellinek, devidamente contextualizadas ao nosso tempo e ordem constitucional, demonstram que a defesa dos direitos de *status civitatis* deve ocorrer mediante a clara compatibilização do direito reclamado com aquilo que está previsto pelo ordenamento jurídico-constitucional e que vai ao encontro do interesse público. Ao se denominar direitos prestacionais os que pertencem a este *status*, ou seja, direitos que originaram a segunda dimensão dos direitos fundamentais, destaca-se a essencialidade que a satisfação daquele direito público subjetivo tem não apenas para o interessado individualmente, mas para a coletividade como um todo, uma vez que interesse público pressupõe a tutela das individualidades.

Tendo em vista que os direitos sociais hoje são compreendidos como tendo origem nesse *status positivus*, conclusão inevitável é a de que a efetivação de um direito social depende da conjugação do interesse individual com o interesse público, mas sem olvidar que a Constituição de 1988 atribuiu centralidade axiológica ao indivíduo dentro do Estado. Ou seja, não poderá haver interesse individual que, de algum modo, não se enquadre no interesse público de ver as normas jurídicas efetivadas na realidade, de ver a tutela dos direitos individuais e sociais garantida pelas instituições públicas, por exemplo. A própria consciência acerca do direito envolvido torna-se irrelevante, pois um doente que se

---

[124] Cf. JELLINEK, Georg. *System der subjektiven offentlichen Rechte*, trad. it. *cit.*, p. 127.

[125] JELLINEK, Georg. *System der subjektiven offentlichen Rechte*, trad. it. *cit.*, p. 127-128.

encontra inconsciente deverá ter o seu interesse individual a um dar, um fazer ou um prestar por parte do Estado perfectibilizado quando for – adequadamente – atendido em um hospital público e tiver o seu direito à saúde satisfeito. A nota maior dessa espécie de direito público subjetivo é a igualdade, pois, segundo Jellinek, a "igualdade de direito consiste essencialmente na igualdade, pelo menos em última instância, do *status positivus*. Além disso, ela compreende a obrigação geral para o Estado de tratar do mesmo modo coisas iguais, tanto na legislação quanto na jurisdição e na administração".[126]

Ingo Sarlet, destacando a importância e atualidade da *statuslehre* de Jellinek, propõe uma subdivisão dos direitos prestacionais em: (1) direitos a prestações em sentido amplo, incluindo os (1.1) direitos à proteção e os (1.2) direitos à participação na organização e procedimento; e (2) direitos a prestações em sentido estrito, *i.e.*, os direitos do *status positivus socialis*, caracterizados pela possibilidade de o próprio indivíduo pleitear a tutela do seu direito público subjetivo.[127]

Status activae civitatis.

A quarta – e menos abordada pela doutrina – espécie de direito público subjetivo trata dos chamados direitos de participação, *i.e.*, direitos políticos. Embora Jellinek tenha sido altamente crítico a essa expressão por entender que a expressão direito político seria inadmissível juridicamente,[128] pois não poderia gerar direito subjetivo no indivíduo, verifica-se que esse *status* ganhou notoriedade com o rótulo direitos políticos, os quais, segundo J. Miranda, "têm por objecto a interferência das pessoas na própria actividade do Estado, na formação da sua vontade".[129] Jellinek entendia tal espécie de direito como uma "atribuição ao indivíduo de capacidades não compreendidas na sua liberdade natural, capacidades com base nas quais somente pode resultar no exercício de direitos políticos".[130] Diferencia-se do *status civitatis*, sobretudo, porque o seu conteúdo imediato não está constituído por pretensões jurídicas frente ao Estado, mas pela possibilidade que o indivíduo se torne objeto de uma ação estatal, como membro do

---

[126] JELLINEK, Georg. *System der subjektiven offentlichen Rechte*, trad. it. *cit.*, p. 150.

[127] Para uma análise dos direitos prestacionais em suas estruturas funcionais, ainda que não nos mesmos termos propostos originalmente por Jellinek, ver SARLET, Ingo. *A eficácia dos direitos fundamentais, cit.*, p. 184-207.

[128] Cf. JELLINEK, Georg. *System der subjektiven offentlichen Rechte*, trad. it. *cit.*, p. 151-152.

[129] MIRANDA, Jorge. *Manual de Direito Constitucional*, Vol. IV, *cit.*, p. 89.

[130] JELLINEK, Georg. *System der subjektiven offentlichen Rechte*, trad. it. *cit.*, p. 153.

CAPÍTULO 3
A CONSTITUIÇÃO E A ERA DOS DIREITOS FUNDAMENTAIS | 69

próprio ordenamento".[131] Assim, são chamados também de direitos de participação.

Alexy bem aponta que a estrutura formal dos direitos públicos subjetivos de *status activae civitatis* pode ser claramente definida com base no conceito de competência, o que significa dizer, em outras palavras, que para todo direito desse status haverá uma regra de competência que lhe atribui o poder de fazer algo.[132] Nesse sentido, Jellinek afirma que, "enquanto o indivíduo exercita funções estatais, enquanto se torna órgão do Estado, não tem como tal qualquer direito por si mesmo, mas somente competências estatais".[133] Para impedir que a análise meramente formal da estrutura dos direitos desse *status* fique demasiadamente ampla, será necessário agregar também um critério material: ter competência para participar na formação da vontade estatal.[134] Em suma, os direitos do *status activae civitatis* formam uma categoria que combina características de outros dois *status*, tendo em vista que as suas posições "estão sempre ligadas às posições dos outros *status*, pois o exercício de uma competência é sempre obrigatório ou proibido (*status* passivo) ou facultativo (*status* negativo)".[135]

Recorde-se também o alargamento do *status* em exame, proposto por Peter Häberle e destacado por Sarlet, para o que seria um *status activus processualis*, podendo englobar também a dimensão procedimental e organizatória dos direitos fundamentais.[136]

Encerrado esse breve panorama acerca da teoria dos quatro *status* de Jellinek, um questionamento merece ser retomado: qual a condição teórico-normativa dos direitos sociais com base na teoria dos quatro *status*? A normatividade dos direitos sociais tem sido um dos temas de maior relevância nos países que atribuem hierarquia constitucional à tutela desses direitos. Ademais, os direitos sociais como categoria jurídica formam, certamente, um dos melhores exemplos da relação de continuidade existente entre a teoria dos direitos públicos subjetivos e a doutrina dos direitos humanos.

Para tanto, teceremos algumas considerações ilustrativas sobre o direito à educação, pois este é tido como um direito prestacional, cujo

---

[131] JELLINEK, Georg. *System der subjektiven offentlichen Rechte*, trad. it. *cit.*, p. 154.
[132] Cf. ALEXY, Robert. *Theorie der Grundrechte*, trad. esp. *cit.*, p. 268.
[133] JELLINEK, Georg. *System der subjektiven offentlichen Rechte*, trad. it. *cit.*, p. 153.
[134] *Ibidem*. Ver ainda *Id. System der subjektiven offentlichen Rechte*, trad. it. *cit.*, p. 156-157.
[135] ALEXY, Robert. *Theorie der Grundrechte*, trad. esp. *cit.*, p. 269.
[136] Cf. SARLET, Ingo. *Eficácia dos direitos fundamentais*, *cit.*, p. 158.

enquadramento em algum dos *status* da referida teoria carece de maior reflexão. Recorde-se que, em geral, o direito à educação é enquadrado no *status civitatis*. Todavia, propomos repensar o tema e o seu tradicional enquadramento como direito público subjetivo de *status positivus*, *i.e.*, segundo a ideia difundida de que se trata de uma prestação estatal que deve ser dada em nome do interesse público, nos termos da Constituição, destacando-se a universalidade e gratuidade da oferta.

Jellinek ressalta que, no *status positivus*, "o indivíduo possui pretensões perante as instituições estatais para obter prestações estatais em proveito dos interesses individuais".[137] No *status passivo*, está excluída, no dizer de Jellinek, a autodeterminação do indivíduo, pois a ele cabe somente escolher entre as alternativas postas pelo Estado.[138]

Os direitos sociais possuem o que J. E. Faria chama de "propósitos compensatórios", pois a finalidade precípua é desigualar materialmente a igualdade formal existente entre os destinatários possíveis, permitindo que os mais necessitados recebam "compensações" pelas desigualdades que aquela igualdade formal termina criando.[139]

Sarlet recorda a famosa decisão *numerus clausus*, do Tribunal Constitucional Federal alemão (BVerfGE, 33, 303),[140] em que restou afirmado que o direito de acesso ao ensino superior deve gerar uma prestação estatal que corresponda "ao que o indivíduo pode razoavelmente exigir da sociedade, de tal sorte que, mesmo em dispondo o Estado dos recursos e tendo o poder de disposição, não se pode falar em uma obrigação de prestar algo que não se mantenha nos limites do razoável".[141] Acrescenta ainda que "poder-se-ia sustentar que não haveria como impor ao Estado a prestação de assistência social a alguém

---

[137] JELLINEK, Georg. *System der subjektiven offentlichen Rechte*, trad. it. *cit.*, p. 127.

[138] JELLINEK, Georg. *System der subjektiven offentlichen Rechte*, trad. it. *cit.*, p. 96.

[139] Cf. FARIA, José Eduardo. O judiciário e os direitos humanos e sociais: notas para uma avaliação da justiça brasileira. *In*: FARIA, José Eduardo (org.). *Direitos Humanos, Direitos Sociais e Justiça*. São Paulo: Malheiros, 1994. p. 105-106.

[140] A referida decisão foi proferida em 18 de julho de 1972, quando o Tribunal Constitucional Federal alemão entendeu que a diversidade de critérios para a admissão nas universidades gerava insegurança jurídica e lesava, sobretudo, o princípio da igualdade. Com isso, o acesso à universidade passou a ser segundo padrões e critérios universais em toda a Alemanha, deixando mais claras e objetivas as "restrições de capacidade" (*Kapazitätsengpässen*) na distribuição de vagas nas universidades. Devido ao fato de tais restrições poderem decorrer de dificuldades orçamentárias do Estado, a decisão *numerus clausus* costuma ser associada ao início do desenvolvimento da tese da reserva do possível pelo TCF alemão.

[141] SARLET, Ingo. *Eficácia dos direitos fundamentais*, *cit.*, p. 287.

que efetivamente não faça jus ao benefício, por dispor, ele próprio, de recursos suficientes para seu sustento".[142]

A mesma lógica adotada na questão da universalidade e gratuidade absoluta do direito à educação poderia ser estendida ao caso do direito a medicamentos. Embora estejamos diante de matéria que trata de bem com singular essencialidade, *i.e.*, a vida, vemos que a oferta pública, universal e gratuita de medicamentos precisa ser hipotetizada também sob a perspectiva de direito público subjetivo de *status passivo* (*status subjectionis*), pois compete ao poder público determinar a lista de medicamentos em condições de oferta gratuita e universal. Embora seja altamente questionável a limitação que as listas acabam gerando, nem tão questionável é o fato de se discutir a necessidade de comprovação de carência de recursos para a aquisição de medicamentos. Todavia, esse é um tema que foge do escopo do presente item, mas que ilustra com precisão como a teoria dos *status* de Jellinek ainda se mostra atual e passível de adaptações.

3.2 A Constituição de Weimar e o constitucionalismo dos direitos sociais

As grandes transições em períodos históricos, sobretudo quando se trata do surgimento de uma dita nova "era", costumam ser marcadas por uma sucessão de eventos que, quando observados em contexto e conjuntamente, apresentam caracteres comuns. O mesmo ocorre com a transição do período do constitucionalismo liberal para o constitucionalismo dos direitos sociais. Entretanto, nesse caso, há um evento de singular importância e que viria a marcar decisivamente o surgimento dessa nova era do constitucionalismo ocidental: a Constituição de Weimar.

Dentro da temática geral do constitucionalismo transnacional, é necessário abordar a relevância histórica da Constituição Alemã de 1919 por ser o fenômeno constitucional transnacional muito vinculado à defesa e efetivação de direitos de grupos sociais. Aliás, juntamente com os direitos transindividuais, difusos e coletivos, os direitos sociais encontram-se no coração de diversas instituições internacionais e supranacionais de regulação político-jurídica, como a OIT, OMC, OMS

---

[142] *Ibidem.*

e agências e/ou organismos que tratam do direito à educação. Nesse sentido, o presente item recuperará, brevemente, o momento de surgimento da Constituição de Weimar e o contexto histórico mais alargado de constitucionalização dos direitos sociais, desde a Constituição do México, de 1917, permitindo que se passe a falar, neste caso, também de uma circulação de ideias muito similar ao que caracteriza no atual século o constitucionalismo transnacional. Em seguida, analisar-se-á a natureza normativa dos direitos sociais em ambos os referidos processos constituintes, dando especial atenção para as diferenças significativas entre proteger como figura central o trabalhador em vez do cidadão. Em um terceiro momento, será importante reforçar o aspecto epistemológico que caracteriza os direitos sociais em contraposição à categoria dos direitos individuais, o que, de fato, permite que se fale no início de uma nova era do constitucionalismo ocidental. Encerrando o item, será tratado o modo como a constitucionalização dos direitos sociais, na medida em que traz o grupo social para dentro do plano normativo-constitucional, abriu as portas para que o princípio democrático viesse a assumir uma função de alto destaque no constitucionalismo ocidental, tanto que, como veremos no item seguinte, será a principal tônica do chamado novo constitucionalismo latino-americano.

Notoriamente, a Constituição de Weimar é sinônimo do advento do constitucionalismo dos direitos sociais. Em países como a França, isso ocorreria com a Quarta República, em especial com o Preâmbulo à Constituição de 1946; no Brasil, com a Constituição de 1934; na Itália, em 1947, os constituintes não empregaram literalmente a expressão *diritti sociali*, mas, sim, a proteção desses direitos por meio das relações "ético-sociais" (*rapporti etico-sociali*), o que deixou a cargo da Corte Constitucional italiana a tarefa de desenvolver a dimensão de sentido normativo dessas previsões constitucionais. Já a Alemanha do pós-Primeira Guerra Mundial traduziu, em termos dogmático-normativos, como direitos sociais os ideais da democracia social que inspirou, em 9 de novembro de 1918, a Proclamação da República de Weimar, por Philipp Scheidemann. Tanto o uso da expressão direitos fundamentais (*Grundrechte*) como a introdução da categoria direitos sociais (*sozialen Rechte*) foram dois aspectos normativos que diferenciaram os constituintes de Weimar em face dos demais processos constitucionais originários vistos até então.

A ampla circulação de ideias político-constitucionais que se verificava nas duas primeiras décadas do século XX pode ser percebida

CAPÍTULO 3
A CONSTITUIÇÃO E A ERA DOS DIREITOS FUNDAMENTAIS | 73

quando observamos que os ideais do processo político que culminou com a Constituição de Weimar, em 14 de agosto de 1919, nascem bem antes disso, ainda durante a Primeira Guerra Mundial, em flagrante oposição ao modelo de Estado e de sociedade engendrado pela Constituição do Império Alemão, de 1871. Assim, Weimar significava uma oposição direta ao modelo constitucional antecedente e, em paralelo, pretendia se constituir em uma alternativa à configuração política instituída com a Revolução Soviética, pois almejava uma democracia social que não fosse tão centralista quanto a soviética. As pretensões dos constituintes de Weimar podem ser bem resumidas, nesse sentido, na famosa frase de Eduard David, ministro do Interior de Scheidemann e um dos presidentes da Assembleia Nacional constituinte, quando, em discurso na votação da nova Constituição, afirmou que "a República alemã é hoje a democracia mais democrática do mundo".[143]

Do outro lado do Atlântico, dois anos antes, a Constituição do México, de 1º de maio de 1917, em vigor atualmente, é reconhecida por ter sido, do ponto de vista político, o resultado possivelmente mais relevante da Revolução Mexicana, iniciada em 1910, enquanto, do ponto de vista jurídico-constitucional, é lembrada sempre por ter previsto uma vasta gama de direitos sociais com *status* constitucional. A oposição mais imediata que a Revolução pretendia fazer era à ditadura de Porfírio Díaz, encerrada com sua deposição por Francisco Madero, em 25 de maio de 1911. Porém, em meio aos revolucionários, havia uma corrente, liderada por Venustiano Carranza, que se autointitulava liberal constitucionalista e defendia ideais da Constituição liberal de 1857. Tendo sido Carranza um protagonista do processo constituinte a ponto de ser eleito o primeiro presidente da República sob a égide da Constituição de 1917, é possível perceber que sua orientação liberal, ao assumir um viés constitucionalista, esteve refletida no modo pelo qual se desenvolveu o processo constituinte que culminou com o texto que viria a entrar em vigor justamente no Dia do Trabalhador. O historiador mexicano Javier Garciadiego salienta que a Revolução era, no fundo, uma luta de classes e a Constituição precisaria refletir isso.[144] Para tanto, a introdução de uma categoria conceitual como os direitos

---

[143] "Die Deutsche Republik ist fortan demokratischste Demokratie der Welt!" DAVID, Eduard. *Discurso de 31 de julho de 1919*. Assembleia Nacional Constituinte de Weimar. Disponível em: https://www.reichstagsprotokolle.de/Blatt2_wv_bsb00000013_00070.html.

[144] Cf. GARCIADIEGO, Javier. *La Revolución Mexicana. Crónicas, documentos, planes y testimonios*. México: Universidad Nacional Autónoma de México, 2003. p. 195-196. Do mesmo autor, ver

sociais permitiria que o centro gravitacional da tutela constitucional não estivesse em torno de um grupo social específico, como os trabalhadores, mas, sim, daquela noção em torno da qual giraria a dogmática constitucional: a cidadania.

O texto originalmente aprovado, em 1917, contava, em seu Título I, com um Capítulo I, intitulado *De las garantias individuales*, que ainda conservava uma gramática liberal centrada na categoria dos "direitos civis e políticos", mas já o seu artigo 3 introduzira uma ampla previsão acerca do direito à educação. Nos títulos seguintes, ficava também evidenciada a proteção aos direitos sociais em artigos como o extenso 27, que tratava da propriedade e dos limites à intervenção estatal. Todavia, o art. 123 era o mais destacado reflexo da luta de classes que ensejou a Revolução Mexicana: tratava dos direitos dos trabalhadores, tanto individual quanto coletivamente.

Promulgada em Assembleia Constituinte instituída na cidade de Querétaro, a Constituição Mexicana de 1917 é um marco histórico para o constitucionalismo dos direitos sociais nas Américas e que se soma ao amplo alcance internacional que a Constituição de Weimar ganhou nesse percurso do que se pode chamar de nova era do constitucionalismo ocidental. Um ponto importante a destacar, nesse sentido, está diretamente relacionado ao que fora antecipado com a obra de Jellinek: a natureza normativa dos direitos sociais. Se em Querétaro estava muito presente ainda a orientação ideológica a partir dos chamados "direitos civis e políticos", embora o texto em si tenha associado a cidadania ao exercício de um vasto rol de direitos sociais, em Weimar o ponto de referência era a figura do trabalhador. A ampliação do direito de voto para as mulheres e as políticas igualitárias em termos de cidadania estavam, textualmente, muito associadas ao *status* de trabalhador. Situado no Capítulo V da Parte II – "Direitos fundamentais e deveres dos Alemães", o art. 162 é o único a referir, literalmente, a categoria direitos sociais (*sozialen Rechte*), mas veja-se que o faz com menção à necessidade de o Estado fornecer padrões mínimos de "direitos sociais a todas as classes de trabalhadores da Humanidade".[145]

---

também: *Id.*, ¿Por qué, cuándo, cómo y quiénes hicieron la Constitución de 1917? *Historia Mexicana*, vol. 66, n. 3, 2017, p. 1183-1270.

[145] Constituição de Weimar, art. 162 "Das Reich tritt für eine zwischenstaatliche Regelung der Rechtsverhältnisse der Arbeiter ein, die für die gesamte arbeitende Klasse der Menschheit ein allgemeines Mindestmaß der sozialen Rechte erstrebt". Em inglês: "The Reich shall endeavor to obtain an interstate regulation of the legal status of laborers which shall have as

No item precedente, ao analisarmos a teoria dos *status* de Jellinek, é possível localizar a origem desse terceiro *status* normativo, além do *status libertatis* e do *status subjectionis*, isto é, um *status civitatis* que demanda prestações positivas por parte do Estado em proveito de determinado grupo social. Por consequência, a Constituição de Weimar instaurou um regime jurídico que tornou possível ao indivíduo ser compreendido dentro do contexto específico do seu grupo social, fosse ele trabalhador, estudante, aposentado, doente etc.

O jurista tcheco Karel Vasak, ao proferir sua célebre palestra no Instituto Internacional de Direitos Humanos, em Estrasburgo, em 1979, bem capta que, para além dos confins dos direitos fundamentais dentro dos Estados nacionais, os direitos humanos possuiriam três "gerações": a primeira, de direitos tipicamente individuais; já a segunda, tratando de direitos sociais, econômicos e culturais, restando a terceira para proteger aqueles direitos que iriam além das duas primeiras gerações e poderiam ser resumidos à ideia de direitos de solidariedade entre povos do mundo.[146] Muito difundida e assertiva é a crítica – que necessita, portanto, ser reiterada aqui – acerca do caráter meramente histórico da expressão "gerações", pois a definição mais exata está na expressão "dimensões" para referir a natureza normativa de cada uma dessas três dimensões/gerações descritas por Vasak.[147] Todavia, como a presente Parte desta obra é de cunho histórico, o uso da expressão "gerações" é útil no sentido de reforçar ainda mais a importância da Constituição de Weimar para a constitucionalismo ocidental e mesmo para o desenvolvimento do direito internacional dos direitos humanos, tendo em vista que inaugura uma nova etapa de direitos fundamentais dentro da Alemanha e também reposiciona o *status* normativo de uma nova categoria de direitos, isto é, os direitos sociais.

Por fim, há uma característica presente na Constituição de Weimar e que influenciou o modo pelo qual o princípio democrático viria a assumir uma função destacada no constitucionalismo ocidental,

---

itg object the establishment of a general minimum standard of social rights for all working classes of mankind".

[146] Para uma mais detida análise do próprio autor, na qual ele inclusive passa a adotar a terminologia dimensões, ver VASAK, Karel (org.). *The International Dimensions of Human Rights*. Vol. 1. Westport: Greenview Press, 1982. p. 1-9, "Human rights: the legal situation".

[147] Os constitucionalistas Paulo Bonavides e Ingo Sarlet apontaram essa insuficiência da denominação "gerações de direitos" em, respectivamente, BONAVIDES, Paulo. *Curso de Direito Constitucional*. 7. ed. São Paulo: Malheiros, 1999. p. 525; e SARLET, Ingo. *Eficácia dos direitos fundamentais*, *cit.*, p. 45.

sobretudo no pós-Segunda Guerra Mundial. O historiador do constitucionalismo Horst Dippel[148] aponta que, embora tenha sido a República de Weimar muito marcada pelos equívocos políticos do Partido Social Democrata Alemão e pela ascensão do nazismo, existe um legado muito importante deixado pela Constituição de Weimar: a extensão do voto às mulheres mais do que dobrou o número de eleitores, o que promoveu, juntamente com a introdução de inúmeros direitos sociais, um fortalecimento do sentimento de pertencimento político aos indivíduos e, por consequência, de consolidação do princípio democrático como norteador do constitucionalismo que se desenvolveria no Ocidente após o fim da Segunda Guerra Mundial e a queda dos totalitarismos nazifascistas. Todavia, no item a seguir será tratado o modo pelo qual o princípio democrático viria a se destacar no chamado novo constitucionalismo latino-americano.

3.3 O novo constitucionalismo latino-americano no início do século XXI

A alta relevância histórica do constitucionalismo estadunidense assume uma hegemonia no campo epistemológico da teoria constitucional que, muitas vezes, coloca os demais processos constitucionais nas Américas em um plano secundário. No entanto, no final do século XX e início do XXI, ocorreu o florescimento de um fenômeno especificamente na América Latina e que, como denominaram Roberto Viciano Pastor e Rubén Martínez Dalmau, significou o surgimento de um *constitucionalismo sin padres*, isto é, um novo modelo de constitucionalismo em oposição aos existentes até então, sobretudo na América do Sul.[149]

---

[148] Ver DIPPEL, Horst. What to celebrate? The place of the weimar constitution within the history of modern constitutionalism. *Giornale di storia costituzionale*, vol. 38, n. 2, 2019, p. 13-26.

[149] "Nadie, salvo el pueblo, puede sentirse progenitor de la Constitución, por la genuina dinámica participativa y legitimadora que acompaña a los procesos constituyentes. Desde la propia activación del poder constituyente, a través de referéndum hasta la votación final para su entrada en vigor, pasando por la introducción participativa de sus contenidos, los procesos se alejan cada vez más de aquellas reuniones de elites del viejo constitucionalismo para adentrarse, con sus ventajas y sus inconvenientes, en su propio caos, del que se obtendrá un nuevo tipo de Constitución: más amplia y detallada, de mayor originalidad, pensada para servir a los pueblos, cercana de nuevo al objetivo revolucionario." VICIANO PASTOR, Roberto; MARTÍNEZ DALMAU, Rubén. Los procesos constituyentes latinoamericanos y el nuevo paradigma constitucional. *IUS – Revista del Instituto de Ciencias Jurídicas de Puebla*, n. 25, 2010, p. 13.

Um novo constitucionalismo que teria a pretensão de questionar a presença da colonialidade nos saberes e, por consequência, nas instituições públicas e nos modelos constitucionais, propondo, em apertada síntese, o redimensionamento do princípio democrático para fins de permitir que a pluriversalidade de formas de existência humana pudesse ser refletida nos processos constitucionais originários.

Uma primeira aproximação, em termos de circulação de ideias político-filosóficas, poderia ser feita com o pensamento do filósofo sul-africano Mogobe Ramose, para quem a noção de *Ubuntu* como "atenção ao outro", por mais que tenha sido originária de tribos Zulu, permite conceber a humanidade como um conjunto de diferentes formações culturais unidas por um sentido comum de solidariedade.[150] Esse paralelo que se esboça aqui, a título introdutivo, tem por finalidade demonstrar como o pan-africanismo, representado pelo pensamento de Ramose, enquadra-se no mesmo contexto alargado – logo, não apenas latino-americano – de desenvolvimento de uma visão descolonial de sociedade, organização política, instituições, enfim, uma visão de mundo não eurocêntrica.

A conquista da América pelos europeus é tida como um ponto de referência na história do Ocidente e mesmo da humanidade, mas essa concepção eurocêntrica de história desconsidera o passado pré-colonial dos povos que habitavam nesses territórios. O sociólogo peruano Anibal Quijano detecta que esse processo de "descoberta" da América é, antes de tudo, o início da afirmação de uma razão histórica que concebe o racionalismo como um projeto de libertação das sociedades conquistadas e necessária incorporação/assimilação ao modelo europeu de civilidade; mais ainda, com o passar dos séculos, essa razão histórica – que tinha uma pretensão libertadora – cedeu espaço à razão instrumental, que logo se tornaria hegemônica por associar razão e dominação.[151] A vitória da razão instrumental silencia as figuras míticas, o primado da oralidade, as crenças na transcendência, entre outros caracteres que tão fortemente caracterizavam os povos originários dos territórios conquistados nas Américas.

A conquista não se limita ao ano de 1492. Ela é um processo contínuo de renovação da hegemonia da razão instrumental não apenas

---

[150] Ver RAMOSE, Mogobe B. *African philosophy through ubuntu*. Harare: Mond Books, 1999.

[151] Cf. QUIJANO, Aníbal. *Modernidad, identidad y utopía en América Latina*. Lima: Ediciones Sociedad y Política, 1988. p. 54-55.

sobre os territórios, mas sobretudo nos saberes. O sociólogo venezuelano Edgardo Lander bem capta esse processo na noção de "colonialidade do saber": a exportação do modelo "puro" de saberes da Europa para as demais partes do mundo que deve se expandir inclusive em face daqueles saberes ainda não conhecidos em solo europeu.[152] Nesse sentido, o semiólogo argentino Walter Mignolo sustenta que a destruição violenta dos povos originários e o desprezo pelos seus saberes durante a colonização das Américas deixaram uma ferida colonial que deu origem a conflitos internos que replicam padrões típicos da conflituosidade presente no modelo de Estado moderno europeu.[153]

Por tal motivo, é necessário entender a descolonialidade como uma condição de possibilidade da historiografia latino-americana contemporânea, na medida em que esta busca a descrição analítica dos fatos e possibilita que as narrativas históricas universais sejam superadas em proveito de uma compreensão de história que parte da primazia dos fatos e, por consequência, dos desdobramentos e encadeamentos entre os elementos que os estruturam. Em suma, em vez de focar na história a partir do ponto de vista do narrador, passa-se a focar a história a partir dos elementos concretos presentes nos fatos descritos.

O constitucionalismo na América Latina, a partir de 1980-1990, tem como pressuposto epistemológico uma compreensão descolonial de saberes. Trata-se do desprendimento de que fala Walter Mignolo ao se referir à necessidade que o pensamento latino-americano tem de ir além das tradicionais matrizes europeias e encontrar os seus próprios conceitos, categorias e princípios vinculados ao tempo presente dos seus respectivos povos.[154] Verifica-se uma refundação epistêmica da tradição crítica do pensamento latino-americano por meio daquilo que se convencionou chamar de "giro decolonial", isto é, a radicalização do argumento pós-colonial como um movimento de oposição e resistência à lógica da colonialidade que caracteriza a Modernidade como projeto político abrangente.[155] O antropólogo colombiano Arturo Escobar

---

[152] Cf. LANDER, Edgardo. Ciencias sociales: saberes coloniales y eurocéntrico. In: Id. (org.). La colonialidad del saber: eurocentrismo y ciencias sociales: perspectivas latinoamericanas. Buenos Aires: CLACSO, 2000. p. 10-11.

[153] Ver MIGNOLO, Walter. La idea de América Latina: la herida colonial y la opción decolonial. Tradução: Silvia Jawerbaum e Julieta Barba. Barcelona: Gedisa, 2007.

[154] Ver MIGNOLO, Walter. Desobediencia epistémica: retórica de la modernidad, lógica de la colonialidad y gramática de la descolonialidad. Buenos Aires: Ediciones del Signo, 2010.

[155] Cf. BALLESTRIN, Luciana Maria de Aragão. América Latina e o giro decolonial. Revista Brasileira de Ciência Política, n. 11, 2013, p. 90-91.

destaca a singular importância da perspectiva descolonial para os países latino-americanos em decorrência do fato de que a globalização, com seus diversos processos internos (econômicos, políticos, culturais etc.), reforça a pretensão de universalidade e a radicalização dos referenciais da Modernidade.[156]

Um segundo pressuposto epistemológico ao constitucionalismo latino-americano pode ser visto na Filosofia da Libertação, muito influenciada pelo filósofo argentino Enrique Dussel.[157] Resumidamente, essa corrente filosófica propõe uma crítica aos fundamentos da Modernidade e aponta para a necessidade de superação da dualidade dominador e dominado. A história seria produto de uma construção local e contextual de cada povo em concreto, de modo que o processo de autoconhecimento coletivo seria também uma forma de emancipação epistêmica e, por consequência, intelectual de um povo em face do seu dominador/conquistador. Dussel indica que as insuficiências da Modernidade podem ser superadas por uma transmodernidade destinada a promover a correalização entre centro e periferia, entre opressor e oprimido, a partir de uma ideia compartilhada de solidariedade.[158]

O próprio Dussel resume a Filosofia da Libertação como um *"movimiento post-moderno avant la lettre, en realidad transmoderno, que aprecia la crítica postmoderna pero la descentra desde la periferia mundial y la reconstruye desde las exigencias políticas concretas de los grupos subalternos"*.[159] Enzo Bello destaca a importância de que seja mantida a ideia original de "liberação", do espanhol *liberación*, porque essa emancipação é, em definitivo, uma desobediência epistêmica dos sujeitos colonizados e dos seus saberes ofuscados.[160] Assim, o novo constitucionalismo latino-americano se enquadra dentro do constitucionalismo ocidental, certamente. A originalidade do movimento está na superação da dinâmica de colonialidade do poder e dos saberes em proveito de uma efetiva

---

[156] Cf. ESCOBAR, Arturo. Beyond the Third World: Imperial Globality, Global Coloniality, and Anti-Globalization Social Movements. *Third World Quarterly*, vol. 25, n. 1, 2004, p. 207-230.

[157] Ver DUSSEL, Enrique. *Filosofía de la liberación*. México: EDICOL, 1977.

[158] Ver DUSSEL, Enrique. *Hacia una filosofía política crítica*. Bilbao: Editorial Desclée de Brouwer, 2001; e Id. *Posmodernidad y Transmodernidad. Diálogos con la filosofía de Gianni Vattimo*. Puebla: Universidad Iberoamericana-Golfo Centro, 1999.

[159] DUSSEL, Enrique. *Hacia una filosofía política crítica, cit.*, p. 452.

[160] Ver BELLO, Enzo. O pensamento descolonial e o modelo de cidadania do novo constitucionalismo latino-americano. *Revista de Estudos Constitucionais, Hermenêutica e Teoria do Direito*, vol. 7, n. 1, 2015, p. 54. Do mesmo autor, para uma análise mais ampla do movimento em tela, ver BELLO, Enzo. *A cidadania no constitucionalismo latino-americano*. Caxias do Sul: EDUCS, 2012.

liberação dos povos por meio dos seus processos constituintes originários.

Fernanda Bragatto ressalta que a relação desse movimento com a perspectiva descolonial dos saberes possibilitou trazer para dentro das constituições a visão de sociedade que grupos historicamente marginalizados possuem enquanto indígenas, mulheres, campesinos e demais formações sociais originalmente incluídas na abstrata noção clássica de cidadão.[161] Se, por um lado, o novo constitucionalismo latino-americano se opõe à herança colonial da Modernidade, por outro lado, busca também apresentar uma alternativa de constituição em face da concepção liberal-burguesa que marcava os constitucionalismos desses países logo após seus processos de independência. Embora o constitucionalismo dos direitos sociais tenha se desenvolvido em diversos países da América Latina, como o Brasil e sua Constituição de 1934, a orientação liberal-individualista e patrimonialista se mostrava presente mesmo nos textos constitucionais promulgados já sob a era dos direitos sociais.

Uma característica marcante desses movimentos constitucionais em países latino-americanos logo após os seus respectivos processos de independência foi a consolidação de uma identidade política definida por um acordo político entre liberais e conservadores. Roberto Gargarella denominou *constitucionalismo de fusão* o processo político que deu origem a essas constituições liberais-conservadoras que terminariam por estruturar modelos de Estados centrados na neutralidade e na laicidade, em um presidencialismo com tendência ao excessivo protagonismo do chefe de Estado e, por consequência, em um federalismo centralista.[162] Em suma, a partir de meados do século XIX, ocorreu a proliferação de textos constitucionais de orientação liberal-conservadora para fins de

---

[161] Ver BRAGATO, Fernanda Frizzo; CASTILHO, Natalia Martinuzzi. A importância do pós-colonialismo e dos estudos descoloniais na análise do novo constitucionalismo latino-americano. *In*: VAL, Eduardo Manuel; BELLO, Enzo (org). *O pensamento pós e descolonial no novo constitucionalismo latino-americano*. Caxias do Sul: EDUCS, 2014. p. 12. No mesmo sentido, ver BRAGATO, Fernanda Frizzo. Para além do discurso eurocêntrico dos direitos humanos: contribuições da descolonialidade. *Novos estudos jurídicos*, vol. 19, n. 1, 2014, p. 201-230; e *Id.* O que há de novo no constitucionalismo latino-americano: reflexões sobre o giro descolonial. *In*: GOMES, Ana Cecília de Barros; STRECK, Lenio L.; TEIXEIRA, João Paulo Allain (coord.). *Descolonialidade e Constitucionalismo na América Latina*. Belo Horizonte: Arras Editores, 2015. p. 52-61.

[162] Cf. GARGARELLA, Roberto. *La sala de máquinas de la Constitución*: dos siglos de constitucionalismo en América Latina (1810-2010). Buenos Aires: Katz Editores, 2014. p. 9.

atender às demandas das elites políticas e econômicas locais, muito marcadas pelo patrimonialismo estamental.[163]

A constitucionalista peruana Raquel Yrigoyen Fajardo descreve o novo constitucionalismo latino-americano em três ciclos:[164]

(i) fase do constitucionalismo multicultural: entre 1982 e 1988, dentro do qual se insere a Constituição Brasileira de 1988, é marcada pela proteção à identidade cultural a partir de uma compreensão multicultural de sociedade;

(ii) fase do constitucionalismo pluricultural: entre 1989 e 2005, tendo como principais constituições as da Colômbia (1991), México e Paraguai (1992), Peru (1993), Bolívia e Argentina (1994), Equador (1996 e 1998) e Venezuela (1999), caracteriza-se por assumir o pluralismo e a diversidade cultural como princípios constitucionais que norteariam a produção de normas infraconstitucionais voltadas à tutela de direitos de formações culturais e povos indígenas sobre suas terras, seus modos de ser e suas necessidades de participação e representação política;

(iii) fase do constitucionalismo plurinacional: entre 2006 e 2009, contando com as constituições do Equador (2008) e da Bolívia (2009) como melhores exemplos, buscou consolidar um projeto político-constitucional descolonizador, igualitário e centrado na ideia de Estados plurinacionais, o que permitiu o reconhecimento de culturas diversas como "nações originárias" dentro do mesmo Estado politicamente instituído.

Para uma compreensão analítica do fenômeno, interessante ver como Roberto Viciano Pastor e Rubén Martínez Dalmau[165] descrevem

---

[163] Sobre o patrimonialismo estamental na formação do Estado brasileiro, é clássica a obra de Raymundo Faoro Jr., de onde retiramos sua ideia de que: "A elite do patrimonialismo é o estamento, estrato social com efetivo comando político, numa ordem de conteúdo aristocrático". FAORO, Raymundo. *Os donos do poder*: formação do patronato político brasileiro. São Paulo: Globo, 2012. p. 830.

[164] Cf. YRIGOYEN FAJARDO, Raquel. El horizonte del constitucionalismo pluralista: del multiculturalismo a la descolonización. *In*: RODRÍGUEZ GARAVITO, César (coord.). *El derecho en América Latina*: un mapa para el pensamiento jurídico del siglo XXI. Buenos Aires: Siglo Veintiuno Editores, 2011. p. 139-159.

[165] Cf. VICIANO, Roberto; MARTÍNEZ; Rubén. Aspectos generales del nuevo constitucionalismo latinoamericano. *In*: AAVV. (ed.). *Corte Constitucional de Ecuador para el período de transición. El nuevo constitucionalismo en América Latina*. Quito: Corte Constitucional del Ecuador, 2010. p. 13-43.

quatro características formais do novo constitucionalismo latino-americano:

(i) a ruptura democrática: significa a oposição com o velho constitucionalismo e a instituição de um novo modelo que tenha como finalidade precípua a busca pelo bem viver, pelo bem-estar social, pela maior integração social e pela legitimação do poder; trata-se de uma original e inovadora abertura formal do governo aos elementos de participação social e política;

(ii) a extensão: são constituições muito caracterizadas pela ampla dimensão analítica dos textos constitucionais, tendo em vista o elevado número de direitos a reconhecer e ao *status* constitucional atribuído não apenas aos poderes instituídos, mas também a seus respectivos mecanismos internos de efetivação e realização institucional;

(iii) a complexidade: característica muito associada à extensão, decorre da necessidade de superar a sucintez da época nominalista, muito presente na Constituição estadunidense, e adotar uma estrutura que permita ao intérprete encontrar, a partir da redação do texto, a dimensão de sentido da norma constitucional;

(iv) a rigidez: é uma marca da totalidade dos textos constitucionais do novo constitucionalismo latino-americano, pois, sem adotar uma inflexível imutabilidade textual, limita o legislador reformador a seguir um processo legiferante mais rígido, quando em comparação com as leis ordinárias, o que retira a maleabilidade do texto constitucional a humores políticos volúveis e meramente contingenciais do Parlamento; assim, uma reforma mais ampla e estrutural da constituição requereria um novo debate político em sede de poder constituinte originário.

Os mesmos autores arrolam também cinco características materiais do novo constitucionalismo latino-americano:[166]

---

[166] Cf. VICIANO, Roberto; MARTÍNEZ; Rubén. *Aspectos generales del nuevo constitucionalismo latino-americano, cit.*, p. 26-34.

(i) democracia participativa: a introdução de novos mecanismos de participação política, além dos tradicionalmente existentes na democracia representativa, reforçando o compromisso constitucional de promover a participação por meio de fórmulas diretas de interação entre governo e vontade popular;

(ii) amplas cartas de direitos fundamentais: diferentemente do constitucionalismo chamado pelos autores de clássico, o novo constitucionalismo busca reconhecer o mais vasto rol de direitos fundamentais, em especial para grupos vulneráveis e povos originários; paralelamente, consolidam instrumentos processuais, administrativos e/ou judiciais para assegurar o exercício desses direitos;

(iii) mecanismos de integração de setores historicamente marginalizados: por estarem assentadas em concepções de diversidade cultural e pluralismo jurídico, são constituições que reconhecem, em especial aos povos indígenas e grupos minoritários, a legitimidade para autonomamente acessarem a Administração Pública e o sistema de justiça para a efetivação dos seus respectivos direitos; a Constituição da Bolívia, de 2009, talvez seja o exemplo mais contundente dessa transformação de perspectiva constitucional, uma vez que, ao definir a configuração das instituições públicas do Estado plurinacional, criou o primeiro Tribunal Constitucional com eleição direta por parte do povo para o cargo de juiz constitucional, havendo ainda reserva de vagas para indivíduos pertencentes a grupos indígenas;

(iv) normatividade constitucional: redimensionando a ideia clássica de supremacia da Constituição, estabelece um amplo acesso ao exercício do controle concentrado de constitucionalidade, quando não o combina com o controle difuso de constitucionalidade para fins do mais democrático acesso à justiça constitucional;

(v) constituição econômica: essa expressão muito ilustra o modo pelo qual o novo constitucionalismo latino-americano ressignifica a atuação do Estado na economia, cuja participação se traduz em aspectos relevantes, como a decisão pública sobre os usos de recursos naturais e regulamentação das atividades financeiras; mais ainda, são novas constituições que apreciam uma dinâmica voltada à integração latino-americana mais ampla do que a meramente econômica.[167]

Conclusivamente, é possível dizer que o novo constitucionalismo latino-americano recebeu, em termos teórico-filosóficos, muita influência da Filosofia da Libertação e do pensamento descolonial, enquanto, do ponto de vista normativo, atribuiu centralidade ao princípio democrático ao trazer a representação dos grupos e formações sociais para dentro do processo político, notadamente, para dentro da estruturação das instituições públicas.

---

[167] VICIANO, Roberto; MARTÍNEZ; Rubén. *Aspectos generales del nuevo constitucionalismo latino-americano, cit.*, p. 34-38.

PARTE II

ONTOLOGIA

Natureza e conteúdo do constitucionalismo transnacional

Sim, em busca de uma ontologia... A presente parte tem a consciente e imodesta pretensão de propor pensarmos o constitucionalismo transnacional a partir de uma possível ontologia própria do constitucionalismo moderno. Diz-se imodesta porque toda ontologia ambiciona conhecer o ser em si, isto é, conhecer o ser na sua dimensão fenomênica de realização. Mas o que seria o ser do constitucionalismo? A resposta que se assumirá a seguir parte do pressuposto que, formalmente, esse ser deve se expressar por meio de uma constituição. Se a resposta parece óbvia, pois um constitucionalismo pressupõe uma constituição escrita ou não escrita, por mais que a recíproca não seja verdadeira e seja possível uma constituição sem constitucionalismo, não será óbvio o questionamento central que norteia esta parte: qual o ser do constitucionalismo transnacional?

O quarto capítulo da obra e primeiro da Parte pretende reconstruir as principais teorias ocidentais que buscaram nos últimos dois séculos fundamentar um conceito de constituição. O elenco de concepções e autores, por mais arbitrário que possa parecer *prima facie*, reflete diretamente as experiências históricas descritas na Parte I acima. Ademais, a Parte III, ao tentar propor um conceito de constituição histórica transnacional, dependerá das categorias teóricas retomadas neste capítulo.

O quinto capítulo estabelece o ponto imediato de contato do tema central desta obra com o chamado direito internacional dos direitos humanos. O processo de internacionalização do fenômeno constitucional e das disposições normativas das constituições, ocorrido na segunda metade do século XX, embora sempre com base em uma matriz estatal a partir daquilo que se convencionou chamar doutrina dos direitos humanos, será tomado aqui como marco dogmático referencial para o surgimento e consolidação do constitucionalismo em perspectiva transnacional. A abordagem ao direito internacional dos direitos humanos busca demonstrar que a evolução desse direito permitiu que os direitos humanos transcendessem da condição de mera doutrina política para uma real ontologia pré-normativa.

O capítulo final desta Parte enfrenta aqueles que podem ser tidos como os conceitos essenciais de toda teoria constitucional moderna, porém redimensionando-os em perspectiva transnacional. Se o moderno era estruturalista, poder e legitimidade terão que ser pensados à luz da crise da modernidade e, por consequência, da emergência da pós-modernidade. O mesmo ocorre com os conceitos de normalidade e exceção, em especial com a insuficiência da noção de exceção em face dos perigos do caos normativo-constitucional. Por fim, o que move o fenômeno constitucional em perspectiva transnacional? Sob pena de não cair em relativismos ou ser hegemonizado por atores com poder de alcance global, será necessário buscar a compreensão da dimensão ontológica que subjaz aos bens jurídicos universais.

CAPÍTULO 4

O QUE É UMA CONSTITUIÇÃO?
TEORIAS DA CONSTITUIÇÃO

O constitucionalismo ocidental possui, em suas experiências históricas locais dentro dos Estados nacionais, a figura da constituição escrita como expressão máxima da dimensão dogmática do fenômeno constitucional, tendo como mais importante exceção, conforme visto na Parte precedente, a Constituição britânica e sua dimensão histórica. No entanto, resumir o conceito de constituição ao seu sentido formal significa reduzir um problema ontológico à mera dimensão fria do texto da constituição; quando pensada a *constituição formal* como delimitadora dos procedimentos e formas de legiferação dentro de uma ordem constitucional instituída, torna-se parâmetro de controle da compatibilidade procedimental do modo de produção da legislação infraconstitucional com o disposto na constituição em si. Por outro lado, o conceito de *constituição material* delimita quais são os direitos fundamentais dos indivíduos e quais são as normas substanciais essenciais para a estruturação do Estado e para a boa organização da sociedade.[168] Assim, antes de se chegar a essa definição dicotômica (formal/material) amplamente aceita hodiernamente, há um questionamento clássico que tem sido feito desde o início do movimento constitucional liberal: o que é uma constituição?

---

[168] Para a distinção entre constituição formal e material, ver MATHIEU, Bertrand; ARDANT, Philippe. *Droit constitutionnel et institutions politiques*. 29 éd. Paris: LGDJ, 2017-2018. p. 70-71; VERPEAUX, Michel. *Droit constitutionnel français*. Paris: Presses Universitaires de France, 2013. p. 65-68. Todavia, recorde-se a clássica obra de Mortati sobre essa mesma diferenciação acerca do conceito de constituição: MORTATI, Costantino. *La costituzione in senso materiale*. Milano: Giuffrè, 1998.

A análise da natureza de uma constituição e de sua função dentro de uma ordem político-jurídica instituída é um problema enfrentado por diferentes autores ao longo dos dois últimos séculos. Tomando como base a recorrente presença em cursos de direito constitucional e mesmo na historiografia do pensamento jurídico-constitucional, foram eleitas seis teorias da constituição para tentar responder ao questionamento que norteia o presente capítulo. Na medida em que se situam entre os períodos das revoluções liberais do século XVIII e a primeira metade do século XX, pois o pós-Segunda Guerra Mundial ocasionou o início da internacionalização do direito constitucional, essas seis teorias estão na base de grande parte das concepções locais de constituição desenvolvidas pelos tribunais constitucionais dos países inseridos no constitucionalismo ocidental.

Novamente, o que é uma constituição? Esse questionamento tem sido recorrente no pensamento político-jurídico ocidental desde antes mesmo do período das revoluções liberais. André Lemaire referia o século XVI como um momento em que, por um lado, juristas como François Hotman demonstravam preocupação em dissociar o fundamento da origem da França do puro poder absoluto do monarca, tanto que o seu clássico *Franco-gallia* (1573) aponta para uma noção – ainda incipiente à época – de soberania popular como tal fundamento, enquanto, por outro lado, o uso do termo *lois fondamentales* já se mostrava recorrente em políticos como o Duque d'Anjou, de Alençon, que sustentava não ser possível manter um reino sem suas "leis fundamentais".[169] Ainda que estivéssemos aqui diante de caracteres que remetem diretamente a uma das mais essenciais funções de uma constituição, isto é, a limitação do poder, o próprio emprego da palavra *constituição* mostra-se muito mais antigo, podendo ser visto em Aristóteles com o altamente abrangente conceito de *politeia* e também nos romanos do período imperial com as *constitutiones principis,* um conjunto de expedientes legislativos que incluía normas de caráter geral, como as *edicta* e *mandata,* bem como normas de caráter particular, como *decreta, epistulae* e *rescripta.*

O que parece unir Aristóteles, Hotman e outros autores prémodernos distantes entre si por séculos ou milênios é a necessidade de dar forma, isto é, de corporificar as normas mais essenciais que estruturam as bases de suas organizações políticas e, por consequência, separam

---

[169] Cf. LEMAIRE, André. *Les Lois Fondamentales de la Monarchie française. D'après les théoriciens de l'ancien régime.* Paris: Fontemoing, 1907. p. 99-102, 106.

a civilidade da barbárie. No entanto, a porta de entrada muito própria da Modernidade intocada por todos eles é algo evidente: a limitação do poder público como função essencial de uma constituição. Função essencial e suficiente em si mesma, independentemente de legitimações metafísicas ou teológicas. Assim, a singela pergunta que dá título a este capítulo poderia ser respondida com centenas de páginas, em diversos sentidos possíveis ao longo da história.

Nos itens seguintes, ousaremos tentar responder o referido questionamento em cada um dos autores que, a nosso sentir, foram decisivos na formação do pensamento político-jurídico ocidental: Burke, Lassalle, Marx, Hauriou, Kelsen e Schmitt. O caráter aparentemente "arbitrário" dessa eleição é suavizado pelo fato de que diversos autores, mesmo de manuais e cursos, apontam para o referido rol como um elenco mínimo de pensadores responsáveis por aquilo que se convencionou chamar de teorias da constituição.[170]

4.1 Concepções jusnaturalistas

Uma primeira definição de contato temporal imediato com o início do constitucionalismo ocidental pode ser estabelecida com o impreciso conceito de *constituição jusnaturalista*. Impreciso porque não é uma terminologia recorrente na doutrina e por não ter claras bases teóricas que o dissociem das medievais *lois du royaume* ou *lois fondamentales*, responsáveis pela estruturação normativa das monarquias europeias da baixa Idade Média.[171] Tratando da França do *Ancien Régime*, Olivier Beaud salienta que o termo constituição, ainda inspirado na antiga noção de *constitutio*, oriunda do latim, pouco significado real possuía, restando ainda muito associado à prerrogativa do soberano de emanar prescrições para os súditos.[172]

---

[170] MIRANDA, Jorge. *Teoria do Estado e da Constituição*. 3. ed. Rio de Janeiro: Forense, 2011. p. 188-192 apresenta o mesmo elenco como uma espécie de ilustração daquelas que são as grandes correntes doutrinais acerca do problema constitucional.

[171] Especificamente na França, as chamadas *lois fondamentales du royaume*, de natureza consuetudinária e origens imemoriais nos costumes locais das primeiras dinastias do Reino, passaram a ser desenvolvidas como leis em sentido formal a partir da dinastia Bourbon. Sobre o tema, ver CHEVALLIER, Jean-Jacques. *Histoire de la pensée politique*. Tome I. *De la Cité-État à l'apogée de l'État-Nation monarchique*. Paris: Payot, 1979.

[172] Ver BEAUD, Oliver. L'histoire du concept de constitution en France. De la constitution politique à la constitution comme statut juridique de l'Etat. *Jus Politicum: Revue de droit politique*, n. 3, 2009. Disponível em: https://juspoliticum.com/

Todavia, não apenas no século XVIII, mas um ou dois séculos antes, na Europa continental e na Inglaterra, as monarquias passaram a tentar justificar seus poderes absolutos de modo mais direto na natureza humana, sem precisar recorrer à legitimação da *Respublica Christiana*. Desenvolvia-se uma concepção de constituição jusnaturalista que descrevia as organizações entre poderes, sob a legitimidade espiritual da Igreja católica, como uma situação de fato produzida pela evolução histórica de determinada coletividade, não por uma mera vontade soberana; o reino seria um corpo orgânico responsável por bem ordenar uma sociedade, antes mesmo de garantir direitos. Jean-Baptiste Busaall recorda que a dinastia Bourbon foi a responsável por esse alto grau de organicidade do Reino da França, uma vez que, até então, as relações de privilégios, foros e mesmo leis estavam centradas em diferentes pontos de sustentação fora do território francês, como em Roma e no Reino da Espanha.[173]

Há ainda a relação entre soberania e poder normativo, que foi construída, ao longo dos séculos XVI e XVII, por juristas como Jean Bodin (1530-1596) e Charles Loyseau (1564-1627), aumentando, por um lado, a relevância de uma diferenciação hierárquica entre as normas emanadas pelo próprio monarca, enquanto, por outro lado, criava as condições teóricas para a separação, no plano normativo, entre Estado e Igreja, que viria a ocorrer no século XVII com a Paz de Westfália. Charles Loyseau definia soberania como uma "potência absoluta" do Estado, como uma forma que atribui existência a este.[174] Em outra obra, Loyseau trataria da ideia de "ordem" como "estado" para justificar a divisão – que se tornaria uma referência estruturante do Reino – da sociedade francesa em três estados, os quais estariam hierarquicamente postos um abaixo do outro, cabendo às leis do Reino estabelecer a ordenação das relações entre esses três estados.[175]

A legitimidade transcendental da Igreja católica não se mostrava estável, menos ainda inabalável. Na obra *Franco-gallia*, ao tratar da "forma e constituição do governo franco-gálico" (*chap. X*), François Hotman recorria a uma ideia ainda muito incipiente de constituição

---

article/L-histoire-du-concept-de-constitution-en-France-De-la-constitution-politique-a-la-constitution-comme-statut-juridique-de-l-Etat-140.html.

[173] Cf. BUSAALL, Jean-Baptiste. *Le spectre du jacobinisme*: l'expérience constitutionnelle française et le premier libéralisme spagnol. Madrid: Casa de Velázqvez, 2012. p. 271.

[174] Cf. LOYSEAU, Charles. *Traité des Seigneuries*. Paris, 1609, I, 24.

[175] Cf. LOYSEAU, Charles. *Traité des Ordres et Simples Dignités*. 2 éd. Paris, 1613. p. 3-12.

jusnaturalista em condições de conservar a continuidade histórica do poder na França, mesmo em uma eventual deposição da monarquia, acusada por ele de tirana – recorde-se que a obra em si é um manifesto huguenote em reação ao massacre de São Bartolomeu.[176] Se a soberania se originava no povo, conforme sustentava Hotman, a constituição seria a forma soberana de existência desse povo em seu próprio solo, independentemente das circunstâncias que envolvem a monarquia e o governo que estejam no poder. Mesmo sem uma rejeição explícita a qualquer fundamento religioso para legitimar o poder político, na *Franco-gallia* já é possível encontrar uma tentativa de legitimação do poder político na natureza humana de um povo constituído, isto é, em seu próprio desenvolvimento histórico ao longo do tempo.

Resumidamente, pode-se definir a constituição jusnaturalista como uma tentativa, antecedente aos eventos históricos que culminaram com a Revolução Francesa, de fundamentar o poder político em uma ordem superior de princípios e regras de direito natural que serviria de parâmetro ético e metafísico para o direito positivo. Embora fortemente marcada pelo tomismo, no campo filosófico, e pelo catolicismo, no âmbito religioso, é possível afirmar que a constituição jusnaturalista foi a grande tese a ser contestada pelas correntes que surgiriam nos séculos XVIII e XIX, em especial por parte da constituição histórica em solo britânico.

4.2 Edmund Burke (1729-1797) e a constituição histórica

No capítulo primeiro da Parte anterior, restou destacada a divisão entre o período de direito costumeiro e o período de *common law* na formação histórica do constitucionalismo britânico. O antinormanismo, conforme definiu o historiador britânico Christopher Hill, reforçou tal divisão histórica por ter a pretensão de colocar em oposição a tradição e os costumes locais britânicos contra as demais formas de organização política e social conhecidas à época. Entretanto, a consolidação da *British constitution*, em oposição ao que representava a *Ancient constitution*, tornou-se possível com a retórica antinormanista se somando à ideia de que o *common law* teria sido o *único* sistema jurídico existente no reino em condições de dar unidade a este.

---

[176] Cf. HOTMAN, François. *Francisci Hotomani Commentariorum in Orationes M. T. Ciceronis Volumen Primum*, 1554. Trad. fr. *La Gaule Française*. Paris: Fayard, 1991. p. 63-67.

John Pocock destaca que, embora a deposição do Rei James II tenha sido o principal evento político da Revolução de 1688, a perda de relevância jurídica e política da *Ancient Constitution* seria, de fato, o legado de maior importância deixado pela Revolução.[177] Quase um século antes desta, Edward Coke e os parlamentaristas já sustentavam a necessidade de limitação do poder monárquico e de ampliação das prerrogativas do Parlamento. Porém, somente com a Revolução de 1688 viria a ser possível afirmar a existência de uma constituição histórica que consolidasse o poder das cortes na construção do direito, conjuntamente com o protagonismo do Parlamento na definição das políticas.

Cerca de um século depois da Guerra Civil, Edmund Burke (1729-1797), notabilizado como um dos grandes teóricos do conservadorismo, representou com suas ideias uma grande síntese de quinhentos anos de evolução da *British constitution*, pois sustentava, sem recorrer ao direito natural, que haveria uma relação de continuidade responsável por formar a tradição histórico-constitucional de um país, a qual seria reconhecível por sua capacidade de limitar o poder, dividir o seu exercício e afirmar direitos individuais. Pensador respeitado ao longo do tempo por liberais, conservadores e progressistas, Burke produziu seus principais textos quando parlamentar (1766-1794) na Câmara dos Comuns (*House of Commons*), sobretudo na observação crítica de eventos históricos, como a Revolução Francesa, e no combate efetivo a políticas de sua época, inclusive culminando com a moção de desconfiança, em maio de 1782, que pôs fim ao governo do polêmico Lord North, primeiro-ministro durante a Guerra de Independência dos EUA.[178]

O filósofo George H. Sabine coloca em evidência o fato de que, antes de uma constituição histórica, em Burke a ideia essencial era a de uma "constituição prescritiva".[179] Muito mais do que uma dimensão local do poder ou um agregado momentâneo de indivíduos, uma nação seria formada por uma ideia de continuidade norteada por decisões que, deliberadamente por parte do povo, encontram reconhecimento nas gerações futuras; ideias que *prescrevem* os títulos, os direitos, tudo

---

[177] Cf. POCOCK, J. G. A. *Ancient Constitucional and the Feudal Law*. Cambridge: Cambridge University Press, 1967. p. 229-230.

[178] Sobre o modo como a moção de desconfiança contra o Lord Frederick North viria a se constituir em uma nova fase do parlamentarismo, ver a obra do historiador BUTTERFIELD, Herbert. *George III, Lord North and the People*. London: Bell and Sons, 1949.

[179] SABINE, George H. *A History of Political Theory*. Hindsale: Dryden Press, 1937, trad. it. *Storia delle dottrine politiche*. 4. ed. Trad. Luisa de Col. Milano: Edizioni di Comunità, 1962. p. 489.

que há de mais essencial, inclusive que prescrevem o governo. Para Burke, a constituição britânica existe por ser, antes de tudo, uma constante evolução que remonta a um tempo imemorável.[180] Por mais que a Magna Carta, de 1215, já tenha sido referida por Coke como a primeira grande manifestação de um parlamento em solo britânico na Idade Média, é com Burke e sua doutrina do tradicionalismo que a referida declaração de direitos passa a ser considerada também o primeiro grande documento normativo com *status* constitucional para a *British constitution*. John Pocock salienta que o pensamento de Burke aliou uma teorização abstrata sobre a suposta sabedoria superior das instituições tradicionais às ideias mais concretas de sua época; uma complexa relação de ideias que se centrava em conjugar a contemplação da sociedade inglesa então vigente com os tradicionais conceitos que haviam formado o *common law*.[181]

O conceito de constituição histórica, enquanto uma constituição não escrita formada por um conjunto de documentos normativos de valor histórico superior afirmados ao longo dos tempos por um dado povo, tem no pensamento de Burke uma das mais relevantes contribuições na teoria constitucional, seja para fins de sua adesão ou refutação.

---

[180] Cf. BURKE, Edmund. Reform of representation in the House of Commons (1782). *In: Id. Works.* Vol. VI. London: Bohn, 1861. p. 147.

[181] "It is confined to one aspect of Burke's thought – his doctrine of the superior wisdom of traditional institutions – and it treats even that in isolation. There are many things in his social and political philosophy besides his traditionalism, and it is not suggested that his membership of the common-law tradition explains all or any of them. To understand their meaning and their presence among his ideas, it may well be necessary to invoke the natural law, the philosophy of Hume, the sociology of Montesquieu or the rise of a romantic sensibility, and even more complex operations will obviously be needed if any one aspect of his thought is to be reduced to philosophical unity with any other. It is certainly not suggested that Burke's unified view of reality – if he had one – was derived from the common law; on the other hand it is suggested that in order to explain his traditionalism, regarded simply as an isolated factor, there is no need to suppose more than his continued employment and highly developed understanding of certain concepts which came from the common law (as he recognized) and were generally in use as part of the political language he spoke with his contemporaries. In this respect, Burke's thought was formed by the contemplation of English society and history with the aid of concepts traditionally used for that purpose, and by the contemplation of those concepts themselves." POCOCK, J. G. A. Burke and the Ancient Constitution. *The Historical Journal*, vol. III, n. 2, 1960, p. 143.

4.3 Ferdinand Lassalle (1825-1864) e a constituição sociológica

Com o prussiano Ferdinand Lassalle, inaugura-se um período no constitucionalismo ocidental em que a rivalidade com a perspectiva historicista britânica deve ser superada – pelo menos, de modo explícito – e definições concretas passam a surgir na Europa continental para diferenciar a constituição como mero ato legislativo da constituição como lei maior de um ordenamento político-jurídico. A proximidade com Marx durante a época da Revolução Prussiana, de 1848, pode ser sentida no modo como reciprocamente ambos em suas obras refletem a necessidade de conceber um espaço próprio para a composição entre as forças políticas existentes em uma sociedade.[182] Vem de Lassalle, em seu livro *Über Verfassungswesen*, originado a partir de conferência proferida em Berlim, em 1862, um enfrentamento direto a uma questão central para a teoria constitucional: qual a essência de uma constituição? A assertividade da conferência, convertida em livro, em face desse questionamento pode ser explicada por diversos fatores e circunstâncias do momento pelo qual passara Lassalle, como reencontrar Giuseppe Garibaldi nesse mesmo ano em viagem a Nápoles ou elaborar o *Arbeiter-Programm* (Programa do Trabalhador), que seria a base programática da *Allgemeiner Deutscher Arbeiter-Verein* (Associação Geral de Trabalhadores Alemães), fundada no ano seguinte, em Leipzig, e que existiria até 1875, quando, em fusão com o Partido Social-Democrata dos Trabalhadores, daria origem ao Partido Socialista Operário da Alemanha.

A resposta ao questionamento sobre a essência da constituição é dada de modo a, primeiramente, diferenciar lei e constituição, pois esta é também uma lei, mas não se resume a ser *apenas* uma lei: é a lei fundamental de uma nação.[183] Lassalle cunhou a célebre frase de que uma constituição deve ser mais do que uma simples folha de papel (*feuille de papier*), uma vez que, além da constituição escrita, existiria a constituição efetiva. Afirma que, em síntese, a essência da constituição

---

[182] Sobre a Revolução de 1848, a chamada "Primavera dos Povos", e sua influência em Lassalle, ver: MOYSSET, Henri. Notes sur Lassalle et la Révolution de 1848 d'après des publications recentes. *Revue d'Histoire du XIXe siècle*, vol. 15, "La Révolution de 1848", 1906, p. 129-144; e MARX, Karl. *Révolution et contre-révolution*. Trad. fr. Laura Lafargue. Paris: V. Giard et E. Brière éd., 1900. Sobre a relação entre Lassalle e Marx, ver: FLEURY, Victor. Les idées politiques de Lassalle et Marx. *Revue d'Histoire du XIXe siècle*, vol. 169, 1939, p. 45-54.

[183] Cf. LASSALLE, Ferdinand. *Qu'est-ce qu'une Constitution?* Paris: Sulliver, 1999, trad. port. *A essência de uma constituição*. Rio de Janeiro: Lumen Juris, 2013. p. 6.

de um país é formada pela "soma dos fatores reais de poder que regem uma nação".[184] Mas o que seriam tais fatores reais de poder? Responde ele que "os fatores que atuam no seio de cada sociedade são essa *força ativa* e eficaz que informa todas as leis e instituições jurídicas vigentes, determinando que *não possam ser*, em substância, *a não ser tal como eles são*".[185]

Trata-se de conceito tão impactante historicamente quanto polêmico, pois seu caráter altamente descritivo poderia condenar uma nação eventualmente influenciada por agentes viciosos – dentre os fatores reais de poder, ele arrola igreja, monarquia, banqueiros, aristocracia, grande burguesia, pequena burguesia e classe operária – a permanecer fatalmente entregue a um destino sombrio. Não obstante essa importante crítica que se possa fazer, o conceito sociológico de constituição possui o mérito inegável de tentar se aproximar da realidade socioeconômica e histórica do momento constituinte, deixando que a medida da efetividade da constituição seja definida pelos rumos que a composição entre os fatores reais de poder vier a assumir. O componente transformador que uma constituição precisa ter, guiando a coletividade rumo ao bem comum e a valores compartilháveis, seria presumivelmente construído no seio de um conflito dialético-materialista, constante e infindável, entre os diferentes fatores reais de poder.

4.4 Karl Marx (1818-1883) e a constituição como superestrutura?

De início, é importante ressaltar que os escopos da presente obra, mais especificamente deste capítulo, estão vinculados ao constitucionalismo e ao(s) conceito(s) de constituição. Logo, neste item tentaremos, de modo pontual, analisar uma possível categoria de constituição a partir do pensamento de Marx. Há uma vasta e interessante relação entre o pensamento jurídico e o marxismo, sobretudo em razão da obra de Michel Miaille (1941-) e sua recepção no Brasil por autores como Enzo Bello, Martônio Mont'Alverne Lima, Gilberto Bercovici e Alysson

---

[184] LASSALLE, Ferdinand. *Qu'est-ce qu'une Constitution?*, trad. port. *cit.*, p. 18.
[185] LASSALLE, Ferdinand. *Qu'est-ce qu'une Constitution?*, trad. port. *cit.*, p. 10.

Mascaro.[186] Todavia, nosso enfoque metodológico não nos permite ir além dos escopos específicos que nos guiam nesta obra.

Embora nunca tenha se dedicado a temas estritamente jurídico-constitucionais, é possível sustentar que, em Marx, a noção de constituição assumiria também a condição de superestrutura, isto é, como norma jurídica maior de uma organização política. Se, por um lado, o conjunto de relações econômicas constituiria a superestrutura econômica da sociedade, por outro lado, sobre essa base real econômica se ergueria uma superestrutura jurídica e política, a qual seria fadada, caso não assuma a sua função histórica de limitação/normatização das relações econômicas, a tão somente dar forma jurídica e legitimidade política ao definido pela superestrutura econômica.[187]

Posto em termos tão breves, poderia equivocadamente remeter ao estruturalismo filosófico que, já em Saussure, buscava a descrição das relações de equivalência ou oposição como determinantes de um conjunto de elementos que formariam a estrutura; porém, o enfoque de Marx é essencialmente originado na crítica às relações econômicas. Uma das categorias mais importantes da crítica marxista, a superestrutura seria o nível máximo de projeção ideológica das estratégias de grupos econômicos e políticos (as elites) para fins de manutenção e perpetuação dos seus domínios.

Em contrapartida, a infraestrutura – outro conceito central nessa teoria – seria composta por relações materiais entre aqueles que detêm as forças de produção em si, isto é, os trabalhadores que empregam

---

[186] Para mais informações e estudos sobre a crítica marxiana ao direito na atualidade, ver: MIAILLE, Michel. *Une introduction critique au droit*. Paris: Maspero, 1976; *Id.*, *L'Etat du droit*: une introduction à une critique du droit constitutionnel. Paris: Maspero, 1980; e uma conferência publicada em formato de artigo como MIAILLE, Michel. Droit constitutionnel et marxisme. *Revista Culturas Jurídicas*, vol. 1, n. 2, 2014, p. 1-34. Ver ainda: LYRA FILHO, Roberto. *Karl, meu amigo*: diálogo com Marx sobre o Direito. Porto Alegre: Fabris, 1983; BELLO, Enzo; LIMA, Martônio Mont'Alverne B.; BERCOVICI, Gilberto. O fim das ilusões constitucionais de 1988? *Revista Direito e Práxis*, vol. 10, n. 3, 2019, p. 1769-1811; BELLO, Enzo. Cidadania, alienação e fetichismo constitucional. *In*: *Idem*; LIMA, Martônio Mont'Alverne B. (orgs.). *Direito e Marxismo*. Rio de Janeiro: Lumen Juris, 2010, p. 7-33; e ainda MASCARO, Alysson Leandro. *Estado e forma política*. São Paulo: Boitempo Editorial, 2013.

[187] O próprio Marx já dizia que: "L'ensemble de ces rapports de production constitue la structure économique de la société, la base réelle, sur quoi s'élève une superstructure juridique et politique et à laquelle correspondent des formes de conscience sociales déterminées. Le mode de production de la vie matérielle conditionne le procès de vie social, politique et intellectuel en général. Ce n'est pas la conscience des hommes qui détermine la réalité ; c'est au contraire la réalité sociale qui détermine leur conscience". MARX, Karl. *Contribution à la critique de l'économie politique*. Trad. fr. Laura Lafargue. Paris: V. Giard et E. Brière éd., 1909. p. 5 (préface).

seus esforços na transformação da matéria-prima em produtos (manufaturados, industrializados). Assim, o conjunto dessas relações de produção constituiria, para Marx, a "estrutura econômica da sociedade, a base concreta sobre a qual se eleva a superestrutura jurídica e política e à qual correspondem determinadas formas de consciência social".[188]

A partir dessa perspectiva altamente determinista, restaria à constituição o papel de ser a referência normativa suprema na ordenação de uma sociedade organizada para fins de manutenção dos detentores dos meios de produção. O próprio emprego da palavra "constituição" por Marx remetia, com imprecisão, à ideia de lei maior em uma organização político-jurídica independente. Entretanto, a relevância da crítica marxista da constituição tornou-se expressiva não apenas por sua influência na origem da URSS e nos países que aderiram ao Pacto de Varsóvia, mas, mesmo com a dissolução da União Soviética e o início do século XXI, as muitas críticas aos processos de globalização recorrentemente apelam aos referenciais marxianos para tentar abordar temas como desigualdade social, pobreza extrema, entre outros problemas para os quais as respostas atuais não encontram guarida na realidade.

De uma constituição-balanço, como denominada em referência ao leninismo pós-revolucionário, que almejava descrever a realidade efetiva das estruturas de poder estatal e a organização político-econômica existentes, passou-se a uma concepção marxiana de constituição no sentido de limitação jurídico-política da superestrutura representada pela economia. Ao abandonar a categoria constituição-balanço e passar à constituição-programa, que viria a caracterizar diversas constituições de países socialistas na segunda metade do século XX, inclusive a de 1977 da União Soviética, a crítica marxista da constituição buscou enfocar na dimensão histórica da consciência social de um povo enquanto referência para a definição de como a superestrutura jurídico-política se posicionaria em face da superestrutura econômica.

A nosso sentir, não mais para uma revolução anticapitalista global teria sentido pensar a partir da matriz marxiana, mas, sim, como fonte de possíveis subsídios teóricos para a refundação das bases do capitalismo rumo a uma ordem internacional menos desigual entre as nações e com reais instrumentos de promoção da dignidade humana em suas múltiplas dimensões existenciais.

---

[188] MARX, Karl. *Contribution à la critique de l'économie politique.*, *cit.*, p. 26 (tradução livre).

4.5 Maurice Hauriou (1856-1929) e a constituição como instituição

As teorias institucionalistas do direito e da constituição foram objeto de diferentes proposições, durante a primeira metade do século XX, em diversos países, sobretudo em França e Itália. Na virada do século XIX para o XX, Vittorio Emanuele Orlando, professor de direito constitucional em Palermo e político próximo tanto de diplomatas de outras nações como de juspublicistas da expressão de Georg Jellinek, introduzia as bases do que seria o direito público italiano. Todavia, o pensamento jurídico-constitucional do início do século XX ainda não contava com teorizações próprias acerca de puramente questões teóricas, estando marcado pelo dogmatismo e, em certa medida, também pelo pragmatismo. Foi com Santi Romano, o mais notável aluno de Vittorio Emanuele Orlando, que o institucionalismo jurídico italiano ganhou corpo e alma, em especial na obra *L'Ordinamento giuridico*,[189] na qual delimita suas diferenças com o formalismo positivista ao sustentar que "o direito é instituição", isto é, antes de ser norma ou conjunto de normas, o direito seria uma instituição, um âmbito de ação no qual as normas se tornam possíveis.

No entanto, essa ideia já se encontrava presente, contemporaneamente, em solo francês com Maurice Hauriou, constitucionalista que se notabilizou como professor da Faculdade de Direito da Universidade de Toulouse como um dos mais importantes juspublicistas europeus do século XX. Diferentemente de Santi Romano e sua visão de instituição como um ente único,[190] Hauriou sustentava haver uma linha de continuidade entre o surgimento do Estado moderno, o contrato social, em especial após as contribuições de J. J. Rousseau, e a afirmação da instituição como expressão objetiva do poder subjetivo difuso entre os indivíduos vivendo em sociedade. Assim, não haveria propriamente uma "unidade" do ordenamento jurídico, mas um dualismo entre a constituição social e a constituição política, que representa a transição do subjetivismo característico daquela para o objetivismo que deve marcar esta.

---

[189] Ver ROMANO, Santi. *L'Ordinamento giuridico*. Pisa: Mariotti, 1918.

[190] Sobre a temática da unidade do ordenamento jurídico, ver GAZZOLO, Tommaso. Santi Romano e l'ordinamento giuridico. *Jura Gentium*, vol. XV, n. 2, 2018, p. 115-127, sobretudo nas precisas referências às obras de Fioravanti e Grossi sobre o tema em objeto.

CAPÍTULO 4
O QUE É UMA CONSTITUIÇÃO? TEORIAS DA CONSTITUIÇÃO | 99

Um sistema social seria formado e ordenado a partir de um "movimento lento e uniforme" que se observa somente em organismos vivos; a renovação contínua desses movimentos permite a um agrupamento humano desenvolver equilíbrio em suas relações e, por fim, transformar sua vontade coletiva em um governo.[191] Quando essa organização social se torna instituída, em uma forma específica e durável, ela deixa de ser uma mera situação de fato para se tornar uma instituição social. Hauriou desenvolve sua ideia de instituição como social ou como política, pois o Estado é a forma da instituição política que se agrega à sociedade, sem pretender dominá-la ou subjugá-la; o Estado age somente por meio do direito, isto é, por meio de um direito constituído, antes de tudo, a partir das liberdades individuais que formam as instituições sociais.

Ao afirmar que o Estado estaria submetido a uma "superlegalidade constitucional", haveria não apenas a constituição escrita, mas sobretudo um conjunto de princípios fundamentais responsáveis por dar legitimidade constitucional ao poder estatal.[192] Em meio a tais princípios, estariam os que asseguram desde as liberdades individuais até os princípios políticos que norteiam o funcionamento do regime vigente. Hauriou destacava que um regime constitucional era formado por "fatores constitucionais": Poder, Ordem, Estado, Liberdade. Em suas palavras, o Poder "sendo ao mesmo tempo o fundador e organizador da ordem. O Estado sendo uma forma aperfeiçoada de ordem. A liberdade é tanto a causa como o objetivo destas ações e da criação destas formas" (tradução livre).[193]

Os direitos e liberdades individuais, formados no seio das instituições sociais que servem de forma exterior para um agrupamento humano, estariam na base da constituição social. Já a constituição escrita seria a forma exterior da constituição política, de modo que "a base de uma constituição se encontra nas instituições, e a própria constituição

---

[191] Cf. HAURIOU, Maurice. *Précis de droit constitutionnel*. 2. éd. Paris: Recuiel Sirey, 1929. p. 71.

[192] "Par sa forme de loi, la constitution s'adapte aux lois ordinaires tout en leur étant supérieure; elle constitue une superlégalité, qui est encore une sorte de légalité, et cette circonstance facilite l'organisation du contrôle judiciaire de la constitutionnalité des lois ordinaires, parce que la contrariété des textes ou des principes se présentera comme un cas de conflit de lois." HAURIOU, Maurice. *Précis de droit constitutionnel, cit.*, p. 247.

[193] No original: "Etant à la fois le fondateur et l'organisateur de l'ordre. L'État étant une forme perfectionnée de l'ordre. La liberté étant à la fois la cause et le but de ces actions et de la création de ces formes". HAURIOU, Maurice. *Précis de droit constitutionnel, cit.*, p. 114.

é apenas uma organização de instituições" (tradução livre).[194] Por mais que os direitos individuais se originem enquanto direitos subjetivos, o seu reconhecimento como instituições jurídicas objetivas ocorre dentro da constituição social na medida em que assumem uma posição hierárquica superior às demais normas de direito privado e que passam a servir de fundamento da própria vida privada.[195]

Evidencia-se que, indo além dos demais institucionalistas de sua época, Hauriou demonstrava que a evolução do direito moderno era baseada na afirmação histórica de sucessivos dualismos, os quais podem ser resumidos na relação sujeito de direito e norma jurídica, mas também nas noções de direito subjetivo e direito objetivo, ou ainda no dualismo entre constituição social e constituição política.[196] Seu institucionalismo tem a capacidade de compreender a progressiva evolução das formações humanas rumo a um Estado político instituído a partir da transição de um estágio pré-estatal, muito caracterizado por vontades subjetivas conflitantes, para um estágio evolutivo marcado pela objetividade das instituições políticas.

Em contrapartida, será justamente nesse dualismo entre constituição social e constituição política que se concentrará grande parte da crítica, em especial dos institucionalistas italianos, ao pensamento de Hauriou. O constitucionalista italiano Costantino Mortati, em sua obra de 1940, endereça essa crítica a Hauriou ao sustentar a impossibilidade de se configurar uma consciência coletiva, enquanto entidade jurídica, diversa da consciência coletiva que move o Estado. O conceito de instituição seria, para Mortati, necessariamente unitário, pois não poderiam ser considerados separadamente elementos como nação, Estado, regime político e sistema de governo.[197]

---

[194] No original: "A la base de la constitution sociale, à défaut d'institutions sociales proprement dites qui soient la forme extérieure d'un groupe humain, il faut bien au moins des institutions juridiques qui soient des groupes d'idées. En un mot, d'une façon ou de l'autre, la base d'une constitution se trouve dans des institutions, et la Constitution elle-même n'est qu'une organisation d'institutions". HAURIOU, Maurice. *Précis de droit constitutionnel*, cit., p. 613.

[195] "La constitution sociale est le fondement de la vie privée, laquelle passe avant la vie publique, de même que le droit privé passe avant le droit public ; ensuite, il est entendu que la constitution politique est pour la garantie des libertés individuelles, c'est-à-dire de la constitution sociale." HAURIOU, Maurice. *Précis de droit constitutionnel*, cit., p. 611.

[196] Cf. HAURIOU, Maurice. *Aux sources du droit*: le pouvoir, l'ordre et la liberté. Paris: Librairie Bloud & Gay, 1933. p. 90-91.

[197] No original, afirma que: "Se determinati elementi si considerano come necessari pel sorgere dell'istituzione in senso giuridico e se il concetto che di questo si assume è unitario, non può prescindersi dal dimostrare la presenza degli elementi stessi quando si attribuisca ad una

Outra crítica possível reside no fato de que o conceito de constituição no institucionalismo de Hauriou poderia se aproximar, aos olhares menos atentos, dos formalismos positivistas muito difundidos em sua época, relegando a constituição social a um mero plano pré-normativo. Todavia, parece inegável que uma concepção dúplice de constituição (social e política) apresenta o diferencial de conceber uma instituição enquanto ordem essencial que congrega em si mesma os dualismos próprios do direito e os dualismos da sociedade (indivíduo e estado, poder e ordem). Norbert Foulquier detecta que Hauriou tinha preocupação em considerar a complexidade dos fatos em constante movimento, de modo que a conservação da ordem social e a afirmação da supremacia do direito são objetivos que andavam junto no seu pensamento.[198]

4.6 Hans Kelsen (1881-1973) e a constituição positiva

Reconhecido como um dos juristas mais influentes do século XX, Kelsen possui a célebre concepção de ordenamento jurídico como uma estrutura escalonada e piramidal, na qual o nível normativo superior atribui legitimidade formal ao nível normativo inferior. Dita concepção viria a se consolidar como referência básica para as diferentes variantes do positivismo surgidas após sua obra. Na *Teoria pura do direito* (1934), Kelsen definia constituição como a norma mais elevada do escalão de direito positivo, possuindo a função de ser "a norma positiva ou as normas positivas através das quais é regulada a produção das normas jurídicas gerais".[199]

O conceito kelseniano de constituição é comumente confundido, de modo profundamente equivocado, com sua concepção de norma fundamental. Desempenhando função central na legitimação não apenas da ordem político-jurídica estatal, mas também da ordem internacional, Kelsen define norma fundamental como uma pressuposição lógico-transcendental, estabelecida aprioristicamente apenas de modo formal, pois seria materialmente desprovida de conteúdo prescritivo,

---

data entità natura istituzionale". MORTATI, Costantino. *La costituzione in senso materiale.* Milano: Giuffrè, 1998. p. 71.

[198] Ver FOULQUIER, Norbert. Maurice Hauriou, constitutionnaliste (1856-1929). *Jus Politicum: Revue de droit politique,* n. 2, 2009. Disponível em: https://juspoliticum.com/article/Maurice-Hauriou-constitutionnaliste-1856-1929-75.html.

[199] KELSEN, Hans. *Reine Rechtslehre.* Wien-Leipzig: Verlag Franz Deuticke, 1934, trad. port. *Teoria pura do direito.* São Paulo: Martins Fontes, 1999. p. 247.

cuja função é fundamentar a validade objetiva de uma ordem jurídica positiva, ou seja, legitimar a forma a partir da qual o conteúdo será elaborado.[200]

O monismo kelseniano, responsável pela tentativa de formação de uma ordem internacional universalista, faz referência a uma "ética universal" e, sobretudo, a uma "consciência humana universal" enquanto elemento intersubjetivo capaz de unir diferentes povos.[201] Sua própria definição de norma fundamental do direito internacional[202] também não determina conteúdo material *a priori* para a ordem internacional, sendo descabido definir que um sistema que nem sequer se encontra institucionalmente consolidado – já que o próprio Kelsen reconhece que o direito internacional é apenas um direito primitivo, isto é, um direito que "sofre incontestavelmente de uma imperfeição técnica, que, porém, lhe impede de ser reconhecido como um verdadeiro direito"[203] – possa vir a ter valores éticos e morais a nortear a sua criação. Diante dessa "imperfeição técnica" do direito internacional, restaria aos Estados nacionais a prerrogativa de seguirem ocupando o *locus* principal de exercício do poder político instituído.[204]

Esse vazio substancial da norma fundamental *in genere* justifica-se pelo fato de "que Direito e Moral constituem diferentes espécies de sistemas de normas", uma vez que "parte-se de uma definição do Direito que o determina como parte da Moral, que identifica Direito e Justiça".[205]

Entretanto, é necessário conceber a constituição para além de sua função normativa dentro do Estado e compreender como Kelsen, já em 1934, no seu *Teoria pura do direito*, entendia que os direitos nacionais de todos os Estados soberanos compunham ordens parciais de

---

[200] Cf. KELSEN, Hans. *Teoria pura do direito, cit.*, p. 244-245.

[201] Cf. KELSEN, Hans. Les rapports du système entre le droit interne et le droit international public. *Recueil des cours de l'Académie de droit internacional*, vol. 13, n. 4, 1926, p. 326; e *Id., Das Problem der Souveränität und die Theorie des Völkerrechts*: Beitrag zu einer Reinen Rechtslehre. Tubingen, 1920, trad. it. *Il problema della sovranità e la teoria del diritto internazionale*: contributo per una dottrina pura del diritto. Milano: Giuffrè, 1989. p. 469.

[202] Cf. KELSEN, Hans. *Teoria pura do direito*, trad. port. *cit.*, p. 239-243.

[203] KELSEN, Hans. *Les rapports du système entre le droit interne et le droit international public, cit.*, p. 318.

[204] Para uma crítica à proposta de Kelsen para a ordem internacional, remetemos ao nosso TEIXEIRA, Anderson Vichinkeski. *Teoria Pluriversalista do Direito Internacional*. São Paulo: WMF Martins Fontes, 2011.

[205] KELSEN, Hans. *Teoria pura do direito*, trad. port. *cit.*, p. 71-72.

CAPÍTULO 4
O QUE É UMA CONSTITUIÇÃO? TEORIAS DA CONSTITUIÇÃO | 103

uma ordem total, isto é, um "élément *d'un tout, un ordre partiel*".[206] Esse "todo" seria a ordem internacional, a qual, na sua visão, representaria a unidade objetiva do conhecimento jurídico; um conhecimento que deveria ser, "imperiosamente, uma concepção monista".[207] Com a primazia do direito internacional, não seria mais a norma fundamental da ordem estatal quem fundaria a unidade do sistema de direito, mas, sim, a norma fundamental de direito internacional.[208]

O grande problema que Kelsen identificava na construção dualista é que, caso fosse levada às últimas consequências, poderia fazer do direito internacional nada mais do que uma sorte de moral ou de direito natural ao invés de ser um verdadeiro direito, no sentido que mais o apraz, qual seja, como um direito positivo, pois somente um direito interno seria possível de ser chamado de direito.[209] Quando dois sistemas normativos possuem duas normas fundamentais diferentes, independentes uma da outra e irredutíveis uma à outra, então esses sistemas terão uma natureza diferente, uma vez que a validade e a coerência entre as normas de um sistema resultam, em última análise, da derivação a partir da norma fundamental que está na base do sistema.[210]

Kelsen compreende o Estado como uma "ordem de conduta humana"[211] ao invés de uma "ordem da natureza", dotado de poder (*puissance*)[212] suficiente para fazer com que os indivíduos que estão submissos a ele obedeçam às suas normas. Concebido como uma ordem de conduta humana, o Estado deve, por ser objeto do conhecimento jurídico produzido por uma doutrina de direito público, ter a natureza

---

[206] KELSEN, Hans. *Les rapports du système entre le droit interne et le droit international public, cit.*, p. 299.

[207] KELSEN, Hans. *Il problema della sovranità e la teoria del diritto internazionale*, trad. it. *cit.*, p. 180.

[208] Cf. KELSEN, Hans. *Les rapports du système entre le droit interne et le droit international public, cit.*, p. 310.

[209] Cf. KELSEN, Hans. *Les rapports du système entre le droit interne et le droit international public, cit.*, p. 276.

[210] No original: "[L]'unité du système résulte de l'identité du principe sur lequel se fonde la validité de ses divers éléments". KELSEN, Hans. *Les rapports du système entre le droit interne et le droit international public, cit.*, p. 264.

[211] KELSEN, Hans. *Les rapports du système entre le droit interne et le droit international public, cit.*, p. 233.

[212] No original: "L'État, affirme-t-on par example, est essentiellement *Puissance*; il est par suite supérieur aux individus qui sont soumis à ses règles; ces individus sont ses 'sujets'". KELSEN, Hans. *Les rapports du système entre le droit interne et le droit international public, cit.*, p. 234.

de direito, isto é, assumir a forma de um ordenamento jurídico ou de parte de um.[213]

E será precisamente neste momento, qual seja, o da definição do Estado como um ente necessariamente jurídico, que Kelsen faz a sua crítica mais pesada ao dualismo, ao considerar que a teoria da soberania do Estado nacional produz, por consequência, a conclusão de que um único Estado pode ter o caráter de identidade jurídica suprema e que a soberania do Estado é incompatível com a de qualquer outro Estado, o que exclui, por consequência, a existência de outro Estado enquanto ordem soberana.[214] O reconhecimento por parte de um Estado da existência de outro igual a ele implicaria em uma contradição lógica com o postulado da unidade do conhecimento[215] e com o princípio da soberania estatal, pois um Estado que se encontra acima de todos os demais não poderia vir a reconhecer a existência de alguém acima de si ou ao seu lado, sob pena de tornar inviável a defesa lógico-racional da sua própria soberania.[216] Na teoria kelseniana, o postulado da unidade do conhecimento vale sem limites mesmo no plano normativo, no qual encontra a sua expressão na unidade e exclusividade do sistema de normas pressuposto válido ou, ainda, na necessária unidade do ponto de vista da sua consideração, avaliação ou interpretação.[217]

Kelsen acrescenta ainda que, se a soberania é indispensável para caracterizar a diferença essencial entre um ordenamento ou ente que o personifica, que o objetiviza, e os ordenamentos ou entes inferiores, subordinados, que fazem parte como atributo seu, é inconciliável com a ideia de Estado a hipótese da coexistência de outros Estados

---

[213] Cf. KELSEN, Hans. *Il problema della sovranità e la teoria del diritto internazionale*, trad. it. *cit.*, p. 20.

[214] No original: "(...) qu'un seul État peut avoir le caractère d'entité juridique suprême, que la souveraineté d'un État est incompatible avec celle de tout autre État et exclut par conséquent l'existence d'un autre État en tant qu'ordre souverain". KELSEN, Hans. *Les rapports du système entre le droit interne et le droit international public, cit.*, p. 259.

[215] Cf. KELSEN, Hans. *Les rapports du système entre le droit interne et le droit international public, cit.*, p. 268.

[216] Cf. KELSEN, Hans. *Les rapports du système entre le droit interne et le droit international public, cit.*, p. 277-279.

[217] No original: "(...) la sua espressione nella unità ed esclusività del sistema di norme presupposto valido ovvero – il che ha lo stesso significato – nella necessaria unità dal punto di vista della considerazione, valutazione o interpretazione". KELSEN, Hans. *Il problema della sovranità e la teoria del diritto internazionale*, trad. it. *cit.*, p. 154-155.

CAPÍTULO 4
O QUE É UMA CONSTITUIÇÃO? TEORIAS DA CONSTITUIÇÃO | 105

equiparados, igualmente soberanos e subordinados a um ordenamento jurídico internacional superior que une a todos esses Estados.[218]

Ao afirmar a natureza do Estado como uma ordem humana essencialmente jurídica e ao defender a tese de que o dogma da soberania estatal impediria o reconhecimento recíproco entre os Estados como sendo todos entes com "existências jurídicas" soberanas entre si, Kelsen sintetiza aquilo que entende ser a meta de toda e qualquer teoria jurídica e até mesmo da própria ciência jurídica: constituir uma ordem universal capaz de reagrupar em um sistema único todas as regras do direito positivo.[219] Desse modo, ao invés de ser um conceito substancialmente – ou, ao menos, originariamente – político, a soberania do Estado ou, agora, da comunidade de Estados torna-se idêntica à positividade do direito.[220]

No que concerne a essa ordem universal referida por Kelsen, foi em Christian Wolff[221] e na sua noção de *civitas maxima* que o mestre de Viena atribuiu sua inspiração para conceber o seu modelo de ordenamento jurídico internacional. Uma vez consagrada a hipótese jurídica de que as normas de direito internacional formem um ordenamento universal superior a todos os Estados nacionais e capaz de fechar em si todos estes, ou seja, como um ordenamento destinado a formar uma comunidade superior aos Estados e, ao mesmo tempo, os englobar em um único universo fenomenológico, então, "esta comunidade, tendo fundamentalmente a mesma natureza dos Estados individuais, pode ser indicada como personificação do ordenamento jurídico mundial ou universal, como Estado mundial ou universal, como *civitas maxima*" (tradução livre).[222]

---

[218] No original: "(...) della coesistenza di altri Stati, in linea di principio equiparati, ugualmente sovrani, subordinati ad un ordinamento giuridico internazionale superiore che unisce tutti questi Stati". KELSEN, Hans. *Il problema della sovranità e la teoria del diritto internazionale*, trad. it. *cit.*, p. 151.

[219] Cf. KELSEN, Hans. *Les rapports du système entre le droit interne et le droit international public*, *cit.*, p. 296.

[220] KELSEN, Hans. *Il problema della sovranità e la teoria del diritto internazionale*, trad. it. *cit.*, p. 126-127.

[221] Ver WOLFF, Christian. *Jus gentium methodo scientifica pertractatum* (orig. 1749). Oxford: Clarendon Press, 1934.

[222] No original: "[Q]uesta comunità, avendo fondamentalmente la stessa natura dei singoli Stati, può essere indicata come personificazione dell'ordinamento giuridico mondiale o universale, come Stato mondiale o universale, come civitas maxima". KELSEN, Hans. *Il problema della sovranità e la teoria del diritto internazionale*, trad. it. *cit.*, p. 367.

Do ponto de vista da teoria do direito, Kelsen defendia esse modelo como o melhor para resolver os casos de conflito de lei, pois, para resolver os conflitos entre direito interno e direito internacional, seriam utilizados os mesmos métodos que definem os diferentes níveis da ordem estatal. A contrariedade de uma regra inferior a uma regra de nível superior daria lugar a sua nulidade ou a sua anulabilidade, bem como a uma sanção contra um órgão responsável.[223] As contradições que venham a ocorrer entre o direito interno e o direito internacional não serão contradições lógicas, mas apenas antinomias entre uma norma inferior e uma norma superior.[224] O princípio da autonomia do direito interno, o qual determina a necessidade de reconhecimento interno de todas as normas internacionais, daria lugar ao princípio elementar de direito de que *lex superior derogat inferiori*, isto é, ocorrendo uma antinomia entre uma norma de direito interno e uma de direito internacional, a norma da ordem inferior é nula.[225]

Do ponto de vista político, Kelsen profetizava que a condição atual do sistema político internacional, no qual existem centenas de Estados divididos de forma arbitrária e regidos de forma autônoma, é apenas temporária, pois a sua unidade jurídica estaria perfectibilizada na noção de *civitas maxima* como organização do mundo a partir do pacifismo, em oposição ao imperialismo; assim como qualquer concepção objetivista, o conceito ético de ser humano é "humanidade", de modo que, para una teoria objetivista do direito, o próprio conceito de direito se identifica com o de direito internacional, tornando-o um conceito também ético.[226]

Kelsen alega que a escolha entre monismo e dualismo só se pode fazer levando em consideração elementos metajurídicos, como ideias

---

[223] No original: "(...) les mêmes méthodes que ceux qui mettent aux prises les différents degrés de l' ordre étatique. La contrariété d'une règle de degré inférieur à une règle de degré supérieur donne lieu à sa nullité ou à son annulabilité, soit à une sanction contre un organe responsable". KELSEN, Hans. *Les rapports du système entre le droit interne et le droit international public, cit.*, p. 317.

[224] Cf. KELSEN, Hans. Théorie du droit international public. *Recueil des cours de l'Académie de droit international*, vol. 84, n. 3, 1953, p. 193-194.

[225] Cf. KELSEN, Hans. *Théorie du droit international public, cit.*, p. 272.

[226] Cf. KELSEN, Hans. *Il problema della sovranità e la teoria del diritto internazionale*, trad. it. *cit.*, p. 468; e KELSEN, Hans. *Les rapports du système entre le droit interne et le droit international public, cit.*, p. 325.

éticas e políticas.[227] No entanto, é importante ressaltar que tal posicionamento constitui uma contradição, uma vez que ele define o monismo como uma necessidade lógica imposta pela própria estrutura do sistema jurídico nacional, o qual, sendo soberano, não pode reconhecer nenhuma outra ordem acima ou ao seu lado; por consequência, não caberia alegar que o monismo pode ser preterido pelo dualismo. Além disso, o autor atribui à soberania estatal a responsabilidade por impedir que o desenvolvimento do ordenamento jurídico internacional rumasse para a formação de uma *civitas maxima* como organização política universal.[228] Todavia, Kelsen parece não atribuir qualquer importância para o significado histórico que o Estado moderno representou para o Ocidente, permitindo que os povos pudessem se autolimitar sem necessitar recorrer a qualquer ordem superior.

As razões que fazem Kelsen colocar a soberania estatal como empecilho para o desenvolvimento da humanidade se devem ao fato de que a soberania representa a defesa de um subjetivismo egoísta personalizado na figura de um Estado que opta pelo "eu" quando deveria pensar no universal.[229] Segundo ele, a concepção pluralista partiria de uma filosofia subjetivista que é incapaz de cogitar que outro sujeito reivindique a soberania que eu mesmo me atribuo e que faz com que a existência do outro seja considerada somente como um objeto inferior a mim, nunca igual ou superior.[230] Diversamente, a concepção objetivista do conhecimento parte do mundo para chegar ao particular, admite uma razão universal, um espírito universal, que se manifesta, se realiza e se individualiza de modo momentâneo e efêmero nos indivíduos que pensam e que querem, ou seja, indivíduos nos quais o espírito subjetivo não é um elemento do espírito universal, mas, sim, um ente guiado pela razão cognoscente que decorre da razão universal e impede que as

---

[227] "On ne peut se decider qu'en considération d'éléments méta-juridiques, - d'idées éthiques et politiques." KELSEN, Hans. *Les rapports du système entre le droit interne et le droit international public*, cit., p. 313.

[228] Cf. KELSEN, Hans. *Il problema della sovranità e la teoria del diritto internazionale*, trad. it. cit., p. 469.

[229] "L'unicité de la souveraineté, l'unicité de ce moi qu'est l'État souverain est l'homologue, – et, au fond, plus que l'homologue, – de l'egotisme, (*Solipsismus*), inevitable consequence du subjectivisme." KELSEN, Hans. *Les rapports du système entre le droit interne et le droit international public*, cit., p. 322.

[230] Cf. KELSEN, Hans. *Théorie du droit international public*, cit., p. 190.

individualidades sejam, como no subjetivismo, estranhas por natureza e impenetráveis umas nas outras.[231]

Mais do que ignorar a importância histórica do Estado moderno e do princípio de soberania, além de contradizer a si próprio quando afirma que o monismo é uma necessidade lógica que pode se tornar objeto de escolha política ou ética, Kelsen compromete a "pureza" do seu sistema ao colocar o monismo como uma ideia eminentemente ética e um dos poucos traços verdadeiramente inquestionáveis e repletos de valor da consciência cultural moderna.[232] O grau de comprometimento da "pureza" da sua teoria se torna mais profundo quando ele afirma que, uma vez garantida a primazia do direito internacional, a "noção de direito se perfaz igualmente do ponto de vista moral: o direito se torna a organização da humanidade e se identifica assim com a ideia moral suprema".[233]

O fato é que Kelsen desejava criar uma ordem internacional capaz de fechar e compor com perfeição a sua teoria monista, mas, para tanto, a sua argumentação deveria evitar qualquer sorte de aproximação com conceitos éticos, morais e políticos. Isso não ocorreu. Os fundamentos da sua *civitas maxima* são definidos por meio da negação da estrutura do Estado nacional, pois a este é atribuído um subjetivismo egoísta que o torna incapaz de reconhecer qualquer outro ente acima ou ao seu lado. No entanto, o monismo kelseniano, ao fazer a negação irrestrita da soberania estatal em proveito do "Estado mundial", tende a "conceber o ordenamento internacional propriamente em forma estatal".[234] Ou seja, toda a construção teórica de Kelsen termina gerando um ente com as mesmas características do Estado soberano que ele julgava ser a fonte de quase todos os problemas da comunidade política internacional do século XX.

---

[231] No original: "(...) comme dans le subjectivisme, étrangers par nature et impénétrables les un aux autres". KELSEN, Hans. *Les rapports du système entre le droit interne et le droit international public*, cit., p. 322.

[232] No original: "(...) un'idea eminentemente etica ed uno dei pochi tratti veramente indicussi e pieni di valore della coscienza culturale moderna". KELSEN, Hans. *Il problema della sovranità e la teoria del diritto internazionale*, trad. it. *cit.*, p. 299.

[233] No original: "(...) la notion de droit se parfait également du point de vue moral: le droit devient l'organisation de l'humanité et s'identifie ainsi à l'idée morale suprême". KELSEN, Hans. *Les rapports du système entre le droit interne et le droit international public*, cit., p. 300.

[234] No original: "(...) concepire l'ordinamento internazionale proprio in forma statale". ZOLO, Danilo. *I signori della pace*. Roma: Carocci, 1998. p. 30.

É importante ressaltar também que o rigorismo lógico da proposta kelseniana a transforma em uma espécie de cientificismo jurídico-filosófico, pois não admite a existência de uma fundamentação do sistema a partir de elementos que estejam fora do próprio sistema. Não vamos aprofundar a crítica no campo da lógica, sobretudo por esta crítica já ter sido larga e insistentemente desenvolvida pelo pós-positivismo, pelas teorias dos sistemas, pelas teorias do discurso, entre outros. Porém, convém recordar que atualmente a defesa das principais correntes de universalismo jurídico baseia-se em uma lógica estrutural de inspiração kelseniana, na qual a consequente formação de instituições supranacionais – com competência política e judicial – recorre a argumentos que partem do pressuposto da unidade da experiência humana, da existência de uma moral válida universalmente para todos os seres racionais e da necessidade de se vincularem todos os Estados, independentemente das vontades individuais destes, a um mesmo órgão centralizador, soberano e detentor da prerrogativa de conferir legitimidade a toda e qualquer ordem que esteja abaixo dele.

Portanto, ao conceber a constituição de um Estado politicamente instituído como mero cume da pirâmide normativa, Kelsen atribui à norma fundamental a condição de ser instância imediata de legitimação dessa constituição no plano meramente lógico-formal do ordenamento jurídico, cabendo ao princípio da unidade da *civitas maxima* a função de legitimação ética dos Estados e de organização máxima da humanidade no plano moral.

4.7 Carl Schmitt (1888-1985) e o realismo da constituição

Um dos mais polêmicos juristas do século XX, associado – se justa ou injustamente é talvez a maior polêmica que o envolve – como ideólogo do nazismo, chegando até mesmo a se tornar um autor "cancelado" no século XXI em diversos círculos acadêmicos, Schmitt possui uma vasta obra que viria a se tornar uma corrente jurídico-filosófica: o realismo jurídico schmittiano. Ainda jovem, ganhou rápido reconhecimento acadêmico pela marcante habilidade em versar sobre temas atinentes ao direito constitucional, à teoria política e teoria do direito, bem como à filosofia das relações internacionais e do direito internacional. No que concerne ao questionamento que dá título ao presente capítulo, foi com sua obra de 1928, *Verfassungslehre*, que elaborou a definição talvez mais marcante para o realismo jurídico: a constituição como "decisão política fundamental" de uma ordem politicamente instituída.[235]

Essa definição de constituição aparentemente simples decorre de uma estrutura de pensamento bem mais complexa e que, nesta sede, tentaremos focar nos seus aspectos mais relevantes. Matthias Jestaedt recorda que há em Schmitt uma dúplice definição de constituição que considera o texto em sua dimensão positiva, mas também a "constituição por trás da constituição".[236] O conceito schmittiano não corresponderia com exatidão ao que, atualmente, se divide entre conceito formal e conceito material de constituição, mas pode ser tido como uma das contribuições teóricas de maior relevância para a referida divisão hoje amplamente aceita. Para Schmitt, haveria uma distinção necessária entre duas dimensões existenciais, isto é, a dimensão formal, por certo, e uma dimensão anterior a esta, que se situa no corpo político da nação. A constituição como forma, no sentido positivo do termo (*"Verfassung im positiven Sinne"*), que se exprime linguisticamente em um texto dotado de hierarquia superior no sistema de fontes do ordenamento jurídico estatal, teria uma função estritamente jurídica. Já a constituição antecedente, isto é, o conjunto de valores e princípios localizados na realidade fenomênica da nação, reforça alguns elementos de filosofia política que, no pensamento schmittiano, terão primazia em sua teoria jurídico-constitucional.

O primeiro elemento político-filosófico a destacar nessa definição de Schmitt é a ideia de nação. A diferenciação entre nação e povo está presente em diferentes momentos do pensamento schmittiano, mas, no seu *Verfassungslehre*, está evidente que, para ele, a palavra nação teria melhores condições de definir, sem confusões, a unidade política formada por um povo dotado de consciência acerca de sua especificidade política e de uma vontade de existir politicamente.[237] Assim, o povo não

---

[235] Cf. SCHMITT, Carl. *Verfassungslehre*. München-Berlin: Duncker & Humblot, 1928, trad. esp. *Teoría de la Constitución*. Madrid: Alianza, 2011. p. 23-25.

[236] Ver JESTAEDT, Matthias. La double constitution: une stratégie positiviste. *Jus Politicum: Revue de droit politique*, n. 6, 2011. Disponível em: https://juspoliticum.com/article/La-double-constitution-Une-strategie-positiviste-404.html. Para a tese original, ver JESTAEDT, Matthias. *Die Verfassung hinter der Verfassung*. Paderborn: Verlag Schöningh, 2009.

[237] "Nation et peuple sont souvent employés comme notions interchangeables, mais le mot 'nation' est plus frappant et prête moins aux confusions. Il désigne en effet le peuple en tant qu'unité capable d'action politique, avec la conscience de sa spécificité politique et la volonté d'exister politiquement, tandis que le peuple qui n'existe pas comme nation ne représente qu'un groupement humain dont la cohésion peut être ethnique, culturelle, mais pas nécessairement *politique*." SCHMITT, Carl. *Verfassungslehre*. München-Berlin: Duncker

CAPÍTULO 4
O QUE É UMA CONSTITUIÇÃO? TEORIAS DA CONSTITUIÇÃO | 111

passaria de um agregado humano, enquanto a nação seria um conceito objetivo capaz de significar a intersubjetividade que move esse agregado humano rumo à realização da sua vontade política.

O segundo elemento trata da vinculatividade que a constituição antecedente ao seu conceito formal terá em relação a este; ao compreender a constituição como decisão política global/fundamental acerca do gênero e da forma da unidade política da sociedade, Schmitt coloca o texto constitucional emanado pelo poder constituinte como uma espécie de mera forma conjuntural para a vontade política do poder soberano.

Disso decorre um terceiro elemento a considerar: se a constituição formal é produto de uma decisão política fundamental emanada pelo soberano, torna-se irrelevante para a organização jurídico-constitucional do Estado a distinção entre maioria e minorias. Os assuntos atinentes às minorias serão restritos ao plano normativo infraconstitucional, já que entendidos como distintos dos valores e princípios da maioria que sustenta a legitimidade política do soberano. Por consequência, o próprio controle de constitucionalidade seria atribuído a um tribunal jurisdicional vinculado ao Poder Executivo, que é quem diretamente representa a unidade política. Essa tese schmittiana hoje é muito citada no contexto de ascensão do Terceiro *Reich*, quando da publicação, em 1931, do texto *Der Hüter der Verfassung* (O guardião da Constituição), cuja primeira versão fora publicada dois anos antes. Porém, percebe-se que a sua vinculação às ideias de poder neutro – as quais atribuem ao chefe máximo do Executivo a neutralidade – e de unidade política por meio da capacidade de normalização dos conflitos políticos está mais para um ponto de chegada do que para um ponto de partida em seu pensamento, ou seja, o ápice de uma ideia em desenvolvimento desde a publicação de sua tese de habilitação, em 1914, intitulada *Der Wert des Staates und die Bedeutung des Einzelnen* (O valor final do Estado e a importância do indivíduo).

Para melhor compreender a conceituação schmittiana de constituição, é importante ainda recordar um dualismo presente na obra de Schmitt que está na base de todo o seu pensamento político-jurídico: normalidade vs. exceção. Ainda durante a Faculdade de Direito, seus principais interesses eram autores que tratavam de justificar as origens do poder político do Estado moderno: desde Jean Bodin e Thomas

---

& Humblot, 1928, trad. fr. *Théorie de la Constitution*. Paris: Presses Universitaires de France, 1993. p. 214-215.

Hobbes, passando por Joseph de Maistre e Donoso Cortés, ambos muito vinculados aos contextos políticos de seus países, França e Espanha, respectivamente, até chegar a importantes interlocuções com jovens contemporâneos seus, como Walter Benjamin. Em sua tese doutoral e, logo em seguida, em tese de livre-docência, Schmitt demonstrava intenso fôlego em dissecar os conceitos políticos que chamava de "teológicos", dizendo que teria sido uma "teologia secular" que, desde o século XVI, erigiu as bases do Estado moderno em oposição a qualquer outra forma de poder existente, sobretudo ao poder da Igreja.

A exceção surge com uma metáfora de difícil compreensão para aqueles que não são muito próximos das obras de Schmitt: o estado de exceção estaria para o Estado moderno assim como o milagre está para a teologia.[238] O milagre seria uma forma de corrigir os atos humanos que violam as leis da natureza. Logo, a exceção seria um modo de corrigir a política do Estado quando ela não funciona com base na própria normalidade que institui. Não seria isso uma perigosa supervalorização da capacidade humana de se autoguiar e transcender da normalidade para a exceção? Schmitt não estaria concebendo um remédio demasiadamente amargo contra as insuficiências do próprio Estado? Diversas vezes ele se dizia um mero intérprete do fenômeno político, pois a essência do humano é o existir político, seja na normalidade ou na exceção. Na antiguidade grega, o *nomos* era o que separava a civilidade da barbárie, da anomia, da ausência de qualquer padrão de conduta aceito por todos.

A palavra "normalidade" é a composição latina entre *normalis* e o sufixo *idade*, que significa o atributo de algo, a característica de algo. *Normalis* seria uma régua de carpinteiro na antiguidade romana, uma espécie de esquadro. Mas a origem é ainda mais antiga e toca o direito: derivaria do grego *nomos*. Originalmente, seria também uma régua, bem mais flexível e capaz de medir os confins entre coisas dispostas em um terreno montanhoso. Do *nomos*, o pensamento ocidental produziu o conceito de norma. Esse exercício etimológico não tem por finalidade cansar o leitor; presta-se tão somente para recordar como a ideia de "normalidade" está, em essência, ligada à ideia de "estar regido por uma norma". Em sua tese de 1921, Schmitt tinha esse problema como pano de fundo daquilo que chamou de *Romantismo político* (inclusive o título

---

[238] Utilizo-me aqui da coletânea que inclui o texto de 1922. Ver SCHMITT, Carl. *Der Begriff des Politischen*. Berlim: Duncker&Humblot, 1963, trad. it. *Le categorie del politico*. Bologna: Il Mulino, 1972. p. 61-62.

da obra era esse): a tentativa da política, por meio do Estado moderno, de atribuir normalidade a todas as condutas humanas. Algumas perguntas eram inquietantes a ele: qual o espaço para o irracional? Para o arbitrário? Para um ditador que simplesmente impõe sua vontade pela força? Publica, assim, sua tese até então mais importante para tratar do tema *A ditadura* (1921). Logo no ano seguinte, publica o texto que seria marcante em sua biografia: *Teologia política*. Tal obra foi tão impactante porque é uma espécie de ponto de chegada de seu pensamento sobre como o Estado moderno substituiu a religião na política; sobre como o Deus onipotente agora teria o próprio Estado se tornando onipotente! Assim, competiria ao Estado definir o que seria a normalidade.

Exatamente por ter tanta convicção na política e na capacidade humana de se ordenar que ele entendia que, mesmo na exceção, existiria um soberano. Na normalidade, este seria o Estado. Mas quem seria o soberano no estado de exceção? A resposta está sintetizada naquela que talvez seja sua frase mais conhecida: "Soberano é quem decide em estado de exceção".[239]

Ocorre que o seu conceito político-jurídico de soberania se encontra intimamente vinculado à noção de poder (comando máximo) em uma sociedade política, resultando em um conceito de soberania que lhe é peculiar e, até mesmo, reducionista. Assim, em uma ordem politicamente instituída, a decisão fundamental adotada pelo detentor do poder soberano seria denominada *constituição*, fosse ela emanada de um monarca ou de um parlamento democraticamente eleito. Estar em condições de decidir pela adoção de uma lei maior, isto é, a lei fundamental do Estado, pressuporia estar politicamente legitimado pela superação da barbárie, pela superação da exceção por parte da normalidade.

Chamado por Günter Frankenberg de "Cassandra de Plettenberg"[240] devido à sua capacidade de prever infortúnios do direito público na segunda metade do século XX, Schmitt anteviu que diversos institutos clássicos do direito público não chegariam inabalados ao final do século XX, tendo também previsto que o Estado e sua soberania nacional entrariam o século XXI em contínuo processo de esvaziamento; isto é, um processo que seria norteado por um novo

---

[239] SCHMITT, Carl. *Le categorie del politico*, trad. it. *cit.*, p. 33.

[240] FRANKENBERG, Günter. *Autorität und Integration*: Zur Grammatik von Recht und Verfassung. Frankfurt am Main: Suhrkamp, 2003, trad. port. *A gramática da constituição e do direito*. Belo Horizonte: Del Rey, 2007. p. 316.

nomos da Terra,[241] por uma necessária imposição de interesses humanos básicos em face dos próprios Estados nacionais, por uma ordem internacional em progressiva complexização e especialização funcional. Autor da célebre frase "quem fala em humanidade, quer levá-lo ao engano", presente já em 1927, no *Der Begriff des Politischen*, Schmitt exprimira a sua discordância frente à ideia de um "Estado mundial" ou de qualquer unidade ética ou jurídica que compreenda a humanidade como um todo e, por consequência, anule o "pluriverso" (*Pluriversum*) dos povos e dos Estados, pois isso seria suprimir a própria dimensão do "político".[242] O realismo schmittiano se perfectibiliza em momentos como o da definição de constituição como "decisão política fundamental", uma vez que, mais do que crer na humanidade ou na condição universal da moralidade humana, Schmitt acreditava na capacidade intersubjetiva que os indivíduos possuem de tomar decisões políticas concretas, legitimadas pela capacidade real de normalização das relações humanas em face das exceções.

---

[241] Ver SCHMITT, Carl. *Der Nomos der Erde im Völkerrecht des Jus Publicum Europaeum*. Berlim: Duncker&Humblot, 1974, trad. it. *Il nomos della terra nel diritto internazionale del Jus Publicum Europaeum*. Milano: Adelphi, 2003.

[242] Para um maior estudo sobre essa questão, permito-me remeter a TEIXEIRA, Anderson Vichinkeski. *Teoria pluriversalista do direito internacional*. São Paulo: WMF Martins Fontes, 2011, capítulo final.

CAPÍTULO 5

A INTERNACIONALIZAÇÃO DO DIREITO E O INÍCIO DO CONSTITUCIONALISMO TRANSNACIONAL

Iniciado com o fim da Segunda Guerra Mundial e desenvolvido ao longo da segunda metade do século XX, o processo de internacionalização do fenômeno constitucional deu origem ao que se convencionou chamar de doutrina dos direitos humanos. Para fins de delimitação temporal e definição dogmática, esse momento histórico será considerado como o que possibilitou o surgimento do constitucionalismo transnacional. Já a consolidação desse fenômeno constitucional se dará com base na sua evolução a partir do direito internacional dos direitos humanos, permitindo que essa categoria de direitos transcendesse da condição de mera doutrina política para uma real ontologia pré-normativa do constitucionalismo em perspectiva transnacional.

5.1 As origens do direito internacional dos direitos humanos

O século XX marcou o surgimento e a consagração da doutrina dos direitos humanos não apenas no âmbito jurídico, mas também em diversas outras áreas do pensamento humano. Embora, em sua origem etimológica, possa ter parecido uma expressão redundante ou pleonástica, pois os direitos são, essencialmente, humanos, já que decorre da condição natural dos seres humanos a atribuição de sentido normativo às suas condutas, a expressão "direitos humanos"[243] entrou

---

[243] "Não é difícil entender a razão do aparente pleonasmo da expressão *direitos humanos* ou *direitos do homem*. Trata-se, afinal, de algo que é inerente à própria condição humana, sem

no léxico corrente da sociedade internacional e produziu uma série de efeitos que estão na base material que sustenta o constitucionalismo transnacional no século XXI.

Conforme referido anteriormente,[244] os direitos humanos foram construídos ao longo de um processo histórico iniciado com a Declaração de Independência dos Estados Unidos, de 1776, e se desenvolveram em três gerações/dimensões – sucessivas e não excludentes entre si[245] – de direitos humanos: (i) os relativos à cidadania civil e política, (ii) os relativos à cidadania social e econômica e (iii) os relativos à cidadania "pós-material", que se caracterizam por direitos transindividuais e coletivos, a um meio ambiente saudável, à tutela dos interesses difusos e ao reconhecimento da diferença e da subjetividade.[246][247]

A primeira geração histórica dos direitos humanos tem como referência para o seu surgimento duas declarações de direitos: o *Bill of Rights* (Reino Unido), de 1688, e a Declaração de Direitos do Bom Povo da Virgínia (EUA), de 1776. Sucessivamente a esses episódios vieram a Constituição dos Estados Unidos da América, de 1787, a Declaração de Direitos do Homem e do Cidadão (França), de 1789, e a Constituição francesa, de 1793, que se inseria na mesma perspectiva liberal burguesa da Declaração de 1789 em termos de direitos do homem. O que realmente se buscava nesse momento histórico era a afirmação dos direitos individuais frente ao modelo de Estado absolutista vigente em diversos países europeus, em especial na França, rompendo com as estruturas

---

ligação com particularidades determinadas de indivíduos ou grupos." COMPARATO, Fábio Konder. *A Afirmação Histórica dos Direitos Humanos*. São Paulo: Saraiva, 2003. p. 57.

[244] Remetemos ao Capítulo 3 da Parte I, supra, para uma análise sobre o processo histórico de formação dessas dimensões de direitos humanos enquanto direitos fundamentais.

[245] "O fenômeno que hoje testemunhamos não é o da sucessão, mas antes de uma *expansão, cumulação e fortalecimento* dos direitos humanos consagrados, consoante uma visão necessariamente integrada de todos os direitos humanos." TRINDADE, Antônio Augusto Cançado. *Tratado de Direito Internacional dos Direitos Humanos*. vol. I. Porto Alegre: SAFE, 2003. p. 488.

[246] Cf. FARIA, José Eduardo. *Direitos Humanos, Direitos Sociais e Justiça*. São Paulo: Malheiros, 1999. p. 457.

[247] Registre-se que uma quarta geração de direitos humanos tem sido dada como, de fato, existente para fins de tutelar o direito à participação política e, por consequência, ao pluralismo político. Também se vislumbra uma quinta geração, como sustentou o constitucionalista brasileiro Paulo Bonavides, para proteger a paz como direito humano. Ver BONAVIDES, Paulo. A quinta geração de direitos fundamentais. *Direitos Fundamentais & Justiça*, vol. 2, n. 3, 2008, p. 82-93.

funcionais das três ordens (clero, nobreza e terceiro estado) que sustentavam o *Ancien Régime*.[248]

Já no art. 1º da Declaração de Direitos da Virgínia, 1776, há uma previsão que viria a se tornar pedra de toque para o direito internacional dos direitos humanos um século e meio depois: "Todos os seres humanos são pela sua natureza, igualmente livres e independentes, e possuem certos direitos inatos, dos quais, ao entrarem no estado de sociedade, não podem, por nenhum tipo de pacto, privar ou despojar sua posteridade de bens, bem como de procurar e obter a felicidade e a segurança". Não obstante ambas sejam produtos de processos políticos distintos, a Declaração da Virgínia tem influência direta na Declaração Universal dos Direitos do Homem e do Cidadão de 1789, a qual estabelece que "os homens nascem livres e permanecem livres e iguais em direitos e que as distinções sociais só podem fundar-se na utilidade comum".

Componente essencial aos diversos movimentos iluministas em solo europeu e liberais nas Américas é a noção de *liberdade negativa*, que viria a se tornar traço característico da primeira geração dos direitos humanos. A classe burguesa francesa desejava mais espaço no plano político e reivindicava a diminuição das prerrogativas – quase ilimitadas – que o Monarca detinha em relação ao súdito, sobretudo no que diz respeito à fúria arrecadatória com que muitas vezes aquele se dirigia aos bens deste. Fala-se então em liberdades negativas por demandarem uma "não ação" do Estado; em outras palavras, tratava-se de um conjunto de direitos (liberdade, igualdade, propriedade, segurança, entre outros) que deveriam ser exercidos sem a intromissão ou participação do Estado.

A segunda geração histórica de direitos humanos começa a se delinear no fim do século XIX e início do século XX, período em que restou consagrada a insuficiência do modelo liberal-burguês pós-Revolução Francesa em relação à implementação dos direitos proclamados nas Declarações supracitadas. Desse modo, o Estado passou a ser pensado dentro de um contexto intermediário entre o intervencionismo do Absolutismo Monárquico e o liberalismo político que pregava a mínima atuação e participação do Estado na vida dos seus cidadãos. Nos anos

---

[248] Nesse sentido, Marcel Morabito reverbera uma crítica de Marx ao destacar que a revolução pretendeu alterar as estruturas políticas, mas sem promover uma revolução social. Ver MORABITO, Marcel. *Histoire constitutionnelle de la France*: de 1789 à nos jours. 14. ed. Paris: L.G.D.J., 2016. p. 61-62.

1930, desenvolveu-se nos EUA uma variante do *welfare State* que viria a ser muito influenciada pelo keynesianismo, uma teoria econômica que despontava como alternativa ao marxismo e ao liberalismo econômico, apontando para uma intervenção do Estado na economia enquanto instrumento viabilizador da consecução dos direitos individuais.[249]

Mesmo tendo sido a Constituição mexicana de 1917 a que inaugurou cronologicamente a segunda geração de direitos humanos, veremos nas Constituições de Weimar, de 1919, e da Áustria, de 1920, os dois principais pontos de referência desta que viria a ser chamada de geração dos *direitos sociais*. Diferentemente da precedente, o indivíduo assumia a condição de centro referencial para a tomada de decisões políticas enquanto pertencente a um dado grupo social; trata-se de uma perspectiva político-social em que a participação do Estado era essencial à realização prática dos direitos sociais, dos direitos trabalhistas e de direitos cujos titulares não eram necessariamente definidos aprioristicamente, como no caso do direito à saúde, à educação, à cultura, ao trabalho, a um mercado econômico regrado pelo Estado, entre outros. Isso fez com que fosse sustentada a necessidade de uma *liberdade positiva*: uma participação instrumental do Estado como agente hábil a prover direitos que, sem a concreta atuação estatal, dificilmente seriam implementados, sobretudo devido à falta de uma estrutura político-jurídica que permitisse a efetivação de tais direitos. Além das já mencionadas constituições, cabe ainda referir que, não obstante a orientação político-ideológica de cada uma, a Constituição russa, de 1918, a Constituição brasileira, de 1934, e a Constituição da URSS, de 1936, também foram outras cartas constitucionais que adotaram o modelo social-interventor próprio da segunda geração de direitos humanos.[250]

A terceira geração histórica da doutrina dos direitos humanos tem como característica principal a defesa de direitos transindividuais, chamados também de direitos de solidariedade e fraternidade ou, ainda, direitos dos povos. As duas grandes referências legislativas que podemos encontrar vinculadas a tal geração são: a Declaração Universal de Direitos Humanos, proclamada, em 1948, pela Organização das Nações Unidas, e a Declaração Universal de Direitos dos Povos, de 1976, também proclamada pela mesma organização.

---

[249] Para maiores desenvolvimentos sobre o tema, recomendamos KEYNES, John Maynard. *The General Theory of Employment, Interest and Money*. New York: Harcourt, 1964. p. 372-384.

[250] Cf. CASSESE, Antonio. *I Diritti Umani Oggi*. Roma-Bari: Laterza, 2005. p. 20-23.

A dimensão social dos direitos desta geração se realiza por meio da tutela de direitos coletivos e difusos,[251] como a proteção à criança e ao adolescente, a proteção ao meio ambiente e a tutela dos direitos do consumidor. Os direitos de terceira dimensão têm como regra geral a não vinculação restrita a determinada situação fática, de modo que princípios como a solidariedade, a busca pela kantiana *Zum ewigen Frieden*[252] ("paz perpétua") e o princípio da autodeterminação dos povos são exemplos de direitos cujos titulares se encontram difusos em um universo fenomenológico que tem nas instituições públicas, nacionais ou internacionais, o ponto-base para a defesa daqueles direitos.

Na Europa, muito em decorrência do Holocausto, as constituições que foram elaboradas logo após este deram prevalência aos direitos humanos sobre quaisquer outros direitos. Na Alemanha, por exemplo, a Lei Fundamental de Bonn, em seu art. 25, declarava que as normas de direito internacional deveriam prevalecer sobre as de direito interno no que dissesse respeito aos direitos humanos. Já a Constituição portuguesa de 1976 seguiu a mesma orientação ao incluir no rol de direitos fundamentais quaisquer outros constantes de leis e de regras aplicáveis do direito internacional, determinando, ainda, em seu art. 16, que os preceitos constitucionais e legais relativos aos direitos fundamentais devem ser interpretados e integrados em harmonia com a Declaração Universal dos Direitos do Homem.[253]

Alguns tratados e convenções que também normatizam a presente questão merecem ser citados: a Carta das Nações Unidas, de 1945; a Declaração Universal dos Direitos do Homem, de 1948; a Convenção para a Prevenção e a Repreensão do Crime de Genocídio, de 1948; as Convenções de Genebra sobre a Proteção das Vítimas de Conflitos Bélicos, de 1949; a Convenção Europeia dos Direitos Humanos, de 1950; os Pactos Internacionais de Direitos Humanos, de 1966; a Convenção Americana de Direitos Humanos, de 1969; a Convenção Relativa à Proteção do Patrimônio, Cultural e Natural, de 1972; a Carta Africana dos Direitos Humanos e dos Direitos dos Povos, de 1981; a Convenção sobre

---

[251] Cf. LAFER, Celso. *A Reconstrução dos Direitos Humanos*: um diálogo com o pensamento de Hannah Arendt. São Paulo: Companhia das Letras, 2001. p. 131.

[252] Para mais informações sobre o tema, recomendamos o próprio KANT, Immanuel. *Zum ewigen Frieden*. Königsberg: Friedrich Nicolovius, 1795, trad. it. *Per la pace perpetua*. Milano: Feltrinelli, 2005; permito-me reenviar a TEIXEIRA, Anderson Vichinkeski. *Estado de Nações*. Porto Alegre: SAFE, 2007. p. 139-146.

[253] Cf. TRINDADE, Antônio Augusto Cançado. *Tratado de Direito Internacional dos Direitos Humanos, cit.*, p. 508-509.

o Direito do Mar, de 1982; a Convenção sobre a Diversidade Biológica, de 1992; e o Estatuto do Tribunal Penal Internacional de Haya, de 1998.

Esse contexto histórico de desenvolvimento permitiu ao direito internacional dos direitos humanos assumir uma condição teórico-normativa assimiladora de suas etapas formativas enquanto doutrina dos direitos humanos, chegando ao século XXI em condições de fundamentar um sistema transnacional de proteção de indivíduos, grupos sociais e povos, desprovido de uma orientação ideológica específica e excludente. Todavia, esse processo de consolidação como metateoria é recente e próprio do século em curso.[254] Durante o quase meio século de bipolarização política entre EUA e URSS, havia uma retórica hegemônica que deliberadamente colocava os direitos humanos como uma doutrina abrangente em oposição ao modelo soviético. Expoente dessa perspectiva durante a Guerra Fria, o internacionalista Richard Falk sustentava que "promover os direitos humanos implica necessariamente montar um ataque ideológico anticomunista, com tudo o que isso pressagia para a deterioração das relações soviético-americanas" (tradução livre).[255]

Seu aspecto de ideologia política aparece muito claramente quando Falk admite que a implementação dos direitos humanos seria, antes de tudo, um projeto político de coalizão internacional.[256] Assim, ele demonstrava que a doutrina dos direitos humanos era substancialmente uma ideologia política, pois reconhecia que a essência da proteção dos direitos humanos é produto de um confronto entre forças sociais opostas e não pode ser compreendida como uma atividade criadora de direitos ou como uma forma de persuasão racional.[257] Se estivesse correta a *naturalist notion* de que alguns direitos são inerentes à

---

[254] Esse tema é objeto da tese de DUMONT, Lorraine. *Le droit international des droits humains comme métathéorie de la justice*. Direction de Ludovic Hennebel. Thèse de doctorat. Aix-en-Provence: École Doctorale Sciences Juridiques et Politiques (Aix-en-Provence), 2022.

[255] No original: "To promote human rights necessarily implies mounting an anticommunist ideological attack, with all that this portends for deteriorating Soviet-American relations". FALK, Richard. *Human rights and State Sovereignty*. New York: Holmes & Meier, 1981. p. 25.

[256] "If Carter emphasis is abandoned or leads to his electoral repudiation, the status and cause of human rights is likely to be set back seriously. If it succeeds, even in part, the whole cycle of waning and waxing may be shifted slightly to the left, making space II (*Governmental Settings*) rather than space IV (*Domestic Implementation of Human Rights in United States*) the main focus for coalition-building activities." FALK, Richard. *Human rights and State Sovereignty, cit.*, p. 30.

[257] "In essence, then, the protection of human rights is an outcome of struggle between opposed social forces and cannot be understood primarily as an exercise in law-creation or rational persuasion." FALK, Richard. *Human rights and State Sovereignty, cit.*, p. 34.

natureza humana e que, simplesmente por isso, devem ser respeitados por qualquer sociedade civilizada, não ocorreria aquela que, segundo Falk, é a principal dificuldade da lógica naturalista: "A imprecisão das normas e a ambiguidade do mandato".[258]

A vagueza da prescrição normativa, referida por Falk, caracteriza a retórica dos direitos humanos, uma vez que é decorrência direta da pretensão universal que essa doutrina se propõe a alcançar. A indiferença pelo particular, pelas realidades próprias das comunidades regionais e nacionais, somada à necessidade que o conceito tem de restringir em sua própria existência linguística toda a dimensão fenomenológica apresentada pelos mais variados povos, etnias e culturas, faz com que o conteúdo dos direitos humanos sempre venha a falhar em efetividade, seja pela vagueza ou pela demasiada precisão normativa.

Não obstante todos esses problemas decorrentes da estrutura epistemológica própria da lógica naturalista, Falk conclui que, em relação às demais lógicas por ele arroladas (*statist, imperialist, globalist, transnationalist* e *populist*), a naturalista seria a que mais se adaptaria ao período de transição em que vivia o autor, no final do século XX, pois ela auxilia a orientar outras lógicas de ordenação em torno de valores emergentes, construindo uma base normativa e um consenso social que ajudariam a criar os sentimentos comunitários necessários para que uma forma benéfica de ordem mundial pudesse ser criada em algum momento no início do século XXI.[259]

Michel Villey dedica o primeiro capítulo de sua obra sobre as origens históricas dos direitos humanos precisamente para destacar como, nos anos 1980, era feito um amplo uso político dessa categoria conceitual.[260] Inclusive, Karel Vasak admitia que o "direito internacional dos direitos humanos reconhece seu caráter ideológico desde o início".[261] Porém, entendia que sua origem ocidental e esse caráter ideológico não impediriam a sua racionalização e, por consequência, universalização enquanto programa normativo. Essas duas grandes

---

[258] "The main difficulty with naturalist logic relates to the vagueness of norms and ambiguity of the mandate." FALK, Richard. *Human rights and State Sovereignty, cit.*, p. 43.

[259] No original: "To orient other ordering logics around emergent values, building a normative foundation and social consensus that will help create the sort of community sentiments needed if a beneficial form of world order is to be brought into being some time early in the twenty-first century." FALK, Richard. *Human rights and State Sovereignty, cit.*, p. 62.

[260] Cf. VILLEY, Michel. *Le droit et les droits de l'homme.* Paris: P.U.F, 1983, Cap. 1.

[261] VASAK, Karel. Le droit international des droits de l'Homme. *Recueil des cours de l'Académie de La Haye*, vol. 140, n. 4, 1974, p. 333-415.

críticas, isto é, a origem ocidental e a natureza ideológica notadamente liberal, conservavam-se legítimas durante a Guerra Fria e os processos de independência das últimas décadas do século XX.

Ocorre que, conforme veremos no item a seguir, durante as últimas décadas ocorreu o desenvolvimento de diversas redes de normatividade transnacional, reafirmando a natureza normativa do direito internacional dos direitos humanos, o que nos permitirá falar de uma ontologia dos direitos humanos como conteúdo substancial do constitucionalismo transnacional.

5.2 Entre a "doutrina" dos direitos humanos e a "ontologia" dos direitos humanos

Uma primeira pergunta deve ser feita neste momento: em que medida uma ontologia dos direitos humanos se relaciona ou se situa dentro de uma possível teoria do constitucionalismo transnacional?

A resposta a tal questionamento assume dois sentidos possíveis. Primeiramente, a superação do bipolarismo entre EUA e URSS durante a Guerra Fria, paralelamente ao crescente número de processos de globalização, permitiu que o discurso sobre os direitos humanos passasse a se desvincular de suas raízes ocidentais e, notadamente, do caráter político que assumiu após o final da Segunda Guerra Mundial, tornando-se possível falar em uma ontologia dos direitos humanos com pretensão de universalidade mínima. Em segundo lugar, conforme veremos no item a seguir (5.3), essa mesma ontologia dos direitos humanos comporá uma das chamadas vocações do constitucionalismo transnacional, isto é, a limitação ao poder político.

Retomando a primeira resposta possível, é importante recordar que existe uma dimensão de sentido pré-normativo na ontologia dos direitos humanos que não pode ser compreendida dentro dos tradicionais grandes marcos teóricos próprios do pensamento jurídico ocidental dos dois últimos séculos. Não se limita à ideia de direito em Kant e ao cosmopolitismo universalista que decorre do seu pensamento, pois a dimensão ontológica se associa com a axiológica naquilo que seria, para a filosofia kantiana, o reino dos fins (*Reich der Ziele*), isto é, haveria um conjunto de leis racionais comuns, baseadas no primado da dignidade humana, que vinculariam a comunidade ética à busca daqueles fins comuns. Também não se restringe à ideia de suprassunção dialética (*aufhebung*) em Hegel; por mais que os direitos humanos sejam formados por categorias históricas que foram se somando ao longo do tempo, a noção hegeliana de *aufhebung* é uma metacategoria presente em todo o seu sistema de pensamento que, em apertada síntese, pode ser definida como algo a ser "superado e guardado" ao longo do processo dialético, sem perder a sua condição de ser em si (*Sein*) e passando a compor o ser-aí (*Dasein*); em outras palavras, é o conceito operacional que explicaria como a essência pode ser captada e conservada dentro da existência no mundo.

Portanto, falar em uma ontologia dos direitos humanos significa ir além de todas as instâncias de normatividade e focar na busca pela compreensão do ser em si que sustenta qualquer possível normatividade moral ou jurídica. Por consequência, teorias abrangentes que partem de uma metateoria moral como instância de justificação racional poderiam fazer os direitos humanos incorrerem, novamente, na condição de doutrina, limitando-se ao caráter prescritivo-normativo, seja moral ou jurídico, dos seus postulados.

Outra questão relevante a atentar é o fato de que diretamente vinculada a uma possível ontologia está uma possível axiologia. As teorias jurídicas podem apresentar uma justificativa moral para o fenômeno jurídico, mas não chegam diretamente na dimensão ontológica que sustenta o fenômeno. Portanto, a axiologia será a primeira dimensão de sentido pré-normativo posterior à delimitação do universo ontológico sobre a qual se estruturam as esferas de normatividade moral e jurídica. Então, uma ontologia dos direitos humanos estará centrada no ser em si por trás dessa categoria jurídica ou na sua realização fenomenológica?

O fenômeno é o resultado eficiente de uma projeção da consciência humana sobre o ser em si. Disso decorre o fato de que a relação entre o ser humano e o ser em si será sempre mediada pela capacidade humana de atribuir sentido à experiência produzida por tal relação subjetiva entre ambos. Seja o ser em si animado ou inanimado, real ou hipotético, mais ainda, humano ou não humano, a construção de sentido normativo moral ou jurídico dependerá do modo pelo qual a consciência intersubjetiva se estabeleceu acerca do ser em si. Com isso, pensar em uma ontologia dos direitos humanos implica pensar, primeiramente, em um plano abstrato no qual subjaz uma necessária moralidade intrínseca aos próprios direitos humanos, pois sua pretensão de validade universal decorre da ubiquidade própria do ser humano, isto é, da capacidade humana de estar no mundo todo e atribuir sentido humano a esse mesmo mundo. Consequência imediata é a constatação de que os direitos humanos não constituem tão somente um sistema normativo com pretensão sancionatória em termos jurídicos: formam, antes de tudo, um conjunto de postulados normativos morais que buscam efetividade a partir da própria capacidade de reconhecimento intersubjetivo que tais postulados pretendem ter.

Antes mesmo de ser uma ontologia, verifica-se que a afirmação histórica da doutrina dos direitos humanos teve como resultado de maior significância no plano axiológico a quebra da verticalidade da relação entre Estado e indivíduo que caracterizou por longos séculos as sociedades pré-modernas, sobretudo na Antiguidade e na Idade Média, e fazia com que o Estado e as demais formas ocidentais precedentes de organização política fossem pensados em termos valorativos sempre como um ente de maior valor que o indivíduo. As terminologias súdito e servo bem ilustram a condição de inferioridade não apenas política, mas, sobretudo, axiológica nesses modelos históricos pré-modernos e ainda nos modelos modernos anteriores ao racionalismo e ao Iluminismo. O Estado moderno e a *horizontalidade axiológica* do incipiente modelo político apresentado no pós-Revolução Francesa colocam Estado e indivíduo em um mesmo patamar valorativo, impedindo que se defina *a priori* o bem de qual ente deve ser buscado primeiro. Os eventos históricos que se sucederam ampliaram ainda mais esse protagonismo do indivíduo, vindo a culminar na consolidação da doutrina dos direitos humanos logo em seguida ao final da Segunda Guerra Mundial.

Para reforçar a dimensão ontológica dos direitos humanos em detrimento da sua mera condição prescritivo-normativa doutrinária, devemos retomar um questionamento clássico: qual a origem dos direitos humanos? Surgiram na Antiguidade grega? Ou na América Latina?

A leitura histórica representada pela obra de Michel Villey acerca das origens dos direitos humanos na Antiguidade grega é amplamente conhecida e permite sustentar uma linha de continuidade desde a tradição helênica até a formação da Declaração Universal de Direitos Humanos, de 1948.[262] Nesse sentido, a origem terminológica dos direitos humanos (*droits de l'Homme*) costuma ser muito associada ao período da Revolução Francesa. Contudo, considerar tal momento histórico como marco originário da defesa desses direitos é, no mínimo, ignorar aqueles outros povos que, muito antes, já empunhavam uma

---

[262] Cf. VILLEY, Michel. *Le droit et les droits de l'homme.* Paris: P.U.F, 1983, Cap. 1.

bandeira contra atrocidades que eram praticadas no período colonialista na América Latina.

Assim, é preciso que se aponte que o primeiro anúncio claro daquilo que viria a ser os direitos humanos, após o advento do Estado moderno, nasce com as contribuições de Bartolomé de Las Casas sobre o que, segundo Danilo Zolo, já se tratava de um "multiculturalismo pacifista".[263] Las Casas, ao tratar da dignidade dos índios por ocasião do processo da conquista hispânica da América, questiona a legitimidade dos espanhóis em ocupar territórios e dominar os povos americanos, bem como denunciava os abusos a que eram submetidos.[264]

De fato, Bartolomé de Las Casas já denunciava que "é suficiente afirmar que, dos três milhões de almas da ilha de *Hispaniola* que vimos, não sobram mais do que duzentas. [...] Mais de trinta outras ilhas ao redor de San Juan encontram-se despovoadas e perdidas pela mesma razão. Todas estas ilhas terão, juntas, mais de 2.000 milhas de costa e, atualmente encontram-se inteiramente abandonadas e desertas" (tradução livre).[265] Posteriormente, também se verifica a presença da defesa dos direitos humanos no século XVII por meio das crônicas do ameríndio Felipe Guaman Poma de Ayala, uma importante contribuição no que diz respeito ao índio Inca, apresentando uma concepção política permeada pela ideia de limitação do poder e respeito aos direitos dos outros.[266]

Paolo G. Carroza também aponta o surgimento dos direitos humanos nesse período de colonização da América Latina, demonstrando, inclusive, que houve um envolvimento significativo latino-americano no processo de elaboração da Declaração Universal, de modo que esse envolvimento ocorreu justamente em virtude da experiência do continente pela conquista europeia, em que, durante a colonização,

---

[263] Ver ZOLO, Danilo. Il multiculturalismo pacifista de Las Casas (Prefácio). *In*: LAS CASAS, Bartolomé de (organizado por G. Tosi). *De Regia Potestate*. Roma-Bari: Laterza, 2007.

[264] Cf. BRAGATO, Fernanda Frizzo. O papel dos estudos pós-coloniais para a ressignificação do discurso de fundamentação dos direitos humanos. *In*: CALLEGARI, André Luís; STRECK, Lenio Luiz; ROCHA, Leonel Severo (org.). *Constituição, Sistemas Sociais e Hermenêutica*. Porto Alegre. Livraria do Advogado, 2011. p. 105-119.

[265] LAS CASAS, Bartolomé de. *A Short Account of the Destruction of the Indies*. Tradução: Nigel Griffin. London: Penguin Books, 1992. Na introdução do livro, o tradutor diz que o mesmo "was the first and the most bitter protest against the excesses of European colonization in the Americas, an its author, Bartolomé de Las Casas, 'Defender and Apostle to the Indians', the most controversial figure in the long and troubled history of Spain's American empire".

[266] Cf. BRAGATO, Fernanda Frizzo. *O papel dos estudos pós-coloniais para a ressignificação do discurso de fundamentação dos direitos humanos, cit.*, p. 105-119.

a população indígena existente sofreu graves atentados aos direitos humanos.[267] Aduz Carroza, dessa forma, que a ideia moderna de direitos humanos teve um período de gestação que durou milênios; porém, seria justo dizer que seu nascimento ocorreu no encontro entre a nova escolástica espanhola do século XVI e o Novo Mundo.[268]

De acordo com Carroza, Bartolomé de Las Casas seria justamente a pessoa que mais críticas fizera à brutalidade da dominação espanhola, tendo sido profundamente comprometido com a afirmação de igualdade entre todos os seres humanos, colocando sua noção de direitos em um plano decididamente *universal*, reivindicando igualdade de direitos não apenas dos europeus, mas também dos povos indígenas.[269]

Assim, a ideia de direitos humanos teria surgido muito antes da época da Declaração Universal, em experiências históricas ocorridas em cenários geográficos distantes do solo europeu, uma vez que a luta pela defesa desses direitos já havia sido iniciada na América Latina, durante o período de sua colonização.[270] Tanto é assim que, por ocasião da difusão na América Latina da Declaração Francesa dos Direitos do Homem e do Cidadão, houve muita receptividade aos ideais revolucionários expressos na Declaração de 1789, uma vez que esses povos latino-americanos já comungavam dos ideais de liberdade e igualdade.[271]

O historiador Daniel Castro, em que pese criticar Bartolomé de Las Casas pelo fato deste ter colaborado com a imposição de uma

---

[267] Ver CAROZZA, Paolo. From conquest to Constitutions: retrieving a Latin American tradition of the idea of human rights. *Human Rights Quarterly*, v. 25, n. 2, 2003, p. 284-288. Também em *Id.* Esboços históricos de uma tradição latino-americana da ideia de direitos humanos. *In*: BAEZ, Narciso Leandro; CASSEL, Douglass (org.). *A Realização e a Proteção Internacional dos Direitos Humanos Fundamentais*: Desafios do Século XXI. Tradução: Fernanda Frizzo Bragato. Joaçaba: UNOESC, 2011. p. 522-523.

[268] "The modern idea of human rights had a period of gestation lasting millennia." CAROZZA, Paolo. *From conquest to Constitutions: retrieving a Latin American tradition of the idea of human rights*, *cit.*, p. 289.

[269] Cf. CAROZZA, Paolo. *From conquest to Constitutions: retrieving a Latin American tradition of the idea of human rights*, *cit.*, p. 293.

[270] Carozza afirma também que: "Most conventional histories of the idea of human rights in Latin America, including by Latin Americans themselves, tend to identify the intellectual and political roots of the continent's commitment to rights language with the importation of European Enlightenment ideologies and the inspirations of the revolutionary movements of France and North America. This is not unreasonable. The intellectual and political elites of the Spanish colonies did provide a ready audience for the ideas of Rousseau, Voltaire, Montesquieu, Smith, Paine, and others". CAROZZA, Paolo G. *From conquest to Constitutions: retrieving a Latin American tradition of the idea of human rights*, *cit.*, p. 296-297.

[271] Ver a obra de referência do historiador mexicano ZAVALA, Silvio. *The defence of human rights in Latin America*: sixteenth to eighteenth centuries. Paris: UNESCO, 1964.

religião e de uma cultura a um povo que já as possuía, reconhece que sua luta pelo respeito aos direitos dos colonizados possuía um sentido específico de não violência.[272] De fato, o próprio Las Casas referia que não há homens na Terra, não importa quão bárbaras possam parecer suas condições, que lhes deva ser negado um tratamento gentil.[273]

Fernanda Bragato também sustenta que, diferentemente do que propugna o discurso hegemônico dos direitos humanos, o qual termina por situar as suas origens e o seu desenvolvimento nos episódios liberais burgueses da Modernidade europeia, "é possível afirmar que, antes disso, as suas bases teóricas já haviam se constituído como resultado da reivindicação indígena pelos seus bens e suas vidas, no exato momento da conquista da América".[274]

Diante disso, percebe-se que a ideia de direitos humanos surge em decorrência de uma opressão violenta, quase sempre de caráter físico, que o homem em um dado momento, em uma dada região geográfica, passa a sofrer ao ser vitimado pelo próprio homem. Nas Américas, em face da conquista colonizadora europeia que atentou contra os direitos dos povos nativos que já habitavam o Novo Mundo, bem como na Europa, durante o período das duas Grandes Guerras do século XX, tornou-se evidente que os direitos humanos possuem uma essência pré-normativa vinculada ao sentimento humano mais vital e elementar de autopreservação e afirmação da sua dignidade. Constituem a representação linguística de um sentimento não linguístico de proteção da vida e da dignidade que dela decorre.

Como consequência dessa longa afirmação histórica, a universalidade dos direitos humanos não reside em qualquer pretensão de normatividade moral ou jurídica, mas decorre da ubiquidade da existência humana, isto é, da sua condição de estar no mundo em todo o mundo. Os direitos humanos constituem em si uma dimensão ontológica que, ao se distanciar de meras ideias e abstrações, reflete diretamente a

---

[272] Ver CASTRO, Daniel. *Another Face of Empire*: Bartolomé de Las Casas, Indigenous Rights, and Ecclesiastical Imperialism. Durham & London: Duke University Press Books, 2007.

[273] Ver LAS CASAS, Bartolomé de. *A Short Account of the Destruction of the Indies*. Tradução: Nigel Griffin. London: Penguin Books, 1992.

[274] BRAGATO, Fernanda Frizzo. Contribuições Teóricas Latino-Americanas para a Universalização dos Direitos Humanos. *Revista Jurídica da Presidência*, v. 13, n. 99, 2011, p. 19. No mesmo sentido, complementa que: "Atento aos desastrosos efeitos da chegada dos europeus à América nos idos de 1492, Bartolomé de Las Casas, que aqui chegara com a missão colonizadora e que, anos depois, abandonara suas posses em favor da causa indígena, elaborou as primeiras linhas que fundamentaram, filosófica e juridicamente, as pretensões que hoje são conhecidas como direitos humanos". *Ibidem*.

essência pré-normativa e mesmo pré-linguística da experiência humana no mundo.

5.3 A dupla vocação do constitucionalismo transnacional

A constituição e o constitucionalismo assumem diferentes formas e desempenham variadas funções desde a época das revoluções europeias nos séculos XVII e XVIII. A contingência histórica e o contexto local definem o modo pelo qual uma constituição será produto ou não de um constitucionalismo; refletem as relações de poder entre grupos dominantes e demais membros da coletividade; determinam como os ideais de justiça e os valores sociais preponderantes nessa dada sociedade local ensejarão as estruturas básicas do ordenamento jurídico edificado sobre uma constituição com ou sem constitucionalismo.

Como veremos na Parte III desta obra, convencionou-se sustentar que existem funções do constitucionalismo a determinar o papel da constituição e, de um modo mais abrangente e histórico, do próprio fenômeno constitucional dentro dos limites territoriais do Estado moderno. O constitucionalista italiano Maurício Fioravanti utilizava a expressão "dupla vocação" do constitucionalismo moderno para se referir ao que ele chamava de dois lados do fenômeno: o primeiro representaria a oposição ao modelo medieval de organização política, tendo em vista que rompia com a lógica estamental e passava a concentrar o poder coercitivo de *imperium* no Estado dentro de suas fronteiras, enquanto o segundo lado seria destinado a limitar o exercício do poder do Estado em face do indivíduo, definindo direitos e garantias individuais, inclusive o direito de participação no processo político com a progressiva construção de assembleias representativas.[275]

Em sentido semelhante ao que, do ponto de vista jurídico-normativo, Fioravanti definia como dupla vocação do constitucionalismo moderno, é possível sustentar, do ponto de vista ontológico, uma dupla vocação do constitucionalismo transnacional.

Em primeiro lugar, o direito internacional dos direitos humanos rompe com a noção moderna de territorialidade da organização política estatal. Existem implicações epistemológicas que serão examinadas a seguir (item 8.1, *infra*), mas que, neste momento, demandam uma reflexão

---

[275] Cf. FIORAVANTI, Maurizio. *Costituzionalismo. Percorsi della storia e tendenze attuali.* Roma: Laterza, 2009. p. 149.

eminentemente filosófica. O Estado moderno consolidou o paradigma territorial como referência para a ideia de unidade do ordenamento jurídico. Até o início da era Moderna, o direito era pensado como uma situação de fato, como algo existente em si, ou seja, como algo que se inscreve na própria ordem natural do mundo e que, sobretudo, deveria ser uma projeção terrena da ordem divina da criação.[276] Pensar o direito como algo "posto", como o produto de um comando que pode ser inclusive meramente voluntarista, será possível somente após o fim da Idade Média. A concentração dos poderes administrativos, legislativos e jurisdicionais na figura do Estado será a antítese daquela realidade que, em especial na baixa Idade Média (a partir do século XI), fragmentava tais poderes em diversas comunidades que não se encontravam vinculadas imediatamente à satisfação dos interesses gerais do Reino ao qual estavam submetidos, mas, sim, aos interesses e fins privados dos indivíduos que internamente compunham tais comunidades, como negociar, possuir patrimônio, impor tributos aos próprios membros e, dentro de certos limites, exercer a administração da justiça.

A ascensão de senhores feudais, situados num plano hierarquicamente superior ao da nobreza provincial, fez deles a origem da dissolução do poder no Reino em uma multidão de pequenas unidades territoriais autocéfalas e, ao mesmo tempo, os transforma no verdadeiro ponto de coesão de toda a estrutura feudal. Os primeiros momentos do processo de surgimento do Estado moderno se iniciam, de fato, quando, nos séculos XIII e XIV, dá-se uma lenta e gradual agregação daquelas unidades territoriais autocéfalas que por séculos possuíram identidade jurídica própria. Tratava-se de um conjunto de situações empíricas que rumava à formação de um corpo político unitário, como aquele que na Modernidade deu origem ao Estado.

Retroagindo ainda mais no tempo, na Antiguidade grega a concepção de *autárkeian* vinculava a *polis* em um sentido semelhante, embora marcantemente diverso, à vinculação do conceito de soberania com a noção de Estado moderno. A *autárkeian* caracterizava-se, segundo Aristóteles, como categoria ética, ou seja, destinada à consecução do bem comum e à realização da felicidade (*eudaimonia*) do cidadão.[277] Tratava-se

---

[276] Cf. BRUNNER, Otto. *Land und Herrschaft. Grundfragen der territorialen Verfassungeschichte Österreichs im Mittelalter*. Viena, 1965, trad. it. *Terra e potere*. Milano: Giuffrè, 1983. p. 187-188.

[277] "Every state is as we see a sort of partnership, and every partnership is formed with a view to some good (since all the actions of all mankind are done with a view to what they think to be good). It is therefore evident that, while all partnerships aim at some good, the

de concepção ontológica que descrevia a essência em si mesma da *polis*, que era a sua autorrealização, sua autossuficiência, sua condição natural de não depender de outras organizações políticas para existir.

Assim, verifica-se que, desde o fim do nomadismo, as civilizações humanas, em especial as ocidentais, utilizaram como referencial identificante elementar o território sobre o qual se constituíam. O século XX e a formação do direito internacional dos direitos humanos rompem com essa lógica territorialista e assumem uma perspectiva global de reconhecimento da ubiquidade da existência humana. No entanto, não se trata ainda de uma ordem jurídica universal. Conforme salientam os críticos das teses acerca do constitucionalismo transnacional, bem ilustradas na abordagem do cientista político Pablo Holmes, subsiste, sim, um duplo paradoxo em relação aos dois conceitos mais tradicionais da teoria constitucional: a territorialidade e a unidade do ordenamento jurídico.[278] Todavia, esse paradoxo se situa em termos de fundamentos teóricos do quadro normativo interno aos Estados nacionais, cujas referências axiológicas gravitam entre o indivíduo e o próprio Estado, de acordo com o modelo político adotado. Já o direito internacional dos direitos humanos abre espaço para um novo quadro normativo, isto é, o constitucionalismo transnacional. Ao ainda não lograr sucesso em implementar níveis institucionais de uma democracia transnacional, como aponta a crítica de Pablo Holmes,[279] o constitucionalismo transnacional demonstra que uma estrutura normativa não hierarquizada e descentralizada está em pleno desenvolvimento no século atual.

Por consequência, a primeira vocação do constitucionalismo transnacional seria promover a limitação do poder em suas mais variadas formas. Mas o que é poder? Sobre esse tema, remetemos ao próximo capítulo e à dimensão ontológica do fenômeno em tela.

A segunda vocação é uma síntese dos dois primeiros itens do presente capítulo e, portanto, dispensa maiores considerações a título de cólofon deste capítulo. O constitucionalismo transnacional, enquanto

---

partnerships that is the most supreme of all and includes all others does so most of all, and aims at most the most supreme of all goods; and this is the partnership entitled the state, the political association." ARISTOTLE. *Politics*. Cambridge: Harvard University Press, 1950. p. 3 (1252, a, 1).

[278] Cf. HOLMES, Pablo. The politics of law and the laws of politics: The political paradoxes of transnational constitutionalism. *Indiana Journal of Global Legal Studies*, vol. 21, n. 2, 2014, p. 562-563.

[279] Cf. HOLMES, Pablo. *The politics of law and the laws of politics: The political paradoxes of transnational constitutionalism, cit.*, p. 582-583.

fenômeno produzido por um agir humano plural e historicamente concreto, tem nos direitos humanos o fundamento ontológico primeiro a permitir que se discuta acerca da gênese de seus caracteres definidores mais elementares. Simone Goyard-Fabre bem capta o esquecimento total do ser que o racionalismo tecnicista (*rationalisation technicienne*), juntamente com uma filosofia da consciência convertida em subjetivismos irreconciliáveis, promove em relação ao pensamento essencial sobre o ser, em relação ao ser em si como fonte de reflexão e descrição do existir histórico humano.[280] Se em Descartes, como aponta Goyard Fabre, a *cogito* assumiu o primado sobre o real e toda ontologia possível pereceu em nome da Razão, em Heidegger haverá a inversão da inversão filosófica promovida por Descartes: na tentativa de restaurar a ontologia, sustenta que o ser é fundado em si mesmo e encontra no seu devir uma oposição à contingência histórica que tão marcadamente caracteriza o ser.

Seria, então, o fenômeno no pensamento heideggeriano aquilo que se mostra em si mesmo e que estabelece em si os limites de interação com os outros.[281] Cientes que o pensamento de Heidegger já foi objeto de incontáveis adaptações que abriram questionamentos em proveito de ontologias carentes de maior profundidade filosófica, ousamos reiterar nossa definição mais restrita: o fenômeno como resultado eficiente de uma projeção da consciência humana sobre o ser em si. Seria essa uma resposta intermediária aos objetivismos e subjetivismos? Em certa medida, sim, pois, não sendo alcançável, plenamente, pela consciência humana a essência do ser em si, há de se reconhecer a centralidade da relação entre consciência projetada sobre o ser e externalidade objetiva

---

[280] Ver o capítulo intitulado "Les chemins de l'ontologie juridique" em GOYARD-FABRE, Simone. *Les fondements de l'ordre juridique*. Paris: Presses Universitaires de France, 1992. p. 219-263.

[281] "L'essentiel, pour une compréhension plus poussée du concept de phénomène, est d'apercevoir comment ce qui est nommé dans les deux significations de φαινομενον («phénomène» au sens de ce qui se montre, «phénomène» au sens de l'apparence) forme une unité structurelle. C'est seulement dans la mesure où quelque chose en général prétend par son sens propre à se montrer, c'est-à-dire à être phénomène, qu'il peut se montrer comme quelque chose qu'il n'est pas, qu'il peut «seulement avoir l'air de...» Dans la signification du φαινομενον comme apparence est déjà co-incluse, comme son fondement même, la signification originelle (phénomène: le manifeste). Nous assignons terminologiquement le titre de «phénomène» à la signification positive et originelle de φαινομενον, et nous distinguons le phénomène de l'apparence comme modification primitive du phénomène. Cependant, ce que l'on un et l'autre termes expriment n'a d'abord absolument rien à voir avec ce que l'on appelle [ordinairement] «phénomène» ou même «simple phénomène»." HEIDEGGER, Martin. *Sein und Zeit*. Tübingen: Niemeyer, 1927, trad. fr. *Être et Temps*. Paris: Gallimard, 1986. p. 29-30.

do ser que se coaduna com dita projeção consciente, promovendo uma síntese, contingencial, intersubjetiva e dialética, que poderá ser tida como a verdade do ser. Entretanto, em parte, a resposta ao referido questionamento também será não, pois uma ontologia dos direitos humanos como a vista em desenvolvimento no atual século em curso permite que se verifique a natural construção de uma consciência humana universal.

Sobre esse ponto, é importante relembrar que as grandes eras da evolução ocidental foram marcadas por teorias filosóficas que intercambiavam teorias objetivistas e subjetivistas. Como destaca Paulo Ferreira da Cunha, o direito natural foi lentamente abandonado pelas cátedras e tribunais durante a Modernidade, mas sua essência permaneceu viva na defesa atuante dos direitos humanos nas mais diferentes esferas das sociedades e nos campos do saber.[282] Essa defesa dos direitos humanos, passadas todas as crises sucessivas e infindáveis que o século XXI apresenta, desde seu evento exordial extremo, a lembrar, o 11 de setembro de 2001, foi esvaziando a natureza doutrinária e teórico-política, axio-orientada pelos interesses de grandes potências e das mais importantes empresas multinacionais sediadas nas principais economias ocidentais, de modo a permitir que os direitos humanos se afirmassem em uma Primavera Árabe, nas utopias sociais que diuturnamente se renovam, nos convulsionantes identitarismos latino-americanos, nas revoluções sociais – silenciosas ou não – asiáticas.

Mais do que nunca, a compreensão jurídico-normativa ou, mesmo, moral dos direitos humanos é antecedida por uma dimensão ontológica, pré-normativa, não abstrata e fundamentadora; uma ontologia que se realiza incessantemente por meio da fenomênica existência plúrima do ser humano.

---

[282] CUNHA, Paulo Ferreira da. *O ponto de Arquimedes*: natureza humana, direito natural, direitos humanos. Coimbra: Almedina, 2001. p. 30: "Um exemplo muito concreto da ligação directa entre natureza humana e direito natural pode ver-se na construção dos direitos humanos em Francisco Puy (que considera os Direitos humanos explicitações hodiernas ou mesmo a linguagem moderna do direito natural)".

CAPÍTULO 6

A DIMENSÃO ONTOLÓGICA DO FENÔMENO CONSTITUCIONAL TRANSNACIONAL

A compreensão filosófica do constitucionalismo transnacional que será esboçada neste capítulo pretende desenvolver o que pode ser visto como três lados da sua dimensão ontológica: a legitimidade do poder que subjaz a esse fenômeno constitucional; a necessidade de normalidade político-institucional; e a definição de um grupo mínimo de bens universalmente tuteláveis.

6.1 O problema da legitimidade do poder

A política e o direito possuem ligações tão profundas que, desde o início da modernidade, podemos encontrar diversas teorias políticas que têm tentado justificar a origem filosófico-política do Estado a partir da perspectiva segundo a qual o direito surge após uma decisão política pré-estatal de dada coletividade.[283] O pensamento político-filosófico moderno inaugurou uma nova forma de conceber a origem do poder

---

[283] Duas teorias amplamente conhecidas são as correntes contratualistas e as historicistas de origem hegeliana. Nas primeiras, tanto a partir de Hobbes e Locke quanto Rousseau, o nascimento do Estado político representa a consolidação da ideia de que a segurança é a única forma de proteger aqueles direitos inatos que foram ameaçados no estado de natureza: vida, propriedade e liberdade, respectivamente. Nas segundas, a filosofia política e também a filosofia do direito de Hegel centraram-se no estudo da história e na relação desta com outros aspectos da vida social, de modo que o espírito subjetivo (consciência, razão), o espírito objetivo (direito objetivo, moralidade, ética) e o espírito absoluto (filosofia, religião, arte) são etapas de um percurso evolutivo da sociedade, desde a sua condição natural até chegar ao Estado instituído. Sobre o tema, ver MACPHERSON, C. B. *The Political Theory of Possessive Individualism*: Hobbes to Locke. Oxford: Clarendon Press, 1964; GAUTHIER, David. *Logic of Leviathan*. Oxford: Clarendon Press, 1969; SABINE, George H. *A History of Political Theory*. Hindsale: Dryden Press, 1937, trad. it. *Storia delle dottrine politiche*, 4. ed.

político, libertando-se dos argumentos metafísicos que estiveram na base das antigas e puras concepções filosóficas da Idade Média. Entretanto, o conceito moderno de poder ainda permitirá compreender o problema da legitimidade no constitucionalismo transnacional?

Não obstante diferentes definições possíveis de poder – as quais não poderão ser aprofundadas nesta pesquisa pelos seus limites metodológicos – tenham sido desenvolvidas dentro dos quadrantes históricos da era Moderna, é quase consenso que Thomas Hobbes inaugura a tentativa moderna mais profunda de desvinculação entre o conceito de poder político e a legitimação transcendental do poder divino. No capítulo X do *Leviatã*, ele procede a uma distinção que se tornaria clássica: poder original e poder instrumental. Define poder, genericamente, como "os meios de que presentemente dispõe (o homem) para obter qualquer visível bem futuro".[284]

O poder original seria aquele que a própria natureza oferece ao homem, ou seja, a sua força, beleza, inteligência, capacidade, destreza, entre outros; o original é inerente ao homem e manifesta-se ainda em estado de natureza, podendo, assim, ser utilizado no convívio social ou isoladamente na natureza. Já o poder instrumental é conquistado com o uso do original ou, simplesmente, por acaso. A amizade, a riqueza, a boa reputação e a sabedoria são exemplos de poderes instrumentais, pois representam o resultado da manifestação de um poder natural em determinada área do convívio social.

Na visão hobbesiana, os homens estão em constante atividade de autopreservação e buscam novos objetos para satisfazer seus desejos. Eles se empenham em garantir aquilo que os ajude a satisfazer suas necessidades e paixões, e a evitar aquilo que os prejudica, podendo-se afirmar que a conquista dos bens, ou seja, aquilo que é objeto de desejo ou excita o apetite, é o fim específico de cada ação humana. O poder para conquistar cada vez mais bens é o que leva o homem a não se satisfazer com a sua condição circunstancial e a aspirar novos objetivos. Trata-se, na célebre frase de Hobbes, de "um perpétuo e irrequieto desejo de poder e mais poder, que se encerra apenas com a morte".[285]

Milano: Edizioni di Comunità, 1962; e ZARKA, Yvez-Charles. *Figures du pouvoir*. Paris: PUF, 2001.

[284] HOBBES, Thomas. *Leviathan*. London: Penguin Classics, 1985. p. 150 (tradução livre).

[285] No original: "A perpetual and restless desire of power after power, that ceaseth only in death". HOBBES, Thomas. *Leviathan, cit.*, p. 161.

Em um salto histórico até o século XX, verifica-se que o surgimento da filosofia da linguagem, dos existencialismos filosóficos, dos estruturalismos e construtivismos, bem como, posteriormente, com os pós-estruturalismos e desconstrutivismos, o conceito de poder assume uma incontável pluralidade de concepções. Uma definição importante, neste momento, pode ser vista no pensamento de Pierre Bourdieu quando ele diferencia o poder exercido de fato e o poder reconhecido pela sua capacidade de imposição. Em artigo de 1977, Bourdieu define como poder simbólico essa capacidade de enunciação, de fazer crer, de obter reconhecimento de uma pretensão de dominação.[286] Em obra posterior sobre a condição do feminino, ele demonstrará como a construção social dos corpos se dá por meio de uma violência simbólica que estrutura o racismo e a dominação masculina como se fossem fatos naturais do mundo.[287] Assim, o poder simbólico seria algo invisível e que somente poderia ser exercido com a cumplicidade entre aquele que exerce e aquele que está sujeito a esse poder.[288]

Essa definição de poder simbólico de Bourdieu coloca ênfase na relação de dominação entre indivíduos, mas não no plano real, fático; sublinha o modo pelo qual a dominação pode ser exercida intersubjetivamente, seja cultural, política ou economicamente. Será nesse sentido que veremos surgir uma concepção de poder altamente representativa da pós-modernidade: a noção de poder relacional em Foucault.

Segundo Foucault, não é possível possuir o poder, pois ele não pode ser adquirido e ele não se encontra dentro do Estado. Logo, é necessário ser nominalista: "O poder não é uma instituição, e não é uma estrutura, não é um determinado poder do qual alguns seriam dotados: é o nome dado a uma situação estratégica complexa numa determinada situação" (tradução livre).[289]

---

[286] "Le pouvoir symbolique comme pouvoir de constituer le donné par l'énonciation, de faire voir et de faire croire, de confirmer ou de transformer la vision du monde et, par là, l'action sur le monde, donc le monde, pouvoir quasi magique qui permet d'obtenir l'équivalent de ce qui est obtenu par la force (physique ou économique), grâce à l'effet spécifique de mobilisation, ne s'exerce que s'il est *reconnu*, c'est-à-dire méconnu comme arbitraire." BOURDIEU, Pierre. Sur le pouvoir symbolique. *Annales*, vol. 32, n. 3, 1977, p. 410.

[287] Cf. BOURDIEU, Pierre. *La domination masculine*. Paris: éditions du Seuil, 1998.

[288] Cf. BOURDIEU, Pierre. *Langage e pouvoir symbolique*. Paris: éditions du Seuil, 2001. p. 201-202.

[289] No original: "Le pouvoir ce n'est pas une institution, et ce n'est pas une structure, c'est ne pas une certaine puissance dont certains serait dotés: c'est le nom qu'on prête à une situation stratégique complexe dans une situation donné". FOUCAULT, Michel. *La volonté de savoir*. Paris: Gallimard, 1976. p. 123.

Ele propõe a substituição da ideia estruturalista de poder por aquilo que ele chama de relações de poder, o que daria centralidade para a condição do sujeito, pois, conforme o próprio Foucault reconhece, sua preocupação nunca foi desenvolver uma teoria do poder.[290] Por partir da perspectiva do sujeito, esse poder racional se encontra disperso em redes que interagem entre si e esvaziam o exclusivismo da instituição na representação e exercício do poder, desconstroem as hierarquias entre as estruturas e, mais derradeiramente, relativizam o poder que, ao longo da modernidade, havia sido atribuído às estruturas institucionais do Estado.

Portanto, em um cenário transnacional marcado por relações de poder com diferentes atores possíveis e imprevisíveis níveis de intensidade de interação, a noção foucaultiana de poder assume mais do que uma relevante atualidade: afirma-se como conceito central para compreender, epistemologicamente, como serão formadas as redes transnacionais de normatividade. Na questão geopolítica mais sensível e limítrofe para a existência humana, isto é, a interdição do uso de armas nucleares, o conceito foucaultiano de poder relacional pode ser visto na base da *nuclear deterrence*: aquele equilíbrio de potências que, em razão de um poder simbólico vinculado ao poderio militar dos Estados detentores de arsenais nucleares, torna-se uma eficiente – pelo menos até hoje! – política internacional de contenção recíproca.

Ora, se o poder não está no Estado, nem no indivíduo, nem na instituição, ou seja, se ele não se encontra mais na estrutura, mas, sim, nas relações concretas e efetivas de poder entre atores (indivíduos, Estados, empresas, grupos organizados etc.), qual a legitimidade do poder político que subjaz ao constitucionalismo transnacional?

Desde Max Weber e seus três tipos de legitimidade, passando pela filosofia da linguagem e pelo estruturalismo e pós-estruturalismo, é ponto comum para a definição de legitimidade a necessidade de

---

[290] "Les idées dont j'aimerais parler ici ne tiennent lieu ni de théorie ni de méthodologie. Je voudrais dire d'abord quel a été le but de mon travail ces vingt dernières années. Il n'a pas été d'analyser les phénomènes de pouvoir ni de jeter les bases d'une telle analyse. J'ai cherché plutôt à produire une histoire des différents modes de subjectivation de l'être humain dans notre culture; j'ai traité, dans cette optique, des trois modes d'objectivation qui transforment les êtres humains en sujets. (...) Ce n'est donc pas le pouvoir, mais le sujet, qui constitue le thème général de mes recherches". FOUCAULT, Michel. Le sujet et le pouvoir. *In: Id. Dits et écrites*. Paris: Gallimard, 1994. p. 1042.

CAPÍTULO 6
A DIMENSÃO ONTOLÓGICA DO FENÔMENO CONSTITUCIONAL TRANSNACIONAL | 137

produzir reconhecimento social.[291] Em termos gerais, uma ação humana será legítima somente se e à medida que gerar reconhecimento por parte dos destinatários dessa mesma ação. A autoridade, a dominação sobre outrem, tem no reconhecimento a medida da sua legitimidade.

Para pensarmos o problema da legitimidade do poder, é importante discutir acerca da forma política no constitucionalismo transnacional.

Dentro de um Estado instituído, a forma política é definida por aspectos precisos, que possuem a capacidade de descrever as estruturas mais fundamentais da dinâmica do poder político dentro do Estado. Por essa razão, deve-se atentar para quatro aspectos que têm significativa relevância na forma política de um Estado: (i) a forma de Estado, (ii) a forma de governo, (ii) o regime político e (iv) o nível de integração internacional.

O primeiro aspecto (forma de Estado) envolve toda a estrutura do Estado: a relação entre poder e indivíduo, o ordenamento dos três elementos fundamentais (povo, território, soberania) do Estado e, sobretudo, o modo de exercício da soberania sobre o território.

O segundo aspecto (forma de governo) trata do modelo organizacional adotado para exercer o poder soberano internamente. Na Grécia antiga, existia uma confusão entre formas de governo e regimes políticos, de modo que, por exemplo, a democracia, a aristocracia, a timocracia e a monarquia eram consideradas formas de governo. Porém, a classificação moderna leva em consideração a titularidade do poder como ponto de partida: república, monarquia, teocracia. Somente durante a evolução do Estado moderno o modo pelo qual este poder é gerido passa a ser mais bem definido: monarquia constitucional, monarquia absolutista, parlamentarismo, presidencialismo – só para citar os mais frequentes.

O terceiro aspecto que define a forma política diz respeito ao regime político.[292] Em suma, trata-se de analisar como o poder é

---

[291] Em Weber, a legitimidade é consequência de um modo de dominação reconhecível pelo destinatário da ação, o que termina por culminar nas três formas de legitimidade notabilizadas na sociologia: dominação tradicional, dominação carismática e dominação racional-legal. Ver WEBER, Max. *La domination*. Paris: La Découverte, 2015.

[292] Diferentemente, há autores que consideram semelhantes as expressões "forma de governo" e "regime político": "Con l'espressione 'forma di governo' – da intendersi come sinonimo di 'regime politico' e di altre forme analoghe – si indica il complesso di regole in base alle quali funziona l'ordinamento costituzionale di un'organizzazione del tipo di quelle cui viene generalmente attribuita, nei tempi moderni, la qualifica di 'stato', nonché di quelle, proprie dell'antichità o del medio evo (e certamente non assimilabili alle prime se non da un punto di vista molto generale), con riferimento alle quali si impiegano termini quali

concebido ideologicamente em relação à forma de governo existente. Essa divisão entre forma de governo e regime político é característica da modernidade, pois a ideia do bem comum e as formas de buscar esse bem resultam em um regime específico para cada Estado.

Finalmente, o último aspecto: o nível de abertura à integração internacional. Nas últimas décadas do século passado, as doutrinas constitucionalista e internacionalista buscaram meios teóricos para adequar a ideia de soberania nacional às características dos processos de globalização. Há exemplos de propostas de novas interpretações do conceito de soberania no sentido de permitir que os Estados estejam mais abertos à integração com outros países.

Uma interessante reconsideração teórica foi introduzida por András Jakab, que defende a necessidade de uma "*new comprise formula*"[293] capaz de "neutralizar" a questão da soberania por meio do fortalecimento da integração europeia.[294] Por outro lado, Maurizio Fioravanti argumentava, na mesma época em que escrevera Jakab, que era preciso começar a pensar numa "soberania temperada", que só existiria dentro de uma "forma política mais ampla".[295] Uma terceira alternativa seria ilustrada pelo modelo de regionalismo pluriversalista, apresentado no nosso *Teoria Pluriversalista do Direito Internacional*, segundo o qual seria possível manter Estados nacionais com poderes soberanos dentro de um modelo de sistema político-jurídico internacional multinível, multiatores, dotado de espaços públicos de cooperação institucionalmente incorporados pelos Estados, e que seria, antes de tudo, um sistema no qual os agentes estão vinculados regionalmente, em particular, por elementos antropológicos, culturais e talvez até *étnicos*, pois são elementos como esses, consolidados historicamente, que

---

polis, res pubblica e simili". PIZZORUSSO, Alessandro. *Sistemi giuridici comparati*. Milano: Giuffrè, 1998. p. 181.

[293] JAKAB, András. Neutralizing the Sovereignty Question. Compromise Strategies in Constitutional Argumentations about the Concept of Sovereignty before the European Integration and since. *European Constitutional Law Review*, vol. 2, 2006, p. 377-378.

[294] "So, how can we solve on a legal level the conflict between European integration and national sovereignty? What should be our answer to the question concerning sovereignty in the European Union? My point is exactly that it is a misunderstanding that we even should answer the question. The real lawyerly task (as we have seen analogically in different constitutional laws) is to neutralize this question. There are times where straight answers are needed – like the 16-17th centuries. And there are times where straight answers are not needed – like now." JAKAB, András. *Neutralizing the Sovereignty Question, cit.*, p. 397.

[295] FIORAVANTI, Maurizio. La forma politica europea. *In*: BERTOLISSI, M.; DUSO, G.; SCALONE, A. (a cura di). *Ripensare la Costituzione*. Monza: Polimetrica, 2008. p. 38-39.

unem povos e Estados para promover o aprofundamento do sentido de identidade cultural e de reconhecimento mútuo já existente entre eles.[296] Quando observamos o constitucionalismo transnacional em curso no século XXI, é plenamente constatável que, para definir a forma política sobre a qual se desenvolve esse fenômeno constitucional, descabe cogitar pensar nos primeiro e quarto aspectos acima referidos. Além disso, como a forma de governo pressupõe um Estado instituído, caso contrário, fala-se de *governance*, resta apenas como foco para a definição da forma política transnacional a definição do regime político a adotar. Pergunta oportuna neste momento: seria possível cogitar um regime político global? Um constitucionalismo transnacional guiado por um regime específico?

Sem maiores dúvidas, é necessário afirmar, de início, que a democracia surge como primeira resposta a esses dois questionamentos umbilicalmente ligados entre si. Se o constitucionalismo transnacional pressupõe uma *governance* global, pode-se dizer o mesmo vice-versa, sob pena de que ambos tenham baixa ou inexistente efetividade.

Para tanto, sustentar a viabilidade de uma democracia transnacional requer que sejam reconstruídos alguns dos seus principais elementos constitutivos.

Ao longo da milenar história da noção de democracia no Ocidente, podemos encontrar diversas vertentes suas que a colocam como um dos conceitos mais debatidos no âmbito das ciências sociais. Na compreensão genérica de democracia direta da Antiguidade grega, encontravam-se incluídas todas as demais formas específicas de implementação daquele conceito em cada *polis*, o que demonstra não ser a mesma compreensão de democracia direta (ou "pura", como dizem alguns autores) o modelo padrão aplicado uniformemente na Antiga Grécia. Da mesma forma, a democracia liberal assumiu condição central no pensamento político ocidental desde o início da Modernidade, constituindo-se em grande gênero dentro do qual muitas das diversas concepções de democracia passaram a se enquadrar. Isso posto, tomaremos como nosso ponto de partida teórico o fato de ter a democracia liberal exercido, desde o início da Modernidade, a função de gênero em que grande parte das democracias ocidentais foram – e continuam sendo, em muitos casos – espécies.

---

[296] Ver TEIXEIRA, Anderson Vichinkeski. *Teoria pluriversalista do direito internacional*. São Paulo: WMF Martins Fontes, 2011.

Elementos essenciais do gênero democracia liberal são: (i) vinculação ao liberalismo político,[297] (ii) existência do sufrágio universal, (iii) adoção da regra da maioria como *standard* nas eleições e (iv) presença do Estado como elemento definidor de território e povo. Quanto à vinculação ao liberalismo político, dá-se em um sentido limitado e concentrado no *princípio da igualdade* e do *respeito ao pluralismo;* não estabelece uma agenda política, apenas estipula princípios formais a serem seguidos. Quanto à existência do sufrágio universal, trata-se de princípio elementar da ideia de democracia liberal, pois, caso contrário, poderia inclusive assumir outra forma de regime, como autocracias, aristocracias ou totalitarismos ditatoriais. Quanto à regra da maioria, constitui-se em referência padrão para a tomada de decisão nos processos democráticos; pode ser excetuada por referências baseadas na proporcionalidade, por exemplo. A própria existência da minoria serve para afirmar imediatamente a maioria e, em última instância, todo o sistema, tanto que Robert Dahl chega a afirmar que por democracia se entende um "sistema de decisão política no qual os líderes correspondem, em certa medida, às preferências dos não-líderes".[298]

Quanto à presença do Estado como elemento definidor de território e povo, a democracia liberal encontrou já no Absolutismo Monárquico da baixa Idade Média e início da Modernidade a delimitação do espaço de decisão política dentro dos confins do Estado, reduzindo a difusão do poder em células autônomas (feudos, ducados, principados etc.), como ocorria na alta Idade Média, sobretudo após

---

[297] Entenda-se aqui o liberalismo político como uma teoria política abrangente, inclusiva e que parte de princípios procedimentais, como a igualdade e a liberdade, para orientar os sistemas políticos que a ele se vincularem. Por se tratar de um conceito profundamente ligado ao pensamento de Rawls, veja-se a sua definição: "I think of political liberalism as a doctrine that falls under the category of the political. It works entirely within that domain and does not rely on anything outside it. The more familiar view of political philosophy is that its concepts, principles and ideals, and other elements are presented as consequences of comprehensive doctrines, religious, metaphysical, and moral. By contrast, political philosophy, as understood in political liberalism, consists largely of different political conceptions of right and justice viewed as freestanding. So while political liberalism is of course liberal, some political conceptions of right and justice belonging to political philosophy in this sense may be conservative or radical; conceptions of the divine right of kings, or even of dictatorship, may also belong to it. Although in the last two cases the corresponding regimes would lack the historical, religious, and philosophical justifications with which we are acquainted, they could have freestanding conceptions of political right and justice, however implausible, and so fall within political philosophy". RAWLS, John. Political Liberalism: Reply to Habermas. *The Journal of Philosophy*, vol. 92, n. 3, 1995, p. 133.

[298] DAHL, Robert A. Hierarchy, Democracy and Bargaining in Politics and Economics. *In*: EULAU, Heinz *et al.* (org.). *Political Behavior*. Glencoe: Free Press, 1956. p. 7.

CAPÍTULO 6
A DIMENSÃO ONTOLÓGICA DO FENÔMENO CONSTITUCIONAL TRANSNACIONAL | 141

a cisão do Império Romano no século V; a concentração de poder e a verticalidade política que o Absolutismo propunha não significavam uma mera centralização no cume da escala de poder: aumentou também a dependência do poder estatal em relação às formas cooperativas pelas quais se desenvolviam as relações sociais, o que representou um forte impulso ao surgimento e aprimoramento de novas formas de se exercer e limitar o poder estatal.[299] Ainda como elemento essencial da noção de democracia liberal, devemos destacar a existência de oposição pública, regularmente constituída e reconhecida pelo regime. Embora Robert Dahl coloque esse elemento como característica-chave do conceito em tela,[300] entendemos que a vinculação ao liberalismo político é um pressuposto teórico que engloba, por natureza, a necessidade de existir oposição pública, pois o liberalismo está assentado no princípio da igualdade, o qual determina que "cada pessoa deve ter um igual direito ao mais extensivo quadro de iguais liberdades básicas compatível com um quadro similar de liberdades para os outros".[301]

As sociedades democráticas, tanto nos modelos da Antiguidade grega quanto nos modelos representativos pós-Rousseau ou deliberativos pós-Mill, são notadamente marcadas por amplos processos de decisão e consulta pública mediante os quais o povo toma conhecimento das razões que fundamentam as decisões políticas e delas participam, direta ou indiretamente.[302] Na democracia liberal, essa característica é reforçada pela necessidade de tratamento igualitário dos indivíduos e grupos sociais, bem como pela existência de uma organização estatal na qual o exercício do poder ocorra alternada e eletivamente. A democracia se encontra tão vinculada ao paradigma estatal que podemos ver Dahl afirmar que "instituições democráticas estão menos propensas a se desenvolver em um país sujeito a intervenções por outro país hostil ao governo democrático naquele país".[303] O referido autor estadunidense

---

[299] Cf. HELD, David. *Models of Democracy*. 3. ed. Stanford: Stanford University Press, 2006. p. 57.

[300] Registre-se que Dahl amplia a toda e qualquer noção de democracia a necessidade de existir oposição pública. Ver DAHL, Robert A. *Polyarchy. Participation and opposition*. New Haven/ London: Yale University Press, 1971. p. 1-16.

[301] RAWLS, John. *A Theory of Justice*. Cambridge: Harvard University Press, 2003. p. 53.

[302] Cf. DUNCAN, Graeme; LUKES, Steven. The New Democracy. *Political Studies*, vol. XI, n. 2, 1963, p. 158.

[303] DAHL, Robert A. *On Democracy*. New Haven-London: Yale University Press, 1998. p. 147.

coloca esta – a ausência de controle externo hostil à democracia – como uma das três *condições essenciais* para a democracia.[304]

Após surgir como limitação ou alternativa ao Absolutismo Monárquico da baixa Idade Média, a democracia liberal atingiu durante o século XX, sobretudo na segunda metade deste, o seu ápice evolutivo: a queda dos regimes totalitários. Os processos de democratização ocorridos, em especial, na Europa continental e nas Américas, transformaram a democracia liberal em regime político e, mais do que isso, em bem fundamental das sociedades ocidentais. Mesmo durante a Guerra Fria e a bipolarização política do mundo, tal regime espraiava-se, mediante as suas diversas variantes (democracia representativa, democracia deliberativa, democracia participativa etc.), por aqueles países que compunham o eixo capitalista, transformando-se em antítese ao modelo de democracia direta apresentado em diversos países pertencentes ao eixo comunista.[305] Com a dissolução da União Soviética, o efeito imediato foi a universalização da noção de democracia (de matriz liberal) como uma sorte de "valor-fonte" da política, um bem supremo a ser buscado por toda a humanidade.

A queda da União Soviética e o consequente fim da bipolarização política produziram, inclusive, conclusões exageradas e míopes, como a de Francis Fukuyama, o qual chamou esse processo histórico de "fim da História",[306] ou seja, seria o triunfo derradeiro da democracia liberal sobre todos os demais sistemas e ideologias que com ela já ousaram concorrer. Todavia, diversamente do que se podia pensar, ao invés de produzir um "fim", vemos uma série de fatores corroborados pelos diversos processos de globalização que se consolidaram nas últimas décadas do século passado e no início do atual século marcar o "início" de uma nova história das relações internacionais, da política, do direito internacional e da própria noção de democracia. É a globalização mudando o que tradicionalmente nos acostumamos a entender por democracia.

---

[304] As outras duas são: "(1) control of military and police by elected officials; (2) democratic beliefs and political culture". *Ibidem.*

[305] A associação entre democracia direta e comunismo (e o socialismo) é no sentido de participação contínua e direta do povo nos processos decisórios mediados pelas corporações de ofício, associações e outras formas de mediação que os regimes comunistas utilizavam para tentar ampliar sua legitimidade política e capacidade de participação da população. Para mais informações, ver HELD, David. *Models of Democracy, cit.*, p. 96-122.

[306] Ver FUKUYAMA, Francis. *The End of History and the Last Man.* New York: Free Press, 1992.

Se o amplo quadro teórico da democracia liberal é originado com base na organização política do Estado, como a democracia em perspectiva transnacional poderia fazer frente à pressão dos diversos processos de mundialização? Por se tratar de um fenômeno inovador, capaz de produzir uma aproximação intercultural nunca antes vista no curso da história da humanidade, a globalização tornou-se um dos conceitos mais problemáticos e discutidos, tanto na economia, na ciência política, no direito quanto no âmbito político, devido à forte tendência de ideologização que ocorre em torno dos seus caracteres principais. A democracia liberal, ao limitar a sua dimensão cognitiva aos limites territoriais e de cidadania estabelecidos pelo Estado nacional, sofreu profundas influências dos diversos processos de globalização, não sendo possível destacar apenas um dos âmbitos desse fenômeno como aquele de maior relevância para essa desconstrução da noção de democracia liberal. Mais do que influenciar, a globalização, descrita enquanto processos econômicos, tecnológicos, políticos e culturais, coloca em discussão a tradicional compreensão da democracia liberal, bem como as habilidades funcionais das suas instituições e procedimentos internos.[307]

Um primeiro aspecto é, certamente, o tecnológico-cultural. A informatização e virtualização das relações sociais e econômicas, ocorridas nas últimas duas décadas do século passado, permitiram que a "sociedade global" fosse finalmente percebida – ainda que de modo incipiente e controverso – no mundo: o fato de que qualquer indivíduo, em qualquer lugar do mundo, possa entrar em contato e estabelecer relações interpessoais com qualquer outro indivíduo do mundo estabelece um ponto de referência para o real surgimento da globalização. Anthony Giddens, tendo definido a globalização como um processo de intensificação, em nível global, das relações sociais entre localidades situadas a milhares de milhas de distância, afirma que esse é "um processo dialético porque tais acontecimentos locais podem se deslocar em uma direção anversa *às* relações muito distanciadas que os modelam".[308] As aproximações entre culturas distantes geograficamente tornaram-se possíveis a partir do momento em que deixaram de existir barreiras físicas para a interação multicultural e que o atraso na comunicação

---

[307] Cf. GÖRG, Christoph; HIRSCH, Joachim. Is International Democracy Possible? *Review of International Political Economy*, vol. 5, n. 4, 1998, p. 587.

[308] GIDDENS, Anthony. *The Consequences of Modernity*. Stanford: Stanford University Press, 1991. p. 64.

entre elas foi reduzido a meros segundos. A interatividade em *real time* oportunizada a todos aqueles agentes que desejassem – e pudessem – se conectar fisicamente à rede mundial de computadores representou o momento derradeiro no surgimento da globalização: a possibilidade de interligar o mundo todo em um ambiente virtual onde distâncias geográficas são irrelevantes.

No entanto, se de um lado ocorre a aceleração da dinâmica das relações sociais em virtude da interatividade em *real time* oferecida pela internet, desenvolve-se com igual vigor aquilo que Danilo Zolo denominou de "muro de Berlim imaterial",[309] isto é, uma barreira virtual que cria o mundo dos globalizados e o dos excluídos digitais. Se os processos de democratização na era digital dependem claramente de recursos físicos e tecnológicos para que possam ocorrer, talvez o maior desafio criado pela globalização seja, atualmente, permitir que todo esse imenso contingente de excluídos digitais possa se conectar à internet e vir a ter a oportunidade de descobrir as incontáveis oportunidades oferecidas pela nova "sociedade global-digital".

Outro aspecto decisivo para a redefinição da noção de democracia decorre da transnacionalização de muitas – e cada vez mais importantes – decisões políticas. Em outras oportunidades, sustentamos que a relativização da soberania estatal, tacitamente iniciada no século XX, sobretudo com a criação da Liga das Nações e, em seguida, da Organização das Nações Unidas, agravou-se progressivamente nas últimas décadas do século passado, de modo que, atualmente, tem se constituído por uma série de processos que buscam remover determinadas prerrogativas que historicamente caracterizaram o Estado moderno, como a autonomia jurisdicional, o controle dos mercados nacionais e a autossuficiência para estabelecer políticas públicas.[310]

Quanto à autonomia jurisdicional, a chamada "expansão global do poder judicial" (*global expansion of judicial power*) – uma analogia a um fenômeno notadamente estadunidense, a "expansão do poder judicial" (*expansion of judicial power*), em que o Poder Judiciário interfere diretamente frente ao Executivo, condicionando a criação de políticas públicas – foi apontada por Neal Tate e Torbjörn Vallinder, em meados dos anos 90 do século XX, como uma tendência a ser importada

---

[309] ZOLO, Danilo. *Globalizzazione. Una mappa dei problemi*. Roma-Bari: Laterza, 2004. p. 63.

[310] Ver os nossos *Teoria pluriversalista do direito internacional, cit.*; e *Id.* Globalização, soberania relativizada e desconstitucionalização do direito. *In*: TEIXEIRA, Anderson Vichinkeski; LONGO, Luís Antônio (orgs.). *A Constitucionalização do Direito*. Porto Alegre: SAFE, 2008.

CAPÍTULO 6
A DIMENSÃO ONTOLÓGICA DO FENÔMENO CONSTITUCIONAL TRANSNACIONAL

pelos demais países do mundo e, por último, incorporada pelo direito internacional, pois a democratização na América Latina, Ásia e África, somada ao desaparecimento da URSS, permite que os Estados Unidos se tornem "o lar da judicialização da política" (*the home of judicialization of politics*).[311] Segundo os referidos autores, trata-se de um fenômeno real que está mudando e mudará mais ainda a política global e o modo como esta será pensada no futuro.[312] Com a evolução dos atuais e a criação de novos tribunais internacionais, incluindo os de arbitragem, vemos que as instâncias jurisdicionais supranacionais estão cada vez mais presentes, desempenhando o papel que outrora competia às instâncias judiciais nacionais.

Quanto ao controle dos mercados nacionais, as exigências da *lex mercatoria*[313] estão ampliando progressivamente as suas influências no contexto econômico internacional, terminando por gerar repercussões jurídicas com sanções similares às que são tradicionalmente aplicadas no âmbito da jurisdição nacional, como ocorre, por exemplo, com as decisões da Organização Mundial do Comércio, um dos órgãos mais prestigiados atualmente na esfera internacional. A atividade regulatória e de fiscalização do cumprimento dos contratos parece ser o único resíduo de soberania econômica atribuída ao Estado, pois todo o resto já se encontra disperso em agentes que nenhuma natureza estatal possui. O "Estado pedagogo" passou a ser o "Estado regulador", o qual "não indica fins, mas estabelece regras e procedimentos e não exerce ele mesmo a atividade de execução, mas a confia à autoridade ou de regulação ou de adjudicação".[314]

As sucessivas e cada vez mais intensas crises pelas quais passa a sociedade internacional expõem toda a fragilidade que os processos decisórios nacionais e, por consequência, a soberania nacional

---

[311] TATE, Neal; VALLINDER, Torbjörn (orgs.). *The Global Expansion of Judicial Power*. New York: New York University Press, 1995. p. 2.

[312] TATE, Neal; VALLINDER, Torbjörn (orgs.). *The Global Expansion of Judicial Power, cit.*, p. 515.

[313] "A *lex mercatoria* é um tipo de direito que passou a ser consideravelmente institucionalizado, que responde ao fim de satisfazer as necessidades jurídicas do mercado, predispondo para os seus sujeitos seja de sempre novas modalidades de trocas contratuais, seja mesmo de modalidades de resoluções dos conflitos, que se insurgem ao longo da vida dos contratos. (...) é a mais completa forma de direito desterritorializado, precisamente porque corresponde a tentativa de abstrair o elemento territorial, tentando fazer se comunicarem sujeitos econômicos que pertencem a diversos países e a diversas 'famílias' e culturas jurídicas, em nome de um comum objetivo de troca que eles pretendem alcançar." FERRARESE, Maria Rosaria. *Il diritto sconfinato*. Roma-Bari: Laterza, 2006. p. 79-80 (tradução livre).

[314] CASSESE, Sabino. *La crisi dello Stato*. Roma-Bari: Laterza, 2002. p. 40.

apresentam frente à economia internacional e ao predatório mercado de capitais especulativo. David Held destacava que o "projeto de globalização econômica deve ser vinculado aos manifestos princípios de justiça social; ele precisa enquadrar a atividade do mercado global".[315]

Enfim, quanto à autossuficiência para estabelecer políticas públicas, pode-se dizer que, com a contínua transferência para a ordem internacional da competência decisória acerca de temas como guerra e paz, tutela ambiental, desenvolvimento econômico e repreensão ao crime internacional, o Estado nacional encontra-se cada vez mais compelido a exercer apenas funções periféricas e locais, isto é, desempenhando uma sorte de política de municipalidade, enquanto as questões essenciais para a nação agora passaram a ser tratadas em nível internacional. A política interna ruma para se restringir a assuntos práticos altamente específicos em cada sociedade, constituindo-se em espaço adequado para discutir questões como aborto, eutanásia, direitos de gênero, convivência multicultural, direitos dos animais, direitos das minorias e administração local do meio ambiente.[316]

Outro aspecto cabe também ser destacado: a pressão da opinião pública mundial e dos diversos grupos de pressão internacionais ou transnacionais – em especial, organizações não governamentais, associações culturais ou religiosas, grandes redes de jornalismo com cobertura global, movimentos culturais erráticos etc. Nesse sentido, assume grande significado a proposta teórica cosmopolitista de Jürgen Habermas, por meio da qual a compreensão da condição do indivíduo nas relações internacionais parece estar, propriamente, no seu sentido democrático, que estabelece a superação das referências nacionais – de cidadania e de território – como um momento inicial capaz de realizar a inclusão dos indivíduos e povos que se encontram fora do debate político internacional. Ele afirma que inclusão "significa que a comunidade política se abre ao inserimento dos cidadãos de qualquer extração, sem que estes 'diferentes' devam se assemelhar a uma suposta uniformidade étnico-cultural".[317] Trata-se de uma construção multicultural, dinamizada

---

[315] HELD, David. *Global Covenant. The Social Democratic Alternative to the Washington Consensus.* Cambridge: Polity Press, 2004, trad. it. *Governare la globalizzazione. Una alternativa democratica al mondo unipolare.* Bologna: il Mulino, 2005. p. 40.

[316] HIRST, Paul; THOMPSON, Grahame. *Globalization in Question.* Cambridge: Polity Press, 1999. p. 263.

[317] HABERMAS, Jürgen. *Die postnationale konstellation.* Frankfurt: Suhrkamp Verlag, 1998, trad. it. *La costellazione postnazionale.* Milano: Feltrinelli, 2002. p. 49.

pela incessante aparição de novas subculturas determinadas por novas relações interculturais, que "reforça uma tendência – já presente nas sociedades pós-industriais – que vai em direção à individualização dos sujeitos e à projeção de 'identidades cosmopolitas'".[318] É precisamente na inserção desses novos atores na política internacional – seja diretamente ou mediante a representação dos seus interesses – que vemos ocorrer a passagem da democracia liberal para a transnacional.[319]

Assim, dentro desse espaço público global, desenvolvem-se novas esferas de decisão política que, paulatinamente, estão construindo a possibilidade de transnacionalização dos processos democráticos. Porém, quais seriam algumas das possíveis concepções de democracia transnacional?

Tradicionalmente, as teorias da democracia estabelecem fortes e rígidas oposições entre esferas públicas e privadas, âmbitos nacionais e internacionais. As fronteiras do debate costumam ficar circunscritas à limitação do objeto em relação ao qual o regime pode ordenar processos decisórios. Todavia, a globalização, nas suas diversas vertentes, produziu uma profunda vinculação, do ponto de vista nacional, entre as diversas camadas das sociedades locais, enquanto, do ponto de vista internacional, as relações entre Estados, indivíduos e grupos organizados estão cada vez mais interligadas e cortadas por elementos que transversalmente interessam a agentes situados, originariamente, em instâncias completamente distintas e, segundo a perspectiva das teorias democráticas tradicionais, incomunicáveis por meio de processos decisórios.

Para tentar atender a essas demandas por integração e legitimação das escolhas públicas, diferentes concepções de democracia para a esfera internacional têm sido propostas. Por essa razão, entre todos os conceitos de democracia, talvez o transnacional seja o mais amplo e discutível de todos, pois trata de um objeto essencialmente indefinido – isto é, escolhas racionais tomadas em diferentes instâncias –, e ele por si só abre espaço para a ideologização política em torno desse objeto – a vinculação ao pensamento neoliberal é uma das primeiras conclusões que *a priori* se poderia tirar, pois o transnacionalismo poderia remeter

---

[318] HABERMAS, Jürgen. *Die postnationale konstellation*, trad. it. *cit.*, p. 52.

[319] Ainda que estejamos em concordância com alguns postulados teóricos apresentados pelo cosmopolitismo habermasiano, registre-se que no nosso *Teoria pluriversalista do direito internacional, cit.*, p. 218-229, foi desenvolvida uma crítica mais específica à aplicação do cosmopolitismo como fundamento jusfilosófico para as relações internacionais.

a uma agenda política global definida pelas grandes potências, algo como o desempenhado, nas últimas duas décadas do século XX, pelo *Washington Consensus*.[320]

Objetivando um melhor quadro analítico, sintetizaremos abaixo aquelas que são as três teorias normativas da democracia na esfera internacional que costumam concorrer com a noção de democracia transnacional – e, até mesmo, com ela serem confundidas:

(i) *Democracia liberal-internacionalista*: originada com a tradição liberal dos séculos XVIII e XIX, a democracia liberal-internacionalista compreende a ordem internacional como estando baseada nos princípios da liberdade comercial, cooperação internacional e decisão das disputas por meio de arbitragem.[321] Por ser muito próxima ao modelo neoliberal de regulação político-jurídica, termina limitando a própria ação da democracia transnacional em termos de governança global, pois parte do princípio de que os mercados internacionais devem restar sob a mínima tutela possível. A democracia liberal-internacionalista concentra-se na racionalidade dos processos de trocas internacionais, de modo que ganha maior relevo o caráter procedimental da democracia transnacional. Todavia, Robert Keohane destaca que "o futuro da responsabilidade (*accountability*) das instituições internacionais frente aos seus públicos depende apenas parcialmente da delegação mediante instituições democráticas formais".[322] Seu outro pilar é o "pluralismo voluntário sob

---

[320] A expressão foi originalmente cunhada por Joseph Stiglitz, mas acabou entrando no léxico internacionalista. Trata-se de uma série de propostas orientadas ao livre-comércio, à desregulação, à privatização das atividades vinculadas ao Estado, à liberalização dos mercados de capitais e, sobretudo, à minimização da carga tributária imposta pelos Estados nacionais. O *Washington Consensus* foi seguido firmemente pelo Fundo Monetário Internacional e pelo Banco Mundial para pressionar, nas duas últimas décadas do século passado, os países latino-americanos a adotarem as medidas acima citadas como forma de enquadrarem as suas economias internas a um padrão que pudesse permiti-las pagar seus empréstimos internacionais. Para mais informações, ver STIGLITZ, Joseph. *Globalization and its Discontents*. New York: W.W. Norman & Company, 2002, trad. it. *La globalizzazione e i suoi oppositori*. Torino: Einaudi, 2003.

[321] Cf. MCGREW, Anthony. Models of Transnational Democracy. *In*: *Id*.; HELD, David. *The Global Transformations Reader*. 2. ed. Cambridge: Polity Press, 2003. p. 500.

[322] KEOHANE, Robert. International Institutions: can interdependence work? *Foreign Policy*, Special Edition: Frontiers of Knowledge, 1998, p. 94.

condições de máxima transparência".[323] Nesse sentido, uma ordem internacional pluralista será, necessariamente, uma ordem democrática.

(ii) *Pluralismo democrático radical*: em poucas palavras, o pluralismo democrático radical apela para formas de democracia direta e democracia participativa na ordem internacional, propondo fóruns de debate alternativos que passem as discussões do plano global para o local.[324] Representa uma crítica neomarxista às democracias liberais e suas insuficiências de legitimidade, demandando uma efetiva participação das diversas camadas das populações nacionais nos processos decisórios que lhes atingem como forma de redução das desigualdades sociais e econômicas. Anthony McGrew ressalta que o pluralismo democrático radical está "conectado à tradição cívica republicana na medida em que seus expoentes acreditam que a liberdade individual somente pode ser alcançada no contexto de um forte senso de comunidade política e de compreensão do bem comum".[325]

(iii) *Democracia cosmopolita*: um dos mais destacados defensores da democracia cosmopolita foi David Held. Ele destacava a necessidade de uma governança global estruturada em um modelo que represente uma continuidade da democracia liberal, pois esta se apresentaria como a melhor alternativa à descentralização do poder decisional que outrora residia exclusivamente no Estado nacional. Segundo Held, a *global governance* ganha relevo por ser um "sistema multiestratificado, multidimensional e multi-ator".[326] O aspecto multiestratificado se deve ao desenvolvimento e implementação de políticas públicas que, mesmo sendo próprias de agências supranacionais, regionais, estatais e até subestatais, possibilitam a formação de uma estrutura funcional que não considera o Estado como o centro referencial para a implementação de tais políticas; o caráter multidimensional é consequência da vinculação que se cria entre agência e matéria,

---

[323] *Ibidem.*

[324] Cf. MCGREW, Anthony. *Models of Transnational Democracy, cit.*, p. 502.

[325] *Ibidem.*

[326] HELD, David. *Global Covenant, cit.*, p. 112.

permitindo que setores diversos, mas situados no mesmo nível de abrangência, tenham modelos de políticas públicas diferenciados em razão da matéria que devem abordar; e o aspecto multiator decorre do crescente número de agências, tanto públicas quanto privadas, que participam do desenvolvimento das agendas que definem as políticas públicas globais.[327] O objetivo principal da democracia cosmopolita não é concentrar o poder decisório em alguma sorte de governo mundial, mas, sim, estabelecer um sistema eficaz que seja global e dividido em diversas estruturas internas com poderes decisórios específicos, ou seja, "um sistema de diversos e sobrepostos centros de poder moldados e delimitados por um direito democrático".[328]

Ora, a democracia transnacional seria utopia ou uma realidade em efeito?

Embora apresente premissas teóricas que variam nas suas muitas concepções existentes, a progressiva transnacionalização dos processos decisórios parece ser uma realidade irrefutável. A democracia transnacional representa o mais novo momento de um longo percurso histórico na tradição liberal do Ocidente ao invés de ser propriamente a antítese da noção de democracia representativa. Todavia, as visões cosmopolitas encontram dificuldades em provar como seria possível encontrar elementos culturais e históricos, como língua e valores sociais em comum, dentro daquilo que seria a sociedade global.[329]

A pressão feita pelos diversos processos de globalização nos obriga a pensar uma nova teoria da democracia. O estadunidense Bernard Berelson falava em repensar o "sistema de democracia" em vez de seguir o rumo que as tradicionais teorias da democracia seguiam e continuar concentrando o foco no indivíduo.[330] Participação e interesse costumavam ser vistos como requisitos do sistema democrático que deveriam naturalmente partir do cidadão, mas Berelson ressaltava, em meados

---

[327] *Ibidem.*

[328] HELD, David. *Democracy and Global Order*. Cambridge: Polity Press, 1995. p. 234.

[329] Nesse sentido, ver as críticas pontuais de KYMLICKA, Will. Citizenship in an era of globalization. *In*: SHAPIRO, Ian; HACKER-CORDÓN, Casiano (orgs.), *Democracy's Edges*. Cambridge: Cambridge University Press, 2001. p. 112-126; e GÖRG, Christoph; HIRSCH, Joachim. *Is International Democracy Possible?*, *cit.*

[330] BERELSON, Bernard; LAZARSFELD, Paul; MCPHEE, William (orgs.). *Voting*. Chicago: Chicago University Press, 1954. p. 312.

do século passado, que algumas teorias e estudos "sugerem que um grande grupo de cidadãos menos interessados é desejável como uma 'almofada' (*cushion*) para absorver a intensa ação dos altamente motivados partidários. Isso devido ao fato de que os altamente interessados são na maioria os partidários e também os menos modificáveis".[331] Se todos estivessem contínua e altamente interessados, as possibilidades de uma solução gradual dos problemas políticos poderiam restar comprometidas pela excessiva vinculação às motivações políticas do grupo ao qual cada cidadão pertence.[332]

Nesse sentido, a democracia transnacional, além de seguir o padrão discursivo-procedimental da democracia liberal, oferece diversas esferas de interação política pelas quais os indivíduos podem manifestar seus interesses altamente especializados e participar com maior ou menor intensidade das decisões que mais lhes interessarem. Dessa forma, o controle do poder ocorre de forma decentralizada e setorizada, afastando os perigos que a verticalização em estruturas supranacionais poderia acarretar. John Dryzek é preciso ao afirmar que "controle decentralizado somente é democrático na medida em que envolve em ação comunicativa indivíduos críticos e competentes, agindo como cidadãos e não como consumidores, inimigos ou autómatos. Democracia transnacional desta sorte não significa uma democracia eleitoral, e ela não está institucionalizada formalmente em organizações".[333]

Uma refutação poderia ser feita neste momento: uma descentralização decisional como essa não levaria à anarquia ou à burocratização das instâncias decisórias? Em primeiro lugar, o alto grau de complexização das relações sociais demanda pela primazia da *especialidade* no trato com as diversas matérias envolvidas. A verticalização decisional tem se mostrado, historicamente, a mais propensa à burocratização – basta recordar que os absolutismos monárquicos se tornaram famosos ao levar esse problema a todas as pequenas práticas do cotidiano. Em segundo lugar, a primazia da especialidade nada tem em comum com anarquia ou algo do gênero, mas, sim, com a necessidade de responsabilização dos agentes políticos e técnicos envolvidos na administração e gestão das diversas matérias de interesse público. A responsabilidade

---

[331] BERELSON, Bernard. Democratic Theory and Public Opinion. *The Public Opinion Quarterly*, vol. 16, n. 3, 1952, p. 317.

[332] *Ibidem.*

[333] DRYZEK, John S. Transnational Democracy in an Insecure World. *International Political Science Review*, vol. 27, n. 2, 2006, p. 103.

aumenta à medida que o conhecimento técnico sobre a matéria em questão também aumenta. Em segundo lugar, todos os fautores dos modelos que propõem uma democracia transnacional verticalizada e centralizada nas mãos de organismos internacionais de pretensões universais parecem olvidar que a "ordem internacional sempre foi uma ordem estabelecida *para* e *pelos* Estados mais poderosos" (grifo nosso).[334] Ressalte-se também que a mesma advertência feita por Dahl quanto à democracia em âmbito nacional pode ser aplicada para a transnacional: "Durante severas e prolongadas crises as chances aumentam que a democracia seja derrubada por líderes autoritários que prometem o fim da crise por meio de vigorosos métodos ditatoriais. Os seus métodos, naturalmente, requerem que instituições e procedimentos democráticos básicos sejam postos de lado".[335]

Em suma, dois requisitos surgem como essenciais para a democracia transnacional em contínua construção: (i) primazia do princípio da especialidade em relação às matérias envolvidas; e (ii) decisões políticas centradas, primordialmente, nas esferas regionais. Essas estruturas regionais servem como instrumento para a promoção do debate político acerca de matérias que tocam a todos ou a grande parte dos países envolvidos, como ocorre, por exemplo, com a União Europeia – talvez seja ainda o melhor exemplo de regionalização atualmente existente. Quanto às estruturas de governança especializadas, é crescente o número dessas estruturas, bem como a participação de agentes não estatais nos seus processos decisórios. Veja-se o caso da Organização Internacional do Trabalho: participam de muitos dos seus processos internos não apenas Estados, mas também organismos que representam as empresas e os trabalhadores.

Diversamente de um veículo de condução dos postulados ideológicos, como os neoliberais, a democracia transnacional ruma para se afirmar como uma continuidade da democracia liberal em escala global, oferecendo diversos canais, estruturas e instâncias decisórias em condições de promover a integração entre povos, países, culturas e indivíduos. Por ser consequência dos diversos processos de globalização, seu maior desafio não é de ordem técnica, comunicativa ou procedimental, mas, sim, impedir que se reproduza no seu interior a

---

[334] MCGREW, Anthony. *Models of Transnational Democracy, cit.*, p. 507.
[335] DAHL, Robert A. *On Democracy, cit.*, p. 157.

mesma hegemonia das grandes potências ocidentais atualmente existentes nas relações internacionais.

6.2 Entre a normalidade e o caos normativo

A condição de possibilidade mais essencial para um sistema jurídico constitucional é, sem dúvidas, a capacidade que o poder constituinte originário possui de estabelecer uma normalidade político-institucional que permita aos constituintes o desenvolvimento daquilo que será um Estado constitucional de direito. Mas como é possível a um fenômeno constitucional transnacional, desprovido de um Estado mundial e de uma constituição global, desenvolver-se com base em uma similar normalidade político-institucional presumida?

A terceira e última Parte desta obra é dedicada, precisamente, a tratar do modo como a construção desse constitucionalismo transnacional se dá por meio de diferentes redes de normatividade que tutelam, em maior ou menor medida, bens jurídicos universais e buscam efetivar os direitos humanos, mas também mediante a paulatina construção de uma constituição histórica global. Entretanto, antes disso, ainda precisamos tecer algumas considerações acerca da normalidade político-institucional que é pressuposto do fenômeno em tela.

Em uma ontologia do constitucionalismo transnacional, a retomada da clássica distinção entre normalidade e exceção é decisivamente importante para que não se tenha um sistema internacional meramente legitimador de regimes arbitrários de exceção impostos, contingencial e circunstancialmente, por potências dominantes. Por trás da ideia de normalidade há a afirmação ontológica da ordem em oposição à negação da ordem, isto é, a negação das condições mínimas que permitem a supremacia do direito. Em síntese, trata-se da normalidade como negação ao caos normativo.

Desde a gênese do pensamento jurídico ocidental, quando do desenvolvimento do conceito de *nomos* na Antiguidade grega, é possível encontrar nos limites físicos entre o "eu" e o "outro" a definição do que seria direito – em outras palavras, o direito como medida do eu. Tal diferenciação por oposição, colocando o outro como limite da ideia de direito do eu, permitiu que, muito antes das chamadas dimensões de direitos humanos, fosse elaborada a noção ocidental mais primordial de direito: o direito como produto de uma norma que estabelece os limites nas relações entre indivíduos.[336]

Dessa clássica dicotomia entre o eu e o outro, no dizer dos antigos romanos, influenciados pela cultura helênica, poderíamos também projetar dita dicotomia para o dualismo civilidade e barbárie. Porém, inegavelmente, nas tradições ocidentais o direito surge como categoria conceitual responsável por dar unidade e forma concreta ao poder, enquanto este se situa no plano da potência, da abstração – em suma, poder como potência, direito como ato. Logo, um poder natural não mediado pelo direito seria imprevisível e incompatível com noções modernas como normalidade e civilidade.

Passados mais de vinte e cinco séculos da gênese grega do conceito de *nomos*, a pandemia de COVID-19 testou as bases fundamentais dos Estados de direito ao colocar a exceção como regra, ao subverter a segurança e a certeza do direito em prol do imediatismo e da urgência que o enfrentamento a uma ameaça global de proporções até então inéditas exigia. Ordem e desordem normativas tornaram-se o centro das atenções de filósofos, juristas e pesquisadores das mais diferentes áreas. Em meio a um século marcado por uma sucessão de crises, como o terrorismo global, a crise ambiental, as crises humanitárias, a crise sanitária de COVID-19, torna-se possível propor o seguinte questionamento: as antíteses à normalidade constitucional e à civilidade humana ainda são, respectivamente, a exceção normativa e a barbárie? A exceção normativa ainda poderia ser resumida no mero conceito de anomia? E qual a relevância político-filosófica da noção de barbárie em uma era pós-moderna de relativização da linguagem, do racionalismo e do conceito em si de bem?

Como hipótese teórica, em uma abordagem metodológica analítica, será discutida a possibilidade do desenvolvimento do caos como conceito jurídico para uma possível ontologia do constitucionalismo. A centralidade do dualismo de normalidade e exceção é o ponto de partida para que se possa fazer a reconstrução histórica das origens de categorias conceituais, como *nomos*, normalidade, exceção e caos. Em seguida, será realizada uma breve análise dos conceitos de crise e sindemia para que, em última análise, o caos possa ser mais bem

---

[336] Recorde-se que há a distinção, em todo pensamento grego da Antiguidade, entre *nomos* (norma) e justiça, pois essa categoria conceitual, originada da deusa Diké, possuía uma complexa definição a partir da justiça como potência, isto é, virtude (*areté*) enquanto *dikaiosyne*, e da justiça como ato justo (*díkaion*) vinculado a uma relação específica.

CAPÍTULO 6
A DIMENSÃO ONTOLÓGICA DO FENÔMENO CONSTITUCIONAL TRANSNACIONAL | 155

enquadrado como um possível conceito jurídico e constitucional oposto, ontologicamente, à normalidade constitucional.[337] Originada do latim *normalis*, a definição etimológica da palavra "normalidade" significa uma regra, uma norma, um padrão facilmente reconhecível pelos demais indivíduos. Notoriamente, a filologia que estuda a antiguidade romana define o sentido primeiro de *normalis* como uma espécie de esquadro, de régua de carpinteiro, um instrumento dotado de uma precisão cuja objetividade permitiu que fosse utilizado para afirmar que algo assim o é porque está "de acordo com a regra". Ocorre que a filologia românica, ao tratar da origem etimológica da palavra *normalis*, precisa ser combinada com a história de um conceito essencialmente jurídico-filosófico e de origens imemoriais na tradição grega: o *nomos*. Desde a formação do grego arcaico, porém antes mesmo dos períodos micênicos e homéricos, o *nomos* surge também como uma régua.

Há em Aristóteles menção à célebre régua inventada na Ilha de Lesbos para medir seu terreno montanhoso e muito rochoso como ilustrativa do que seria a equidade;[338] em outra obra, indo além do conceito de *nomos* como lei escrita, Aristóteles definiu equidade (*epieíkeia*) como a "forma de justiça que vai além da lei escrita" (tradução livre).[339] Os textos de Sófocles, Platão e Aristóteles empregavam, frequentemente, dito conceito em sentidos mais bem elaborados e já plurívocos, sobretudo quando pensamos na relação entre os *nomoi* e as diferentes espécies de atos justos (*díkaion* – δικαῖος). Mais ainda, quando pensamos na relação entre a natureza (*physis*) como ordem objetiva e o ato justo como produto da ação humana orientada subjetivamente pelas virtudes (*areté*) que deveriam guiar o indivíduo rumo à excelência na realização do justo, os *nomoi* estariam situados em um plano antecedente ao da ação humana; em suma, a própria ideia aristotélica de justo total atribui ao *nomos* o *status* de condicionante de sentido do ato justo.

Todavia, qual seria o oposto ao *nomos*? Qual a implicância de uma ausência total de normalidade, de *nomoi*, de ordem posta? Esse é

---

[337] Sobre o tema, remetemos a ideias inicialmente desenvolvidas em TEIXEIRA, Anderson Vichinkeski. Le chaos en droit constitutionnel: au-delà des états d'exception. *Questions constitutionnelles: revue de droit constitutionnel*, n. 11 mars, 2024, p. 1-18. Disponível em: https://questions-constitutionnelles.fr/le-concept-de-chaos-en-droit-constitutionnel-au-dela-des-etats-dexception/.

[338] ARISTOTE. *Étique à Nicomaque*. Paris: Flammarion, 2004, 1137 b30.

[339] ARISTOTE. *Rhétorique*. Paris: Flammarion, 2007, 1374 b1.

talvez o questionamento filosófico mais clássico do pensamento grego antigo, estando em Sócrates, tido como o "pai da filosofia", muito presente nos seus célebres diálogos relatados, em especial, por Platão, mas também por Xenofonte. Dentro das limitadíssimas circunstâncias desta sede e da proposta metodológica aqui adotada, pode-se dizer que, levado ao extremo, o referido questionamento teria uma única resposta: o *káos*. Ocorre que o sentido de caos na Antiguidade grega difere-se, substancialmente, das recentes teorias do caos. A orientação metafísica e politeísta da ontologia antiga atribuía verticalidade entre *ethos* (indivíduo), *polis* (coletividade, isto é, a Cidade-Estado) e *kosmos* (universo dos deuses), de modo que a dimensão de sentido dos dois primeiros estaria condicionada pelos seus respectivos enquadramentos no cosmos. Então, pensar a negação máxima do *nomos* seria pensar também a negação imediata do *ethos* e da *polis*, restando o cosmos como estrutura última de reordenação do mundo terreno. Estendendo no limite tal negação, o cosmos seria também refutado em sua condição existencial transcendente, não havendo mais espaço para a *physis* nem para qualquer *metàphysis*, somente para a ausência absoluta do ser.

Portanto, o conceito de caos no pensamento antigo dos gregos seria um retorno a um estágio evolutivo antecedente à existência do *kosmos*. Fora ainda em Hesíodo – muito antes do florescer do pensamento filosófico que marcaria o século de Péricles e toda a cultura ocidental que decorreria desse período – que se pode localizar o nascimento do cosmos, da noite e do dia, da Terra, após o nascimento daquele que seria o "Deus primordial": o *Káos*.[340] O desenvolvimento da política, da ética, e a compreensão da metafísica, em suma, a compreensão da *paideia* enquanto categoria conceitual abrangente do conhecimento do todo acessível ao *nous* humano, seriam o caminho único em oposição a qualquer possível regresso representado pelo caos. Assim, há uma relação de exclusão ontológica entre normalidade e negação da normalidade.

Já quando observado o conceito de *nomos* no pensamento ocidental, verifica-se que seu uso não apenas jurídico – como norma – também se estende ao senso comum, mas seguindo ontologicamente assentado naquela antiga definição de "seguir uma norma". Por mais que se possa associar com a noção de normalidade enquanto estado contingente do ser-em-si, o pressuposto de "normal" estaria em seguir uma "norma"

---

[340] Cf. HÉSIODE. *La Théogonie*. Paris: éditions Ernest et Paul Fièvre, 2017. p. 7-9.

CAPÍTULO 6
A DIMENSÃO ONTOLÓGICA DO FENÔMENO CONSTITUCIONAL TRANSNACIONAL | 157

de dever-ser do ser-em-si. Durante a evolução da Modernidade, o antagonista ao normal, isto é, sua negação máxima, torna-se cada vez mais racional e distante de categorias antigas, como o mítico caos grego ou mesmo o conceito latino de *barbarie* cunhado pelos romanos para descrever os povos não romanos.

Restringindo o enfoque para a tradição juspublicista da virada do século XIX para o XX, mais especificamente, no âmbito do direito constitucional e da teoria constitucional, Carl Schmitt valeu-se das noções de *nomos* e de *katechon* (κατέχω) para explicar a tentativa da política, por meio do Estado moderno, de atribuir normalidade a todas as condutas humanas.

A obra *Teologia política*, publicada em 1922, fora significativa no pensamento schmittiano precisamente por ter sido onde o autor indica como o Estado moderno substituiu a função da religião no coração da política. Em outras palavras, o Deus onipotente teria encontrado o próprio Estado como um substituto seu, igualmente onipotente, na ordenação política do mundo. Embora Schmitt utilize uma metáfora de difícil compreensão para aqueles que não são muito próximos das suas obras, pode-se dizer que o estado de exceção estaria para o Estado moderno assim como o milagre está para a teologia.[341] O milagre seria uma forma de corrigir os atos humanos que violam as leis da natureza. Logo, a exceção seria um modo de corrigir a política do Estado quando ela não funciona com base na própria normalidade que institui.

A convicção de Schmitt na função do *nomos* como confim entre normalidade e exceção decorre da sua ideia de que mesmo na exceção existiria um soberano. Na normalidade, este seria o Estado. Mas quem seria o soberano no estado de exceção? A resposta está sintetizada naquela que talvez seja sua frase mais conhecida: "Soberano é quem decide em estado de exceção".[342] Perceba-se que a exceção se situa em um plano no qual ainda há a possibilidade de sua parametrização

---

[341] O estado de exceção "a pour la jurisprudence la même signification que le miracle pour la théologie. C'est seulement en prenant conscience de cette position analogue qu'on peut percevoir l'évolution qu'ont connue les idées concernant la philosophie de l'État au cours des derniers siècles. Car l'idée de l'État de droit moderne s'impose avec le déisme, avec une théologie et une métaphysique qui rejettent le miracle hors du monde et récusent la rupture des lois de la nature, rupture contenue dans la notion de miracle et impliquant une exception due à l'intervention directe, exactement comme elles récusent l'intervention directe du souverain dans l'ordre juridique existant". SCHMITT, Carl. *Théologie politique*. Trad. J.-L. Schlegel. Paris: Gallimard, 1988. p. 46.

[342] SCHMITT, Carl. *Théologie politique, cit.*, p. 16.

por parte da normalidade, isto é, a exceção seria normalizável e, por consequência, superável. Como recordam Antonino Scalone[343] e Julia Hell,[344] ocorre que Schmitt foi buscar um conceito enigmático e de difícil precisão terminológica na Antiguidade grega, mas que melhor se definiu na doutrina professada pelo apóstolo Paulo: *katechon*.[345] Para retardar a vinda do Anticristo, o início de uma catástrofe definitiva e, por consequência, o fim da humanidade, o *katechon* seria uma forte "força de contenção" (*aufhalter*), retardadora e temporalmente circunscrita. A consciência quanto ao caráter inevitável de tal apocalipse fazia com que o próprio Império cristão – isto é, a *respublica christiana*, que perdurou por praticamente toda a Idade Média – não se considerasse eterno, devendo sempre seguir de modo capaz a exercer o seu poder histórico e se manter fiel aos seus fins.[346] O Estado moderno, com a sua laicidade, seria a última forma de organização política a ter exercido a função de *katechon*.

Assim, a progressiva evolução da tradição jurídico-constitucional ocidental afastou o caráter transcendente de conceitos clássicos da filosofia antiga, como ocorre com o *káos* e o *katechon*, buscando normalizar mesmo o anormal, reordenar a desordem, recompor o descomposto; em suma, entendendo como exceção o desvio da normalidade.

Neste momento, é necessário explicar como o conceito de crise, notadamente conservador e baseado em uma realidade estática tida como supostamente ideal, esteve ao longo do século XX no centro de debates jurídicos e filosóficos acerca do papel do Estado no tratamento dos incontáveis problemas surgidos em sociedades cada vez mais complexas. Antes mesmo da pandemia de COVID-19, verificou-se que a ocorrência de duas ou mais síndromes e a violência em cidades estadunidenses, segundo Merrill Singer, poderiam viabilizar o emprego da noção de sindemia como neologismo que congregaria a dinâmica de um fenômeno sanitário com outros fatores sociais e econômicos em

---

[343] Cf. SCALONE, Antonino. 'Katechon' e scienza del diritto in Carl Schmitt. *Filosofia politica* (Bologna), vol. 12, fasc. 2, 1998, p. 283-285.

[344] Cf. HELL, Julia. Katechon: Carl Schmitt's Imperial Theology and the Ruins of the Future. *The Germanic Review: Literature, Culture, Theory*, vol. 84, n. 4, 2009, p. 284.

[345] Cf. SCHMITT, Carl. *Le nomos de la Terre*. 2 éd. Paris: PUF, 2012, pp. 64-68; e *Id.*, *Unità del mondo e altri saggi*. Introdução e nota bibliográfica de Alessandro Campi. Roma: Pellicani, 1981. p. 317-319.

[346] Cf. SCHMITT, Carl. *Le nomos de la Terre, cit.*, p. 64.

CAPÍTULO 6
A DIMENSÃO ONTOLÓGICA DO FENÔMENO CONSTITUCIONAL TRANSNACIONAL | 159

condições de agravar o primeiro.[347] Portanto, a sindemia seria a junção gramatical de sinergia e epidemia.

No entanto, antes de tratarmos da insuficiência epistemológica do emprego da noção de "crise" para o trato dos problemas globais do século XXI, devemos retomar algumas questões acerca daquela que, ao longo do século XX, foi o centro de muitas atenções, qual seja, a "crise do Estado".[348] No início do século passado, dito fenômeno, hoje multifacetado, associava-se ao esgotamento de aspectos importantes do Estado liberal, seja no campo da economia capitalista, seja no campo do reconhecimento de direitos não restritos ao domínio do indivíduo. No que concerne à crise da economia liberal, que servira de estrado responsável pela sustentação da Revolução Industrial, a deflagração de profundos conflitos sociais e a emergência de anarquismos, socialismos e mesmo comunismos conduziram a um processo de paulatina afirmação do Estado social, especificamente na Europa, e de intervenção estatal na economia, no caso dos EUA. O Estado social representaria a superação – em sentido evolutivo – do Estado liberal rumo a um modelo de organização político-jurídica que, em apertadíssima síntese, se caracteriza por diferentes níveis de intervenção ou atuação direta do Estado na economia, mas também pelo surgimento de direitos não mais de cunho apenas individual, isto é, pelo florescer da era dos direitos sociais.

Se a "crise" do Estado liberal teria sido remediada com o advento do Estado social europeu e do *Welfare State* estadunidense, o pós-Segunda Guerra Mundial teria potencializado ainda mais a crise do Estado, uma vez que, como destacado por Sabino Cassese, essa crise não seria limitada apenas a insuficiências normativas ou regulatórias da economia, mas envolveria a perda da capacidade de manter a unidade interna própria do Estado e de fazer valer sua soberania externa no domínio econômico.[349] No final dos anos 1990, falar em crise do Estado

---

[347] Ver SINGER, Merrill. *Introduction to Syndemics*: A Critical Systems Approach to Public and Community Health. San Francisco: Jossey-Bass, 2009.

[348] Embora se trate de um tema com extensa bibliografia, remetemos aos seguintes autores para uma primeira abordagem: SANTI ROMANO. *Lo Stato moderno e la sua crisi*. Milano: Giuffrè, 1969; CARRINO, Agostino. *Sovranità e Costituzione nella crisi dello Stato moderno*. Torino: Giappichelli, 1998; MATTEI, Roberto de. *La sovranità necessaria. Riflessioni sulla crisi dello Stato moderno*. Roma: Il Minotauro, 2001; CASSESE, Sabino. *La crisi dello Stato*. Roma-Bari: Laterza, 2002; e BOLZAN DE MORAIS, José Luis. *As Crises do Estado e da Constituição e a Transformação Espaço temporal dos Direitos Humanos*. 2. ed. Porto Alegre: Livraria do Advogado, 2011.

[349] Cf. CASSESE, Sabino. *La crisi dello Stato, cit.*, p. 4.

significava diagnosticar um fenômeno muito mais abrangente do que uma crise ou momento de questionamento acerca dos fins do Estado no campo político, econômico e de reconhecimento de direitos dos seus cidadãos. A crise passara a ser sentida como um processo tácito, contínuo e não plenamente declarado de transferência dos atributos da soberania econômica do Estado para a tutela de agentes não estatais cujo comprometimento político e social era – e ainda é – desconhecido.[350]

Isso que pode ser definido como um processo tácito de relativização da soberania estatal iniciou-se no pós-Segunda Guerra Mundial e estendeu-se durante todo o curso do século XX, tendo sido agravado nas últimas décadas deste e, mais ainda, no início do século XXI por uma série de processos que vão além de uma crise decorrente da mera limitação do poder estatal: busca remover determinadas prerrogativas que historicamente caracterizaram o Estado moderno desde a sua gênese e atribuí-las a agentes que supostamente seriam impessoais ou indefinidos, como se fossem abstrações resumidas em expressões como "mercado internacional" e "mercado global", entre outras que de objetivo nada possuem.

Todavia, é possível sustentar que em três setores do Estado se verifica a ocorrência de uma real transferência de poder soberano do público para privado: (i) no âmbito da economia, no qual agentes – plenamente determináveis, como empresas multinacionais e transnacionais, bancos de investimento e Estados que, por serem grandes potências econômicas, concentram sedes de muitas das maiores empresas multinacionais – atuam, ativamente, guiando e buscando ditar as regras do mercado internacional;[351] (ii) no âmbito da política, no qual, desde a Liga das Nações, existe uma tendência a universalizar o ocidental e transformar cada um dos seus princípios em uma espécie de vetor da humanidade; e (iii) no incipiente âmbito jurídico-normativo transnacional, o qual vem tentando paulatinamente implementar jurisdições

---

[350] No que diz respeito à relativização da soberania do Estado e à emergência de redes transnacionais de normatividade, remetemos ao nosso TEIXEIRA, Anderson Vichinkeski. *Teoria pluriversalista do direito internacional, cit.*

[351] Nos anos 1990, Paul Hirst (The global economy: myths and realities. *International affairs*, vol. 73, 1997, p. 410) chamou de Tríade o grupo formado pelos Estados Unidos, Europa e Japão, porque teriam capacidade não apenas de concentrar o investimento estrangeiro direto, mas também conseguiriam ditar as regras da economia global. Em outra obra, essa mesma crítica é aprofundada, ver também HIRST, Paul; THOMPSON, Grahame. *Globalization in question*. Cambridge: Polity Press, 1999. p. 2 e 70-73.

internacionais capazes de dar efetividade à síntese da demanda de regulação peculiar a cada um dos dois âmbitos anteriores.

Diante disso, ainda há sentido, em uma perspectiva epistemológica, notadamente jurídico-filosófica, tratar referidos fenômenos como "crises"? Não revelaria, a noção de crise, uma gramática descritivo-normativa de uma filosofia geral abrangente marcantemente idealista? Uma filosofia geral com pretensão de resumir em si as divergentes possibilidades de realização fenomenológica pressupostas em um plano meramente ideal e abstrato?

Uma percuciente e instigante proposição teórico-descritiva fora apresentada por Merrill Singer, médico antropólogo estadunidense, ao cunhar a noção de "sindemia" a partir da junção gramatical entre sinergia e epidemia, destacando, porém, que as interações e dinâmicas sociais possuem significativa importância no enfrentamento de uma epidemia, como no estudo em que é analisada a relação entre abuso de drogas durante a gravidez e a concomitância de problemas socioeconômicos.[352] A abordagem da teoria sindêmica por parte do referido autor parte do pressuposto de que a complexidade biossocial, em suas imprevisíveis interações, permite que a ocorrência simultânea de fatores ambientais e sociais desfavoráveis potencialize os efeitos negativos da doença, em especial quando se trata de uma epidemia.[353]

Richard Horton, ainda no primeiro ano da pandemia de COVID-19, havia suscitado a hipótese de não se tratar de uma pandemia, mas, sim, de uma sindemia entre diferentes crises globais, mormente as crises ambientais, sociais e econômicas, e os efeitos de longo prazo que a infecção pelo vírus SARS-CoV-2 pode deixar em termos neurológicos, circulatórios, respiratórios, entre outras possíveis sequelas.[354] Assim, pensar o pós-pandemia de COVID-19 como uma sindemia global implicaria considerar que as camadas mais fragilizadas socioeconomicamente dos mais diferentes países podem sofrer consequências contínuas e progressivas dos efeitos entrelaçados entre o legado dessa

---

[352] Cf. SINGER, Merrill; SNIPES, Charlene. Generations of Suffering: Experiences of a Treatment Program for Substance Abuse During Pregnancy. *Journal of health care for the poor and underserved*, vol. 3, n. 1, 1992, p. 222-234.

[353] Cf. SINGER, Merrill; BULLED, Nicola; OSTRACH, Bayla; MENDENHALL, Emily. Syndemics and the biosocial conception of health. *The Lancet*, vol. 389, n. 10072, 2017, p. 941-950.

[354] Cf. HORTON, Richard. Offline: COVID-19 is not pandemic. *The Lancet*, vol. 396, n. 10255, September 26, 2020, p. 874.

crise sanitária e as correlatas crises (ambientais, sociais, econômicas etc.) sob as quais tais sociedades já se encontram submetidas.

Em contrapartida, Emily Mendenhall alega ser equivocado sustentar que a pandemia de COVID-19 seria uma sindemia global, pois o contexto local possuiria influência determinante no modo como os fatores preexistentes à pandemia podem ser potencializados ou não por falhas na gestão pública de uma crise sanitária. Segundo Mendenhall, nos EUA as condições preexistentes, como hipertensão, diabetes, distúrbios respiratórios, racismo estrutural na sociedade, descrença na ciência e ausência de liderança política durante a pandemia, somadas ainda a um sistema de saúde fragmentado, impulsionaram a disseminação e interagiram com o vírus.[355] Portanto, tais falhas sinérgicas causaram mais mortes e devastação do que em muitos outros países.

Retornando ao enfoque jurídico-constitucional, verifica-se que, diante da insuficiência do conceito de crise, a hipótese teórica da sindemia global é de fato de valor singular para descrever as complexas dinâmicas que entrelaçam inúmeras crises de importância mundial. Contudo, do ponto de vista do Estado constitucional, ainda haveria uma insuficiência analítico-descritiva em relação à negação do próprio Estado, ou seja, em relação à antítese última da sua existência, em suma, a seu maior antagonista. A noção de sindemia permite ir além do dualismo clássico de "normalidade" e "exceção" da tradição do direito público, destacando o atual caráter irreversível dos efeitos dessas múltiplas crises concomitantes. A sindemia surge mais como um conceito analítico-descritivo da realidade global do que, a rigor, como um conceito teórico-normativo com condições de orientar a recomposição rumo ao *status quo ante* dessas diversas crises entrelaçadas. Consequentemente, é ainda necessário superar as fragilidades presentes na compreensão da "exceção" como a antítese última do Estado e identificar a insuficiência dos atuais mecanismos de normalização dos estados de exceção.

Passemos então à análise do caos como figura antagônica ao Estado de direito.

Na Modernidade, a concepção clássica do caos foi redefinida e adaptada por ciências como a matemática e a física, com notável referência à teoria da relatividade de Einstein. No entanto, deve ser dada especial atenção à obra de Henri Poincaré. O matemático francês

---

[355] Cf. MENDENHALL, Emily. The COVID-19 syndemic is not global: context matters. *The Lancet*, vol. 396, n. 10264, November 28, 2020, p. 1731.

CAPÍTULO 6
A DIMENSÃO ONTOLÓGICA DO FENÔMENO CONSTITUCIONAL TRANSNACIONAL | 163

inicia seu texto declarando que as verdades matemáticas "derivam de um pequeno número de proposições óbvias através de uma cadeia de raciocínios impecáveis; eles se impõem não apenas a nós, mas à própria natureza".[356] Mais adiante na mesma obra, ao tratar do cálculo de probabilidades, Poincaré problematiza como hipóteses ou convenções elaboradas com base em causas precedentes não apresentam certeza científica acerca dos resultados causais que atingirão, quando se tratar de um fenômeno em sistema aberto e contingente.[357] Haveria então um elevado grau de imprevisibilidade na continuidade e desenvolvimento do fenômeno em relação a suas causas precedentes. Em outra obra, Poincaré introduz a noção de "caos determinista" para descrever como, em muitos sistemas dinâmicos, a sensibilidade às condições iniciais pode fazer de um único evento causa relacional para efeitos por completo imprevisíveis quando dos cálculos iniciais.[358]

A aplicabilidade da teoria do caos, ao longo do século XX, aos mais diferentes setores científicos e disciplinas exatas, humanas ou sociais aplicadas fez dela um campo de estudo fértil para ulteriores desdobramentos teóricos. Especificamente, no âmbito jurídico, é necessário afastar, no entanto, a sua aplicação direta e imediata ao direito constitucional e à teoria constitucional pelo motivo de que pressupõem o caos como um processo disruptivo em condições de dar início a um novo padrão teórico-normativo de ordenação da realidade fenomênica. Em disciplinas jurídicas que não guardam uma centralidade em torno de uma fonte normativa hierarquicamente superior, como ocorre com o direito constitucional, verifica-se profícua utilidade para a teoria do caos, como, por exemplo, no direito civil; entretanto, não há paralelo

---

[356] No original: "Dérivent d'un petit nombre de propositions évidentes par une chaîne de raisonnements impeccables; elles s'imposent non seulement à nous, mais à la nature elle-même". POINCARE, Henri. *La Science et l'hypothèse*. Paris: Flammarion, 1902. p. 1.

[357] Cf. POINCARE, Henri. *La Science et l'hypothèse, cit.*, p. 213-244.

[358] "Une cause très petite, qui nous échappe, détermine un effet considérable que nous ne pouvons pas ne pas voir, et alors nous disons que cet effet est dû au hasard. Si nous connaissons exactement les lois de la nature et la situation de l'univers à l'instant initial, nous pourrions prédire exactement la situation de ce même univers à un instant ultérieur. Mais, lors même que les lois naturelles n'auraient plus de secret pour nous, nous ne pourrons connaître la situation initiale qu'approximativement. Si cela nous permet de prévoir la situation ultérieure avec la même approximation, c'est tout ce qu'il nous faut, nous disons que le phénomène a été prévu, qu'il est régi par des lois ; mais il n'en est pas toujours ainsi, il peut arriver que de petites différences dans les conditions initiales en engendrent de très grandes dans les phénomènes finaux ; une petite erreur sur les premières produirait une erreur énorme sur les derniers. La prédiction devient impossible et nous avons le phénomène fortuit." POINCARE, Henri. *Sciences et méthode*. Paris: Flammarion, 1908. p. 4-5.

direto possível com a teoria constitucional por ter essa como objeto central de pesquisa a constituição político-jurídica enquanto elemento ordenador do Estado constitucional.

Recorde-se que o constitucionalismo ocidental surge dentro do amplo espectro político-filosófico de teorias contratualistas, como a de Hobbes, que trabalhavam com o estado de natureza como um momento teórico-hipotético, pré-societário e pré-estatal, com o condão de legitimar o advento do Estado político. Tal estado de natureza retoma um idealismo acerca da condição natural do ser humano, fosse ela marcada pelo egoísmo, como em Hobbes, ou pela pureza inata, como em Rousseau. Diante disso, há no pensamento constitucional uma tendência a racionalizar mesmo o momento pré-constitucional ou pré-estatal, atribuindo-lhe uma dimensão de sentido em termos lógico-racionais.

O caos constitucional seria, assim, muito específico enquanto negação à ordem jurídico-constitucional vigente. Como já ressaltava Schmitt, não existe uma única norma aplicável ao caos.[359] Mais ainda: a exceção constitucional é a tentativa última do Estado de direito retomar a normalidade e circunscrever com precisão as situações nas quais o Estado suspende o próprio direito. Por consequência, a possível compreensão hipotetizada nesta sede para caos considera, em apertada síntese, que as partes das estruturas sociais estão em ressignificação constante e contínua, desde seus princípios significantes elementares, impedindo que a ideia de crise, com as limitações e disfuncionalidades da sua inerente contingência, muitas vezes altamente breve e efêmera, possa ainda seguir sendo sustentada conceitualmente para explicar uma realidade global de eventos cada vez mais fortes, contínuos e inter-relacionais.

Karl Polanyi destacava que o mundo vive uma grande transformação causada pela economia de mercado e que perpassa os campos políticos e sociais.[360] A elevada complexidade das relações econômicas seria correlata ao processo progressivo de complexização da vida social e, por consequência, da política. Seria uma era de crises multissetoriais, isto é, crises que envolvem diferentes setores da economia, política e sociedade, mas também uma era de crises sistêmicas nos setores específicos em si. Trata-se de uma desordem generalizada, reconhecida por

---

[359] Cf. SCHMITT, Carl. *Théologie politique, cit.*, p. 22.
[360] Ver POLANYI, Karl. *The Great Transformation*: The Political and Economical Origins of Our Time. New York: Rinehart & Co., 1944.

pensadores de diferentes ramos do conhecimento. Indiferentemente da origem da pesquisa, há um consenso, como fato notório, de que os atuais problemas atingem simultaneamente diferentes países, regiões, continentes do mundo, tendo como ponto comum crises de natureza ambiental, climática, sanitária, securitária, geopolítica e social. No caso específico do direito, essas questões atingem diretamente os princípios, regras, legislações e institutos por meio dos quais os Estados elaboram e conduzem suas políticas públicas. Exemplificativamente, uma das consequências dessa desordem generalizada é o estágio comum de disseminação da desconfiança da população em face dos seus governantes no enfrentamento desses problemas.

Deve também ser mencionado que as atuais constituições fornecem mecanismos para normalizar possíveis instabilidades e outras perturbações da ordem. É o que acontece com os mecanismos de estabilização institucional baseados na ideia de exceção, como o estado de defesa (art. 136) e o estado de sítio (art. 137) na Constituição brasileira de 1988. Na França, a Constituição estabeleceu o artigo 16 para as situações em que "as instituições da República, a independência da nação, a integridade do seu território ou a execução dos seus compromissos internacionais" forem ameaçadas de forma "grave e imediata", e o art. 36 para o estado de sítio, com o objetivo de controlar a agressão externa ou a insurreição armada interna, estabelecendo um regime muito semelhante à lei marcial. Apesar das diferentes formas de implementação no Brasil e na França, esses mecanismos são insuficientes para lidar com a complexidade das crises multissetoriais e das crises sistêmicas, uma vez que pressupõem a ocorrência de um fato concreto contrário à ordem pública ou à paz social e visam à sua rápida recomposição ao estágio anterior de normalidade constitucional.

Stéphanie Hennette-Vauchez recorda que, entre os ataques de 13 de novembro de 2015 e a pandemia de COVID-19, o país passou mais de metade do tempo em estado de terrorismo ou de emergência sanitária, regimes inicialmente concebidos como medidas legais temporárias, mas que tendem a se tornar um estado permanente.[361] Da mesma forma, quando foi decretado o estado de emergência em 8 de novembro de 2005 para pôr fim aos tumultos nos subúrbios, permitindo assim que os prefeitos das áreas em questão declarassem toque

---

[361] Cf. HENNETTE-VAUCHEZ, Stéphanie. *La démocratie en état d'urgence*: quand l'exception devient permanente. Paris: Seuil, 2022, pp. 12-14.

de recolher, Dominique Rousseau já havia denunciado o perigo de banalizar a emergência estatal ao usá-lo para o simples controle policial da violência urbana limitado principalmente à cidade de Paris.[362]

Porém, como definir o caos constitucional? Para tanto, é necessário ir além da dimensão de dever-ser da Constituição, isto é, além da sua natureza normativa, focando no ser em si que ela estabelece. Em uma palavra: os fundamentos. A parametrização do caos constitucional a partir da negação aos fundamentos do Estado sintetizados, linguisticamente, no texto constitucional permite compreender o limiar entre ordem e desordem, entre desordem como mera contingência e desordem como antagonista absoluto da ordem induzida pelo Estado constitucional. Quando no trato de crises multissetoriais e de crises sistêmicas, ou de desordem normativa, verifica-se que o direito pode ser observado, derradeiramente, como um instrumento de reconstrução social. Há, para isso, a necessidade de manutenção e tutela da dimensão de dever-ser do texto constitucional. Ressalte-se que o constituinte brasileiro de 1987-1988, ao arrolar logo no art. 1º os fundamentos da República, estabelece um conjunto de elementos que descrevem o que é a sociedade, o que é o Estado brasileiro, no sentido de quais são seus componentes mais essenciais: soberania, cidadania, dignidade da pessoa humana, valores sociais do trabalho e da livre-iniciativa, e o pluralismo político.

Portanto, o caos constitucional situa-se no plano ontológico, do ser-em-si, da negação máxima da ordem existente. Uma negação que ataque, sistemicamente, os fundamentos da República tornaria impossível a recomposição ao *status quo ante* nem a reordenação político-constitucional, pois, assim como Káos, o Deus primordial da Antiguidade, o caos pré-constitucional seria instituído e toda uma série de novos e imprevisíveis efeitos decorreria do seu vazio ontológico. Os mecanismos de estabilização institucional constitucionalmente previstos, no caso brasileiro, são de aplicabilidade ainda no plano do dever-ser, não havendo, a nosso sentir, sequer como cogitar do seu emprego em crises multissetoriais e crises sistêmicas que envolvam, de modo amplo e abrangente, um ataque simultâneo aos fundamentos da ordem republicana.

---

[362] Cf. ROUSSEAU, Dominique. L'état d'urgence, un état vide de droit(s). *Revue Projet*, vol. 291, n. 2, 2006, p. 19-26.

Por consequência, torna-se cada vez mais urgente procurar novos mecanismos para normalizar as exceções constitucionais. Sem qualquer intenção de esgotar o tema da insuficiência dos estados de emergência em face das crises multissetoriais e sistêmicas, pretende-se demonstrar que, em situações-limite de máxima negação da ordem constitucional vigente, os conceitos clássicos, como o de normalidade, exceção e crise, seriam insuficientes para uma maior precisão epistemológica e, ainda assim, etimológica do problema. As sucessivas crises vividas pela humanidade ao longo do século atual permitem considerar novas categorias conceituais, como a ideia de uma sindemia global, inclusive no sentido de que vivemos uma era de normalização de crises contínuas e interligadas. Contudo, no plano jurídico-constitucional, ainda haveria uma insuficiência teórica para conceituar a hipótese de negação máxima da ordem estabelecida por um Estado constitucional. Assim, buscamos reconstruir a ideia de caos como um possível conceito jurídico de natureza constitucional oposto, ontologicamente, à normalidade constitucional.

Analisar a ontologia do constitucionalismo leva a pensar em duas direções: no plano normativo dos Estados nacionais, sobre como superar o dogmatismo frio do texto constitucional e garantir a constituição mesmo nos cenários de crise mais profundos, mas também, no plano normativo transnacional, convida-nos a refletir sobre o ser em si, que deve ser protegido pelo constitucionalismo nas suas mais variadas dimensões. No constitucionalismo transnacional, este ser em si pré-normativo, que anteriormente abordamos no quadro de uma possível ontologia dos direitos humanos, assume uma essencialidade ainda maior à medida que se torna a noção de bem jurídico universal.

6.3 A noção de bem jurídico universal: a dupla natureza da solidariedade

Encerrando esta Parte dedicada ao que chamamos de ontologia do constitucionalismo transnacional, é preciso ser enfrentada a questão axiológica que se situa entre a sua dimensão ontológica (pré-normativa) e a sua dimensão propriamente normativa. Como falar de bens universais e não assumir uma postura filosófica universalista e com amplo rol de bens dessa natureza? Como não cair nos perigos dos relativos culturais e toda uma incontável pluralidade de bens que deles decorrem?

Introduzimos aqui a ideia – que será mais bem desenvolvida na Parte III, *infra* – de que o constitucionalismo transnacional está assentado em quatro bens reconhecidos, juridicamente, no século XXI, como universais por inúmeros documentos e declarações internacionais, os quais foram tratados na Parte I desta obra. Tais bens seriam vida, segurança, meio ambiente e solidariedade.

O caráter intelectualmente arbitrário que um dado elenco de bens como esse poderia ensejar desfaz-se na medida em que o decompomos, por mais restrito que já seja, em três grupos essenciais de bens.

Primeiramente, a vida é o bem que *prima facie* resume em si seu sentido de bem supremo; está na origem primeira de todas as declarações de direitos modernas. Sua natureza autoevidente se reafirma quando, hipotetizada por oposição, a negação da vida seria ideia intolerável em qualquer sistema de pensamento humano.

O segundo grupo seria formado por dois conceitos que irradiam de si mesmos redes de normatividade próprias e altamente presentes no constitucionalismo transnacional: segurança e meio ambiente. Para tanto, ao tratarmos dos aspectos epistemológicos desse fenômeno constitucional retomaremos a abordagem a ambos os conceitos.

Já o terceiro grupo seria formado por um bem que merece maiores considerações neste momento: a solidariedade. Situar-se na transição da Parte II, sobre ontologia, para a Parte III, sobre os fundamentos epistemológicos, reforça nesta obra, por um lado, seu caráter descritivo, enquanto, por outro lado, já define as bases para sua natureza prescritivo-normativa.

A ideia de solidariedade surge no pensamento internacionalista, em especial nas origens do direito internacional. Ainda marcado pelo quadro político-normativo do pós-Segunda Guerra Mundial, o pensamento internacionalista contemporâneo costuma ser dividido em três grandes tradições que remontam ao célebre trabalho de Martin Wight,[363] um dos principais expoentes da Escola Inglesa de Relações

---

[363] Embora tenha sido publicada *post mortem*, no início da década de 1990, a obra *International Theory: Three Traditions*, organizada pela esposa Gabriele Ingeborg Wight e pelo historiador das relações internacionais Brian Porter, recolhe uma série de *lectures* proferidas como professor visitante na Universidade de Chicago durante o semestre acadêmico de 1956-1957. O interesse nas ideias de Wight já era expressivo no meio acadêmico internacionalista dos Estados Unidos, sobretudo depois da publicação de um pequeno livro, mas denso, com apenas 68 páginas, intitulado *Power Politics*, obra que veio a se tornar um clássico das relações internacionais e do direito internacional, mas em uma versão póstuma, editada pelo seu brilhante ex-aluno, Hedley Bull. Foi muito pela versão enxuta, mas, repita-se, singularmente densa em seu conteúdo, que Wight viria a ser considerado um dos fundadores

A DIMENSÃO ONTOLÓGICA DO FENÔMENO CONSTITUCIONAL TRANSNACIONAL

Internacionais. Segundo o referido autor britânico, essas três correntes filosóficas possuem a pretensão de explicar os fundamentos da ordem internacional: (i) a hobbesiana (realista),[364] (ii) a kantiana (universalista ou também chamada de cosmopolita) e (iii) a grociana (internacionalista).[365]

Resumidamente e a título meramente introdutório, a tradição realista limitar-se-ia à ideia de que a sociedade internacional vive em um estado de natureza constante entre Estados desprovidos de vínculos intersubjetivos entre si, ou seja, uma condição geral de anarquia entre Estados. Já a tradição universalista estaria assentada no ideal kantiano de comunidade universal de indivíduos, onde os Estados seriam atores hegemônicos dentro de uma mera contingência histórica, pois o progresso natural da humanidade apontaria para alguma sorte de república mundial/universal. Diversamente, em um ponto intermediário entre ambas, a tradição grociana veio a ser chamada, sobretudo ao longo do século XX, de solidarista por sustentar que, sim, a sociedade mundial seria composta, derradeiramente, por indivíduos, mas que seria impossível não reconhecer o protagonismo político do Estado moderno nessa ainda sociedade internacional (interestatal), não propriamente transmutada para sociedade mundial (*inter hominis*).

No entanto, qual a relevância da noção de solidarismo dentro do pensamento de Grócio? Mais ainda: tendo em vista que o próprio autor não se valeu da expressão (solidarismo ou solidariedade) em seu *opus magnum*, seria possível sustentar que referido conceito, mormente desenvolvido pelos neogrocianos do século XX, poderia assumir a condição de princípio normativo para um possível constitucionalismo transnacional no século XXI?

---

da Escola Inglesa de Relações Internacionais, em especial no tocante ao realismo político que caracteriza essa Escola.

[364] WIGHT, Martin. *International Theory*: Three Traditions. London: Leicester University Press, 1991. p. 30-31, ressalta que a denominação como hobbesiana não pode negligenciar o fato de que fora com Maquiavel que a tradição realista encontrou seu primeiro autor imbuído do espírito de tentar formular uma resposta que justifique objetivamente a existência da ordem internacional.

[365] A referida denominação e distinção entre as tradições como hobbesiana, grociana e kantiana é legatária do trabalho de Martin Wight, que bem lembra que essa classificação também recebe a terminologia de, respectivamente, realista, racionalista e revolucionista: "The Realists are those who emphasize and concentrate upon the elements of international anarchy, the Rationalists those who emphasize and concentrate on the element of international intercourse, and Revolutionists are those who emphasize and concentrate upon the element of the society of states, or international society". WIGHT, Martin. *International Theory, cit.*, p. 7-8.

Na tentativa de enfrentar o presente problema de pesquisa, a hipótese sustentada será afirmativa, construída com base, inicialmente, em uma breve retomada do contexto histórico de desenvolvimento do pensamento de Grócio, de modo que, em seguida, possa ser analisada a condição do solidarismo, na própria obra de Grócio, como consequência direta da noção de justiça internacional e, ao mesmo tempo, como pressuposto substancial para a noção de sociedade internacional elaborada pelo jurista holandês. Essa posição intermediária, no plano teórico-filosófico, entre justiça e sociedade internacional, permitiria conceber o solidarismo como princípio normativo do constitucionalismo transnacional na medida em que, por um lado, interdita o recurso à guerra por parte dos Estados (exceto em casos de legítima defesa) e, por outro, constitui um dever geral de cooperação política e jurídica na ordem internacional.

Nascido em Delft, Holanda, no ano de 1583, Huig de Groot, ou também com variações a partir de Hugo Grotius na maioria das línguas latinas, viria a falecer em 1645, justamente três anos antes do fim da Guerra dos Trinta Anos e da celebração do armistício notabilizado como Paz de Westfália, cuja formulação jurídica e concepção filosófica foram diretamente influenciadas pelas ideias grocianas. Ao lado de contemporâneos como Alberico Gentili e Francisco Suárez, estando separado em menos de um século do espanhol Francisco de Vitoria, costuma-se colocar Grócio como o mais jovem dos pais fundadores do direito internacional moderno. Além de mentor intelectual do tratado de Paz de Westfália, sua ampla atuação política desde jovem, em uma vida marcada por sucessivas guerras europeias, permitiu também que suas influências como diplomata e jurista transitassem nos diferentes lados do conflito bélico em que viveu na parte final de sua vida. Leo Gross[366] destaca que, por um lado, Grócio adaptou o direito natural de modo a preencher o vácuo deixado pela extinção do poder supremo do Imperador e do Papa, enquanto, por outro lado, desenvolveu as bases do princípio da laicidade do poder, permitindo que tanto crentes quanto ateus pudessem confiar na segurança das normas jurídicas do sistema internacional.[367]

---

[366] GROSS, Leo. The Peace of Westphalia, 1648-1948. *American Journal of International Law*, vol. 42, n. 1, 1948, p. 26.

[367] ZOLO, Danilo. *I signori della pace*. Roma: Carocci, 1998. p. 113, bem lembra que o modelo vestfaliano preencheu essa vacuidade de poder referida por Leo Gross e proibiu o recurso à guerra para tutelar os próprios interesses do Estado: "Secondo il modello vestfaliano

Nesse mesmo sentido, o espanhol Antonio Marín Lopez recorda que as teorias pluralistas, bem representadas no pensamento de Emmerich de Vattel, foram sustentadas, ao longo do história, na crença positivista de que o sistema internacional está norteado apenas pela vontade soberana dos Estados, o que seria insuficiente para compreender esse fenômeno jurídico.[368] A condição de Grócio como herdeiro da escolástica e da Escola de Salamanca, com maior destaque para as influências advindas da obra de Francisco de Vitoria, permite a Marín Lopez salientar que o pensamento grociano promoveu a transição do *jus gentium* para o direito internacional moderno mediante uma redefinição do direito natural.[369]

A tradição do *jus gentium* fora, em sua origem, concebida como o direito válido e aplicável a todas as províncias e territórios dominados pelo Império Romano, consentindo-lhes a prerrogativa de manter os seus próprios ordenamentos jurídicos locais. Com o Edito de 212 d.C. (*Constitutio Antoniniana de Civitate*), do Imperador Caracalla, a cidadania romana fora concedida a todos os súditos, o que estendeu a obrigatoriedade e vinculatividade do direito de Roma, isto é, o *jus civile*, a todos os territórios que compunham o Império Romano. Com isso, a noção de *jus gentium* permaneceu em um plano mais abstratamente filosófico e restrito, sobretudo durante a Idade Média, às relações entre organizações políticas (reinos, ducados, principados etc.), atuando de modo supletivo aos ordenamentos jurídicos locais. A justificação filosófica medieval do *jus naturale* tornou esse direito uma categoria geral dentro da qual tanto os direitos locais quanto o *jus gentium* deveriam buscar sua fonte de legitimidade. Ainda em Francisco de Vitória, como recorda Martin Wight, era comum confundir o *jus gentium* com o *jus naturale*.[370]

---

l'eguaglianza giuridica e l'autonomia normativa degli Stati è un principio incondizionato. Il diritto internazionale non detta alcuna norma sulle strutture politiche interne ai singoli Stati o sui loro comportamenti nei confronti dei cittadini, né prevede alcun potere di ingerenza di un'organizzazione internazionale o di uno Stato negli affari interni di un altro Stato. Ormai decaduta l'autorità del Papato e, con essa, la dottrina del *iustum bellum*, ogni Stato ha inoltre pieno diritto di ricorrere alla guerra o ad analoghe misure coercitive per tutelare o promuovere i propri interessi".

[368] Cf. LOPEZ, Antonio Marín. La doctrina del derecho natural en Hugo Grocio. *Anales de la Cátedra Francisco Suárez*, vol. 2, n. 2, 1962, p. 203-204.

[369] Cf. LOPEZ, Antonio Marín. *La doctrina del derecho natural en Hugo Grocio, cit.*, p. 227-228.

[370] Cf. WIGHT, Martin. *International Theory, cit.*, p. 73.

O neogrociano Hedley Bull[371] chama a atenção para a diferenciação operada por Grócio em relação ao termo *jus gentium*. Em termos mais gerais, constituía um conjunto de regras de natureza jurídica destinadas a disciplinar as relações entre os Estados soberanos, isto é, seria o direito natural aplicado às relações internacionais. Roberto Ago destaca que aquilo que Grócio chamava de "natural" seria um direito aplicável tanto aos indivíduos quanto aos Estados, pois estes e o próprio direito são "de origem humana, na medida em que é uma emanação automática da *natureza racional e sociável do homem*, que responde diretamente a essa natureza e às suas exigências".[372] Por outro lado, Grócio empregava o termo *jus gentium* como *jus voluntarium*, isto é, como o direito produzido pela vontade dos Estados.[373] Roberto Ago salienta que essa definição aproxima mais ainda Grócio do conceito de "direito internacional positivo", de Francisco Suárez.[374]

A concepção de *jus voluntarium* de Grócio não seria ilimitada nem imutável, tendo em vista que, segundo Bull, a sociedade internacional representa "a noção de que Estados e governantes de Estados estão vinculados por regras e formam uma sociedade ou comunidade uns com os outros, por mais rudimentar que seja".[375] Neste momento, ganha

---

[371] No original: "Princes are persons, and states or peoples are collections of persons; a basic reason why relations among princes and states are subject to law, which bind all persons in the great society of mankind. These rules, reflecting the rational and social nature of man, are know a priori to all creatures endowed with reason, and also a posteriori because they are confirmed by the agreement of all, or at least the agreement of all the best minds. Natural law for Grotus is not to be equated with the moral law or morality in general; it comprises only that part of morality that states the rational principles of conduct in society". BULL, Hedley. The Importance of Grotius in the Study of International Relations. *In*: BULL, H.; KINGSBURY, B.; ROBERTS, A. (org.). *Hugo Grotius and International Relations*. Oxford: Clarendon Press, 1992. p. 78.

[372] No original: "D'origine humaine, en ce qu'il est une émanation automatique de la *nature rationnelle et sociable de l'homme*, qu'il répond de façon directe à cette nature et à ses exigences". AGO, Roberto. Le droit international dans la conception de Grotius. *Recueil des cours de l'Académie de droit international*, vol. 182, n. 4, p. 375-398, 1983, p. 386.

[373] GROTIUS, Hugo. *De jure belli ac pacis*. Paris, 1625, trad. fr. *Le droit de la guerre et de la paix*. Paris: PUF, 2005. p. 43.

[374] No original: "La seule différence entre les règles du *jus naturale* et celles du *jus voluntarium* a trait à leur origine respective. Ces dernières existent, comme le terme l'indique, en tant que produit d'actes de volonté des membres de la societé, d'actes visant intentionnellement à leur création; tandis que les règles du *jus naturale* découlent directement de la nature humaine et sont dictées à la conscience des membres de la societé, qu'ils le veuillent ou non, par leur *recta ratio*". AGO, Roberto. *Le droit international dans la conception de Grotius, cit.*, p. 387-388.

[375] No original: "The notion that states and rulers of states are bound by rules and form a society or community with one another, of however rudimentary kind". BULL, Hedley. *The Importance of Grotius in the Study of International Relations, cit.*, p. 71.

CAPÍTULO 6
A DIMENSÃO ONTOLÓGICA DO FENÔMENO CONSTITUCIONAL TRANSNACIONAL | 173

relevo, em Grócio, o conceito de *magna communitas gentium* para explicar que os derradeiros membros da sociedade internacional seriam os indivíduos em vez de os Estado, pois a legitimidade do Estado dentro da sociedade internacional é uma atribuição diretamente decorrente do senso de comunidade, de busca do bem comum, que caracteriza o gênero humano e o diferencia das demais espécies.[376] Portanto, a sociedade internacional, na perspectiva grociana, teria como traço mais distintivo a sua universalidade, isto é, no dizer de Bull, "a participação de toda a humanidade em *magna communitas gentium*".[377] Roberto Ago diferencia a condição de Grócio em meio aos chamados "pais" fundadores do direito internacional, pois, segundo ele, deve-se considerá-lo como responsável pela origem da ciência do direito internacional, isto é, por "isso que concerne a este ramo das disciplinas jurídicas em que o fenômeno jurídico não se apresenta como produto, mas como objeto de investigação, conhecimento e descrição".[378]

Essa referida cientificidade do direito internacional viria a ganhar ainda mais robustez teórica e normativa com a doutrina do *jus publicum Europaeum* ao longo dos séculos XVIII e XIX, pois, segundo Bull, ela estabelecia que a sociedade internacional seria uma associação composta pelos Estados europeus, de modo que os Estados não europeus poderiam ser admitidos somente quando tivessem atingido um nível de desenvolvimento civilizacional comparável ao europeu.[379] O primado da razão – que tão fortemente caracteriza a Modernidade – era o primeiro elemento para que se pudesse pensar uma sociedade de Estados nacionais, tendo como modelo de organização político-jurídica supranacional o *jus publicum Europaeum* e de organização político-estatal o Estado Moderno. Por mais que hoje, no século XXI, isso seja considerado a gênese do neocolonialismo eurocêntrico, por certo muito criticável, em especial a partir dos estudos descoloniais e dos *subaltern studies*,

---

[376] Cf. BULL, Hedley. The Grotian Conception of International Society. *In*: ALDERSON, Kai; HURREL, Andrew (eds.). *Hedley Bull on International Society*. New York: St. Martin Press, 2000a. p. 112.

[377] BULL, Hedley. *The Importance of Grotius in the Study of International Relations, cit.*, p. 104.

[378] No original: "Ce qui concerne cette branche des disciplines juridiques dont le phénomène juridique ne se présente pas comme le produit, mais comme l'objet d'investigation, de connaissance et de description". AGO, Roberto. *Le droit international dans la conception de Grotius, cit.*, p. 379.

[379] Cf. BULL, Hedley. *The Anarchical Society*: a Study of Order in World Politics. London: Macmillan, 1977, trad. it. *La società anarchica. L'ordine mondiale nella politica mondiale*. Milano: Vita e Pensiero, 2005. p. 47.

é inegável que a tradição do *jus publicum Europaeum* encerrou com os séculos de sombras e trevas em que sustentar o primado da reta razão humana seria considerado uma heresia; encerrou com uma era em que a justificação metafísica a partir da *Respublica Christiana* era a principal fonte de sentido das formas políticas terrenas.

O racionalismo nas relações internacionais, instrumentalizado por uma ciência do direito internacional, permite concluir que uma sociedade pressupõe um sistema internacional, mas o mesmo não pode ser dito inversamente. Um sistema, enquanto totalidade ordenada, existe mesmo em uma anarquia entre nações formalmente tidas como iguais, mas disso não decorre qualquer regra substancial que oriente condutas em busca do bem comum. Hedley Bull sustenta que a mútua assistência entre os Estados e a manutenção de um sistema internacional em que a autoridade doméstica dos Estados é preservada são dois fatores que provam a existência de mais do que um mero sistema internacional: verifica-se uma sociedade internacional rudimentar em desenvolvimento.[380]

Como conclusão parcial, torna-se possível afirmar que o solidarismo é, ontologicamente, corolário da ideia grociana de justiça internacional e também pressuposto substancial da noção de sociedade internacional.

Sobre as três grandes tradições referidas por Martin Wight, é importante retomar, neste momento da presente pesquisa, quais são os seus diferenciais mais marcantes. A teoria hobbesiana encontra-se sintetizada na ideia de que os sistemas de Estados representam a mesma situação amoral de guerra de todos contra todos em que os indivíduos viviam quando em estado de natureza, tanto que o próprio Hobbes[381] dizia ter se inspirado no contexto das relações internacionais à sua época para definir o seu conceito de estado de natureza. A tradição naturalista

---

[380] Cf. BULL, Hedley. The State's Positive Role in World Affairs. *In*: ALDERSON, Kai; HURREL, Andrew (eds.). *Hedley Bull on International Society*. New York: St. Martin Press, 2000b. p. 145-146.

[381] No original: "But though there had never been any time, wherein particular men were in a condition of warre one against another; yet in all times, Kings, and Persons of Soveraigne authority, because of their Independency, are in continuall jealousies, and in the state and posture of Gladiators; having their weapons pointing, and their eyes fixed on one another; that is, their Forts, Garrisons, and Guns upon the Frontiers of their Kingdomes; and continuall Spyes upon their neighbours; which is a posture of War. But because they uphold thereby, the Industry of their Subjects; there does not follow from it, that misery, which accompanies the Liberty of particular men". HOBBES, Thomas. *Leviathan*. London: Penguin Classics, 1985. p. 187-188.

CAPÍTULO 6
A DIMENSÃO ONTOLÓGICA DO FENÔMENO CONSTITUCIONAL TRANSNACIONAL | **175**

do direito internacional, sobretudo após a obra de Samuel Pufendorf, manteve a identificação feita por Hobbes entre relações internacionais e estado de natureza, como recorda Wight.[382]

Já a tradição universalista, notadamente influenciada pelo pensamento de Kant, está concentrada em desenvolver noções cosmopolitas de direito e de moralidade, tendo o indivíduo como protagonista em vez do Estado. Assim, o cosmopolitismo kantiano terá na busca pela paz perpétua (*Zum ewigen Frieden*) o ideal fim humano a ser alcançado coletivamente, pois a violação de um direito cometida em uma parte do mundo acaba sendo sentida em todas as outras partes, segundo Kant.[383] Essa dimensão teleológica que aponta para a busca pela paz como, pode-se dizer sem receios, maior fim humano coletivo a realizar está baseada em uma noção inquestionavelmente católica de sociedade universal na Terra, isto é, a ideia de *civitas maxima*.

Meio século antes da *Zum ewigen Frieden*, de Kant, o também alemão Christian Wolff – se fosse nascido hoje, seria polonês – desenvolveu a expressão *civitas maxima* para definir a natural e racional tendência de formação de um "Estado de Estados", isto é, uma organização política universal reunindo todos os Estados em uma *domestic analogy*,[384] em que a função do Estado ficaria restrita à organização política local dos indivíduos que o compõem.[385] Todavia, Wight ressalta que não foi em

---

[382] Cf. WIGHT, Martin. *International Theory*, cit., p. 138-139.

[383] Na sua obra de 1795, *Zum ewigen Frienden*, ao tratar do direito cosmopolita como terceiro artigo definitivo para a paz perpétua, Kant entendia que, antes de tudo, esse direito deveria promover as condições humanas de hospitalidade universal, "poichè la comunanza (più o meno stretta) tra i popoli della Terra, che alla fine ha dappertutto prevalso, si è arrivati a tal punto che la violazione di un diritto commessa in una parte del mondo viene sentita in tutte le altre parti, allora l'idea di un diritto cosmopolitico non appare più come un tipo di rappresentazione chimerica ed esaltata del diritto ma come un necessario completamento del codice non scritto sia del diritto politico sia del diritto internazionale verso il diritto pubblico dell'umanità, e quindi verso la pace perpetua, e solo a questa condizione possiamo lusingarci di essere in constante cammino verso di essa". KANT, Immanuel. *Zum ewigen Frieden*. Königsberg: Friedrich Nicolovius, 1795, trad. it. *Per la pace perpetua*. Milano: Feltrinelli, 2005. p. 68.

[384] Sobre os fundamentos filosóficos da *domestic analogy* na tradição realista, remetemos a TEIXEIRA, Anderson V. *Estado de nações*, cit.

[385] Nos prolegômenos de sua obra sobre relações internacionais, Wolff afirma claramente que: "*§9 Of the state which is made up of all nations. All nations are understood to have come together into a state, whose separate members are separate nations, or individual states. For nature herself has established society among all nations and compels them to preserve it, for the purpose of promoting the common good by their combined powers. Therefore since a society of men united for the purpose of promoting the common good by their combined powers, is a state, nature herself has combined nations into a state. Therefore since nations, which know the advantages arising therefrom, by a natural impulse are carried into this*

Wolff inédito o uso da expressão *civitas máxima*, pois, no século XVI, tal ideia já vinha sendo desenvolvida tanto por católicos, como Francisco de Vitória, ao tratar da *societas naturalis* como comunidade universal de Estados, quanto por protestantes, como Alberico Gentili.[386] Quando Kant escreve sua *Zum ewigen Frieden*, na alvorada do século XIX, seu grande desafio – a nosso sentir, não resolvido por ele – seria conciliar o princípio de soberania do Estado com a ideia de República Mundial sustentada por ele ao final da obra.

A terceira tradição referida é aquela dentro da qual se situa a hipótese sustentada a seguir nesta pesquisa. A tradição grociana pressupõe, resumidamente, que as relações internacionais são determinadas por regras e instituições construídas a partir das dinâmicas internas dessa mesma sociedade de Estados. Por um lado, incorpora parte do modelo hobbesiano ao compreender que os Estados são, ainda, os principais atores na sociedade internacional, enquanto, por outro lado, reconhece que o ideal cosmopolita, por mais utópico que possa parecer nos moldes da tradição universalista, é norteado por uma legítima e necessária busca pela paz entre os povos.[387] Já em Grócio, conforme referido por Bull, é possível verificar que a aceitação das regras e condições de coexistência e cooperação entre os Estados é uma condição de possibilidade para o próprio desenvolvimento da sociedade internacional.[388] Por consequência, a efetividade das regras de direito internacional passaria pela atuação dos próprios Estados, em virtude da solidariedade – real ou

---

association, which binds the human race or all nations one to the other, since moreover it is assumed that others will unite in it, if they know their own interests; what can be said except that nations also have combined into society as if by agreement? So all nations are understood to have come together into a state, whose separate nations are separate members or individual states". WOLFF, Christian. *Jus gentium methodo scientifica pertractatum* (orig. 1749). Oxford: Clarendon Press, 1934. p. 12.

[386] Cf. WIGHT, Martin. *International Theory, cit.*, p. 41.

[387] Hedley Bull bem destaca essa posição intermediária assumida pelo pensamento grociano: "Thinkers in the Grotian tradition recognize with Hobbes that states are in a state of nature or condition of anarchy in the sense that there is no world government over them. But the Grotians see the condition of states as more like that which Locke describes in his account of the state of nature than that which is described by Hobbes. They see international society, that is to say, as a society without government, an anarchical society in which rules are crudely interpreted and administrated, power is decentralized, and justice is uncertain and imperfect, but a society nevertheless that embodies the tradition of civilization and not the law of jungle". BULL, Hedley. Hobbes and the International Anarchy. *In*: ALDERSON, Kai; HURREL, Andrew (eds.), *Hedley Bull on International Society*. New York: St. Martin Press, 2000c. p. 201.

[388] Cf. BULL, Hedley. *The Anarchical Society, cit.*, p. 39.

A DIMENSÃO ONTOLÓGICA DO FENÔMENO CONSTITUCIONAL TRANSNACIONAL | CAPÍTULO 6 | **177**

potencial – existente entre eles dentro da sociedade de Estados.[389] Bull salienta que, para Grócio, até mesmo a guerra seria justificável contra o Estado que se opõe violentamente à ordem internacional, uma vez que o crime cometido por um Estado termina por colocá-lo em uma situação de inferioridade aos demais, permitindo que eles apliquem uma punição àquele.[390]

O fato de Grócio não se referir expressamente ao termo solidarismo/solidariedade no seu clássico *De jure belli ac pacis* atribui, paradoxalmente, ainda mais relevância para esse conceito na tradição grociana. Isso porque o princípio de solidarismo busca realizar uma sociedade internacional mais bem ordenada e tendo o recurso à guerra limitado a perseguir os bens comuns e escopos da comunidade internacional. Consequência imediata é a juridicização da guerra e afastamento das doutrinas da guerra justa (*bellum justum*),[391] delimitando o foco no *jus in bello*, isto é, nas regras que disciplinam o conflito, suas causas legítimas e possíveis consequências. Hedley Bull sublinha o fato de que a doutrina neogrociana ganhou grande relevo ao longo do século XX, a ponto de estar presente tanto no Pacto da Sociedade das Nações[392]

---

[389] Segundo Bull, a hipótese central para Grócio "is that of the solidarity, or potential solidarity, of the states comprising international society, with respect to the enforcement of the law". BULL, Hedley. *The Grotian Conception of International Society, cit.*, p. 97.

[390] Cf. BULL, Hedley. *The Grotian Conception of International Society, cit.*, p. 101.

[391] A doutrina *bellum justum* atravessou toda a Idade Média, mas suas origens, por mais que possam ser consideradas imemoriais, costumam ser encontradas no antigo direito romano, tanto que Cícero já fazia referência ao *bellum justum* como uma guerra legítima que tinha por objetivo submeter aqueles que fossem contrários ao ordenamento (romano) político e jurídico vigente. Sobre as origens da doutrina do *bellum justum*, ver LORETO, Luigi. *Il bellum justum e i suoi equivoci*. Napoli: Jovene Editore, 2001; e ainda o clássico de CLAUSEWITZ, Carl von. *On War*. Harmondsworth: Penguin, 1968.

[392] Assinado em 28 de junho de 1919, o Pacto da Liga das Nações estabelecia, em seu preâmbulo, que: "In order to promote international co-operation and to achieve international peace and security, by the acceptance of obligations not to resort to war (...)".
Em seus 26 artigos, o solidarismo se encontra presente em diversos momentos indiretamente, mas o artigo 2 é explícito ao determinar que toda guerra seria um assunto de interesse coletivo: "Any war or threat of war, whether immediately affecting any of the Members of the League or not, is hereby declared a matter of concern to the whole League, and the League shall take any action that may be deemed wise and effectual to safeguard the peace of nations. In case any such emergency should arisb the Secretary-General shall on the request of any Member of the League forthwith summon a meeting of the Council." No mesmo sentido, o Artigo 11 determina que: "It is also declared to be the friendly right of each Member of the League to bring to the attention of the Assembly or of the Council any circumstance whatever affecting international relations which threatens to disturb international peace or the good understanding between nations upon which peace depends".

quanto na Carta das Nações Unidas,[393] na medida em que introduziu o princípio de segurança coletiva; em outras palavras, a inspiração grociana está diretamente presente na proibição de recurso à guerra como instrumento de política interna do Estado.

Retornando ao pensamento de Grócio, muitos autores[394] associaram o solidarismo como consequência da noção de justiça internacional. No plano lógico-formal, entendemos que seria um corolário instrumental da ideia abstrata de justiça, uma vez que traz consigo as condições de possibilidade para a efetivação da justiça internacional em suas diferentes espécies, desde uma justiça distributiva até uma justiça corretiva. Embora larga parcela das tentativas de aplicação do princípio de solidarismo em situações de conflito tenha tido como consequência não apenas o reforço da necessidade de construção de uma ordem mundial superior ou, pelo menos, de reforma dos atuais mecanismos de governança global, sobretudo no tocante aos organismos da ONU – pense-se, antes de tudo, no Conselho de Segurança e sua vetusta configuração ainda nos moldes do final da Segunda Guerra Mundial –, há de se reconhecer que a solidariedade entre os Estados e povos se encontra em um processo de progressivo crescimento nos diversos setores da vida política, econômica, cultural e social dos Estados, bem como dos muitos atores internacionais e, principalmente, do indivíduo. Recorde-se sempre a advertência de Bull no sentido de que o princípio de solidarismo terá como fim último a tutela do indivíduo na ordem

---

[393] A Carta da Organização das Nações Unidas, de 1945, contou com uma adesão amplamente maior do que a Liga das Nações e, em diversos momentos, disciplinou o recurso à guerra enquanto medida coletiva extrema. Porém, destaque-se o Capítulo VIII, "Ação relativa a ameaças à paz, ruptura da paz e atos de agressão", cujos artigos 39 a 51 tratam desde o direito à legítima defesa individual ou coletiva até as medidas preventivas e coercitivas anteriores ou no curso da guerra.

[394] No Brasil, Arno Dal Ri Jr., organizador da versão em português do *De jure belli ac pacis*, analisa a relação entre justiça e o solidarismo grociano a partir do plano ético, conforme DAL RI JÚNIOR, Arno. Hugo Grotius entre o Jusnaturalismo e a Guerra Justa: pelo resgate do conteúdo ético do Direito Internacional. *In*: MENEZES, Wagner (org.). *O Direito Internacional e o Direito Brasileiro*. Ijuí: Unijuí, 2004. p. 76-95. Sentido semelhante seguem Gilmar Bedin e Tamires de Oliveira, mas com foco na ideia de justiça internacional: BEDIN, Gilmar; OLIVEIRA, Tamires de Lima de. O pensamento de Hugo Grócio e o resgate do ideal de justiça internacional. *Sequência*, vol. 41, n. 85, p. 227-248, 2020. Na França, refira-se à obra de BETTATI, Mario. *Le droit d'ingerence. Mutation de l'ordre international*. Paris: Editions Odile Jacob, 1996. Já Kye Allen pretende teorizar sobre como um possível solidarismo iliberal, assentado em consensos entre Estados com tendências fascistas, poderia subverter essa mesma matriz solidarista, ver ALLEN, Kye J. An Anarchical Society (of Fascist States): Theorising Illiberal Solidarism. *Review of International Studies*, vol. 48, n. 3, 2022, p. 583-603.

internacional, pois os "membros da sociedade internacional, em última análise, não são os Estados, mas os indivíduos".[395]

Diante disso, em Grócio o solidarismo é, ao mesmo tempo que corolário da ideia abstrata de justiça internacional, também pressuposto substancial para a concepção de sociedade internacional com a qual essa teoria pretende corroborar no desenvolvimento. De uma rudimentar sociedade, ainda mais claramente reconhecível como mero sistema de Estados, para uma possível sociedade internacional consolidada a partir dos princípios da tradição racionalista-internacionalista, há a pressuposição de que o solidarismo seja convertido em um amplo conjunto de postulados normativos de duas diferentes naturezas. Dado por irrealizável ou utópico qualquer projeto de governo mundial de matriz universalista, Bull põe em evidência o princípio de solidarismo como condição para que os Estados venham a oferecer uma solução alternativa aos seus problemas comuns, mediante uma estreita colaboração e aderência aos princípios constitucionais da ordem internacional à qual deram o seu consentimento.[396]

As referidas duas naturezas normativas estão associadas à clássica divisão entre moral e direito. A primeira delas implica em uma subdivisão interna hegemonizada por uma dimensão abstrata de caráter descritivo-prescritivo: ao mesmo tempo em que descreve os bens tidos por universais pela sociedade internacional, prescreve um quadro axiológico capaz de agregar tais bens enquanto valores de pretensão universal. A segunda subdivisão interna da moralidade internacional estabelece princípios notadamente deônticos que, embora desprovidos de sanções juridicamente aplicáveis, são essenciais para definir os níveis de cooperação entre Estados e de *real* solidariedade, pois o princípio de solidarismo requer a voluntariedade da conduta dos atores internacionais como uma espécie de requisito intersubjetivo para sua efetividade.

Competirá, por consequência, ao segundo grupo de postulados normativos o estabelecimento dos mecanismos de concretização dos escopos, bens e valores estabelecidos ainda no plano da moralidade abstrata internacional: as regras prescritivo-sancionatórias de direito internacional público. No solidarismo grociano, a superação da divisão entre público e privado – tão notória e evidente na doutrina internacionalista do século XXI – é ainda relevante por ser o direito internacional

---

[395] BULL, Hedley. *The Grotian Conception of International Society*, cit., p. 112.
[396] Cf. BULL, Hedley. *The Anarchical Society*, cit., p. 275.

público, em primeiro lugar, um direito pactício/convencional que estabelece as regras jurídicas de criação, coesão e manutenção das relações internacionais, mas sobretudo porque os níveis de cooperação são verificáveis, em larga medida, pelo recurso às sanções (jurídicas) internacionais em face dos Estados não cooperativos ou que violem regras de direito internacional. Aqui reside a diferença mais evidente, a nosso sentir, entre o solidarismo e as demais tradições; como bem apontava Danilo Zolo, influenciado pelo pensamento de Hedley Bull, a rudimentar sociedade internacional atualmente em construção possui condições reais de efetivação apenas de um "direito supranacional mínimo" destinado a proteger um rol limitado de bens reconhecíveis como verdadeiramente universais.[397]

Em ambos os grupos de postulados normativos, haveria uma série de questões internas a enfrentar, o que não nos é possível nesta sede em razão do enfoque metodológico e das limitações de extensão. Todavia, no plano de moralidade abstrata, é importante advertir, como bem o faz Emerson Maione de Souza, que a mais saliente distinção entre pluralismo e solidarismo parte, antes de tudo, de duas distintas concepções de moralidade subjacente à sociedade internacional.[398] O pluralismo parte do princípio de que é dentro dos Estados que ocorre a definição dos bens e valores a perseguir por aquela comunidade humana *in concreto*, enquanto o solidarismo, sem abraçar a noção de *civistas maxima* que subjaz ao universalismo kantiano, aponta para o sistema internacional de Estado como *locus* de delimitação dos bens e valores passíveis de serem reconhecidos como universais pelos diferentes povos que compõem esse sistema.

Assim como há diferentes concepções acerca de como a moralidade internacional é construída nas três tradições, a juridicidade das relações internacionais também tem na matriz grociana diferente concepção. Em apertada síntese, o princípio de solidarismo, na medida em que decorre de uma concepção de justiça internacional e, ao mesmo tempo, atua como pressuposto da noção de sociedade internacional, está centrado em colaborar na construção e aprimoramento dos mecanismos jurídicos de política internacional, deixando aos Estados nacionais a

---

[397] Cf. ZOLO, Danilo. *I signori della pace, cit.*, p. 133-148; também *Id.* Por um direito supranacional mínimo. *In*: TEIXEIRA, Anderson Vichinkeski; OLIVEIRA, Elton Somensi de (orgs.). *Correntes Contemporâneas do Pensamento Jurídico*. São Paulo: Manole, 2010. p. 403-418.

[398] Cf. SOUZA, Emerson Maione de. Re-evaluating the Contribution and Legacy of Hedley Bull. *Brazilian Political Science Review*, vol. 2, n. 1, 2008, p. 108.

atribuição de implementar, na medida das possibilidades de suas particularidades locais, essas normas construídas internacionalmente, bem como limitando o recurso a medidas sancionatórias, como ações em jurisdições internacionais e, ao extremo, a deliberação pela guerra para situações em que a cooperação mínima se torne inviável e a segurança coletiva esteja em real e concreta ameaça.

Seria, então, o solidarismo um princípio normativo do constitucionalismo transnacional no século XXI?

No intuito de ir além de uma análise descritiva da formação do princípio de solidarismo em Grócio, a hipótese que se pretende sustentar aqui é no sentido de que esse princípio estaria em condições de, no século XXI, ser interpretado como princípio normativo para um possível constitucionalismo transnacional.

Um primeiro aspecto a considerar é a transição de um sistema pactício/convencional para um sistema constitucional transnacional. Partindo do quadro político-jurídico estabelecido com o final da Segunda Guerra Mundial, ressaltava Bull ser muito significativo o fato de o atual sistema de Estados refletir todos os três elementos elaborados, respectivamente, pela tradição hobbesiana, kantiana e grociana: (i) o da guerra e da luta pelo poder entre os Estados, (ii) o da solidariedade transnacional e do conflito ideológico transversal aos confins nacionais e (iii) o da cooperação e da relação regulada entre os Estados.[399] A singular relevância dessa característica está em tornar, atualmente, irrelevante quaisquer dissensos sobre se o sistema é propriamente caracterizável como anárquico, cosmopolita ou internacionalista. Isso porque se verifica um longo processo histórico, iniciado com a Paz de Westfália, em que sucessivos momentos ofereceram contribuições para a formação desse sistema como componentes de um todo que se encontra em pleno desenvolvimento e em busca da sua capacidade de autodeterminação funcional, instrumental e, em última instância, epistemológica. Assim, suas dimensões possíveis, sejam filosóficas, ideológicas, econômicas ou políticas, constituíram um sistema internacional com diferentes atores, não mais somente os Estados, e com postulados normativos morais e jurídicos de vinculatividade e imperatividade universais, indo muito além da natureza meramente pactícia do direito vigente entre Estados antes da formação do atual quadro político-jurídico supranacional.

---

[399] BULL, Hedley. *The Anarchical Society, cit.*, p. 54.

Segundo aspecto a levar em consideração envolve o modo como o princípio de soberania estatal tem sido progressivamente relativizado em proveito de uma compreensão solidarista de ordem internacional. Convém recordar Barry Buzan quando ele salienta que o solidarismo redefine o conceito clássico de soberania, tornando-o compatível mesmo com o pluralismo, mas introduzindo o importante pressuposto de que uma moralidade internacional seja construída e efetivada para fins de concretização de uma ordem internacional mais abrangente e intervencionista.[400] Nesse sentido, Buzan sustenta que, ao superar as diferenças com o pluralismo, o solidarismo pode ser definido "como sendo sobre a espessura das normas, regras e instituições que os Estados escolhem criar para gerenciar suas relações, então o pluralismo e o solidarismo simplesmente vinculam posições em um espectro e não têm contradição necessária".[401]

Buzan resume a síntese que o solidarismo pretende apresentar: em vez de um pluralismo centrado no Estado ou de um cosmopolitismo centrado no indivíduo, estaríamos verificando a ocorrência de um solidarismo centrado no Estado.[402] Haveria assim uma comunidade do gênero humano estruturando a sociedade internacional, tendo ainda o Estado como principal protagonista, mas criando as condições para que outros atores possam atuar em proveito dos bens, valores e direitos que protegem os indivíduos e povos.

O sistema internacional conserva, nesse contexto, um amplo espaço às competências normativas dos Estados nacionais para tratar das questões mais dinâmicas e atinentes aos seus assuntos internos, mas também às comunidades – ou espaços – regionais e suas competências para tratar dos interesses comuns aos blocos de Estados que as compõem. Retomando o conceito de Zolo, influenciado por Bull, o direito supranacional mínimo estaria em uma espécie de terceiro nível de normatividade, envolvendo todos os Estados e comunidades regionais. O princípio de solidarismo atuaria como a regra substancial fundamental da ordem internacional, pois ele seria um princípio jurídico

---

[400] BUZAN, Barry. *From International to World Society? English School Theory and the Social Structure of Globalisation*. Cambridge: Cambridge University Press, 2004. p. 47.

[401] No original: "As being about the thickness of norms, rules and institutions that states choose to create to manage their relations, then pluralism and solidarism simply link positions on a spectrum and have no necessary contradiction". BUZAN, Barry. *From International to World Society?*, cit., p. 59.

[402] Cf. BUZAN, Barry. *An Introduction to the English School of International Relations*. Cambridge: Polity Press, 2014. p. 83-85.

A DIMENSÃO ONTOLÓGICA DO FENÔMENO CONSTITUCIONAL TRANSNACIONAL | CAPÍTULO 6 | 183

já universalizado e com real potencial para um mais amplo emprego no fortalecimento da cooperação entre os Estados. Em vez de se situar no plano exclusivamente moral, trata-se de um princípio de natureza político-jurídica que determina um comportamento específico que o Estado *deve* colocar em prática, sob pena de legitimar uma represália – que pode se apresentar também sob a forma de guerra – contra si.[403]

A notória e largamente difundida crítica a essa tese aponta para o fato de que a ausência de uma centralização do poder político em uma única estrutura inviabilizaria a aplicação de sanções jurídicas, mas tal sorte de crítica ignora o fato de que o sistema possui uma natureza político-jurídica em que os agentes que detêm o poder de aplicar as sanções estão claramente definidos: os organismos supranacionais, os Estados nacionais e as comunidades (espaços) regionais. Bull salientava que o princípio de solidariedade determina que os Estados que pertencem à sociedade internacional devam agir com respeito ao poder sancionatório do direito.[404] Em outras palavras, o princípio de solidariedade passou a ser compreendido como princípio geral de supremacia do direito.

Outra crítica muito difundida e notória baseia-se no fato de que o solidarismo converteria o Estado em "súdito" da ordem internacional. Todavia, o que se verifica é o oposto, pois o solidarismo grociano apenas indica um quadro referencial cooperativo dentro do qual será definido o grau de interação de um Estado com a ordem internacional, de modo que possa ser aplicado de forma coercitiva somente em situações de extrema relevância para a comunidade internacional. Assim, a solidariedade tão somente aprimora os mecanismos de cooperação entre os Estados e, sobretudo, entre as comunidades (espaços) regionais.

Ao ir além da tradicional natureza pactícia/convencional do direito internacional, um questionamento precisa ser feito neste momento: em que medida o solidarismo seria um princípio normativo do constitucionalismo transnacional?

O chamado constitucionalismo transnacional é objeto de diferentes concepções e teorias, conforme veremos na terceira e última Parte

---

[403] Sobre a concepção de solidarismo como regra substancial do direito internacional, remetemos a TEIXEIRA, Anderson V. *Teoria pluriversalista do direito internacional, cit.* Para um aprofundamento maior, ver também *Id.* O solidarismo de Hugo Grócio como princípio normativo de um constitucionalismo transnacional. *Revista Brasileira de História & Ciências Sociais*, v. 16, p. 439-458, 2024.

[404] Cf. BULL, Hedley. *The Grotian Conception of International Society, cit.*, p. 97.

desta obra. A necessária contextualização histórica no pós-Segunda Guerra Mundial é fato comum a praticamente todas essas concepções e tem como pressuposto a ideia de que o constitucionalismo global/transnacional inaugura uma nova fase do constitucionalismo ocidental, isto é, um novo estágio de um processo histórico evolutivo.

Os diversos processos de globalização, aprofundados ao longo do século XX, tornaram os limites entre o pensamento internacionalista e a teoria constitucional cada vez mais tênues. A presente pesquisa pretendeu recuperar o conceito de solidarismo em Hugo Grócio, um dos fundadores do direito internacional moderno, tendo em vista a sua alta relevância e atualidade para as relações internacionais no século XXI.

As rígidas dicotomias que separavam, de modo estanque, soberania interna dos Estados e ordem internacional pluralista não mais resistem à transversalidade do agir humano, à complexidade do existir humano e à pressão de crises cada vez mais globais, sejam elas sanitárias, ambientais, sociais, econômicas ou migratórias. Sustentar o solidarismo como princípio normativo do constitucionalismo transnacional/global significa, por um lado, enfatizar o vasto rol de normativas existentes na ordem internacional a partir desse princípio, enquanto, por outro, pretende instigar a reflexão crítica acerca de novos e efetivos mecanismos de construção da paz e promoção da solução das controvérsias internacionais não apenas entre Estados, mas também entre os demais atores da ordem internacional.

Assim, conforme referido anteriormente, a presença do solidarismo norteando a elaboração de diversos documentos internacionais de alta relevância e pretensão de universalidade, como o Pacto da Liga das Nações e a Carta das Nações Unidas, tem permitido a sua progressiva presença como *princípio normativo implícito* do constitucionalismo transnacional em curso de desenvolvimento, mas também como princípio jurídico explícito em incontáveis documentos internacionais, em especial no tocante à proibição do recurso à guerra e na promoção de mecanismos pacíficos de solução de controvérsias.

PARTE III

EPISTEMOLOGIA
A construção crítica de uma nova teoria

Nesta terceira e última Parte, ao propor os elementos epistemológicos da construção crítica de uma nova teoria constitucional transnacional, torna-se necessário, em um primeiro momento, expor quais os instrumentos de construção do fenômeno em objeto. O século atual nos coloca em face de uma realidade que intercambia caracteres pós-modernos e hipermodernos, desconstruindo os elementos estruturantes da Modernidade e, por consequência, deixando o Estado como um dos últimos pilares daquela era.

Mireille Delmas-Marty em reiteradas passagens sustentava a ideia de que o comparatismo era o modo concreto de construção de um direito comum global, isto é, aquilo que chamava *jus commune universalisable*.[405] O direito constitucional comparado será, portanto, chamado aqui de dimensão epistemológica porque oferece conceitos, objetivos e metodologias que permitem a análise crítica de ordenamentos distintos, possibilitando que o fenômeno constitucional transnacional encontre na dialogicidade de tais ordenamentos as suas condições reais de construção e desenvolvimento.

---

[405] Ver DELMAS-MARTY, Mireille. Les modèles d'harmonisation. *In*: DELMAS-MARTY, M.; PIETH, M.; SIEBER, U. (eds.). *Les chemins de l'harmonisation pénale*. Paris: Société de législation comparée, 2008; e PERRUSO, Camila; MARTIN-CHENUT, Kathia; DELMAS-MARTY, Mireille (sous la dir.). *Sur les chemins d'un jus commune universalisable*. Paris: Mare & Martin, 2021.

Em seguida, passaremos para a análise da dimensão objetiva do constitucionalismo transnacional, analisando como o conceito de espaço se coloca no plano transnacional em proporção semelhante à função desempenhada pelo território na tradição do Estado moderno. As noções de criação constitucional e de pluralismo jurídico também serão retomadas e reconstruídas sob a perspectiva que norteia a presente obra.

Por fim, o último capítulo tratará das condições discursivas de construção da normatividade constitucional no nível transnacional. Para tanto, as bases teóricas de um realismo discursivo pluriversalista serão desenvolvidas.

CAPÍTULO 7

A DIMENSÃO EPISTEMOLÓGICA: AS CONTRIBUIÇÕES DO DIREITO CONSTITUCIONAL COMPARADO

A autonomia epistemológica de um campo do conhecimento permite-nos mesmo falar, de forma mais ampla, em autonomia da ciência. Ou seja, é a capacidade, no seio da comunidade científica, de produzir as suas próprias regras, com base nos seus próprios métodos e objetivos. Portanto, epistemologicamente, podemos dizer que uma ciência é autônoma quando possui seus próprios objetivos, seus métodos, seus princípios norteadores do processo racional e, sobretudo, a capacidade de reproduzir o experimento científico produzindo os mesmos padrões de resultados.[406]

Assim, a análise do constitucionalismo transnacional, nos termos propostos nesta obra, partirá da ideia de que a afirmação da autonomia epistemológica do direito constitucional comparado nas últimas décadas permite utilizar os seus conceitos e, em particular, as suas metodologias para demonstrar a ocorrência real e efetiva de um fenômeno transnacional, notadamente constitucional. Ao utilizar também

---

[406] A reprodutibilidade do experimento é também uma forma de evitar a falseabilidade de uma análise científica. Nesse sentido, Karl Popper ressalta que "non-reproducible single occurrences are of no significance to science" porque devemos "take it as falsified only if we discover a reproducible effect which refutes the theory. In other words, we only accept the falsification if a low-level empirical hypothesis which describes such an effect is proposed and corroborated". POPPER, Karl. Popper. *The Logic of Scientific Discovery*. 4. ed. London: Hutchinson, 1968, p. 66. Igualmente interessante recordar Paul Ricoeur quando fala de como a psicanálise se emancipou como ciência a partir da obra de Freud, mesmo tendo o desafio de circunscrever sua dimensão de fato à dimensão da narrativa: "Si la prétention ultime à la vérité réside dans les histoires de cas, le moyen de preuve réside dans l'articulation du réseau entier: théorie, herméneutique, thérapeutique et narration". RICOEUR, Paul. *Écrits et conférences 1*: autour de la psychanalyse. Paris: Seuil, 2008. p. 62.

pesquisas de outras áreas do conhecimento, como história, filosofia, ciência política, o direito constitucional comparado tem conseguido se desenvolver como um instrumento principal tanto para a promoção e desenvolvimento de redes de normatividade típicas do constitucionalismo transnacional quanto para uma abordagem crítico-analítica dessas mesmas redes de normatividade.

Como prolegômenos epistemológicos, serão retomados, em primeiro lugar, os debates clássicos sobre se o direito comparado é um método ou uma ciência. Abordaremos então o objeto da comparação, as principais metodologias, os objetivos do comparativismo e, por último, mas não menos importante, o papel desempenhado pelo funcionalismo no direito constitucional comparado.

7.1 O comparatismo jurídico como método ou ciência?

Embora a comparação no campo da política seja uma atividade intelectual que remonta à Antiguidade, como se viu na Grécia, foi apenas no início da segunda metade do século XIX que os estudos jurídicos surgiram na comparação com uma metodologia moderna e autônoma.[407] Foi com a criação da *Société de législation comparée*, em Paris, no ano de 1869, que os primeiros comparatistas começaram a organizar o exame do que ocorre além dos confins dos seus próprios Estados, tanto que, em 1900, novamente em Paris, realizou-se o primeiro Congresso Internacional de Direito Comparado. Organizado por Raymond Saleilles e Édouard Lambert, já era possível perceber o "sonho antigo" de mobilizar o direito comparado a serviço de uma renovação da interpretação jurídica, conferindo à doutrina maior prestígio na hierarquia das fontes do direito.[408] Anos depois, em 1924, foi inaugurada a *Académie internationale de droit comparé*. Segundo René David, o desenvolvimento do direito comparado durante o século XIX foi uma reação contra a nacionalização excessiva que o direito havia sofrido naquele século.[409]

---

[407] Cf. RIVERO, Jean. *Cours de droit administratif comparé*. Paris: Les Cours de Droit, 1957. p. 9.

[408] Cf. JAMIN, Christophe. Le vieux rêve de Sailelles et Lambert revisité. À propos du centenaire du Congrès international de droit comparé. *RIDC – Revue internationale de droit comparé*, n. 4, 2000, p. 741.

[409] Cf. DAVID, René. *Les grands systèmes du droit contemporains (droit comparé)*. Paris: Dalloz, 1998. p. 3.

CAPÍTULO 7
A DIMENSÃO EPISTEMOLÓGICA: AS CONTRIBUIÇÕES DO DIREITO CONSTITUCIONAL COMPARADO | 189

Todavia, não apenas na Europa continental essa nova forma de tratar a ciência jurídica estava ganhando fôlego. Ao tratar da história do comparatismo, Frederick Pollock destacava que a *comparative jurisprudence* seria um novo ramo do direito baseado na determinação de princípios comuns, obtidos mormente por analogias, entre sistemas jurídicos maduros, isto é, com um nível mínimo de estabilidade; mais ainda, o então professor de Oxford detectava que haveria uma conexão entre direito, história e *ética* na pesquisa comparatista.[410] Pollock referia também que foi com a obra *Ancient Law*, de Henry Maine (1861),[411] que o direito comparado definitivamente emergira em solo britânico, sobretudo com a marca de ser guiado por uma perspectiva funcionalista que almejaria um melhoramento do próprio sistema jurídico.[412]

---

[410] Cf. POLLOCK, Frederick. The History of Comparative Jurisprudence. *Journal of the Society of Comparative Legislation*, vol. 5, n. 1, 1903, p. 74-75.

[411] Ver MAINE, Henry Sumner. *Ancient law*: its connection with the early history of society and its relation to modern ideas. London: Oxford University Press, 1861.

[412] Em obra crítica ao demasiado protagonismo do que denomina anglo-eurocentrismo comparatista, Daniel Bonilla Maldonado (*Los bárbaros jurídicos*: identidad, derecho comparado moderno y el Sur global. Bogotá: Siglo del Hombre Editores, 2020. p. 174-175) bem detecta que em Maine o funcionalismo já estava presente na essência do que seria o comparatismo jurídico: "El método comparado en Maine y Montesquieu no tiene como único objetivo la creación de conocimiento científico; este método persigue también fines prácticos. Para Maine, el método comparado sirve también para mejorar el derecho propio o ajeno. En Maine aparece ya el funcionalismo que es dominante en el derecho comparado contemporáneo. La comparación entre sistemas jurídicos y políticos permite encontrar soluciones más efectivas a los problemas sociales. La premisa de la que parte entonces es que los seres humanos tenemos problemas análogos que resolvemos, en ocasiones, de manera disímil. La comparación permite encontrar productos jurídicos y políticos que pueden ser importados o exportados para enfrentar los problemas comunes de manera más eficiente. En el caso de Maine, la puesta en operación de este funcionalismo generó consecuencias importantes para el Imperio británico y, por tanto, para la India del siglo XIX. El método comparado que en Maine va indefectiblemente unido al método histórico permitió articular una forma de gobierno imperial alternativa a la promovida por el utilitarismo benthamiano. Bentham proponía una transformación radical de la sociedad india mediante la legislación. Las tradiciones primitivas de los indios debían ser eliminadas por medio de leyes que promovieran el progreso, lo cual para Bentham significaba el arribo del individualismo y el principio de utilidad. El análisis histórico y comparado de Maine hizo evidente el lugar que India e Inglaterra ocupaban en la historia del progreso humano y, por tanto, permitió advertir las consecuencias negativas que tendría para India y para el gobierno imperial la destrucción de las tradiciones nativas mediante la imposición del derecho legislado inglés: anomia o resistencia social. La administración indirecta, argumenta Maine, sería una forma más efectiva de gobierno por parte de la metrópolis. El objetivo del Imperio, por tanto, no debería ser el reemplazo de las instituciones nativas por las instituciones modernas. El objetivo no debería ser más civilizar a la colonia mediante la exportación de las instituciones jurídicas, políticas y culturales de la metrópolis. Las instituciones nativas debían seguir rigiendo las dinámicas coloniales cotidianas. La metrópolis debería gobernar la colonia mediante la administración de quien controla estas instituciones, no mediante la imposición de reglas y principios modernos (ingleses) a los nativos".

Ainda nesse sentido, René David considerava que a função precípua do direito comparado seria o melhor conhecimento e consequente aprimoramento do direito interno do país do comparatista, tanto que a preocupação dos fundadores da *Société de législation comparée* seria verificar as variantes que comportavam em relação aos códigos franceses e sugerir ao legislador, em tais circunstâncias, certos retoques nestes últimos.[413] No mesmo sentido, podemos ver a percepção de Léontin-Jean Constantinesco[414] e de Marc Ancel.[415]

Konrad Zweigert e Hein Kötz, em 1971, apresentaram um dos mais importantes trabalhos sobre o direito comparado em geral, ainda que tivesse o modesto título de *Introdução* (Einführung) *ao direito comparado*. Trata-se, de fato, de um grande tratado sobre os pressupostos, metodologias e objetos dessa disciplina jurídica. Segundo os referidos autores, o termo direito comparado "indica um processo intelectual, o qual tem o direito como objeto e a comparação como instrumento".[416] Seguem afirmando que, com esse termo, "deve ser entendido algo mais, que não vem diretamente à luz da experiência em si. Este algo a mais é o elemento supranacional. Neste sentido, o Direito Comparado se apresenta, em primeiro lugar, como comparação abrangente de diversos sistemas" (tradução livre).[417]

Ao invés de ser um ramo do direito positivo, trata-se de uma disciplina jurídica autônoma, quando pensamos do ponto de vista epistemológico, que se refere à compreensão dos diferentes sistemas de direito positivo. Para Léontin-Jean Constantinesco, o direito comparado difere de qualquer outra disciplina jurídica porque seu objeto de estudo seria agrupar ordens jurídicas em sistemas; seu objetivo mais distintivo seria encontrar critérios cientificamente válidos para identificar a relação tipológica das ordens jurídicas analisadas.[418] Já Rodolfo Sacco destaca que a comparação supõe a avaliação dos modelos

---

[413] Cf. DAVID, René. *Les grands systèmes du droit contemporains (droit comparé), cit.*, p. 8.

[414] Cf. CONSTANTINESCO, Léontin-Jean. *Traité de droit comparé. Tome 1. Introduction au droit comparé.* Paris: LGDJ, 1973. p. 167.

[415] Cf. ANCEL, Marc. *Utilité et méthodes du droit comparé*: éléments d'introduction générale à l'étude comparative des droits. Neuchatel: Editions Ides et Calendes, 1971. p. 18-19.

[416] ZWEIGERT, Konrad; KÖTZ, Hein. *Einführung in die rechtsvergleichung*. Vol. 1. Tübingen 1971, trad. it., *Introduzione al diritto comparato*. Vol. 1. Milano: Giuffrè, 1998. p. 2.

[417] *Ibidem.*

[418] Cf. CONSTANTINESCO, Léontin-Jean. *Traité de droit comparé*, t. I, *Introduction au droit comparé.* Paris: LGDJ, 1973. p. 220-221.

jurídicos a serem estudados, prestando especial atenção às diferenças e semelhanças entre eles.[419]

Partindo dessa noção geral da atividade comparada que caracteriza o direito comparado, podemos então regressar ao nosso objeto central: o direito constitucional. Podemos dizer que o direito constitucional nasceu[420] a partir do momento em que a limitação do poder político se tornou uma verdadeira urgência para os povos ocidentais, especialmente após o processo de independência nos Estados Unidos e o colapso do *Ancien Régime* na França. O princípio da liberdade que impulsionou o constitucionalismo liberal precisava de uma ordem política capaz de responder às exigências da sociedade burguesa. Por essa razão, o direito constitucional nasceu primeiro como um fenômeno político-jurídico, tornando-se depois uma ciência jurídica própria.

Maurizio Fioravanti distingue entre "constitucionalismo das origens" e "constitucionalismo das revoluções", de modo que, para isso, vemos a constituição como uma norma fundamental do corpo político orientada para o propósito principal de "limitar o poder para efeitos de garantia, mas que ainda não conferem uma dimensão que será posteriormente decisiva, nomeadamente o princípio de igualdade" (tradução livre).[421] Por outro lado, o constitucionalismo das revoluções passará a considerar a constituição como um *ato*, como a própria expressão da soberania, capaz de estabelecer poderes, como no caso da Revolução Francesa, de demolir o Antigo Regime; portanto, pretendeu construir uma nova sociedade baseada precisamente no princípio de igualdade.[422]

Desde a era das revoluções, a "constituição moderna" se fortaleceu: tornou-se tanto o espaço legítimo para as reivindicações políticas do povo dentro do Estado, mas também a síntese desse processo. A aparente contradição termina quando observamos a dupla natureza da constituição: por um lado, é uma *forma* que sintetiza linguisticamente o processo dialético contínuo e infinito estabelecido na ordem

---

[419] Cf. SACCO, Rodolfo. *Introduzione al diritto comparato*. Torino: UTET, 1980. p. 5-6.

[420] É importante lembrar que foi com Pellegrino Rossi que surgiram a primeira disciplina e o primeiro livro didático de direito constitucional. A própria sistematização de seu *Curso* influenciou – e ainda influencia – a estrutura dos cursos que se seguiram na França e em outros países de matriz romana. Ver ROSSI, Pellegrino. *Cours de droit constitutionnel*. Paris: A. Porée, 1866.

[421] FIORAVANTI, Maurizio. *Costituzionalismo. Percorsi della storia e tendenze attuali*. Roma: Laterza, 2009. p. 6.

[422] *Ibidem.*

constitucional; por outro lado, é uma *matéria* composta de efeitos jurídicos produzidos pela fenomenologia política que conduz o Estado.

A doutrina da constituição significa precisamente a doutrina da limitação do poder soberano de acordo com as necessidades dos cidadãos, uma vez que nessa doutrina o constitucionalismo foi expresso "como ciência e técnica das liberdades".[423] Nesse sentido, está amplamente consolidada a ideia de que o constitucionalismo e o seu produto máximo, nomeadamente a Constituição, devem cumprir três funções essenciais – as quais serão mais bem redimensionadas no *Capítulo 9, infra*: (i) limitar o poder público; (ii) proteger os interesses, bens e valores fundamentais de determinada comunidade política; e (iii) integrar, até certo ponto, a população nos processos políticos deliberativos dentro do Estado.[424]

Um passo decisivo para a consolidação do direito constitucional comparado ocorreu quando o surgimento dos direitos sociais, nomeadamente após a Segunda Guerra Mundial, colocou no centro do debate constitucional as questões do *pluralismo político* e da *legitimidade democrática* dos Estados. Um período de constituições cada vez mais longas e analíticas restou instalado na disciplina da organização dos poderes públicos e na proteção dos direitos fundamentais. Por consequência, com a Constituição de Weimar (1919), embora cronologicamente a Constituição Mexicana (1917) seja anterior, podemos encontrar um novo período na história do constitucionalismo: a crise da constituição liberal e a ascensão do constitucionalismo influenciado pelos direitos sociais. Durante o período do pós-guerra, as constituições europeias foram influenciadas por esse novo fenômeno constitucional, tanto na França (1946 e, depois, em 1958) como na Alemanha (Bonn, 1949), na Itália (1948) e, mais tardiamente, em países que foram acometidos por regimes ditatoriais em sequência ao fim da Segunda Guerra Mundial, como Portugal (1976, após a ditadura salazarista) e Espanha (1978, após a queda de Franco).

Algumas razões justificam discutir a notável influência do constitucionalismo democrático marcado pelos direitos sociais no desenvolvimento do direito constitucional comparado.

Um dos primeiros motivos: o caráter ideológico plural.

---

[423] FIORAVANTI, Maurizio. *Stato e Costituzione. Materiali per una storia delle dottrine costituzionali.* Torino: Giappichelli, 1993. p. 136.

[424] Ver ROUSSEAU, Dominique. *Constitucionalismo e democracia, cit.*; e também MADURO, M. P. *A constituição plural*: constitucionalismo e União Europeia. Cascais: Principia, 2006.

O surgimento do constitucionalismo liberal foi fortemente marcado pelo pensamento liberal britânico do século XVII, particularmente pelo seu liberalismo econômico. Como resultado, o atomismo centrado na figura do Estado-Nação possibilitou um modelo de mercado internacional com participantes que são Estados ou sujeitos, como empresas, claramente ligados aos seus Estados de origem. Por outro lado, observando a relação entre o liberalismo político e o constitucionalismo moderno, encontraremos no pensamento lockeano uma contribuição tão significativa quanto original: descobrir "a distinção fundamental entre poder absoluto e poder moderado".[425] Será a partir dessa noção que o conceito de solidariedade em Locke encontrará limites internos ao seu exercício, ao contrário do que aconteceu em Hobbes e Rousseau, que consideravam a soberania como uma prerrogativa essencialmente ilimitada. Além disso, o modelo lockeano estabelece que a soberania não está mais centrada em um indivíduo ou no povo soberano, mas em "um sistema de poderes mantido equitativamente pela constituição" (tradução livre).[426]

A soberania perde seu caráter absoluto e passa a ser a representação de um conjunto de poderes soberanos autorizados pela constituição. No entanto, a emergência de um constitucionalismo democrático baseado nos direitos sociais significa a defesa de (i) um modelo constitucional cujo conteúdo essencial é independente das realidades políticas locais, (ii) instrumentos de proteção política e jurídica e (iii) sobretudo a promoção de direitos que já não são apenas direitos individuais, mas direitos coletivos e sociais. Em outros termos, os acontecimentos do pós-guerra forçaram toda a comunidade internacional a pensar para além do ser humano nos seus direitos concretos e individuais: chegou o momento de pensar no indivíduo como parte de um corpo social. Assim, dois aspectos foram decisivos para esse constitucionalismo do ponto de vista ideológico: (i) sustentar a necessária participação democrática dos grupos sociais nos processos políticos do seu Estado de vínculo; e (ii) defender a existência de direitos pertencentes exclusivamente ao indivíduo como parte de um grupo social, ou seja, defender a existência de direitos sociais, que foram originalmente entendidos como direitos dos trabalhadores. Vemos então a ocorrência de movimentos políticos

---

[425] FIORAVANTI, Maurizio. *Costituzione*. Roma: Laterza, 2007. p. 92.

[426] FIORAVANTI, Maurizio. *Costituzione e popolo sovrano. La Costituzione italiana nella storia del costituzionalismo moderno*. Bologna: Il Mulino, 2004. p. 61.

características da segunda metade do século XIX, como a fundação da Associação Internacional dos Trabalhadores, em Londres, em 1864, ou a chamada Segunda Internacional, em Paris, em 1889.

Segunda razão: *a natureza jurídica das constituições sociais*. Um ponto que torna ainda mais importante a evolução do direito constitucional comparado é a natureza jurídica das constituições sociais e democráticas. Por estar quase sempre munida de diferentes instrumentos e mecanismos de proteção de direitos e articulações funcionais do poder político, a técnica comparativa tornou-se uma ferramenta essencial tanto para os constituintes como para aqueles que devem interpretar e aplicar a constituição. Somente as primeiras constituições liberais, como a dos Estados Unidos, limitaram-se a estabelecer alguns poucos artigos ou normas gerais. O segundo pós-guerra inaugurou também uma era de constituições cada vez mais longas e complexas no que diz respeito aos instrumentos de organização do poder e de proteção dos direitos fundamentais. Se o objetivo principal das primeiras constituições liberais era acabar com o poder absoluto do Estado, o objetivo fundamental das constituições sociais viria a ser promover a proteção dos direitos sociais por meio da atuação do próprio Estado.

Terceira razão: o *desenvolvimento de uma hermenêutica constitucional*. Na Europa, sobretudo após o início das atividades do Tribunal Constitucional Federal Alemão, em setembro de 1951, ocorreu um processo de esgotamento da hermenêutica jurídica clássica no contexto do direito constitucional. Dentro de alguns anos, o Tribunal Constitucional Federal Alemão já viria a julgar casos para os quais os cânones clássicos da hermenêutica jurídica já não se mostravam mais satisfatórios. Na França, não foi diferente, como em outros países europeus que incorporam um tribunal constitucional no seu sistema judicial.

O desenvolvimento da hermenêutica constitucional contribuiu para tornar o direito constitucional comparado autônomo. Muito além de um simples método, como argumentou certa vez Peter Häberle,[427] com a sua tese sobre o comparativismo como quinto método da hermenêutica geral, o desenvolvimento da hermenêutica constitucional revela-se uma etapa de singular importância para a consolidação do direito constitucional comparado. Uma importância constantemente

---

[427] Ver HÄBERLE, Peter. *Rechtsvergleichung im Kraftfeld des Verfassungsstaates*. Berlin: Duncker & Humblot GmbH, 1992; e *Id.*, Per una dottrina della costituzione europea. *Quaderni costituzionali*, vol. XIX, n.1, 1999, p. 3-30.

percebida na medida em que a hermenêutica constitui um conjunto de instrumentos intelectivos capazes de dinamizar a estática normativa e, assim, de promover a atualização contínua do significado da norma.

7.2 A especificidade do objeto da comparação constitucional

A doutrina na ciência política tem sido muito hábil em entender o comparativismo no direito constitucional como um método essencialmente dedutivo que partiria de paradigmas ocidentais para guiar o próprio estudo.[428] Jean Blondel usa a expressão "constitucionalismo comparado" para designar "uma abordagem dedutiva que primeiro define uma arquitetura geral e preenche os detalhes institucionais desse esquema geral".[429] Haveria então um esquema paradigmático em que o observador seria um elemento externo à pesquisa, mas encarnado por esse esquema conceitual em que os problemas colocados pelo comparativismo geral pareciam ser resolvidos em um primeiro momento.

Aqui devemos rejeitar parcialmente tal concepção de comparatismo em matéria constitucional. Quando falamos da centralidade do problema, há uma questão epistemológica decisiva: como problematizar sem nos relacionarmos apenas – ou excessivamente – com a dimensão subjetiva (realidade fenomenológica em que o pesquisador se encontra) ou com a dimensão objetiva (composta por fontes normativas para comparar)? Para responder adequadamente a essa questão em pesquisas constitucionais comparadas, deve-se considerar o problema como a pedra angular de toda a pesquisa.

Convém recordar que o direito constitucional positivo representa, evidentemente, o ponto de partida do direito constitucional comparado. Embora se possa dizer que essa seria uma atitude excessivamente limitada no sentido de que colocaria o pesquisador na obrigação de chegar a conclusões já presentes em alguma medida no direito constitucional positivo, é preciso admitir o fato insuperável de que a natureza da comparação constitucional não pode prescindir da análise das fontes

---

[428] Ver SEILER, Daniel-Louis. *La méthode comparative en science politique*. Paris: Armand Colin, 2004. p. 22-23.

[429] BLONDEL, Jean. Généralités: le comparatisme. *In*: GRAWITZ, M.; JECA, J. (dir.). *Traité de science politique*. Vol. 2. Paris: PUF, 1985, p. 8.

que estão vinculadas à positividade constitucional. Portanto, é hora de definir qual(is) fonte(s) será(ão) considerada(s) na pesquisa comparativa.

Apesar das diferentes hierarquias normativas estabelecidas em cada tradição constitucional, pode-se dizer que a doutrina constitucional ocidental aceitou o seguinte rol – não hierarquicamente fixo, é claro – de possíveis fontes de direito constitucional:

- *Constituição formal*: o texto constitucional permanece como referência de fundamental importância e está inevitavelmente presente na pesquisa comparada; no início do constitucionalismo liberal, era equivalente ao próprio conceito de constituição.

- *Normas de nível ordinário*: todos os princípios, regras e atos normativos com força de lei que compõem o que se poderia chamar de constituição no sentido material podem ser admitidos como objeto de estudo, por sua condição de fonte indireta do direito constitucional, uma vez que estão ligados à dimensão dogmática do texto constitucional.[430]

- *Jurisprudência constitucional*: seja como sucessivas decisões tomadas pelo Tribunal Constitucional, seja pelos tribunais ordinários com competência para julgar questões constitucionais através de mecanismos de controle difuso, a jurisprudência constitucional está no centro de muitos debates comparativos no direito constitucional; por exemplo, nos sistemas de *direito consuetudinário*, a capacidade de criar lei promove o poder do juiz para além da condição clássica de "legislador negativo", uma vez que é possível determinar a anulação de uma lei inconstitucional ou a sua não aplicação, de modo que, posteriormente, seja emitida a decisão "criativa" de um direito não previsto anteriormente pela lei escrita.[431]

---

[430] Sobre o tema, ver o clássico MORTATI, Carlo. *La costituzione in senso materiale*. Milano: Giuffrè, 1998.

[431] Um dos fenômenos mais relevantes diz respeito ao *ativismo judicial*. Para estudos em diferentes sistemas jurídicos, ver: BELAID, Sadok. *Essai sur le pouvoir créateur et normatif du juge*. Paris: Librairie Générale de Droit et de Jurisprudence, 1974; COVER, Robert M. The Origins of Judicial Activism in the Protection of Minorities. *The Yale Law Journal*, vol. 91, 1982, p. 1287-1316; KMIEC, Keenan D. The Origin and Current Meaning of 'Judicial Activism'. *California Law Review*, vol. 92, n. 5, 2004, p. 1441-1477; LAMBERT, Édouard. *Le gouvernement des juges et la lutte contre la législation social aux États-Unis*. Paris: Dalloz, 2005 (orig. Paris: Giard, 1921); PIZZORUSSO, Alessandro. *La Costituzione ferita*. Roma-Bari: Laterza, 1999; RODOTÀ, Stefano. Magistratura e política in Italia. *In*: E. B. Liberati, A. Ceretti, A. Giasanti

- *Doutrina constitucional*: o papel atribuído à doutrina constitucional muda expressamente entre as diferentes ordens constitucionais, mas a capacidade de influenciar na produção do direito e, especialmente, na interpretação do direito é uma característica que não pode ser subestimada. Por essa razão, a doutrina pode ser vista como um elemento inevitável da pesquisa comparativa.

- *Direitos supranacionais reconhecidos*: a afirmação e o desenvolvimento de processos de integração internacional, especialmente após a criação da União Europeia e do direito comunitário, têm incorporado no sistema de fontes de direito constitucional normas estabelecidas para além das fronteiras do Estado nacional, mas com relações cada vez mais profundas no interior dos arranjos constitucionais nacionais. Veja-se, por exemplo, o caso da Constituição Alemã de 1949, a *Grundgesetz* de Bonn, que já afirmava em seu artigo 25 que: "As regras gerais do direito internacional fazem parte do direito federal. Elas são superiores às leis e criam diretamente direitos e obrigações para os habitantes do território federal". Em suma, a dimensão transnacional do fenômeno jurídico aparece atualmente como um dos objetos mais relevantes e problemáticos a serem estudados hoje e no futuro no direito constitucional comparado.

- *Costume constitucional*:[432] para ser considerado como uma fonte informal, o costume pode servir como objeto secundário de estudo comparativo ao examinar sistemas com raras fontes tipicamente de direito constitucional. A utilidade do costume torna-se evidente quando pensamos em uma justiça constitucional como a da Suprema Corte dos Estados Unidos, em que regras diferentes resultam do costume dos *clerks* em suas relações com o *Chief Justice*.

(a cura di), *Governo dei giudici*: la magistratura tra diritto e politica. Milano: Feltrinelli, 1996; SUNSTEIN, Cass R. Lochner's Legacy. *Columbia Law Review*, vol. 87, n. 5, 1987, p. 873-919; STRECK, Lenio L. *Verdade e Consenso*: constituição, hermenêutica e teorias discursivas. 4. ed. São Paulo: Saraiva, 2011; VIANNA, Luiz Werneck. *A judicialização da política e das relações sociais no Brasil*. Rio de Janeiro: Revan, 1999; YOUNG, Ernst A. Judicial activism and conservative politics. *University of Colorado Law Review*, vol. 73, n. 4, 2002, p. 1140-1216.

[432] Para ulteriores pesquisas, ver ZAGREBELSKY, Gustavo. *Sulla consuetudine costituzionale nella teoria delle fonti del diritto*. Torino: UTET, 1970; e também RIALS, Stéphane. Réflexions sur la notion de coutume constitutionnelle. *La Revue administrative*, n. 189, 1979, p. 265-273.

Para além da hierarquia normativa acima referida, que caracteriza cada ordem constitucional, esse rol de fontes de direito constitucional deve considerar sempre a eficácia das normas como elemento a examinar. Pizzorusso lembra uma classificação de particular importância: a distinção entre fontes legais e fontes *extra ordinem*. As primeiras serão consequência de uma produção legislativa regular na ordem jurídico-constitucional. Por outro lado, as fontes *extra ordinem* são o resultado de processos de produção de normatividade em contraste com o que é estabelecido pelas regras sobre produção legal contidas no próprio ordenamento, de modo que se tornam funcionais de forma abusiva quando aplicadas com base no princípio da eficiência.[433] Há uma sutil diferença entre as fontes *extra ordinem* e o que se pode chamar de fenômenos extrajurídicos, uma vez que as primeiras se caracterizam pela inevitável comparação com a ordem jurídico-constitucional existente, enquanto as segundas são fatos jurídicos que não estão claramente previstos em uma hipótese normativa, mas que, no entanto, produzem efeitos nas normas jurídicas do sistema.[434]

Por consequência, a delimitação do objeto de pesquisa não deve se limitar à coleção estéril de fontes exclusivas de direito constitucional, uma vez que, para a atividade comparatista, a relação entre as fontes e sua eficácia deve estar no centro das definições iniciais da pesquisa.

O momento seguinte à delimitação do objeto será a formulação do problema. Um dos objetivos do direito constitucional comparado é tentar promover a reflexão crítica sobre a interpretação das leis existentes na ordem constitucional e, se possível, estimular uma reavaliação das instituições jurídicas nacionais. Assim, tentar formular o problema, de forma clara em relação às hipóteses de trabalho, será um passo tão decisivo quanto a escolha do objeto da pesquisa.

Embora o funcionalismo seja tratado na última seção deste capítulo, pode-se lembrar Biscaretti di Ruffia quando afirmou que a funcionalidade é o princípio metodológico mais fundamental de todo o direito comparado: "Não é possível fazer uma comparação entre

---

[433] Cf. PIZZORUSSO, Alessandro. *Sistemi giuridici comparati*. Milano: Giuffrè, 1998. p. 261.

[434] "Abbastanza spesso, però, il comparatista deve spingersi al di là di questi schemi prettamente legali, poiché si rende conto che il reciproco funzionale di una determinata norma in un sistema di diritto straniero deve essere ricercata – in quel contesto – non nell'ambito delle regole giuridiche, ma piuttosto nell'ambito di *fenomeni extragiuridici*, comprensibili solo attraverso una ricerca sui fatti giuridici." ZWEIGERT, Konrad; KÖTZ, Hein. *Einführung in die rechtsvergleichung*, trad. it. *cit.*, p. 42.

elementos que não podem ser comparados. No Direito, apenas aquilo que cumpre a mesma tarefa, a mesma função, pode ser comparado".[435] Em outras palavras, a questão envolvida no problema deve partir do pressuposto de que a funcionalidade da metodologia comparativa nos obriga a: (i) considerar apenas os objetos, elementos, fatores e problemas análogos nos sistemas analisados; e (ii) afastar o sistema conceitual típico da ordem nacional de pertencimento do pesquisador. Abordar objetos incomparáveis e tentar examinar todas as demais ordens constitucionais à luz da legislação nacional são dois dos erros tão graves que podem levar a conclusões absolutamente falsas – embora possam eventualmente aparecer sob o véu de uma pesquisa supostamente sofisticada e qualificada.

7.3 Por uma metodologia constitucional comparada

Apesar do fato de ser a França a verdadeira pátria – pelo menos, um dos pais! – do direito comparado, Etienne Picard[436] e Marie-Claire Ponthoreau[437] destacam a ausência ou quase ausência de debate doutrinário francês sobre a questão do método. A justificativa é sempre a busca de um objetivo prático em cada pesquisa comparatista: comparar para encontrar "a melhor solução jurídica" ao caso concreto ou "ajudar" na produção de legislação.[438] No contexto do direito constitucional comparado, verifica-se que a questão metodológica é ainda mais delicada, pois elementos como soberania nacional, supremacia constitucional, tradições culturais e fontes específicas alteram as possibilidades de uma abordagem teórica.

Tem-se dito que, em uma pesquisa constitucional comparada, o momento inicial de delimitação do objeto de pesquisa no sistema de fontes do direito constitucional é o inevitável primeiro passo. Somente depois de decidir se a pesquisa comparativa tratará, por exemplo, das técnicas de interpretação dos tribunais constitucionais de dois Estados

---

[435] RUFFIA, Paolo Biscaretti di. *Introduzione al diritto comparato, cit.*, p. 37.

[436] Cf. PICARD, Etienne. L'état du droit comparé en France. *RIDC – Revue internationale de droit comparé*, vol. 51, n. 4, 1999, p. 885-915.

[437] Cf. PONTHOREAU, Marie-Claire. Le droit comparé en question(s). Entre pragmatisme et outil épistémologique. *RIDC – Revue internationale de droit comparé*, vol. 57, n. 1, 2005, p. 8.
. Ver também, para a pluralidade de abordagens metodológicas, PONTHOREAU, Marie-Claire. *Droit(s) constitutionnel(s) comparé(s)*. Paris: Economica, 2010.

[438] Cf. PONTHOREAU, Marie-Claire. *Le droit comparé en question(s), cit.*, p. 8-9.

nacionais ou da forma como duas constituições nacionais em vigor foram elaboradas do ponto de vista normativo-estrutural, será possível acompanhar a definição dos métodos e procedimentos a serem adotados em todos os casos.

Em poucas palavras, o objeto será sempre decisivo na escolha dos métodos, procedimentos e, por fim, da sistemática comparatista *in concreto* da pesquisa. Adam Watson, entre outros comparatistas, entende que os formantes jurídicos[439] que definem um dado ordenamento jurídico se constroem a partir de transplantes jurídicos esboçados em outras sociedades.[440] Assim, a definição acerca de quais formantes jurídicos abordar influenciará na escolha da metodologia mais adequada.

No entanto, deve-se notar que, de acordo com Biscaretti di Ruffia, na Itália, e Zweigert e Kötz, na Alemanha, existe uma ideia generalizada de que, de um ponto de vista geral, a pesquisa em direito constitucional comparado deve sempre ser estruturada de acordo com as quatro fases seguintes:[441]

(i) recompilação de dados sobre as normas e instituições do país em estudo;

(ii) sistematização de todos os dados coletados na primeira fase, a fim de encontrar, por analogias e diferenciações, elementos para a reconstrução do objeto da pesquisa;

(iii) fazer essa reconstrução de forma crítica, pois a fase analítico-descritiva já se encerrou;

(iv) tentar organizar os resultados da pesquisa até que possíveis generalizações ou contribuições objetivas para o sistema de origem do pesquisador possam ser apresentadas.

---

[439] Segundo Rodolfo Sacco, um formante jurídico designa um conjunto de regras e proposições que, no âmbito de dado ordenamento jurídico, contribuem para gerar ordem em um espectro jurídico. Em geral, podem ser formantes legais, jurisprudenciais ou doutrinários. Ver SACCO, Rodolfo. *Introduzione al diritto comparato, cit.*, p. 55-61.

[440] Cf. WATSON, Alan. *Legal transplants*: an approach to comparative law. 2. ed. Athens: The University of Georgia Press, 1993. p. 9-10. Além dessa obra publicada originalmente em 1974, há também o artigo *Id*. From Legal Transplants to Legal Formants. *The American Journal of Comparative Law*, v. 43, n. 3, 1995, p. 469-476. Existem incontáveis controvérsias sobre a definição de "transplantes jurídicos", de modo que, sobre essas discussões, referimos, em especial, a crítica de LEGRAND, Pierre. *Negative comparative law*: a strong programme for weak thought. Cambridge studies in international and comparative law. Cambridge: Cambridge University Press, 2022.

[441] Cf. RUFFIA, Paolo Biscaretti di. *Introduzione al diritto comparato, cit.*, p. 84-89; e ZWEIGERT, Konrad; KÖTZ, Hein. *Einführung in die rechtsvergleichung*, Vol. 1, Tübingen 1971, trad. it., *Introduzione al diritto comparato*, Vol. 1. Milano: Giuffrè, 1998. p. 38-40.

Não há dúvida de que essa sistemática tem em sua primeira fase o momento mais importante: a definição do objeto e a coleta de dados. Sem negligenciar, ou mesmo contradizer, a proposta de Ruffia ou de comparatistas como Zweigert e Kötz, propomos a seguir uma estrutura metodológica que aprofunda a sistematização mencionada acima no que chamaram de segunda fase.[442]

Partindo desse esquema proposto por Ruffia, mas ampliando o que seria a fase 2 e acrescentando o princípio de que o objeto será sempre decisivo na escolha da metodologia, podemos então argumentar que as fontes do direito constitucional nos levam a três metodologias possíveis para a pesquisa comparada: (i) objetivista-normativista; (ii) subjetivista-institucionalista; (iii) histórico-culturalista.

Nesse sentido, algumas definições sobre essa abordagem devem ser feitas neste momento.

Em primeiro lugar, deve-se sempre enfatizar que o tema central da pesquisa se limita ao direito constitucional comparado. A hipótese teórica apoia-se, portanto, na direção de uma possível sistematização metodológica de acordo com as características desse campo, sobretudo como instrumento de construção do constitucionalismo transnacional. A natureza específica das fontes do direito constitucional e os objetivos de qualquer investigação constitucional comparada exigem um quadro epistemológico autônomo, especialmente no que diz respeito à metodologia a escolher. A ausência de metodologias específicas no campo constitucional comparado poderia levar ao perigo de empregar abordagens investigativas que considerem o sistema normativo em termos de paridade entre as fontes, o que colidiria com a própria hierarquia normativa induzida pela supremacia da Constituição.

Além disso, também é importante ressaltar que o direito comparado em geral tem a pretensão de classificar os sistemas jurídicos, como pode ser visto na abordagem intelectual de René David,[443] com a distinção, por exemplo, entre elementos variáveis e constantes, mas também no que diz respeito a Constantinesco, que parte da distinção entre macrocomparação e microcomparação para especificar a razão de ser das relações internas em cada ordem jurídica, enfatizando "uma

---

[442] A proposta metodológica a seguir já foi introduzida em TEIXEIRA, Anderson Vichinkeski. La méthode en droit constitutionnel comparé: propositions pour une méthodologie constitutionnelle comparative. *Revue du Droit Public et de la Science Politique en France et a l'Etranger*, n. 1, 2019, p. 217-234.

[443] Cf. DAVID, René. *Les grands systèmes du droit contemporains (droit comparé)*, *cit.*, p. 6-9.

série de operações ligadas entre si em uma marcha fundamentada, direcionada para um objetivo preciso".[444] Como aponta Béatrice Jaluzot, a microcomparação tem dado origem a inúmeros estudos por ter um objetivo mais prático e se limitar a aspectos específicos dos sistemas jurídicos observados, enquanto a macrocomparação tem menor aplicabilidade porque leva em conta o estudo global dos sistemas jurídicos.[445]

Por último, mas não menos importante, pensar em uma metodologia constitucional comparada não significa refutar outras metodologias do direito comparado em geral, mas implica *sistematizar* os métodos já existentes de acordo com a natureza específica do direito constitucional.

7.3.1 Metodologia objetivista-normativista

A comparação entre sistemas jurídicos tem sido frequentemente influenciada pela ideia de que geralmente seria possível classificar os sistemas jurídicos com base em critérios individuais ou em combinação entre si.[446] Após a Segunda Guerra Mundial, um sentimento entre os comparatistas levou à ideia de que era necessário construir propostas para a classificação dos sistemas jurídicos de acordo com diferentes critérios que fossem capazes de oferecer esquemas conceituais amplos sobre determinados sistemas quando comparados entre si.[447]

Por outro lado, a alta e cada vez maior complexidade das relações sociais, políticas, econômicas e culturais nas últimas décadas, mas especialmente neste século, tem conduzido pesquisas comparativas sobre o direito constitucional para tornar os enfoques cada vez mais específicos. Por esse motivo, a metodologia de pesquisa também se especializou de acordo com a natureza do objeto.

A comparação que tem por objeto fontes normativas no sentido positivista, como as regras ou princípios formalmente inseridos no

---

[444] CONSTANTINESCO, Léontin-Jean. *Traité de droit compare*, t. II, *La méthode comparative*. Paris: LGDJ, 1974. p. 122.

[445] Cf. JALUZOT, Béatrice. Méthodologie du droit comparé: bilan et prospective. *Revue internationale de droit compare*, vol. 57, n. 1, 2005, p. 46-47.

[446] Ver, por todos, PEGORARO, Lucio; RINELLA, Angelo. *Diritto Costituzionale Comparato*: aspetti metodologici. Padova: CEDAM, 2013. p. 72-86.

[447] Para estudos ulteriores sobre esses aspectos relativos à classificação dos sistemas jurídicos, ver a crítica de PIZZORUSSO, Alessandro. *Sistemi giuridici comparati, cit.*, p. 162-169, mas também a posição de MATTEI, Ugo; MONATERI, Pier Giuseppe. *Introduzione breve al diritto comparato*. Padova: CEDAM, 1987. p. 56-58; e de MALMSTRÖM, Ake. The System of Legal Systems: notes on a problem of classification in Comparative Law. *Scandinavian Studies in Law*, vol. 13, 1969, p. 127-149.

texto da constituição, levará o pesquisador a circunscrever os limites da literalidade das regras e a consequente dimensão dogmático-positivista que o próprio texto induz. Portanto, a pesquisa poderá utilizar métodos quantitativos e procedimentos qualitativos de reconstrução e mensuração após o delineamento preciso dos termos a serem estudados. Uma pesquisa nesse sentido será capaz de responder a perguntas de alto nível de objetividade, como a frequência com que os direitos de propriedade aparecem e o modo como são disciplinados nas constituições dos Estados escolhidos para a pesquisa. Não devemos nos esquecer dos exemplos de assembleias constituintes do pós-Segunda Guerra Mundial que usaram essa metodologia pelo menos para discutir certos direitos amplamente reconhecidos pelas democracias mais expressivas do Ocidente, buscando determinar se os valores constitucionais devem ser incluídos no texto constitucional ou no preâmbulo, entre outras possibilidades.

A metodologia objetivista-normativista oferece resultados com altos níveis de segurança, no que diz respeito aos aspectos quantitativos. No entanto, somente com base em uma análise crítica profunda dos resultados finais será possível evitar qualquer perigo hermenêutico, como o aparecimento de uma falácia naturalista que deriva uma prescrição presumivelmente universal do simples fato de ser reconhecida como uma regra válida em quase todos os sistemas – pense na regra da propriedade privada até o século XIX nos países americanos, que incluía a escravidão como meio legítimo de aquisição de propriedade, mas isso não levou a uma conclusão universalmente válida do ponto de vista antropológico e filosófico. Uma falácia naturalista pode levar a um tipo diferente de mal-entendido quando as ordens jurídicas comparadas têm os mesmos aspectos polêmicos em comum. Não será a ordem de pertencimento do pesquisador comparatista que servirá de parâmetro para determinar a validade ética de determinada regra ou prática; será o caminho entre os mesmos fundamentos de validade ética de cada ordem constitucional estudada e as regras ou comportamentos relacionados a esses fundamentos que podem ser oferecidos por respostas precisas sobre comportamentos e regras em si, mas também nas razões que os legitimam.

7.3.2   Metodologia subjetivista-institucionalista

Um dos problemas mais importantes do direito constitucional comparado diz respeito à dimensão subjetivista do fenômeno jurídico-constitucional, uma vez que a hermenêutica constitucional tem assumido uma posição de singular destaque e importância nas democracias ocidentais. A reconstrução do significado das regras e princípios incluídos no texto constitucional chegou ao ponto de elevar a hermenêutica constitucional a um nível sem paralelo no direito constitucional, especialmente em países sem constituições ou com constituições escritas, mas de breve extensão.[448]

Aqui, propõe-se chamar de metodologia subjetivista-institucionalista a sistemática comparativa que deve trabalhar com base em objetos de pesquisa que não estão precisamente no universo positivo das leis escritas, mas inseridos no contexto de *instituições* públicas com destaque na criação/interpretação do direito ou de *funções* com uma capacidade de produção normativa equivalente. Em outras palavras, a dimensão subjetivista diz respeito à análise dos critérios, métodos e procedimentos utilizados pelos responsáveis pelas funções jurídicas de produção normativa, enquanto a dimensão institucional diz respeito ao funcionamento geral das instituições públicas competentes para dizer/criar o direito. Podemos, portanto, considerar especificamente em uma pesquisa como decidem, por exemplo, certos juízes constitucionais escolhidos para a pesquisa com base em critérios muito particulares, assim como podemos estudar todas as decisões sobre determinado assunto na história de dois tribunais constitucionais em comparação desde suas origens.

A dificuldade inicial que essa metodologia encontrará é uma consequência lógica do fato de que cada ordem constitucional desenvolveu sua própria teoria de interpretação. Toda teoria foi desenvolvida em um contexto político e cultural particular situado no espaço e no tempo. As pré-compreensões e os pré-julgamentos envolvem os indivíduos nas suas realidades particulares e, consequentemente, resultam em modos sempre diferentes de conceber a sociedade. Nesse sentido, Hans-Georg

---

[448] Os Estados Unidos, onde a Constituição de 1787 é muito breve (7 artigos, 27 emendas) é um bom exemplo nesse sentido, uma vez que a Suprema Corte assumiu um papel cada vez mais expressivo na ressignificação e reformulação do conteúdo em meados do século XIX como parte substancial da constituição. Ver TRIBE, Laurence H. *The Invisible Constitution*. Oxford: Oxford University Press, 2008.

A DIMENSÃO EPISTEMOLÓGICA: AS CONTRIBUIÇÕES DO DIREITO CONSTITUCIONAL COMPARADO

Gadamer tem a famosa frase sobre a condição do intérprete: "Ele não pode se abstrair de si mesmo e da situação hermenêutica concreta em que se encontra".[449] O chamado problema hermenêutico introduz o pressuposto de que pertencemos a uma tradição histórica específica e estamos sempre tentando entender outro momento da mesma tradição do qual não fazemos parte.

Essa dificuldade inicial, quando se trata de aplicar a metodologia em tela, exigirá a maior cautela possível ao desconstruir os elementos característicos das teorias contrastantes da interpretação e, em seguida, tentar reconstruí-los de acordo com os resultados da própria pesquisa. Pode-se, portanto, sustentar que, quando envolvido em pesquisas baseadas em fontes claramente jurisprudenciais, o pesquisador terá que tentar identificar as teorias de interpretação desenvolvidas tanto de forma mais ampla na ordem constitucional em questão quanto em contextos mais específicos dentro de cada Tribunal Constitucional examinado individualmente.

Das teorias passar-se-á aos métodos e técnicas de interpretação, permitindo uma avaliação precisa da aplicação interna de determinado instituto hermenêutico ou da incorporação por um sistema de justiça constitucional de uma técnica interpretativa específica originária de um sistema constitucional estrangeiro. Existem inúmeros exemplos de falsa recepção de uma técnica interpretativa ou de um instrumento hermenêutico do exterior, mas o caso do princípio da proporcionalidade pode ser mencionado muito brevemente aqui (*Verhältnismässigkeit*): originado da Alemanha na década de 1950,[450] foi incorporado no Brasil por meio da jurisprudência do Supremo Tribunal Federal tanto como sinônimo do princípio jurídico da razoabilidade – originário dos Estados Unidos – quanto como um enunciado performativo presumivelmente satisfatório para a resolução de casos concretos.

---

[449] GADAMER, Hans-Georg. *Wahrheit und Methode*. Tübingen: J. C. B. Mohr, 1960, trad. fr. *Vérité et méthode*. Paris: Seuil, 1996. p. 346.

[450] A célebre decisão *Apothekenurteil* do Tribunal Constitucional Federal Alemão (BVerfGE 7, 377) de 1958 introduziu o princípio da proporcionalidade *lato sensu* com base na fórmula dos três subprincípios: necessidade, adequação e proporcionalidade *stricto sensu*. No mesmo ano, a não menos famosa decisão *Lüth* (BVerfGE 7, 198) tornou-se referência em termos de liberdades públicas. Ver LUTHER, Jorg. Ragionevolezza e Verhältnismässigkeit nella giurisprudenza costituzionale tedesca. *Diritto e Società*, n.1-2, 1993, p. 307-327; e SCHULZE-FIELITZ, Helmuth. L'arrêt Lüth: 50 ans après. *Trivium, Revue franco-allemande de sciences humaines et sociales / Deutsch-französische Zeitschrift für Geistesund Sozialwissenschaften*, vol. 30, 2019, p. 34-52.

Somente após a conclusão desta primeira fase será possível estabelecer um sistema comparativo para aprofundar a pesquisa e tentar obter resultados para destacar as diferenças e semelhanças entre eles. Ao contrário do que ocorre com a metodologia objetivista-normativista, o nível de precisão dos resultados na metodologia subjetivista-institucionalista será condicionado pelos métodos e procedimentos escolhidos na fase de análise crítica das teorias de interpretação e suas reais condições de aplicação pelos tribunais. Sempre que a hermenêutica constitucional se desenvolve de acordo com as necessidades práticas de determinadas ordens constitucionais, também é possível recorrer a teorias hermenêuticas específicas para sistemas individuais.

Portanto, é perceptível que essa metodologia, se empregada de modo inadequado, pode levar a conclusões distorcidas, não por causa de problemas da metodologia em si, mas por haver sempre o risco de que, no campo da hermenêutica, cheguemos a conclusões dependendo dos interesses particulares do pesquisador – fazendo da comparação apenas a exortação de seus próprios preconceitos e opiniões – ou apenas como consequência de sua falta de prudência.

7.3.3 Metodologia histórico-culturalista

Uma terceira metodologia – e ainda mais abstrata e subjetivista – poderia ser descrita como histórico-culturalista. Se a metodologia objetivista-normativista parte das normas positivas do direito constitucional, se a metodologia subjetivista-institucionalista parte de fontes jurisprudenciais, pode-se encontrar na metodologia histórico-culturalista uma forma de estudar fontes que não têm um caráter normativo claro, apesar de serem capazes de produzir efeitos jurídicos no plano constitucional. São situações em que o objeto é a *doutrina* ou o *costume* constitucional.

Primeiramente, para realizar uma pesquisa sobre esse tipo de objeto, é absolutamente necessário definir as origens, tradições e famílias às quais pertence. Anteriormente, vimos que o direito comparado há muito tem a tarefa de buscar critérios para classificar os sistemas jurídicos. Um dos critérios mais antigos e importantes era a divisão em tradições jurídicas.[451] Então, seriam as famílias jurídicas e os sistemas jurídicos a tornar mais específica a investigação sobre determinado objeto.

Se a delimitação das tradições e das famílias jurídicas é um ponto de partida nessa metodologia, a fase seguinte incluirá a análise de como os fenômenos extrajurídicos, por exemplo, os aspectos culturais, as orientações morais e as manifestações religiosas, são admitidos na ordem constitucional. Quando se trata de países teocráticos ou caracterizados por profunda rigidez moral, não se pode ignorar a análise do impacto desses elementos extrajurídicos na ordem constitucional.

Não se trata de confundir ou reforçar o método histórico da hermenêutica clássica, ou seja, da Escola Histórica de Savigny. Uma metodologia histórico-culturalista deve ir muito além dos limites do método histórico, que só pode descrever as condições históricas e sociais da época da produção de normas; é necessário decompor para depois recompor as condições sociais, culturais e históricas que caracterizam o sistema em questão, a fim de permitir que a pesquisa defina cada aspecto interno de acordo com as diferentes subcategorias necessárias para um melhor exame dos dados coletados.

Uma metodologia histórico-culturalista não se limita a simplesmente descrever as condições históricas de um momento do passado; ela tenta reconstruir o elo comum entre o passado e o presente, no que diz respeito a aspectos particulares do objeto de pesquisa. Isso poderia significar que se deve trabalhar apenas com base na história constitucional comparada, em vez de nos centrarmos no direito constitucional comparado. Boris Mirkine-Guetzévitch enfatizou, em 1949, que a história constitucional faz parte do objeto de observação jurídica: "As relações jurídicas têm um caráter tão individualizado que o jurista seria incapaz, sem recorrer à história, de explicar o nascimento, a evolução e

---

[451] "Tradition thus involves the extension of the past to the present. It appears to require thinking about time at least in terms of the past and the present, though there are other ways of thinking about time. There is another dimension of tradition, however, wich appears less bound to a particular manner of thinking about time. It is found in the necessity of tradition having been continuously transmitted, in a particular social context, in order for it to be of current relevance. Tradition must have occurred, and between the relevant parties. The transmission of roman law through the process of reception in Europe may be of (some) interest to people who define themselves as Chinese or Mohawk or Muslim, and may even influence them in some way, but none would say it constituted part of their tradition, or contemporary culture. It is someone else's tradition, because of the total absence of transmission within their particular social context." GLENN, H. Patrick. *Legal Traditions of the World*. 3. ed. Oxford: Oxford University Press, 2007. p. 12.

o funcionamento das instituições políticas".[452] Essa aparente primazia da história constitucional desaparece quando vemos que seu objeto se resume a uma *descrição analítica*, enquanto o direito constitucional comparado tem como objeto uma *reconstrução crítica*.

Mais do que um método de observação da evolução de um objeto, a metodologia histórico-culturalista deve tentar sistematizar, em uma primeira fase, os resultados da investigação historiográfica – isto é, da pesquisa sobre a história constitucional comparada – para, em uma segunda fase, questionar o problema da investigação em si.

7.4 Quais são os objetivos do direito constitucional comparado?

Foi neste cenário característico da segunda metade do século XX que podemos encontrar o desenvolvimento de propostas teóricas destinadas a definir os propósitos da comparação em matéria constitucional.[453] Deve-se lembrar que em qualquer ciência o estabelecimento de objetivos é um ponto absolutamente essencial para as atividades de pesquisa e reconstrução das instituições, categorias e conceitos dogmáticos estudados.

O aspecto crítico da pesquisa comparada já foi destacado por diversos autores, notadamente Rodolfo Sacco e sua conhecida teoria do direito comparado como conhecimento crítico do direito.[454] Contudo, parece que o objetivo geral é promover a reflexividade crítica no que diz respeito ao sistema de observação jurídica comparativa. Ainda mais, Horatia Muir Watt sustenta que a comparação desempenha um papel subversivo porque "compromete-se assim contra o dogmatismo, contra os estereótipos, contra o etnocentrismo, isto é, contra a convicção generalizada (qualquer que seja o país) segundo a qual as categorias e conceitos nacionais são os únicos possíveis".[455]

---

[452] MIRKINE-GUETZÉVITCH, Boris. Les méthodes d'étude du droit constitutionnel comparé. *RIDC. Revue internationale de droit comparé*, vol. 1, n. 4, 1949, p. 400 (tradução livre).

[453] Sobre o tema, ver: CUVELIER, Claire; HUET, Delphine; JANSSEN-BENNYNCK, Clémence. La science française du droit constitutionnel et le droit comparé: les exemples de Rossi, Barthélémy et Mirkine-Guetzévitch. *RDP – Revue du droit public et de la science politique en France et à l'étranger*, n. 6, 2014, p. 1534-1577.

[454] Cf. SACCO, Rodolfo. *La comparaison juridique au service de la connaissance du droit*. Paris: Economica, 1991. p. 115-117.

[455] WATT, Horatia Muir. La fonction subversive du droit comparé. *Revue internationale de droit comparé*, vol. 52, n. 3, 2000, p. 503-527 (tradução livre).

Nos anos 1960, Paolo Biscaretti di Ruffia lançou uma proposta metodológica baseada em quatro objetivos para o direito constitucional comparado:[456]

(i) *Satisfação de necessidades de natureza cultural*: esta seria uma forma de enriquecer a doutrina constitucional local por meio de estudos sobre os sistemas dos Estados contemporâneos e também das organizações políticas do passado; *prima facie*, este pode parecer um objetivo supérfluo, mas a complexidade do mundo contemporâneo, os diferentes processos de globalização e a necessidade de aprofundar o conhecimento de outros povos transformaram essa exigência puramente cultural em um meio de melhor compreender outros fenômenos sociais, políticos e especialmente jurídicos.[457]

(ii) *Promover uma reflexividade crítica de interpretação e uma reavaliação das instituições jurídicas nacionais*: esta é uma consequência sempre desejada por qualquer atividade comparativa, mas aqui é considerada o objetivo do direito constitucional comparado em si. Está cada vez mais certo que o estudo de outros sistemas jurídicos e ordens constitucionais com base em uma metodologia bem definida conduz a conclusões capazes de serem examinadas na esfera política nacional, de ajudar na interpretação das normas jurídicas do sistema nacional ou de reforçar as crenças preexistentes sobre como implementar determinada norma de direito constitucional positivo.

(iii) *Função nomotética*: talvez o objetivo mais avançado do direito constitucional comparado seja fazer contribuições específicas para a política legislativa nacional. A análise de experiências anteriores e em curso em outras ordens constitucionais oferece conclusões e resultados comparativos que podem prever os resultados de determinada política legislativa ou reforçar as ideias sobre um projeto de lei, por exemplo.

(iv) *Unificação legislativa*: trata-se de um objetivo muito relevante em outros domínios jurídicos que utilizam o direito comparado em geral, como o direito empresarial, o direito

---

[456] Cf. RUFFIA, Paolo Biscaretti di. *Introduzione al diritto comparato*, cit., p. 79-81.

[457] A mesma ideia já fora desenvolvida por DAVID, René. Le droit comparé: enseignement de culture générale. *RIDC – Revue internationale de droit comparé*, vol. 2, n. 4, 1950, p. 682-685.

contratual etc. Porém, quando se trata de direito público, a soberania do Estado é um obstáculo natural a qualquer unificação pura. Contudo, os processos de integração regional entre os Estados e as discussões sobre o fortalecimento das jurisdições internacionais levam-nos a pensar que o direito constitucional comparado poderia promover a unificação legislativa em determinadas medidas, especialmente no sentido de um constitucionalismo transnacional, em vez de uma verdadeira uniformização da legislação.

Embora a proposta de Biscaretti di Ruffia seja um importante ponto de referência sobre este assunto, entendemos que os quatro objetivos acima mencionados são, na verdade, objetivos específicos, uma vez que o objetivo geral do direito constitucional comparado será oferecer instrumentos e técnicas metodológicas ao pesquisador comparatista que necessita examinar as instituições de nível constitucional, os princípios e regras constitucionais, os métodos de interpretação constitucional, as experiências históricas e constitucionais e os costumes constitucionais do seu sistema de referência em contraste a outros Estados e mesmo a organizações supranacionais.

Uma questão importante neste momento: ainda há espaço para reivindicações de unificação legislativa à luz das possibilidades de harmonização jurídica?

Trata-se, portanto, de redimensionar o objetivo específico da unificação legislativa. Mesmo que muitos comparatistas aproximem a unificação legislativa da harmonização jurídica, como fazem Lucio Pegoraro e Angelo Rinella,[458] para diferenciar a questão no sentido metodológico, deve-se reconhecer que a harmonização teve uma utilidade muito mais ampla em diferentes áreas do direito. Mireille Delmas-Marty sublinha claramente que existem diferentes tipos de harmonização jurídica, quer na forma, quer no conteúdo, através da manutenção de reservas a determinadas disposições normativas ou da transposição direta de categorias normativas.[459]

---

[458] Nesse sentido, ver PEGORARO, Lucio; RINELLA, Angelo. *Sistemi costituzionali comparati*. Torino: Giappichelli, 2017, Cap. 1 "Il metodo comparativo".

[459] Ver DELMAS-MARTY, Mireille. Les modèles d'harmonisation. *In*: DELMAS-MARTY, M.; PIETH, M.; SIEBER, U. (eds.). *Les chemins de l'harmonisation pénale*. Paris: Société de législation comparée, 2008; e a coletânea DELMAS-MARTY, Mireille (ed.). *Critique de l'intégration normative: L'apport du droit comparé à l'harmonisation des droits*. Paris: PUF, 2004.

Em áreas mais sensíveis e ligadas às particularidades locais de determinado Estado ou povo, a unificação legislativa correria o risco, por exemplo, de estabelecer um padrão único de sanções para o mesmo tipo de infração penal. Como resultado, seja no direito penal, no direito contratual ou em outras áreas do direito privado, a harmonização parece mais sensível às particularidades locais, sem negligenciar a manutenção da essência das categorias jurídicas em questão.

As relações epistemológicas entre a antiga ideia de unificação legislativa e o modo pelo qual a harmonização jurídica cria algumas das condições de possibilidade do constitucionalismo transnacional serão mais bem construídas ao longo dos próximos dois capítulos desta obra, nos quais serão discutidos os fundamentos teóricos do constitucionalismo transnacional.

7.5 Funcionalismo como princípio hermenêutico

Quando observado o direito alemão, a proeminência da obra de Ernst Rabel, centrada no direito privado, mais especificamente no direito dos contratos, fez do jurista austríaco radicado na Alemanha e, posteriormente, nos EUA um dos precursores do método funcionalista, podendo ser considerado, inclusive, seu "fundador". Ralf Michaels ressalta o marcante aspecto pragmático da abordagem funcionalista de Rabel, carecendo de um mínimo rigorismo metodológico.[460] Tanto que David Gerber chega a afirmar que: "Ironicamente, há pouco método em seu método".[461] Dita falta de método em seu método, segundo Gerber, seria consequência do fato de Rabel conceber o direito comparado como uma "ciência pura" que prima pela busca do conhecimento, mas cuja orientação metodológica seria pragmático-funcional e orientada por um critério de utilidade prática que a análise de diferentes ordenamentos jurídicos, contemporâneos ou pretéritos, poderia oferecer.[462] Hannes Rösler lembra que Rabel se aproximava da jurisprudência de interesses,

---

[460] Cf. MICHAELS, Ralf. The functional method of comparative law. *In*: REIMANN, Mathias; ZIMMERMANN, Reinhard. *The Oxford Handbook of Comparative Law*. 2. ed. Oxford: Oxford University, 2019. p. 368.

[461] No original: "Ironically, there is little method in his method". GERBER; David J. Sculpting the Agenda of Comparative Law: Ernst Rabel and the Facade of Language. *In*: RILES, Annelise (editor). *Rethinking the masters of comparative law*. Portland: Hart publishing, 2001. p. 198.

[462] Cf. GERBER; David J. *Sculpting the Agenda of Comparative Law, cit.*, p. 197.

de Philipp Heck, e também do pragmatismo anglo-americano presente no *case law*, o que enfatizava o seu modo de ver o direito comparado como um processo contínuo de descoberta.[463] Não obstante suas dificuldades metodológicas, Rabel tem o mérito, como bem salienta David Gerber, de ter dado centralidade para os contextos e funções sociais específicas que as normas e procedimentos deveriam atender, ainda que toda sua obra tenha sido sempre guiada por analisar similitudes e diferenças entre normas jurídicas no enfrentamento de problemas práticos.[464]

A consolidação do chamado "método funcionalista" decorre, em larga medida, do trabalho de Konrad Zweigert e Hein Kötz, os quais, em 1971, apresentaram um dos mais importantes trabalhos sobre o direito comparado em geral. Embora com o modesto título de *Introdução* (Einführung) *ao direito comparado*, a obra revela-se um grande tratado sobre os pressupostos, metodologias e objetos dessa disciplina jurídica. Já de início, ao expor a proposta metodológica do referido tratado, Zweigert e Kötz sustentam que a funcionalidade é o princípio metodológico básico de toda atividade comparativa no direito.[465]

Paula Maria Nasser Cury resume bem as cinco etapas do método funcional conforme proposto por Zweigert e Kötz:[466]

(i) Questionamento: como determinado problema é solucionado?

(ii) Escolha dos ordenamentos jurídicos e relatórios sobre as respectivas soluções para o problema pesquisado.

(iii) Processo comparativo *stricto sensu*: em que medida se assemelham as soluções? Em que pontos elas coincidem? Através de quais características elas diferem entre si?

(iv) Construção de uma sistemática para análise das soluções, esclarecimento de semelhanças e diferenças.

(v) Valoração crítica dos resultados, o que eventualmente poderá conduzir à avaliação (discricionária) da melhor solução.

---

[463] Cf. RÖSLER, Hannes. Ernst Rabel e a sua influência sobre um direito mundial dos contratos. *Meritum*, vol. 3, n. 1, 2008, p. 11.

[464] Cf. GERBER; David J. *Sculpting the Agenda of Comparative Law, cit.*, p. 200.

[465] Cf. ZWEIGERT, Konrad; KÖTZ, Hein. *Einführung in die rechtsvergleichung*. Vol. 1. Tübingen, 1971, trad. it., *Introduzione al diritto comparato*. Vol. 1. Milano: Giuffrè, 1998. p. 38-40.

[466] Cf. CURY, Paula Maria Nasser. Métodos de Direito Comparado: desenvolvimento ao longo do século XX e perspectivas contemporâneas. *RECHTD. Revista de Estudos Constitucionais, Hermenêutica e Teoria do Direito*, vol. 6, n. 2, 2014, p. 179.

CAPÍTULO 7 | 213

A DIMENSÃO EPISTEMOLÓGICA: AS CONTRIBUIÇÕES DO DIREITO CONSTITUCIONAL COMPARADO

Importante retroceder um pouco no tempo e verificar que fora em uma conferência proferida na Universidade de Tübingen, em 1949, que Zweigert esboçou as linhas gerais para limitar o emprego do método comparativo na pesquisa jurídica. Na publicação que se sucedeu a tal aula magna, Zweigert criticara o ecletismo comparatista, sobretudo do legislador de sua época, que recorria, desassisadamente, a diferentes sistemas jurídicos estrangeiros em busca de experiências legislativas análogas para o problema que necessitava enfrentar.[467] As lacunas próprias e impróprias do sistema jurídico de origem não poderiam, segundo Zweigert, ser preenchidas com o recurso a um comparatismo que não observasse atentamente as funções exercidas por tais normas nos seus sistemas de origem, pois seria preciso encontrar postulados normativos com algum grau de universalidade suficiente para poder bem atender as demandas por normatividade de diferentes contextos sociais.

Em ensaio póstumo de seu colega e ex-aluno, Kötz lembra que, desde a conferência de 1949, intitulada *O direito comparado como método universal de interpretação*, Zweigert sustentava que o método comparativo teria uma pretensão acadêmica de propor soluções universais para além das necessidades específicas de um legislador local em concreto. Inegavelmente, a hegemonia do método funcionalista refletia a época de uma perspectiva universalista que compreendia a comparação jurídica como focada na busca por semelhanças, sem maiores preocupações com as diferenças.[468] Reside, propriamente, nesse aspecto a maior crítica que se pode fazer ao modo como Zweigert e Kötz consideram o método funcional: a descontextualização. Marie-Claire Ponthoreau chama a atenção para o fato de que os autores, na medida em que pouco se atentam às diferenças, acabam pressupondo que os contextos seriam idênticos ou, no mínimo, semelhantes.[469]

Diversamente, no século atual vemos que o comparatismo crítico, como sustenta Günter Frankenberg, superou as taxonomias

---

[467] Cf. ZWEIGERT, Konrad. Rechtsvergleichung als universale interpretationsmethode. *Zeitschrift für ausländisches und internationales Privatrecht*, vol. 15, Jahrg., H. 1, 1949/50, p. 9-11.

[468] Kötz dizia, no mesmo ensaio, que "Konrad Zweigert n'était pas homme à concevoir les règles du droit en vigueur dans tous leurs détails comme un seul système fermé et logique: il critiquait au contraire toute forme de dogmatisme juridique et aimait à souligner que cette manière de penser ne pouvait trouver de justification que lorsqu'elle contribuait de façon évidente au bon fonctionnement de la «chose juridique»". KÖTZ, Hein. Konrad Zweigert (1911-1996). *Revue internationale de droit compare*, vol. 49, n. 1, 1997, p. 200.

[469] PONTHOREAU, Marie-Claire. *Droit(s) constitutionnel(s) comparé(s)*. Paris: Economica, 2010. p. 45.

descontextualizadas das particularidades das realidades locais, de modo que é cada vez mais necessário "provincializar o Direito ocidental", isto é, compreender que o universal passa pela composição de diferentes realidades concretas locais que não podem ser interpretadas com chaves de leitura exclusivamente anglo-eurocentristas.[470]

Os inúmeros processos transnacionais de aproximação legislativa, somados aos processos de integração regional, com destaque para a criação da União Europeia, fizeram da virada do século XX para o XXI um palco para o ressurgimento do direito comparado.[471] Da internacionalização do direito constitucional passamos à progressiva consolidação de uma nova fase do constitucionalismo ocidental, notadamente marcada pela transnacionalização do direito, isto é, pela formação de um constitucionalismo global. Com isso, assume ainda mais significância o problema do método no comparatismo, em especial para o direito constitucional comparado, que é uma disciplina jurídica epistemologicamente autônoma, destinada a compreender as estruturas fundamentais dos Estados constitucionais em estudo, e acometida por problemas práticos e lacunas normativas para as quais a perspectiva funcionalista não se mostra suficiente.

Restringir o método comparatista à condição de um quinto método da interpretação jurídica, depois dos métodos clássicos – isto é, literal, teleológico, sistemático e histórico – de Savigny, como propunha Peter Häberle no final do século passado, teria também a natural tendência a limitar a comparação jurídica ao funcionalismo.[472] Em outras palavras, a busca pelas semelhanças e diferenças entre os sistemas jurídicos em

---

[470] No original: "Provincialize Western law". FRANKENBERG, Günter. *Comparative Law as Critique*. Cheltenham: Edward Elgar Publishing Limited, 2016, p. X.

[471] Embora com diferentes abordagens e em contextos locais distintos, vemos que Bruce Ackerman, Ran Hirschl, Mark Tushnet e, no Brasil, Déo Dutra e Ribas Vieira detectam a correlação entre o dito ressurgimento do direito comparado e a emergência de novos processos de integração regional e mesmo de transnacionalização do fenômeno jurídico. Ver: ACKERMAN, Bruce. The rise of world constitutionalism. *Virginia Law Review*, vol. 83, n. 4, 1997, p. 771-797; TUSHNET, Mark. The Inevitable Globalization of Constitutional Law. *Virginia Journal of International Law*, vol. 49, n. 4, 2009, p. 985-1006; HIRSCHL, Ran. *Comparative matters*: the renaissance of comparative constitutional law. Oxford: Oxford University Press, 2014; *Id.*, The realist turn in comparative constitutional politics. *Political Research Quarterly*, vol. 62, n. 4, 2009, p. 825-833; *Id.*, The rise of comparative constitutional law. *Indiana Journal of Constitutional Law*, vol. 31, 2008, p. 11-37; DUTRA, Déo Campos; VIEIRA, José Ribas. O Direito Constitucional Comparado entre renascimento e consolidação. *Seqüência*, vol. 38, n. 76, 2017, p. 69-94.

[472] Ver HÄBERLE, Peter. *Rechtsvergleichung im Kraftfeld des Verfassungsstaates*. Berlin: Duncker & Humblot GmbH, 1992; *Id.*, Per una dottrina della costituzione europea. *Quaderni costituzionali*, vol. XIX, n.1, 1999, p. 3-30.

exame poderia seguir a ortodoxa proposta funcionalista de tomar o modo de solução de um problema jurídico comum como suposta resposta universalmente válida, independentemente das condições sociais, econômicas, políticas e culturais da realidade local.

Acrescente-se ainda que a diversidade de métodos tem sido uma das mais relevantes áreas a explorar no comparatismo em geral, sobretudo no direito constitucional comparado. Marie-Claire Ponthoreau ressalta que a pluralidade de abordagens aos inúmeros problemas jurídicos demanda uma não menos ampla diversidade de métodos para enfrentá-los.[473] Recorde-se que o direito constitucional comparado, assim como a toda juspublicística, possui uma diferenciada hierarquia normativa que eleva o grau de complexidade da análise comparatista, pois não se observam normas dispostas em um mesmo plano hierárquico de validade nos sistemas jurídicos em exame, como ocorre, por exemplo, com as disciplinas privatistas.

Assim, salta aos olhos que, junto ao funcionalismo, há um finalismo a ser buscado por parte do comparatista-constitucionalista.

Então, qual seria o futuro do funcionalismo no direito constitucional comparado?

Julie De Coninck faz esse mesmo questionamento em relação ao comparatismo em geral. Partindo do pressuposto de que a equivalência funcional é o princípio metodológico mais elementar da comparação jurídica, um estudo comparatista não poderia se limitar a buscar semelhanças e diferenças entre ordens jurídicas distintas.[474] Assim, o método funcional dispensaria um enfrentamento direto e limitado a normas ou instituições jurídicas nominalmente previstas em diferentes sistemas jurídicos, apontando suas luzes para o modo como problemas comuns encontram respostas em tais normas ou instituições jurídicas.[475] Portanto, o funcionalismo teria o condão de permitir que inúmeros métodos e mesmo metodologias decorram diretamente da sua perspectiva de abordagem teórico-problemática.

Em recensão ao texto de De Coninck, interessante reflexão também é trazida por Ralf Michaels ao sustentar que, diferentemente da economia e das pretensões de universalidade dos seus postulados normativos,

---

[473] Cf. PONTHOREAU, Marie-Claire. *Droit(s) constitutionnel(s) comparé(s)*, cit., p. 62-65.

[474] Cf. DE CONINCK, Julie. The Functional Method of Comparative Law: Quo Vadis? *Rabels Zeitschrift für ausländisches und internationales Privatrecht / The Rabel Journal of Comparative and International Private Law*, Bd. 74, H. 2, 2010, p. 318-350.

[475] Cf. DE CONINCK, Julie. *The Functional Method of Comparative Law*, cit., p. 323-324.

o direito comparado não necessitaria de teorias profundas (*deep theories*) para explicar como os comportamentos ocorrem nos sistemas em observação, uma vez que seu foco está centrado em descrever como as normas e instituições jurídicas respondem empiricamente aos problemas que lhes são postos.[476] Em outro texto, o mesmo Michaels salienta que o funcionalismo é, antes de tudo, um modo de interpretar as normas e instituições jurídicas, pois elas devem ser tomadas como respostas a problemas jurídicos concretos.[477] Segundo ele, haveria um funcionalismo interpretativo a orientar a atividade intelectiva do comparatista.

Diante disso, seria possível sustentar que o funcionalismo surgiu como método de pesquisa típico do início do século XX para chegar à condição de princípio hermenêutico comparatista. Mais ainda: como já advertia Zweigert, já que não se pode comparar coisas incomparáveis, cabe ao jurista apenas comparar aquilo que cumpre a mesma função.[478] Por consequência, o ponto de partida da pesquisa comparatista será, inexoravelmente, a delimitação de um problema jurídico a partir do qual se possa buscar respostas nos sistemas jurídicos em consideração naquela pesquisa.[479]

Por último, mas não por menos, verifica-se que, quando presentes categorias conceituais, institutos e normas jurídicas de diferentes sistemas e mesmo de distintas tradições ou famílias jurídicas, restaria a equivalência funcional como medida da sua comparabilidade. Entretanto, ousamos sustentar que dita medida não é limitável ao conceito em si de um método de direito comparado, menos ainda de direito constitucional comparado. A equivalência funcional, em pesquisas como as juspublicistas ou outras com diferentes hierarquias normativas em questão, assume uma posição antecedente ao problema do método ou das metodologias a eleger; situa-se no plano de *princípio hermenêutico*, isto é, como pressuposto teórico-pragmático da própria resolutividade do problema que se buscará enfrentar na pesquisa.

---

[476] Cf. MICHAELS, Ralf. Explanation and Interpretation in Functionalist Comparative Law – a Response to Julie de Coninck. *Rabels Zeitschrift für ausländisches und internationales Privatrecht / The Rabel Journal of Comparative and International Private Law*, Bd. 74, H. 2, 2010, p. 358.

[477] Cf. MICHAELS, Ralf. The functional method of comparative law. *In*: REIMANN, Mathias; ZIMMERMANN, Reinhard. *The Oxford Handbook of Comparative law*. 2. ed. Oxford: Oxford University, 2019. p. 388.

[478] Cf. ZWEIGERT, Konrad. *Methodological problems in comparative law, cit.*, p. 456.

[479] Cf. ZWEIGERT, Konrad. Rechtsvergleichung als universale interpretationsmethode. *Zeitschrift für ausländisches und internationales Privatrecht*, 15. Jahrg., H. 1, 1949/50, p. 5-21. E também ZWEIGERT, Konrad. *Methodological problems in comparative law, cit.*, p. 472.

Hipotetizando inversamente, isto é, caso optássemos por uma completa desconsideração pela equivalência funcional entre os objetos de estudo, haveria o perigo de desfocar a centralidade do problema jurídico enfrentado, podendo até mesmo conduzir a resultados comparativos entre objetos não comparáveis entre si. Portanto, antes de ser um método ou, menos ainda, o único método da comparação jurídica de outrora, verifica-se que o funcionalismo assume a condição de princípio hermenêutico antecedente à delimitação dos caracteres comparáveis entre diferentes sistemas jurídicos; em outras palavras, estabelecendo, por um lado, os parâmetros teóricos da comparação e, por outro lado, as condições pragmáticas de dita atividade de pesquisa comparada.

Entendido como princípio hermenêutico, o funcionalismo permite criar uma reflexividade crítica no processo de interpretação e avaliação das instituições jurídicas nacionais de referência para o comparatista. Consequentemente, a sua utilização pode ocorrer no âmbito de uma pesquisa acadêmica de microcomparação sobre determinado instituto ou com o objetivo de orientar estudos políticos comparados no interior dos parlamentos, especialmente se considerarmos que um estudo parlamentar muitas vezes leva em consideração a existência bem-sucedida em outros sistemas jurídicos daquilo que a lei em discussão pretende introduzir.

CAPÍTULO 8

A DIMENSÃO OBJETIVA DO FENÔMENO CONSTITUCIONAL TRANSNACIONAL

O princípio de soberania estatal, juntamente com a existência ainda hegemônica da figura do Estado nas relações internacionais, demanda que, no presente capítulo, analisemos como os três conceitos centrais da teoria constitucional moderna podem ser compatibilizados, ou não, com um constitucionalismo transnacional. Território, poder constituinte e unidade do ordenamento podem ser tidos como os conceitos que definem a dimensão objetiva do constitucionalismo moderno desenvolvido desde a era das grandes revoluções ocidentais, conforme vimos ao longo da Parte I desta obra.

Portanto, redimensionar essa dimensão objetiva é o que se busca no capítulo atual. Em outras palavras, sustenta-se a ocorrência de três características epistemológicas essenciais do constitucionalismo transnacional: (8.1) o conceito multidimensional de espaço, (8.2) a natureza dialógica de criação constitucional em rede e (8.3) o pluralismo discursivamente ordenável e hierarquizável de esferas de normatividade.

8.1 Do território ao espaço como conceito essencial

O território é o conceito essencial na história da teoria política moderna.

No início do século XX, Carré de Malberg bem resumia os elementos constitutivos do Estado do seguinte modo: povo, território e poder político (*puissance*).[480] Toda uma teoria do Estado se desenvolveu

---

[480] Cf. CARRE DE MALBERG, Raymond. *Contribution à la Théorie générale de l`État*. Paris: Dalloz, 2004 [1922]. p. 3-10.

com base nesses elementos, entendido o povo como agrupamento social estabelecido sobre um território delimitado, enquanto o elemento poder político remetia à capacidade de soberanamente impor, nos seus limites territoriais, um modelo próprio de organização política.

Entretanto, desde quando as primeiras civilizações humanas não nomadistas se formaram, as organizações políticas foram se desenvolvendo com base em determinado território, mas sem a necessidade de atribuir centralidade a esse elemento. A ideia de *polis* na Antiguidade grega se vinculava muito mais a noções como *autárkeian* para representar a autossuficiência da *polis*, e mesmo *politeia* para designar a organização política em si de determinada *polis*. Mesmo o correspondente literal em grego a território sofreu variações ao longo da história, embora se associe com maior frequência a palavra επικράτεια (*epikráteia*) como tradução de território enquanto área delimitada submetida ao domínio de alguém ou a alguma jurisdição. Todavia, a palavra terreno (έδαφος - *édaphos*) era entendida como mero solo cru, não submetido a ninguém nem a nenhuma jurisdição.

Já na Roma antiga, a palavra *territorium*, mesmo tendo dado origem aos seus correspondentes nas atuais línguas latinas, limitava-se a uma parcela de área dentro dos domínios romanos vinculada a algum privado ou a um ente político.[481] Pode-se dizer que o conceito romano essencial era resumido na expressão *suprema potestas*, pois caracterizava a integralidade do poder político, militar e administrativo de Roma sobre seus territórios. No período do Império, surgiu a palavra *imperium* para representar o poder do magistrado romano, bem como o poder de mando que Roma exercia, tanto política quanto juridicamente, sobre seus dominados. Apenas no século III d.C. que o *imperium* e a *potestas* passaram a se concentrar na figura do Imperador. Recorde-se ainda que, na Antiguidade romana, era corrente o uso de expressões como *maiestas* e *potestas* para designar duas importantes formas de representação do poder de Roma: o Senado e o povo, respectivamente.[482]

---

[481] Cf. LEVEAU, Philippe. Territorium urbis. Le territoire de la cité romaine et ses divisions: du vocabulaire aux réalités administratives. *Revue des Études Anciennes*, vol. 95, n. 3-4, 1993, p. 466.

[482] "Essas expressões não dizem nada quanto ao conteúdo e aos limites do poder político, nem quanto à independência de Roma em relação às potências estrangeiras." JELLINEK, Georg. *Ausgewählte Schriften und Reden*. Berlim; O. Häring, 1911, trad. fr. *L'état modern et son droit. Vol. I. Théorie générale de l'état*. Paris. Panthéon Assas, 2005, p. 78.

Somente na Era Moderna, em especial, com o pensamento de Maquiavel, é que se tornou necessário desenvolver uma ideia de Estado como poder impessoal e absoluto, capaz de concentrar em si as funções legislativa, judiciária e executiva.[483] O território assumia centralidade no pensamento político de Maquiavel porque ele não entendia o Estado como um possível modelo de organização política impessoal e voltada para a defesa da instituição, como viria a ocorrer pouco depois com o Estado moderno. Para Maquiavel, o Estado seria um domínio, uma posse exercida sobre um território específico.

Com o advento da *Respublica Christiana*, os espaços conquistados por Estados europeus mantiveram um padrão territorialista, implicando na divisão do mar com base em linhas globais imaginárias que tentavam reproduzir sob a superfície instável do mar a mesma ideia que tradicionalmente era usada para dividir a terra de modo preciso entre o que pertencia a um e a outro.

Carl Schmitt destacava que as primeiras linhas de divisão criadas foram as *rayas*, repartindo entre Espanha e Portugal os seus territórios conquistados de modo a permitir que tudo que fosse conquistado viesse a fazer parte da mesma ordem universal cristã que unia tais países; o mesmo padrão se conservou com as *amity lines* para dividir os espaços conquistados por França e Inglaterra.[484] As *rayas* valiam sobre um espaço geográfico determinado entre dois países: aquilo que não fosse de Portugal seria da Espanha e vice-versa, uma vez que a ordem medieval baseada na *Respublica Christiana* estava ainda indiretamente presente nessa situação. No entanto, as linhas de amizade entre ingleses e franceses tinham por finalidade determinar o que era o "Novo Mundo": um espaço – tanto terra quanto mar – juridicamente vazio que começava a partir dessas linhas de amizade e não se encontrava sujeito ao *jus publicum Europaeum*.

Prevalecia a ideia de *mare liberum*: absoluta ausência de proprietário em relação a tudo que fosse encontrado, podendo o conquistador livremente empossar-se de tudo que fosse possível conquistar, mesmo que para isso viesse a ser necessário dizimar populações inteiras de

---

[483] Cf. MÉNESSIER, Thierry. Principauté et souveraineté chez Machiavel. *In*: CAZZANIGA, Gian Mario; ZARKA, Yves-Charles (orgs.). *Penser la souveraineté*. Paris: Vrin, 2001. p. 28-29.

[484] Cf. SCHMITT, Carl. *Der Nomos der Erde*, trad. it. *cit.*, p. 88-89.

índios e destes tomar terras que lhes pertenciam desde períodos imemoriais.[485] Os limites das fronteiras das linhas de amizade demarcavam até onde iria o ordenamento do *jus publicum Europaeum* e qualquer noção de civilidade que existisse na Europa.

Podemos sintetizar a influência desse processo de conquista dos mares, no que concerne ao princípio de soberania, em duas modificações essenciais ocorridas. A primeira diz respeito aos limites de fronteira do Estado. Não são mais somente limites territoriais que definem a dimensão espacial onde este pode exercer seu poder soberano: desde o século XVIII, com o tiro de canhão da artilharia costeira e as suas três milhas de alcance, que se definiu tal medida como os limites marítimos da extensão do Estado.[486] Entretanto, ainda que esses limites terminem no mar, a referência continuava sendo em relação à terra firme, o que demonstra a indissociabilidade existente entre Estado e território.

A segunda modificação é decorrente do modelo de guerra introduzido pelas guerras marítimas. Até o início das grandes navegações, a natureza territorial das guerras era mais que predominante, era definitiva, pois, ainda que povos como os troianos, na Antiga Grécia, e os ingleses, durante toda a Idade Média, tivessem a invasão por mar como uma das principais táticas de guerra, o combate se desenvolvia no solo e era neste que elas se decidiam. Quando a Inglaterra se consolidou como a maior potência marítima da Europa, no século XVIII, parecia que o *Behemoth*, um monstro terrestre que simbolizava os Estados continentais, agora teria que competir com a mítica baleia que dominava os mares: o Leviatã. A Inglaterra se tornava senhora dos mares e detentora de um império mundial capaz de alcançar e ter domínios em todos os continentes do mundo; mais do que ganhar muitas batalhas no mar, ela produziu uma revolução espacial na sua própria estrutura ao deslocar a sua existência da terra para o elemento mar. Porém, ela continuou sendo uma ilha, destacada do continente e tendo o mar como único

---

[485] Cf. SCHMITT, Carl. *Der Nomos der Erde*, trad. it. *cit.*, p. 246.

[486] "É surpreendente observar quanto ao fundo acabou se penetrando a cifra das *três* milhas marítimas para delimitar a zona costeira, e como veio a permanecer, tanto que passou a ser entendida como 'codificável', inicialmente, ainda nos projetos de codificações ocorridos depois da primeira guerra mundial (1920-1930). A cifra, completamente desvinculada da perspectiva originária e da argumentação que a sustentava (o tiro da artilharia costeira), conservou-se até hoje inalterada, não obstante o desenvolvimento e a potencialização da *vis armorum*." SCHMITT, Carl. *Der Nomos der Erde*, trad. it. *cit.*, p. 221 (tradução livre).

vizinho fronteiriço e como fonte de grande parte da sua riqueza, mas ainda assim ela não havia perdido sua natureza territorial.[487]

A conquista dos mares provocou uma primeira grande revolução no paradigma territorialista. Um novo espaço político-jurídico estava criado, isto é, o mar, vinculando-se ao Estado na mesma medida do espaço territorial. No século XIX, as guerras, o fluxo de pessoas e o comércio internacional tornaram-se dependentes do transporte marítimo. A matriz territorialista continuava a existir em flâmulas e identidades nacionais atribuídas aos navios, mas passava a ser dotada de uma profunda relação com o já não tão desconhecido mar.

Schmitt chamou de "revolução espacial" esse processo de superação do paradigma territorialista de soberania estatal, uma vez que entendia influenciar todas as demais ciências e esferas da vida humana a partir dos efeitos dessa revolução "tão rica de consequências": "Não é exagerado sustentar que todos os âmbitos vitais, todas as formas de existência, todas as espécies de energia da força humana criativa, arte, ciência e técnica foram partícipes do novo conceito de espaço".[488] Escrevendo em 1942, o autor alemão percebeu que um terceiro elemento se somaria aos demais: o ar. Segundo ele, no século XX viria a se consolidar um novo *nomos* da Terra a partir do conceito multidimensional de espaço: território, mar e ar.[489]

Com o final da Segunda Guerra Mundial, a disputa pelos novos espaços marcaria todo o período da Guerra Fria. Se a Segunda Guerra Mundial colocou o avião no *status* de arma mais letal já produzida e, por consequência, de ator principal em um combate próprio,[490] a corrida espacial promovida ao longo de toda a Guerra Fria entre EUA e URSS introduziu um novo tipo de espaço: o extra-atmosférico. A Convenção de Paris, de 1919, havia tentado "territorializar" o espaço aéreo ao atribuir a cada Estado limites aéreos "horizontais" que deveriam coincidir com seus limites territoriais. Todavia, a ausência de limites verticais expôs o problema real representado pela anomia que se criava com

---

[487] Cf. SCHMITT, Carl. *Land und Meer*, trad. it. *cit.*, p. 74.

[488] SCHMITT, Carl. *Land und Meer*, trad. it. *cit.*, p. 63.

[489] SCHMITT, Carl. *Land und Meer*, trad. it. *cit.*, p. 79-80.

[490] Nesse sentido, Schmitt faz uma comparação interessante com a espada de São Jorge: "O bombardeiro ou o avião de ataque em voos rasantes usam as próprias armas contra a população inimiga verticalmente, como São Jorge usava a sua lança contra o dragão". SCHMITT, Carl. *Der Nomos der Erde*, trad. it. *cit.*, p. 430 (tradução livre).

essa perspectiva territorialista de espaço aéreo, deixando em aberto qualquer normatividade acerca do espaço extra-atmosférico.

As novas dimensões apresentadas por esses novos espaços cognitivos, já bem distantes do paradigma territorialista, afirmaram, por um lado, o surgimento de um direito internacional não mais eurocêntrico, enquanto, por outro, deixaram margem para indefinições sobre se seria o direito internacional ainda suficiente para esses novos tipos de espaços ou se seria necessário pensar em um novo direito para além dos Estados. Carlo Galli denomina de "reespacialização" (*rispazializzazione*) o processo de reorganização da política e de sua relação com o território, provocado pelo advento de uma nascente era global.[491]

Quanto ao espaço extra-atmosférico, somente em 27 de janeiro de 1967 fora assinada nas Nações Unidas uma importante normativa, bem representativa em termos de número de países signatários: o chamado *Outer Space Treaty* (Tratado do Espaço Sideral ou, formalmente, o Tratado sobre os Princípios que Regem as Atividades dos Estados na Exploração e Uso do Espaço Exterior, incluindo a Lua e Outros Corpos Celestiais), assinado quase cinco anos depois da Resolução da Assembleia Geral da ONU, que previa a sua elaboração e também a instituição de um escritório específico para o tema, isto é, o *United Nations Office for Outer Space Affairs* (UNOOSA), criado a partir do Comitê para Usos Pacíficos no Espaço Sideral, de 1958. Sem aprofundar a análise do Tratado de 1967 e do próprio UNOOSA, é possível verificar que, ao longo do seu meio século de história, colaborou ativamente para o não uso de armas nucleares no espaço extra-atmosférico (sideral), o que era um dos principais objetivos quando da elaboração do tratado. Entretanto, nas últimas décadas, o paradigma territorialista estatal mostra-se em direto contraste com a perspectiva transnacional do UNOOSA na medida em que muitos países passaram a regulamentar, segundo suas próprias constituições e legislações nacionais, o uso pacífico e a exploração comercial dos recursos oriundos do espaço, como foi o caso da proposta de lei, em 2015, intitulada *Space Resource Exploration and Utilization Act*, cujo teor foi incluído em uma legislação mais ampla promulgada no mesmo ano: *U.S. Commercial Space Launch Competitiveness Act of 2015*.

---

[491] Cf. GALLI, Carlo. *Spazi politici: l'età moderna e l'età globale*. Bologna: il Mulino, 2001. p. 156.

CAPÍTULO 8
A DIMENSÃO OBJETIVA DO FENÔMENO CONSTITUCIONAL TRANSNACIONAL | 225

O chamado espaço sideral ou extra-atmosférico é, portanto, onde se situam dificuldades normativas que, no fundo, são consequências de conflitantes concepções de direito e mesmo de sociedade internacional.

O jusinternacionalista René-Jean Dupuy, em 1986, dizia que as tensões existentes sobre duas concepções de sociedade internacional, a saber, a liberal-estadunidense e a socialista-soviética, conduziam à mitificação do conceito de comunidade internacional, pois estabeleciam tensões dialéticas entre duas visões de história das relações internacionais; portanto, seria necessário desmitificar, no plano internacional, a ideia de comunidade por meio de uma dialética aberta.[492] Segundo ele, teria sido essa dialética aberta às visões históricas distintas que permitiu a transição do *jus cogens* para o primado de normas imperativas comuns, reconhecidas pela quase totalidade dos Estados.[493]

Já em um contexto geopolítico global que caminhava para o fim da dicotomia entre EUA e URSS, René-Jean Dupuy, em 1993, dizia que a soberania enfrentava o desafio de superar as contradições apresentadas pelos conceitos de humanidade e de patrimônio comum dessa mesma humanidade.[494] Interessante sublinhar que o internacionalista francês estava atento para as mudanças que os novos espaços apresentavam ao paradigma territorialista, os quais colocavam em xeque o princípio de soberania.

O sociólogo britânico Paul Hirst afirmava que, em face de todas as transformações ocorridas com os processos de globalização, o Estado seguiria como um ator de destaque ou mesmo ainda como protagonista na comunidade internacional, mas perderia, inevitavelmente, cada vez mais a *governance* que tinha antes da globalização.[495] Além da capacidade de gerir autonomamente bens e interesses que são, concomitantemente, do próprio Estado e da comunidade internacional, Hirst detecta aquilo que podemos chamar de origens de outro espaço altamente crítico no século atual. Ele dizia que foram as guerras, somente a partir de meados do século XIX, que introduziram a informação como objeto de disputa.[496]

---

[492] Cf. DUPUY, René-Jean. *La Communauté internationale entre le mythe et l'histoire*. Paris: Economica/UNESCO, 1986. p. 53-54.

[493] Cf. DUPUY, René-Jean. *La Communauté internationale entre le mythe et l'histoire, cit.*, p. 152-156.

[494] DUPUY, René-Jean. Les espaces hors souveraineté. *Revue Pouvoirs*, vol. 67, 1993, p. 99-106.

[495] Cf. HIRST, Paul. *Space and Power*: Politics, War and Architecture. Cambridge: Polity, 2005. p. 48.

[496] Cf. HIRST, Paul. *Space and Power, cit.*, p. 123.

A introdução de radares e o uso de rádios alteraram significativamente o modo como a guerra se desenvolveria.

Interessante referir a análise de Hirst sobre o que ele chama de "ilusão da guerra virtual".[497] As guerras dos anos 1990, em especial dos EUA no Iraque, teriam levado o pós-modernismo à guerra, pois não se tratava apenas de regulamentar o uso de tecnologias de informação na guerra: a centralidade do território fora por completo desconstruída e o espaço passava a ser objeto de disputa em todas as duas dimensões. Hirst foi muito preciso ao lembrar a crítica de Jean Baudrillard à Guerra no Golfo, em 1990, para quem a "guerra nunca ocorreu".[498] Mas não teria ocorrido uma invasão? Pessoas não teriam morrido em combate? O ponto central para Baudrillard é o fato de que a guerra em si teria perfectibilizado o seu conceito de simulacro.[499] As mortes, os atos em si, seriam uma primeira dimensão do real não captada dentro da lógica da guerra, que era essencialmente virtual. As decisões políticas seriam tomadas em um plano distinto e sem conexões diretas com o real, isto é, em um universo intersubjetivo de sentido válido apenas para os indivíduos inseridos dentro da guerra virtual – ou seja, os sujeitos do simulacro. Já os sujeitos do mundo, que experimentam e vivenciam o real, estariam em outra dimensão desconectada do simulacro. Haveria a realidade dos fatos e a hiper-realidade do simulacro.

Chegamos então ao quinto possível conceito de espaço para o constitucionalismo transnacional: o espaço digital.

As sucessivas revoluções digitais das últimas décadas, muitas das quais ainda em curso, como as que envolvem o desenvolvimento de inteligências artificiais, formam um fenômeno recente e com poucos consensos no meio acadêmico-científico. Abordagens como as sistêmicas, em especial de Günther Teubner, desenvolvem a ideia de que o constitucionalismo societal, ao elaborar um sistema próprio de normatividade, como no exemplo dado por ele da *Internet Corporation for Assigned Names and Numbers* (ICANN), teria possibilitado que mesmo uma organização internacional privada possa tratar da regulação do digital e ter seus atos normativos constitucionalizados nas esferas

---

[497] HIRST, Paul. *Space and Power*, cit., p. 136-151.

[498] HIRST, Paul. *Space and Power*, cit., p. 136.

[499] Cf. BAUDRILLARD, Jean. *The Gulf War Did Not Take Place*. Bloomington: Indiana University Press, 1995, é a versão em inglês de três artigos publicados no jornal *Libération*, dias 4 de janeiro (*La guerre du Golfe n'aura pas lieu*), 6 de fevereiro (*La guerre du Golfe a-t-elle vraiment lieu ?*) e 29 de março (*La Guerre du Golfe n'a pas eu lieu*).

transnacionais naquilo que ele chama de "constituições parciais".[500] Recorde-se que, em toda a internet, compete à ICANN a identificação primária do protocolo de acesso de um usuário a qualquer sítio hospedado na rede mundial de computadores.

Outra abordagem possível à ideia de espaço digital pode ser vista na obra de Nicolas Suzor, para quem, em síntese, as plataformas digitais são o centro gravitacional para a regulação jurídica, definindo responsabilidades dos agentes e âmbitos de atuação dentro dos espaços digitais formados por essas plataformas.[501] Assim, para ele seria necessária a aplicação do princípio da supremacia do direito (*rule of law*) a um direito das plataformas para dar legitimidade política às relações interpessoais exercidas dentro dos espaços digitais mantidos por essas plataformas.[502]

Há ainda estudos a partir da geografia, como os de Agnieszka Leszczynski, para quem o espaço digital é, primariamente, um código intermediário e representacional reconhecível por outros agentes em condições de entrar naquele mesmo *topos* e promover interação em face dos demais.[503] Destacam-se aqui dois componentes importantes: a representação digital do real e a interatividade instantânea.

Para os escopos da presente pesquisa, o espaço digital pode ser definido como o conjunto de interações, mediante sistemas de informações, entre usuários localizados em qualquer parte do globo terrestre que interagem em sistemas com níveis variáveis de abertura comunicacional. A necessidade de atribuir a abertura comunicacional decorre da impossibilidade lógica de se considerar como espaço digital, por exemplo, uma rede doméstica fechada que controla alguns dispositivos sem nenhum tipo de acesso externo à internet. Por outra sorte, essa mesma rede doméstica, caso esteja com acesso aberto a alguma rede, pode ser tida como interagindo com algum espaço digital na medida em que os atos por ela controlados não se limitam às interações reais e presentes dos usuários da casa entre si, o que colocaria as condutas de tais agentes dentro de alguma rede de normatividade.

---

[500] Ver TEUBNER, Gunther. *Constitutional fragments*: societal constitutionalism and globalization. Oxford: Oxford University Press, 2014.

[501] Ver SUZOR, Nicolas P. *Lawless*: The Secret Rules That Govern our Digital Lives. Cambridge: Cambridge University Press, 2019.

[502] Cf. SUZOR, Nicolas P. Digital Constitutionalism: Using the Rule of Law to Evaluate the Legitimacy of Governance by Platforms. *Social Media + Society*, vol. 4, n. 3, 2018, p. 1-11.

[503] Ver LESZCZYNSKI, Agnieszka. Spatial media/tion. *Progress in Human Geography*, vol. 39, n. 6, 2015, p. 729-751.

Enfim, o território deixa de ser o conceito essencial da teoria política no século XXI e assume a condição de uma dimensão do conceito de espaço, concorrendo com as dimensões marítima, aérea, extra-atmosférica e, mais recentemente, digital.

8.2 A dinâmica da criação constitucional: da pirâmide às redes

O subtítulo deste item, em vez de ser mera coincidência, homenageia ao mesmo tempo em que busca aderir à tese de fundo da obra de igual título de François Ost e Michel van de Kerchove.[504] Partindo do pressuposto de que o Estado não possui mais a exclusividade determinante por promover a unidade do ordenamento jurídico, estando limitado aos seus confins territoriais e a prerrogativas da soberania estatal que conserva em si, assume-se que outra imagem deve ser encontrada para substituir a figura da pirâmide kelseniana quando se deve representar as relações jurídicas que produzem efeitos a partir de ordens normativas por completo descentralizadas. A referência passa a ser então a rede (ou teia), isto é, um modelo que não desconstrói nem deslegitima os sistemas jurídicos vigentes, mas estrutura múltiplas conexões entre eles e promove dinâmicas de criação normativa em rede.

Na teoria constitucional desenvolvida nos últimos dois séculos, a criação constitucional é, essencialmente, produto de um poder constitucional originário. Este será conceitualmente concebido à luz da concepção preponderante de constituição, o que nos remete diretamente ao já despendido nas páginas do capítulo inicial da Parte II (Capítulo 4, *supra*) sobre o conceito de constituição. No entanto, se a criação constitucional não se limita ao poder constituinte originário nem mesmo ao poder de revisão constitucional que dele decorre, se ela pode ser produto de uma criação informal, seja pela hermenêutica ou pelo costume constitucional, não seria ainda a pirâmide a representação mais fiel do escalonamento hierárquico entre normas de diferentes níveis produzidas dentro de um mesmo sistema jurídico-constitucional? Sim! Mas a tese de sistemas jurídicos em rede não busca responder a esse questionamento; busca redimensionar a ideia de criação constitucional

---

[504] Ver OST, François; KERCHOVE, Michel van de. *De la pyramide au réseau? Pour une théorie dialectique du droit*. Bruxelles: Publications des Facultés universitaires Saint-Louis, 2002.

e responder ao seguinte problema: como se produz normatividade constitucional em um plano transnacional?

Verifica-se, de fato, a ocorrência de uma virada paradigmática que enfatiza a comunicabilidade possível ou já existente entre os sistemas jurídicos nacionais e internacionais. Um sistema jurídico é delimitado pelo modo que organiza o seu sistema político de sustentação a partir de um quadro de fontes normativas reconhecíveis como propriamente jurídicas. Quando projetada essa comunicabilidade em um plano transnacional, a figura da pirâmide perde sentido em face de movimentos mais ou menos intensos produzidos por diferentes dimensões fenomenológicas com possíveis pretensões jurídicas, como relações econômicas, relações políticas, formações culturais, alianças militares, entre outras formas de interação dos atores que atuam no cenário global e cujos contornos devem ser levados em consideração para compreender a normatividade decorrente, em sentido amplo, dessas relações que estabelecem entre si.

Ost e Kerchove estruturam as bases daquilo que denominam teoria dialética do direito. Já de início, apontam que, mesmo em Kelsen, havia uma dificuldade originária na sua concepção piramidal de estruturação do ordenamento jurídico, pois existiria uma incompatibilidade parcial entre essa concepção e sua teoria da interpretação, esta que permite ao intérprete, mesmo submetido a uma situação de subordinação à norma superior, determinar sua significação e assim criar a dimensão de sentido de uma norma que não encontra seu fundamento nela.[505] Essa crítica, muito desenvolvida por filósofos do direito, é importante por apontar que, mesmo em um sistema jurídico estatalmente organizado e concebido a partir de uma filosofia analítica que prima pela coerência lógico-formal entre os postulados normativos de diferentes níveis hierárquicos, já possuía uma indeterminação de sentido da norma em face da subjetividade do intérprete. Novamente – e reiterando a negação à crítica de relativismo que reafirmamos ao longo desta obra –, essa dita margem de subjetividade dada ao intérprete não resume o positivismo a um relativismo qualquer orientado pela pura vontade do intérprete da

---

[505] "Il s'agit, d'abord, de l'incompatibilité partielle entre sa conception de la structure du système juridique et sa théorie de l'interprétation, théorie qui conduit à admettre que les oranges d'application d'une norme juridique, en interprétant celle-ci, se trouvent amenés, malgré leur situation de subordination, à déterminer partiellement sa signification, voire à créer une norme qui ne trouverait pas son fondement en elle." OST, François; KERCHOVE, Michel van de. *De la pyramide au réseau?*, *cit.*, p. 45.

norma, mas, pelo contrário, trata-se do reconhecimento de um espaço de decisão que encontra no intérprete o protagonista da manutenção da coerência de sentido e unidade formal do sistema.[506]

Ocorre que há normatividade em práticas reiteradas decorrentes de interpretações que se fazem em diferentes esferas de normatividade e com variados graus de efetividade. Portanto, existe uma expectativa legítima entre os agentes envolvidos pelo reconhecimento dos efeitos jurídicos da intertextualidade das interações produzidas entre si. A progressiva complexidade do fenômeno jurídico, verificada nas últimas décadas, decorre do modo pelo qual emergiram novos sistemas sociais com pretensão de reconhecimento de suas fontes como fontes de direito. O direito, pensado em termos democráticos, requer o reconhecimento formal dessa dimensão plural de existência humana, o que sempre abrirá espaço para novas e incontáveis dimensões que não se limitem ao "direito oficial" produzido pelo Estado.[507]

A ideia de Thomas Kuhn sobre as revoluções científicas como revoluções de paradigmas é recebida por Ost e Kerchove na sua teoria dialética. O paradigma permitiria sustentar como uma nova ciência consegue se tornar autônoma na medida em que desenvolve uma nova teoria, encontra seus próprios métodos e critérios, bem como produz respostas mais adequadas a problemas reais.[508] O surgimento de um direito policêntrico e reconhecido por atores não estatais teria

---

[506] Ver, em especial, a crítica de STRECK, Lenio. *Verdade e consenso*: constituição, hermenêutica e teorias discursivas. 6. ed. Rio de Janeiro: Saraiva, 2017.

[507] Ver a reflexão de Leonel Rocha, elaborada no início do século atual, quando afirma que: "A hipercomplexidade da sociedade contemporânea provocada pela internacionalização crescente das problemáticas tem redefinido profundamente a forma de regulação social, notadamente o direito. Não se pode mais refletir sobre os sentidos do Direito apenas a partir dos pressupostos do Estado normativista, pois as suas manifestações têm adquirido cada vez mais um caráter nitidamente paraestatal, notadamente com a crise do Estado social. Neste sentido, é evidente a constatação de que a interpretação jurídica, tradicionalmente derivada da racionalidade do Estado liberal, também necessita rever suas bases constitutivas". ROCHA, Leonel Severo. *Epistemologia Jurídica e Democracia*. 2. ed. São Leopoldo: Unisinos, 2003. p. 107.

[508] "L'utilité d'un paradigme est de renseigner les scientifiques sur les entités que la nature contient ou ne contient pas et sur la façon dont elles se comportent. Ces renseignements fournissent une carte dont les détails seront élucidés par les travaux scientifiques plus avancés. En apprenant un paradigme, l'homme de science acquiert à la fois une théorie, des méthodes et des critères de jugement, généralement en un mélange inextricable. Un paradigme détermine la légitimité des problèmes et aussi des solutions proposées." KUHN, Thomas. *The Structure of Scientific Revolutions*. Chicago: University of Chicago Press, 1962, trad. fr. *La structure des révolutions scientifiques*. Paris: Flammarion, 1970. p. 155.

promovido uma verdadeira revolução paradigmática no pensamento jurídico, implicando em novas formas de pensar a criação jurídica.

O sociólogo espanhol Manuel Castells, nos anos 1990, sustentava que as sociedades estavam sendo reconfiguradas como redes, isto é, haveria um série entrelaçada de redes interativas formadas por componentes locais, globais e também desconectados, atribuindo sentido ao agir humano, pois o humano estaria passando a ter sua existência determinada por um contexto altamente inter-relacional.[509] A complexização das relações sociais induziria, inevitavelmente, a novas demandas de reconhecimento jurídico dessas relações e, por consequência, de afirmação dos direitos.

Nessa mesma época, mas alguns anos antes, Günther Teubner valeu-se de uma metáfora com o deus romano Janus para explicar o que seria o pluralismo jurídico. Assim como Janus, guardião de portões e transições, começos e fins, que possui duas faces, uma apontando para o porvir e outra observando o passado, o pluralismo jurídico teria duas faces: uma composta por normas sociais e outra composta por normas jurídicas.[510] Teubner utiliza o direito privado como ilustração dessa interação entre direito local/nacional e a pluralidade de novas formas de regulação jurídica não estatais. Nesse mesmo sentido, a antropóloga estadunidense Sally Merry enfatizava que esse novo pluralismo jurídico emergente em sua época tratava de uma complexa e interativa rede de comunicações que produzem sentido normativo entre diferentes esferas sociais.[511]

Tais interações entre diferentes sistemas sociais formariam um rede dialógica em constante atualização, permitindo que a diversidade de discursos fragmentados, os quais, quando tomados isoladamente, são percebidos como hermeticamente fechados em si, possa operar tanto por meio das instâncias formais de produção normativa do Estado como por meio de esferas informais de produção normativa, isto é,

---

[509] Ver CASTELLS, Manuel. *The Rise of the Network Society*. Vol. I. The Information Age: Economy, Society and Culture. Cambridge/Oxford: Blackwell, 1996.

[510] Cf. TEUBNER, Gunther. The two faces of Janus: rethinking legal pluralism. *Cardozo Law Review*, v. 13, 1992, p. 1443.

[511] "The new legal pluralism moves away from questions about the effect of law on society or even the effect of society on law toward conceptualizing a more complex and interactive relationship between official and unofficial forms of ordering. Instead of mutual influences between two separate entities, this per-spective sees plural forms of ordering as participating in the same social field." MERRY, Sally E. Legal Pluralism. *Law & Society Review*, vol. 22, 1988, p. 873.

novas formas de regulação jurídica de situações de fato que não mais se limitam aos confins estatais.

Essa questão do pluralismo jurídico será mais desenvolvida no item a seguir. Todavia, antes disso, precisamos retomar o questionamento que nos guia no presente item: não havendo um poder constituinte originário, como ocorre a criação constitucional no âmbito do constitucionalismo transnacional?

A ideia de que o direito primitivo é um direito produzido, originariamente, pelo trabalho de cortes e júris locais está presente em teóricos positivistas, como Kelsen, e em inúmeras vertentes do pensamento jusfilosófico ocidental. Porém, uma abordagem pragmática, distante de abstrações filosóficas, pode conduzir a essa mesma conclusão. O internacionalista Nicholas Tsagourias sustenta que os princípios gerais do direito internacional reconhecidos pela Corte Internacional de Justiça e pela Corte de Justiça da União Europeia desempenham uma função constitucional na ordem institucional; ou seja, possibilitaram a construção de uma epistemologia própria que, estruturando-se a partir de uma tipologia que pode ser feita com base nesses princípios gerais, permite detectar a maior essencialidade de alguns desses princípios em razão da sua efetividade nos casos concretos julgados e da primazia que possuem nos sistemas de fontes normativas em que são aplicados.[512]

Em sentido semelhante com foco nas decisões das cortes, mas a partir de uma perspectiva sistêmica luhmanniana, Marcelo Neves destaca como jurisdições internacionais e jurisdições constitucionais estatais interagem produzindo diferentes intensidades em termos de efetividade das suas decisões, embora isso não impossibilite a definição de normas com maior primazia na solução de casos concretos examinados por tais cortes.[513] Importante referir que a centralidade da inter-relação entre sistemas é o ponto principal de observação do fenômeno denominado por Neves de transconstitucionalismo. O enfrentamento do tema dos direitos humanos é algo que o referido autor tangencia em suas principais obras, porém o faz mais diretamente em releitura de sua própria obra aqui citada ao afirmar que existiria um universalismo superficial dos direitos humanos baseado em uma concepção ontológica de tais

---

[512] Ver TSAGOURIAS, Nicholas. The constitutional role of general principles of law in international and European jurisprudence. *In*: TSAGOURIAS, Nicholas (ed.). *Transnational Constitutionalism*: International and European Perspectives. Cambridge: Cambridge University Press, 2007. p. 71-106.

[513] Ver NEVES, Marcelo. *Transconstitucionalismo*. São Paulo: WMF Martins Fontes, 2009.

direitos, o que seria "incompatível com o 'diálogo' transconstitucional com ordens nativas que não correspondem a esse modelo".[514] Não obstante a sua crítica tenha como objeto a incompatibilidade de concepções de direito ocidentais com as formações culturais de povos indígenas e tribais, é possível compreender que sua teorização transconstitucional seria compatível com uma perspectiva não universalista e inclusiva de direitos humanos – tal ponto será retomado no último item do capítulo final desta obra, quando tratarmos dos direitos humanos como um porvir discursivo. Independentemente da perspectiva teórica adotada, a interação entre jurisdições de cortes distintas evidencia o surgimento de um novo espaço de produção de normatividade em abstrato, isto é, uma principiologia jurídico-constitucional transnacional.

Se, por um lado, a criação constitucional transnacional ocorre por meio da afirmação progressiva de princípios jurídicos de abrangência transversal nas diversas jurisdições constitucionais e internacionais, há também outro espaço de criação desse tipo de normatividade constitucional. Ao tratarmos da ontologia dos direitos humanos, anteriormente na Parte II, sustentou-se que isso comporia o conteúdo substancial do constitucionalismo transnacional. Mas sob qual forma jurídico-normativa?

Por um lado, tal forma seria de uma principiologia jurídico-constitucional criada pelas cortes. Por outro lado, seria o produto da criação dos Estados naquilo que se convencionou chamar de direito dos tratados. Primeiramente, é necessário afastar qualquer possível reducionismo da criação constitucional transnacional da mera vontade soberana de Estados que pactuam entre si. Ao longo do século XX, o chamado direito dos tratados foi convertido em um direito internacional dos direitos humanos, isto é, um fenômeno dogmático-positivo que assume uma abrangência global de reconhecimento da ubiquidade da existência humana. Sem romper por completo, em um extremo, com o princípio de soberania estatal e, igualmente, no outro extremo, sem promover uma ordem jurídica universalista, há nesse direito internacional dos direitos humanos o espaço de progressivo reconhecimento de novos direitos. Há um processo contínuo de criação jurídico-constitucional transnacional a partir da atuação de novos atores internacionais, como organizações não governamentais e demais

---

[514] NEVES, Marcelos. (Não) Solucionando problemas constitucionais: transconstitucionalismo além de colisões. *Lua Nova*, vol. 93, 2014, p. 225.

instituições internacionais que produzem *soft law*[515] tendo por objeto os direitos humanos. Por consequência, antes de pensar em qualquer universalismo, é necessário construir as condições de possibilidade de uma consciência humana universal.

Por fim, retomando a obra de Ost e Kerchove que empresta título a este item, verifica-se que sua teoria dialética do direito apontava para uma ética discursiva capaz de promover um equilíbrio entre a busca pelo justo e pelo bem nessas estruturas normativas que compõem as redes transnacionais.[516] Haveria uma dialética entre a transcendência do justo em abstrato e a imanência do bem em particular que se estabelece em um movimento incessante, em uma lógica que intercala os discursos e permite que as conciliações sejam constantemente buscadas.[517]

Todavia, sem dissentir dos referidos autores, ousamos sugerir a hipótese teórica de considerar que, em meio a essa pluralidade de redes transnacionais, exista uma rede específica legitimada por uma dimensão ontológica, pré-normativa, não abstrata e fundamentadora; em outras palavras, legitimada por uma ontologia que influi sobre a dimensão normativa dos direitos humanos. O *status* pré-normativo dessa dimensão ontológica não lhe retira a capacidade de construção de sentido das estruturas linguísticas que atribuem significado ao significante; pelo contrário, o ser em si permite ao sujeito construir uma projeção em abstrato que, quando chegar em um plano normativo, assumirá a condição de conceito. Quando pensados os direitos humanos em sua dimensão essencial, enquanto existência ubíqua do ser humano na Terra,

---

[515] Figurando ou não o Estado na origem do processo, a normatividade criada por meio de *soft law* caracteriza-se, antes de tudo, pela voluntariedade do destinatário da norma em face do comando normativo, pois sua efetividade depende mais disso do que do caráter sancionatório que esse tipo de direito, ou quase-direito, pode ter. Portanto, normas de *soft law* são, em geral, de natureza operativa (procedimental) em relação a outras normas substantivas ou, quando possuem em si conteúdo substantivo, tratam de matérias privatistas. Sobre o tema, ver CARBONNIER, Jean. *Flexible droit. Pour une sociologie du droit sans rigeur*. Paris: LGDJ, 1992; NASSER, Salem Hikmat. *Fontes e normas do direito internacional*: um estudo sobre a *soft law*. São Paulo: Atlas, 2006; e MARTIN-CHENUT, Khatia. Porosités entre soft et hard law: l'exemple da la Responsabilité Sociétale des Entreprises (RSE). *In*: V. G. Curran (sous la dir.) *Porosités du droit*. Paris: Société de legislation comparée, 2021. p. 43-61.

[516] Cf. OST, François; KERCHOVE, Michel van de. *De la pyramide au réseau?*, *cit.*, p. 526-540.

[517] "En définitive, c'est l'image d'une sorte de va-et-vient entre la transcendance du juste en général et l'immanence du bien en particulier qui se laisse deviner dans ce mouvement reconstructif qui fait suite à la séquence narration – interprétation – argumentation. Comme si la logique abstraite de l'argument se revivifiait au contact de la passion du vécu ; comme si le formalisme de la raison retrouvait l'épaisseur de l'histoire, celle des individus, celle des générations passées et futures ; comme si l'esprit de mesure récupérait un peu de la charge utopique inhérente aux grands récits fondateurs." OST, François; KERCHOVE, Michel van de. *De la pyramide au réseau?*, *cit.*, p. 526-540.

CAPÍTULO 8
A DIMENSÃO OBJETIVA DO FENÔMENO CONSTITUCIONAL TRANSNACIONAL | 235

haverá um grupo mínimo de bens reconhecíveis como universalmente válidos e em condições de nortear a dialética entre transcendência do justo e imanência do bem referida por Ost e Kerchove.

Antes de entrar nesse ponto (capítulo final) sobre os direitos humanos como um porvir discursivo, passemos ainda a maiores considerações sobre o pluralismo jurídico em perspectiva constitucional transnacional.

8.3 Da unidade do sistema à pluralidade das esferas constitucionais transnacionais

A constituição moderna, ao positivar o princípio da unidade do ordenamento jurídico, retirou sua legitimação lógico-racional de um momento cuja natureza produz certo dissenso na teoria constitucional: o poder constituinte originário. Resumindo um tema clássico do direito constitucional, é possível dividir em duas categorias as principais teorias sobre o poder constituinte originário: as positivistas, de inspiração em Kelsen, que colocam o poder constituinte originário como um órgão legitimado em abstrato por uma norma fundamental teórico-hipotética; por outro lado, os realistas, de diversas orientações e inspirações, mas que aqui nos limitaremos a referir Schmitt, entendem que o poder constituinte originário é um ato real, concreto, presente no último momento pré-constitucional, pois quem está legitimado a elaborar uma constituição é quem exerce o poder soberano, isto é, no dizer de Schmitt, será "aquele que decide no estado de exceção".[518]

Conforme vimos no item anterior, não é viável sustentar hipóteses jurídicas acerca de um possível poder constituinte originário nas esferas transnacionais. Os universalismos cosmopolitas apontam, em geral, para uma compreensão kantiana da sociedade global, tornando desnecessário conceber algo como um poder constituinte originário, pois a própria universalidade dos direitos inerentes à condição humana já traria consigo a legitimidade moral – antes mesmo de política – para constituir a unidade de um ordenamento jurídico global, como na tese de uma república mundial, de Otfried Höffe.[519] As transformações pelas

---

[518] Sobre o conceito de constituição em Kelsen e em Schmitt, ver Capítulo 4, itens 4.6 e 4.7, *supra.*

[519] Ver HÖFFE, Otfried. *Politische Gerechtigkeit*: Grundlegung einer kritischen Philosophie von Recht und Staat. Frankfurt am Main: Suhrkamp Verlag, 1987, trad. port. *Justiça Política*: Fundamentação de uma filosofia crítica do Direito e do Estado. 3. ed. Tradução: Ernildo

quais o mundo tem passado no início do século atual demonstram que a unidade do ordenamento jurídico estatal foi desconstruída por uma ampla rede de novas esferas de normatividade.

Novamente, convém lembrar Karl Polanyi quando ele detecta que o mundo tem vivido uma grande transformação provocada pela economia de mercado, o que permeou os campos político e social.[520] A grande complexidade das relações econômicas estaria correlacionada com o progressivo processo de complexidade da vida social e, consequentemente, da política. O direito, enquanto ordenação jurídica das sociedades, também foi atingido por essas mudanças ocorridas desde o início do século XX. Ao descrever a aceleração dos processos de globalização, Anthony Giddens ressaltava que a intensificação das relações sociais em escala mundial possibilitou conectar localidades distantes de tal maneira que acontecimentos locais são modelados por eventos ocorridos a muitas milhas de distância e vice-versa.[521]

O cenário das relações internacionais formado a partir do legado deixado pelos horrores do Holocausto colocou em um patamar global problemas que até então eram localmente considerados. O caráter absoluto do princípio de soberania estatal entra em crise, juntamente com a economia, política e as concepções sociais hegemônicas. Porém, talvez a grande crise que o pós-Segunda Guerra precisou enfrentar foi de natureza ético-deontológica: não mais seria possível conceber sociedades locais norteadas por práticas ou ideologias contrárias ao gênero humano. Ao lado dos perigos de aniquilação por um regime totalitário, haveria ainda a enfrentar a crise ética gerada pela ameaça nuclear, isto é, pela possibilidade de extinção completa da vida no planeta com base exclusivamente no agir humano. Já o final do século XX e o início do século XXI inauguraram sucessivas revoluções tecnológicas, implicando em transformações na forma de explicar a realidade e de dar sentido à realidade, à linguagem, enfim, ao mundo como era conhecido antes dessas revoluções. Inúmeras perspectivas teórico-filosóficas poderiam descrever a sociedade contemporânea do século XXI, mas nos concentraremos nessa nova e complexa rede de relações intersubjetivas e discursivas capazes de induzir a produção de sentido acerca do ser em si.

Stein. São Paulo: Martins Fontes, 2006; e *Id*. Visão República Mundial: Democracia na era da globalização. Tradução: Celso de Moraes Pinheiro. *Veritas*, vol. 47, n. 4, 2002. p. 553-566.

[520] Ver POLANYI, Karl. *The Great Transformation*: The Political and Economical Origins of Our Time. New York: Rinehart & Co., 1944.

[521] Cf. GIDDENS, Anthony. *The Consequences of Modernity*. Cambridge: Polity, 1990. p. 61-69.

Todo o contexto geral produzido por essas mudanças foi disruptivo para as teorias sociais, políticas e jurídicas contemporâneas, tanto que o advento da internet e a propagação de uma revolução digital conduziram ao processo chamado por Manuel Castells de fim das cidades, pois o *locus* primário de identificação do indivíduo deixaria de ser a cidade em si; as pessoas passariam a viver conectadas em uma nova topografia que nada necessita do local concreto em que elas se encontram fisicamente. A grande ironia desse processo apontado por Castells é que tais prelúdios, de longe, não se concretizaram, pois a humanidade vivenciou nesse período o maior movimento de urbanização da história, tanto é que, segundo ele, muitas projeções apontam que cerca de 75% dos seres humanos estarão vivendo em áreas urbanas até 2050.[522]

Em face dessa realidade desterritorializada em seus referenciais primários, o pluralismo jurídico passou um amplo espectro de pensamento dentro do qual muitas teorias se posicionaram com base em diferentes perspectivas.

Conforme vimos no item anterior, Günther Teubner sustentava que não seria possível sustentar uma visão antiquada e legalista do pluralismo jurídico, pois o problema do direito a enfrentar seria a emergência de ordens normativas subsidiárias ao direito estatal, em especial as ordens regionais ou os regimes corporativos; em outras palavras, seria necessário superar concepções hierárquicas do pluralismo jurídico que tendem a assimilar certos níveis jurídicos com a estratificação da sociedade, ignorando fenômenos sociais fora dessa hierarquia. Mais do que isso, supera-se o institucionalismo tradicional que centralizava nas instituições formais estatais o lugar social do pluralismo jurídico. Em síntese, Teubner defende um "novo" pluralismo não legalista, não hierarquizado e não institucionalizado, pois são as dinâmicas das interações no campo social que produzem uma diversidade de ordens jurídicas autorreferentes.[523]

As atuais teorias do sistema no direito e as críticas à pós-modernidade costumam se valer dessa matriz para desenvolver suas análises acerca dos fenômenos jurídicos. Haveria um grupo de elementos fundamentais em condições de promover a interligação entre o campo social e o jurídico, residindo neste ponto os dissensos teóricos entre muitas

---

[522] Ver CASTELLS, Manuel. *The Rise of the Network Society, cit.*

[523] Cf. TEUBNER, Gunther. *Direito, Sociedade e Policontexturalidade.* Tradução: Bruna Vieira de Vincenzi e outros. Piracicaba: Unimep, 2005. p. 86-87.

das teorias jurídicas contemporâneas que contam como objeto central a transnacionalidade do fenômeno jurídico. Teubner aponta alguns elementos que estão presentes como pressupostos de muitas dessas teorias, sobretudo as sistêmicas: a) o giro linguístico (*linguistic turn*), que se afasta da sociologia positivista do direito; b) a dissolução da realidade social e da realidade jurídica em discursividade, que reavalia, inclusive, as noções contemporâneas de intersubjetividade; c) a fragmentação e o fechamento mútuo de discursos; d) o caráter *non-foundationalist* da argumentação jurídica; e) a desconstrução do sujeito de direito; f) a exploração eclética de diversas tradições de pensamento; g) a preferência pelo *différence*, *différance* e *différend* diante do necessário; e, especialmente, h) o fundamento do direito em paradoxos, antinomias e tautologias.[524] Em síntese, Teubner quando sustenta que, ao lado de um direito oficial dos Estados tido ainda como autônomo, autorreferente e autorreprodutor, há um pluralismo de ordens normativas em que os limites entre o jurídico e o social se descaracterizam até ficarem irreconhecíveis.

Há de se reconhecer que o direito não oficial por ele referido é constituído pela discursividade de esferas de normatividade articuladas em redes cuja intertextualidade dissolve a relevância da distinção entre o social e o jurídico na abordagem do real. Não havendo mais a centralidade no discurso oficial produzido pelo direito estatal, uma nova hierarquia de sentido linguístico se formará entre as esferas de normatividade que interagem entre si. Em um plano pré-normativo, ao decorrer mais imediatamente de concepções mínimas de bens passíveis de serem tidos por universais, será possível então sustentar a ocorrência de uma *esfera constitucional transnacional*. Ost ressalta que o direito "codifica a realidade, institui-a por meio de uma rede de qualificações acordadas, encerra-a em um sistema de obrigações e proibições".[525] Ora, a gravidade ou não, a seriedade ou não, dessas obrigações e proibições conduzirá a uma natural hierarquização entre as esferas transnacionais de normatividade.

O pluralismo ordenado, proposto por Mireille Delmas-Marty, demonstra ter consciência desse processo intertextual de construção discursiva de redes normativas com esferas diferentemente postas entre si com base na essencialidade dos bens que tutelam. Por um lado, criticava o modelo da Escola Alemã de Luhmann e Teubner, pois, segundo

---

[524] Cf. TEUBNER, Gunther. *Direito, Sociedade e Policontexturalidade, cit.*, p. 82.

[525] No original: "Codifie la réalité, l'institue par un réseau de qualifications convenues, l'enserre dans un système d'obligations et d'interdits". OST, François. *Raconter la loi*: aux sources de l'imaginaire juridique. Paris: Odile Jacob, 2004. p. 10.

CAPÍTULO 8
A DIMENSÃO OBJETIVA DO FENÔMENO CONSTITUCIONAL TRANSNACIONAL | 239

ela, centraria a análise na circularidade autorreferencial dos sistemas jurídicos e desconsideraria qualquer possível sobreposição hierárquica entre sistemas.[526] Por outro lado, em obra dos 1980, época em que ainda se detinha mais especificamente a questões de política criminal e direito penal, Delmas-Marty já detectara que o direito estatal, notadamente no tocante ao poder punitivo, encontrava noções indeterminadas de direitos fora dos limites territoriais do Estado, como ocorre com os direitos humanos, permitindo que novas formas jurídicas possam surgir sem necessitar de uma ordem jurídica única e imutável.[527] Seria um direito *mobile et flou*, surgido em esferas internacionais ou transnacionais, mas com um conteúdo normativo por si reconhecível como passível se exercer primazia sobre o direito estatal.

Quando desenvolve seu curso no Collège de France, a partir de 2002, poucos anos depois viria a publicar os volumes que compõem o seu *Les Forces imaginantes du droit*.[528] Talvez o mais importante para a hipótese teórica que se sustenta no presente capítulo resida nos volumes II e IV, em especial quando ela afirmava que, no início do século XXI, a paisagem jurídica era dominada por aquilo que é "o impreciso, o incerto, o instável ou, em termos provocativos, o vago, o suave e o macio, que anteriormente os observamos ordenar".[529] Acentuando a ênfase na efetividade das decisões produzidas pelas jurisdições penais internacionais, Delmas-Marty afirmava, no último volume, que a existência de proibições fundadoras (*interdits fondateurs*) permitiria "relativizar o relativismo" na medida em que promovem uma comunidade de sentido acerca de valores reconhecíveis, de fato, como universais.[530] Tais proibições seriam formadas por tipos penais, cujas condutas delitivas produzem uma essencial ofensa ao gênero humano, tornando-se,

---

[526] Ver DELMAS-MARTY, Mireille. *Pour un droit commun*. Paris: Le Seuil, 1994, trad. port. *Por um direito comum*. São Paulo: Martins Fontes, 2004, Livro I, Cap. 3.

[527] Ver DELMAS-MARTY, Mireille. *Le flou du droit*: du code pénal aux droits de l'homme. Paris: P.U.F., 1986.

[528] Ver DELMAS-MARTY, Mireille. *Les Forces imaginantes du droit*. Vol. I. Le relatif et l'universel. Paris: Le Seuil, 2004; *Id. Les Forces imaginantes du droit*. Vol. II. Le pluralisme ordonné. Paris: Le Seuil, 2006; *Id. Les Forces imaginantes du droit*. Vol. III. La refondation des pouvoirs. Paris: Le Seuil, 2007; e *Id. Les Forces imaginantes du droit*. Vol. IV. Vers une communauté de valeurs. Paris: Le Seuil, 2011.

[529] No original: "l'imprécis, l'incertain, l'instable, ou encore, en termes provocateurs, le flou, le doux et le mou, dont nous avons précédemment observe les ordonné." DELMAS-MARTY, Mireille. *Les Forces imaginantes du droit*. Vol. II. Le pluralisme ordonné, *cit.*, p. 7.

[530] Ver DELMAS-MARTY, Mireille. *Les Forces imaginantes du droit*. Vol. IV. Vers une communauté de valeurs, *cit.*

por si só, fontes de direito legitimadas não pela política nem por uma qualquer hierarquia normativa, mas, sim, por um quadro axiológico destinado a proteger bens inatos à condição humana.

Mas o que ordenaria esse pluralismo ordenado? Muito além de uma utópica crença cosmopolita no universalismo abrangente dos direitos humanos, Delmas-Marty sustentou, ao longo de quatro décadas de publicações, que tal categoria de direitos se afirmava com base em uma lógica de gradação,[531] uma alternância de descontinuidades entre o relativo e o universal. Em três das suas últimas quatro obras, ela aprofundou o que chamava de humanismo jurídico,[532] isto é, um humanismo que aceitava os desacordos culturais e os tomava como pontos de partida discursivos para a construção de um ulterior possível acordo intercultural de natureza política, podendo até culminar em produção comum de normatividade jurídica. O processo de transformação de sentido do humano é contínuo e não se aprisiona na temporalidade da norma. Em apertada síntese, seria definível esse humanismo jurídico como uma compreensão axio-orientada do fenômeno jurídico, buscando a construção de esferas transnacionais de normatividade em condições de formar um *jus commune universalisable*, no dizer de Delmas-Marty.[533]

Assim como a unidade do ordenamento jurídico é característica fundamental da teoria constitucional moderna de matriz estatal, verifica-se que um pluralismo discursivamente ordenável e hierarquizável de esferas de normatividade emerge como uma das três características epistemológicas essenciais do constitucionalismo transnacional, ao lado do conceito multidimensional de espaço e da noção dialógica de criação constitucional.

---

[531] Ver DELMAS-MARTY, Mireille. *Trois défis pour um droit commun*. Paris: Seuil, 1998.

[532] Ver, em especial, DELMAS-MARTY, Mireille. *Aux quatre vents du monde. Petit guide de navigation sur l'océan de la mondialisation*. Paris: Le Seuil, 2016; Id. *Sortir du pot au noir. L'humanisme juridique comme boussole*. Paris: Buchet Chastel, 2019; e Id. *Une boussole des possibles*: gouvernance mondiale et humanismes juridiques. Paris: Éditions du Collège de France, 2020.

[533] Ver as diferentes abordagens possíveis ao tema na obra organizada por PERRUSO, Camila; MARTIN-CHENUT, Kathia; DELMAS-MARTY, Mireille (sous la dir.). *Sur les chemins d'un jus commune universalisable*. Paris: Mare & Martin, 2021. Sobre o contexto geral da obra de Delmas-Marty, ver SALDANHA, Jânia Maria Lopes. Mireille Delmas-Marty: uma consciência atemporal para o Direito. *In*: ANDRADE, André Gustavo Corrêa de (org.). *Teorias do Direito e da Justiça*: obras e autores. Rio de Janeiro: Editora GZ, 2024.

CAPÍTULO 9

RUMO A UM CONSTITUCIONALISMO TRANSNACIONAL PLURIVERSALISTA?

Após a análise de um percurso histórico, seguida por uma tentativa de compreensão ontológica e, por fim, somando-se aspectos centrais de uma epistemologia jurídico-constitucional que viabilizaria a construção do objeto de estudo que dá título a esta obra, o nono e último capítulo tem o perigo de deixar mais questões abertas e não enfrentadas do que, precisamente, trazer novas respostas ao fenômeno constitucional transnacional. Para não nos furtarmos de respostas ou, no mínimo, de tentativas nesse sentido, o primeiro item a seguir tem por finalidade demonstrar como o próprio surgimento e desenvolvimento do constitucionalismo transnacional pode ser pensado a partir do que chamaremos de realismo discursivo. Em outras palavras, trata-se da formação histórica do fenômeno constitucional como produto de uma construção discursiva e intertextual entre indivíduos, povos e culturas, o que permitiu que fosse projetado globalmente quando superados os limites territoriais do Estado, em especial nas primeiras décadas do século XX.

O segundo item deste capítulo, ao retomar e redimensionar a ideia de força normativa, buscará sustentar que, não havendo a territorialidade e a unidade do ordenamento jurídico como balizas, o constitucionalismo transnacional encontra suas condições de desenvolvimento nos processos de interação entre diferentes ordens normativas.

Por fim, encerrando a obra, o tema dos direitos humanos será diretamente enfrentado com base em uma possível teoria pluriversalista do constitucionalismo transnacional. A ideia de fundo sustentada reside na condição de constante porvir dos direitos humanos, isto é, de eterno projeto a realizar a partir de uma progressiva evolução das condições intersubjetivas de formação dos pressupostos do discurso jurídico. A definição de uma ontologia mínima compreendida como condição de possibilidade do fenômeno constitucional transnacional será sustentada como atributo inerente, antes de tudo, aos direitos humanos no atual cenário global. A perspectiva pluriversalista residirá no modo como essa categoria de direitos se constrói e se reafirma a partir de diferentes formações culturais, cujos acordos e desacordos demonstram a universalidade de determinados bens e direitos, quando em comparação com outros – uma perspectiva que não se mostra relativista, pois apenas reconhece que o indivíduo, antes de ser pensado globalmente, tem a construção da sua subjetividade iniciada localmente em um contexto sociocultural definido.

9.1 Propostas de um realismo discursivo como fundamento epistemológico

A menção a um realismo discursivo pode remeter a duas referências conceituais que, inicialmente, precisam ser enfrentadas. No pensamento jusfilosófico ocidental, o realismo jurídico possui, inevitavelmente, algum grau de vinculação com o conceito schmittiano de constituição, embora existam realismos outros, como o escandinavo, e o próprio pragmatismo estadunidense seja considerado uma forma de realismo. Já a discursividade encontra-se presente em inúmeras teorias e áreas do conhecimento, mas a teoria do agir comunicativo de Habermas acaba por se destacar no campo jurídico.

Quanto ao problema da constituição em Schmitt ser produto da vontade de quem detém o poder soberano, será afastada, a seguir, a questão da legitimidade que subjaz a essa definição e, em seguida, redefinida a noção de poder. Anteriormente, na Parte II, sustentamos que o conceito de poder relacional, em especial com base nas definições de Foucault, teria melhores condições de enfrentar uma realidade complexa e sem um soberano definido em termos minimamente próximos aos do Estado moderno. Construindo-se a partir da interação e produção normativa oriunda de diferentes atores, o constitucionalismo transnacional tem no poder relacional desses mesmos atores a medida do dinamismo inter-relacional entre entes por completo distintos e que, em um estruturalismo ainda moderno, não encontrariam as condições de um discurso comum.

Por consequência, quanto ao porquê de atribuir a esse realismo um caráter notadamente discursivo, será a partir dessa interação entre atores e redes de normatividade distintas que se construirão finalidades políticas comuns com base em bens reconhecíveis como comuns.

Recorde-se que o constitucionalismo costuma ser definido como "um movimento do pensamento voltado, desde suas origens, a perseguir as finalidades políticas concretas, essencialmente consistentes na limitação dos poderes públicos e na afirmação de esferas de autonomia normativamente garantidas".[534] O cientista político Nicola Matteucci destaca o caráter finalístico do fenômeno: "[C]om o termo 'constitucionalismo' geralmente se indica a reflexão acerca de alguns princípios jurídicos que permitem a uma constituição assegurar nas diversas situações históricas a melhor ordem política".[535] Em outras palavras, seja lá a partir de uma perspectiva jurídica ou política, verifica-se que o fenômeno constitucional originariamente tem por finalidade exercer a limitação do poder político e a tutela de direitos fundamentais.

Como os ordenamentos constitucionais modernos possuem diferentes formas de legitimação do poder político, há uma distinção conceitual que merece ser recapitulada aqui: constituição com constitucionalismo e constituição sem constitucionalismo.

A expressão "constituição sem constitucionalismo" foi cunhada por Joseph H. H. Weiler para argumentar que uma possível constituição para a Europa seria o produto mais de uma concertação política do que do seu próprio constitucionalismo verdadeiro.[536] Em um sentido um pouco diferente, Gustavo Gozzi sustenta que a expressão serve para designar as constituições dos Estados islâmicos que adotaram "como formas de reconhecimento dos arranjos políticos existentes e não como um instrumento para a separação de poderes e a garantia dos direitos fundamentais. Em muitas ocasiões, as constituições dos Estados islâmicos foram elaboradas por regimes autoritários".[537] São situações políticas em que as constituições têm como objetivo tornar efetiva a autoridade política do Estado, fortalecendo os instrumentos institucionais para

---

[534] FIORAVANTI, Maurizio. *Costituzionalismo. Percorsi della storia e tendenze attuali*. Roma: Laterza, 2009. p. 5 (tradução livre).

[535] MATTEUCCI, Nicola. *Lo Stato moderno. Lessico e percorsi*. 2. ed. Bologna: il Mulino, 1997. p. 127 (tradução livre).

[536] Ver WEILER, J. H. H. European Neo-constitutionalism: in Search of Foundations for the European Constitutional Order. *Political Studies*, vol. XLIV, 1996, p. 517-533.

[537] GOZZI, Gustavo. Il costituzionalismo in Europa e nell'Islam. *In*: D. ZOLO, F. Cassano (a cura di). *L'alternativa mediterranea*. Roma-Bari: Laterza, 2007. p. 475.

implementar o texto na realidade do mundo da vida, sem qualquer ambição de introduzir um modelo de constitucionalismo.[538]

A ideia de uma constituição sem constitucionalismo no primeiro sentido, ou seja, do ponto de vista supranacional, costuma ser objeto de pesquisa por internacionalistas e estudiosos do direito comunitário. No entanto, falar de uma constituição sem constitucionalismo obriga, desde o início, a delimitar a natureza do processo político em que o poder constituinte originário elaborou a constituição. Essa expressão só existe para se referir a Estados sem processos democráticos nas suas origens. São governos autoritários, de caudilhos, de ditadores, como os coronéis sul-americanos, aqueles que se autoimpõem uma constituição própria após a tomada do poder. Assim, a constituição não será a consequência máxima de um pacto social nem um instrumento de garantia da convivência social ou de proteção de direitos; será apenas um instrumento do seu próprio poder. O povo e a sua representação não conseguem encontrar assentos no processo constituinte.

Rupturas políticas traumáticas impedem o pleno desenvolvimento do constitucionalismo ao longo da história de um país. Contudo, poderá haver uma constituição mesmo sem tradição constitucional; basta que haja vontade política para estabelecer uma nova ordem jurídico-constitucional.

Outra possibilidade de uma constituição sem constitucionalismo está presente nos Estados teocráticos, sobretudo porque as orientações teológicas são incompatíveis com a própria natureza do constitucionalismo moderno. Esse fenômeno constitucional nasceu na Europa como um processo político de oposição ao poder despótico das monarquias, mas, derradeiramente, opunha-se aos fundamentos metafísicos que muitas vezes sustentavam as monarquias. Por isso, a utilização adequada do conceito de constitucionalismo exige sobretudo que esteja presente a exigência da laicidade do poder.

Quando se verifica a realidade contemporânea da maioria dos regimes islâmicos, ocorre uma situação de profunda complexidade e intersecção entre modelos aparentemente contrastantes: "Por um lado, eles reafirmam o vínculo com a *Sharia*, enquanto, por outro, retomam princípios importantes da tradição ocidental, como, por exemplo,

---

[538] Cf. GROPPI, Tania. Costituzioni senza costituzionalismo? La codificazione dei diritti in Asia agli inizi del XXI secolo. *Politica del diritto*, vol. 2, 2006, p. 187 ss.

a concepção ocidental de direitos".[539] As influências ocidentais nas concepções islâmicas de direitos subjetivos podem ser o resultado de "transplantes jurídicos", no sentido da expressão de Alan Watson, ou podem ser uma consequência daquele processo que Serge Latouche chamou de ocidentalização do mundo.[540]

Retornando ao nosso objeto de estudo na presente pesquisa, enfatizemos novamente que a compreensão do surgimento e desenvolvimento do constitucionalismo transnacional pressupõe a sua devida contextualização histórica. Conforme sustentamos nas duas primeiras Partes desta obra, o constitucionalismo transnacional não nasce como uma ruptura com as demais fases do constitucionalismo ocidental, mas como o novo estágio de um processo evolutivo.

Duas razões fundamentais corroboram essa hipótese teórica: sua matriz funcional liberal e uma teleologia social na defesa de direitos difusos, homogêneos e transindividuais.

Uma das heranças mais expressivas da primeira fase do constitucionalismo, ou seja, da fase liberal, iniciada mormente com as constituições dos EUA (1787), da França (em especial, a Jacobina de 1791) e de outros países que buscaram inspiração sobretudo nos ideais da Revolução Francesa, como o Brasil (1824) e Portugal (1822), parece ser a afirmação da condição humana como centro axiológico do sistema político. Se com Descartes (1596-1650) e Spinoza (1632-1677) vimos a razão ser exortada em detrimento da fé, vimos com Hobbes (1588-1679) e Locke (1632-1704) – embora ambos fossem, respectivamente, partidários da monarquia[541] e da oligarquia[542] – a autonomia do indivíduo

---

[539] GOZZI, Gustavo. *Il costituzionalismo in Europa e nell'Islam*, *cit.*, p. 477 (tradução livre).

[540] Ver LATOUCHE, Serge. *L'occidentalisation du monde*. Paris: La Découverte, 1989.

[541] Para um maior estudo sobre a filosofia hobbesiana, ver TEIXEIRA, Anderson V. *Estado de nações*: Hobbes e as relações internacionais no séc. XXI. Porto Alegre: SAFe, 2007.

[542] Oligárquica no sentido de que somente quem detinha propriedade poderia participar do órgão máximo de decisão política: o Parlamento. Crawford B. MacPherson lembra que, se o Estado nasceu, para Locke, com o fim maior de proteger a propriedade, pressuposta como bem supremo do ser humano, não apenas o Parlamento está justificado como órgão elitista: "Ele também justifica, como natural, uma classe diferencial em direitos e em racionalidade, e agindo assim provê a base moral positiva para a sociedade capitalista". MACPHERSON, Crawford B. *The Political Theory of Possessive Individualism. Hobbes to Locke.* Oxford: Clarendon Press, 1964. p. 221 (tradução livre). Fioravanti recorda que: "Aos homens faltava, porém, aquela que o próprio Locke chamava de uma *standing rule*, uma regra fixa e consolidada, capaz de preservar no tempo a *property* já adquirida no estado de natureza. Por isso, os homens decidiam sair do estado de natureza e instituir a sociedade política. Aqueles homens viam esta essencialmente como um instrumento de aperfeiçoamento da condição já existente, que consentia em colocar a serviço da mesma *property*, dos seus direitos, algumas instituições políticas que como tais nunca teriam podido se estabelecer

e a sua liberdade serem defendidas como pontos de partida para a organização do Estado instituído.

Fioravanti destaca que a evolução do constitucionalismo da era liberal, notadamente já no século XIX e início do século XX, mais precisamente até os anos 1920, "busca o limite e a garantia, mas também a segurança e a estabilidade".[543] Nesse sentido, relembra o italiano que, ao longo do século XIX, existia na Europa uma cultura constitucional comum que, mesmo com as diversas experiências nacionais, tentava mediante várias formas "fazer coexistir a garantia dos direitos e o princípio de soberania política, buscando neste sentido um ponto de equilíbrio suficientemente estável, ou uma garantia dos direitos que não colocasse em discussão o princípio de soberania, e vice-versa".[544]

Por consequência, hoje o Estado constitucional termina revelando de modo claro as influências do liberalismo naquilo que podemos chamar de espaços de liberdade: o mercado e a opinião pública.[545] A sociedade, entendida como o produto de uma série de trocas entre os indivíduos, concentra no mercado as trocas de natureza econômica, enquanto os desdobramentos éticos e morais das relações interpessoais serão objeto da opinião pública. Em síntese, mercado e opinião pública, dois grandes protagonistas do constitucionalismo transnacional, decorrem diretamente do movimento constitucional liberal.

Uma característica que é, ao mesmo tempo, um defeito e uma vantagem do liberalismo está na sua capacidade de construir categorias conceituais abstratas, amorfas e presumidamente universais. Trata-se de um defeito porque, em muitos momentos, como na definição dos direitos humanos, representa a defesa de uma ideia abstrata de ser humano que não leva em consideração aquilo que ocorre dentro das realidades factuais às quais os indivíduos pertencem.[546] Com isso, a consequente

---

no estado de natureza: um legislador e uma lei capaz de representar a 'medida comum' na determinação do erro e da razão nas controvérsias entre os indivíduos, um juiz 'certo e imparcial' sobre o qual se possa sempre contar para a aplicação da lei, e um poder ulterior, o Executivo, que tenha em si, de modo incontestável, a força necessária para fazer cumprir as sentenças". FIORAVANTI, Maurizio. *Costituzione*. Bologna: il Mulino, 2007. p. 90-91 (tradução livre).

[543] FIORAVANTI, Maurizio. *Costituzionalismo, cit.*, p. 8 (tradução livre).

[544] *Ibidem.*

[545] Cf. MATTEUCCI, Nicola. *Organización del poder y libertad, cit.*, p. 260.

[546] Para uma ampla crítica ao universalismo da doutrina dos direitos humanos, ver TEIXEIRA, Anderson V. *Teoria Pluriversalista do Direito Internacional*. São Paulo: WMF Martins Fontes, 2011, Parte II.

CAPÍTULO 9
RUMO A UM CONSTITUCIONALISMO TRANSNACIONAL PLURIVERSALISTA? | 247

ideologização[547] acaba inevitavelmente contaminando a argumentação daqueles que sustentam propostas universalistas, bem como lhes retira o mínimo de rigidez metodológica que o discurso científico requer. De outra sorte, se tal propensão à homogeneização, sob uma perspectiva de definição substancial de direitos humanos, pode ser entendida como ofensiva à diversidade humana e ao multiculturalismo, verifica-se o inverso do ponto de vista formal: a abertura sistêmica, promovendo a inclusão daqueles que aceitam regras procedimentais comuns a todos, como o princípio de tolerância, mostra-se corolário direto da ideia de igualdade formal que fundamenta o liberalismo. Em suma, trata-se de uma real vantagem que essa herança liberal apresenta. O problema fundamental da existência humana reside em torno da liberdade, e o constitucionalismo é, desde as suas origens, norteado pela busca da liberdade. Na sua versão liberal, o constitucionalismo concebe a liberdade como ausência de constrições (legais ou reais), *i.e.*, liberdade negativa. Concebe-se o ser como livre para desenvolver a si próprio, desde que não existam limitações ao pleno desenvolvimento da sua personalidade. Entretanto, perspectivas formais para liberdade e igualdade serão decisivas, como veremos logo a seguir, para a sustentabilidade teórica do constitucionalismo transnacional.

Se a primeira fase do constitucionalismo fora uma ode à liberdade individual, sobretudo porque positivava a primeira dimensão dos direitos humanos, o esgotamento desse modelo individualista serviu para demonstrar, já no início do século XX, a necessidade de uma ação efetiva por parte do Estado na proteção dos direitos não somente individuais, mas também da coletividade. A Revolução Russa, em 1917, legou uma categoria jurídica fundamental para a história do constitucionalismo: os direitos sociais.[548] Embora já estivessem em pleno desenvolvimento na segunda metade do século XIX, como no caso dos direitos trabalhistas oponíveis à ânsia desenfreada de progresso da sociedade industrial, o significado político da Revolução do Outubro Vermelho foi de singular valor, pois a partir de então eclodiu uma sequência de constituições,

---

[547] Para um conceito de ideologia, reportamo-nos ao caráter absolutizante, de "verdade suprema" (*vérité suprême*), ressaltado com precisão por ARON, Raymond. *Les désillusions du progrès. Essai sur la dialectique de la modernité.* Paris: Gallimard, 1996. p. 201: "Nós chamamos ideologia uma *interpretação mais ou menos sistemática da sociedade e da história, considerada pelos militantes como a verdade suprema*" (tradução livre).

[548] Para uma análise da influência da referida Revolução e do pensamento de Marx na origem dos direitos sociais, ver KAUFMANN, Matthias. *Diritti umani.* Napoli: Guida Editore, 2009. p. 42-49.

não apenas europeias, mas também nas Américas, que incorporavam tanto a proteção aos direitos sociais como a própria concepção do fenômeno constitucional como um movimento destinado a tutelar direitos individuais e coletivos. Apenas para relembrar, dentre as principais constituições do constitucionalismo social, encontramos as do México (1917), Alemanha (Weimar, 1919), Rússia (1919), Áustria (1920), Brasil (1934) e URSS (1936).

Karl Loewenstein bem lembrava que todas as primeiras constituições modernas ocidentais eram de ideologia liberal porque "o *telos* do constitucionalismo da primeira época foi a limitação do poder absoluto e a proteção dos destinatários do poder contra a arbitrariedade e falta de medida dos detentores do poder".[549] Já Fioravanti destaca que, com o advento do Estado liberal de direito, criou-se o seguinte quadro normativo: "*Soberania do Estado* removida das pretensões contratualistas dos indivíduos e das forças sociais, por um lado; e *autonomia da sociedade civil* afastada das pretensões dirigistas dos poderes públicos, por outro lado".[550] Consequência lógica seria o seguinte raciocínio: "Se todas as liberdades se fundam somente e exclusivamente nas leis do Estado, deve-se admitir que existe então *um único direito fundamental, o de ser tratado conforme as leis do Estado*".[551]

As insuficiências do modelo liberal em solo europeu ocasionaram uma transição, ocorrida no início do século XX, para o Estado social de direito. Todavia, restou sempre conservada a ideia de *supremacia da lei* na resolução dos conflitos sociais, o que implica na sua utilização como instrumento de tutela dos direitos contra o arbítrio. A lei é dotada de tão grande significância porque "é o caminho indispensável para as liberdades. O indivíduo é livre na medida em que age dentro dos limites da lei, e esta, por sua vez, é o único instrumento capaz de protegê-lo do arbítrio".[552] O que há de derradeiramente significativo no constitucionalismo social é a ampliação da ideia de liberdade, deixando de ser pensada apenas como um "não fazer" por parte do Estado (sentido negativo) e passando a ser havida como um "fazer", *i.e.*, um dever prestacional

---

[549] LOEWENSTEIN, Karl. *Political Power and the Governmental Process* Chicago: University of Chicago Press, 1957. p. 146 (tradução livre).

[550] FIORAVANTI, Maurizio. *Appunti di storia delle costituzioni moderne*: le libertà fondamentali. Torino: Giappichelli, 1995. p. 118 (tradução livre).

[551] FIORAVANTI, Maurizio. *Appunti di storia delle costituzioni moderne, cit.*, p. 125 (tradução livre).

[552] COSTA, Pietro. Lo stato di diritto: un'introduzione storica. *In*: COSTA, Pietro; ZOLO, Danilo (orgs.). *Lo stato di diritto. Teoria, storia, critica*. Milano: Feltrinelli, 2002. p. 94 (tradução livre).

por parte do Estado (sentido positivo). Ernst Forsthoff ressaltou que, paralelamente ao Estado de Direito, estava surgindo outra ordem de valor em termos de regulação político-social: o Estado social.[553]

Todavia, a maior contribuição para a teoria constitucional do século XX feita pelo próprio Estado social de direito e, por consequência, pelo constitucionalismo social parece ser a redefinição da função normativa da constituição dentro de um Estado de direito: de documento mais político do que propriamente jurídico, passa a ser então, em especial com as constituições do pós-Segunda Guerra Mundial, documento jurídico dotado de normatividade como qualquer outra lei, mas com a prerrogativa de ser a lei maior de um sistema jurídico. Com isso, supera-se a supremacia da lei e chegamos à *soberania da constituição*.[554]

Diferentemente da fase anterior do constitucionalismo, na versão social – que, por sua vez, positivou em nível constitucional a segunda geração dos direitos humanos – a condição do indivíduo era tomada sempre dentro de uma perspectiva político-social em que a participação do Estado era essencial à realização prática dos direitos sociais, dos direitos trabalhistas e de direitos cujos titulares não eram necessariamente definidos aprioristicamente, como no caso do direito à saúde, à educação, à cultura, ao trabalho, a um mercado econômico regrado pelo Estado, entre outros. Isso fez com que fosse sustentada a necessidade de uma *liberdade positiva*: uma participação instrumental do Estado como agente hábil a prover direitos que, sem a atuação concreta deste, dificilmente seriam implementados, sobretudo devido à falta de uma estrutura político-jurídica que permitisse a efetivação de tais direitos.

No entanto, o constitucionalismo transnacional estará diretamente vinculado à terceira dimensão dos direitos humanos, esta que tem como característica principal a defesa de direitos transindividuais, chamados também de direitos de solidariedade e fraternidade ou, ainda, direitos dos povos. As duas grandes referências legislativas que podemos encontrar vinculadas à presente dimensão são: a Declaração Universal de Direitos Humanos, proclamada em 1948 pela Organização das Nações Unidas, e a Declaração Universal de Direitos dos Povos, de 1976, também proclamada pela ONU.

---

[553] Cf. FORSTHOFF, Ernst. *Stato di diritto in trasformazione*. Milano: Giuffrè, 1973. p. 31-33.

[554] Nesse sentido, Matteucci afirma que "el ideal de Estado de derecho nace del derecho administrativo, el constitucional del derecho público". MATTEUCCI, Nicola. *Organización del poder y libertad, cit.*, p. 26.

A dimensão social dos direitos dessa dimensão se perfectibiliza na tutela de direitos coletivos e difusos, de modo que, em geral, não se vinculam irrestritamente a determinada situação fática, permitindo que princípios como os da solidariedade, da busca pela paz e da autodeterminação dos povos possam ser vistos enquanto exemplos de direitos cujos titulares se encontram difusos em um universo fenomenológico que tem nas instituições nacionais ou supranacionais o ponto-base para a defesa daqueles direitos.

A individualista era dos direitos em que vivemos – assim denominada por Norberto Bobbio – fez com que a exploração, o aviltamento, a miséria e a violência que a Segunda Guerra Mundial apresentou fossem tidos por qualquer sistema jurídico, ou político, que se pressupusesse "humanamente" axio-orientado como exemplos a evitar a todo o custo. As constituições europeias que foram elaboradas logo após o Holocausto deram prevalência aos direitos humanos sobre quaisquer outros direitos. Na Alemanha, por exemplo, a Lei Fundamental de Bonn (1949), em seu art. 25, declarava que as normas de direito internacional deveriam prevalecer sobre as de direito interno quando tratassem de direitos humanos.[555] Já a Constituição portuguesa de 1976 seguiu a mesma orientação ao mandar incluir no rol de direitos humanos quaisquer outros direitos constantes de leis e de regras aplicáveis do direito internacional, determinando, ainda, em seu art. 16, que os preceitos constitucionais e legais relativos aos direitos fundamentais devem ser interpretados e integrados em harmonia com a Declaração Universal dos Direitos Humanos.[556]

A referida teleologia social do constitucionalismo transnacional reside na busca da proteção de direitos não apenas individuais, sobretudo porque tais direitos costumam ser mais bem tutelados diretamente pelos seus titulares dentro dos Estados nacionais, mas mormente de direitos difusos, homogêneos e transindividuais, que, muitas vezes, encontram suas definições materiais fora dos confins dos Estados. Veja-se que a tutela e a definição material dos direitos atinentes ao

---

[555] Tal previsão legislativa serviu de inspiração para o princípio da primazia (*primauté*) do direito comunitário sobre o direito local que atualmente caracteriza a União Europeia. Sobre o tema, ver CARBONE, Sergio. *Principio di effettività e diritto comunitario*. Napoli: Editoriale Scientifica, 2009; e CASSESE, Antonio. *L'apertura degli ordinamenti statali all'ordinamento della comunità internazionale*. Napoli: Editoriale Scientifica, 2009.

[556] Cf. TRINDADE, Antônio Augusto Cançado. *Tratado de Direito Internacional dos Direitos Humanos*. Vol. I. Porto Alegre: Fabris Editor, 2003. p. 508-509.

meio ambiente, por exemplo, passam pela atuação direta de agentes não estatais e notadamente universais.

Como será tratado no item seguinte, a formação de uma constituição histórica transnacional só foi possível em face da progressiva perda de prerrogativas do princípio de soberania estatal. Havendo a necessidade de limitar em face do humano não apenas o poder dos Estados, mas sobretudo dos atores que figuram na esfera transnacional e terminam ocupando posição central de produção normativa em diferentes redes, a força normativa dessa constituição histórica transnacional necessita ser concebida com um contínuo processo discursivo de construção de sentido, seja por meio de jurisdições constitucionais ou supranacionais, seja por meio do direito internacional dos direitos humanos, ou mediante a produção de novas esferas de normatividade.

Em síntese, o constitucionalismo transnacional se constrói sem uma concepção centralizada de poder, pois as relações em concreto de poder ocorrem de modo disperso e contingente em diversas esferas transversais e por meio do agir de atores com diferentes e variadas competências normativas ou jurisdicionais.

9.2 A força normativa da constituição histórica transnacional

Pressupondo que essa constituição histórica global é produto de um constitucionalismo transnacional, torna-se necessário refletir sobre os propósitos que orientaram o constitucionalismo moderno ao longo dos dois últimos séculos. Nesse sentido, convencionou-se dizer que as três funções do constitucionalismo são: (i) limitar o poder público; (ii) expressar os interesses e bens de dada comunidade política; e (iii) integrar a população nos processos deliberativos do Estado.[557]

Tais funções se prestavam a determinar o papel da constituição e, de modo mais abrangente e histórico, do fenômeno constitucional *dentro* dos limites territoriais do Estado moderno. Fioravanti ilustra isso afirmando que o constitucionalismo possui dois lados, em que o *primeiro lado* representaria a oposição ao modelo medieval de organização política, concentrando o poder de *imperium* (de exigir tributos, de aplicar a justiça etc.) no Estado até suas fronteiras, enquanto o *segundo*

---

[557] Cf. MADURO, Miguel Poaires. *A constituição plural*: constitucionalismo e União Europeia. Cascais: Principia, 2006. p. 336-337.

lado seria de limitar o exercício do poder do Estado e de definir direitos e garantias individuais, inclusive o direito do indivíduo participar no processo político com a progressiva construção de assembleias representativas.[558] Entretanto, o constitucionalismo transnacional implica em um redimensionamento e uma readaptação dessas três tradicionais funções do constitucionalismo.

No que concerne à limitação do poder público (*função 1*), se originalmente a Constituição havia por finalidade limitar internamente o poder estatal, a versão transnacional/global/supranacional do constitucionalismo tem como um dos seus objetivos principais limitar interna e externamente as competências do Estado. Jurisdições internacionais, agências regulamentadoras, organismos internacionais especializados e as próprias comunidades internacionais fazem parte de um amplo e abrangente fenômeno constitucional de natureza transnacional que se propõe a transferir para a esfera internacional as prerrogativas que envolvem as funções tidas como essenciais para a comunidade internacional. Autores como David Held sustentam que uma tal sorte de soberania internacional liberal não representa o enfraquecimento ou a extinção do Estado nacional.[559] A partir dessa nova concepção de soberania, caberia ao Estado nacional "uma função importante na proteção e na manutenção da segurança e do bem estar dos seus cidadãos".[560] O que Held não menciona é que a suposta função "importante" que caberia ao Estado não seria nada além de tratar de questões triviais de municipalidade, *i.e.*, enfrentar problemas mundanos e, sobretudo, instrumentalizar a aplicação das políticas públicas decididas pelos demais estratos, dimensões e atores responsáveis pela *global governance*, os quais tratam dos assuntos verdadeiramente "vitais" e que não compete mais ao Estado abordar.[561] Vemos, então, que o modo como se dará a limitação ao poder público na esfera internacional parece ser um aspecto nevrálgico para qualquer concepção de constitucionalismo transnacional.

No que concerne à proteção dos interesses e bens da comunidade política (*função 2*), quando projetado ao âmbito da ordem internacional,

---

[558] Cf. FIORAVANTI, Maurizio. *Costituzionalismo, cit.*, p. 149.

[559] Cf. HELD, David. *Global Covenant. The Social Democratic Alternative to the Washington Consensus*. Cambridge: Polity Press, 2004, trad. it., *Governare la globalizzazione. Una alternativa democratica al mondo unipolare*. Bologna: il Mulino, 2005. p. 169-70.

[560] HELD, David. *Global Covenant*, trad. it. *cit.*, p. 170 (tradução livre).

[561] Cf. HIRST, Paul; THOMPSON, Grahame. *Globalization in question*. Cambridge: Polity Press, 1999. p. 263.

CAPÍTULO 9
RUMO A UM CONSTITUCIONALISMO TRANSNACIONAL PLURIVERSALISTA? | 253

trata-se, certamente, de argumento filosófico central no processo de justificação racional de todas as propostas de universalismo jurídico ou de integração internacional apresentadas ao longo do século XX. Desde Kelsen até Habermas, a ideia de bem e o seu modo de proteção têm sido objeto de diferentes interpretações e construções teóricas com pretensões universalizantes. Jean Dabin, que fora um civilista antes mesmo de desenvolver pesquisas no âmbito da filosofia política e da teoria do direito, em meio ao pleno desenvolvimento dos processos de integração política global que estavam sendo esboçados no início do séc. XX, sobretudo como forma de futuramente se evitarem regimes totalitários semelhantes aos que assolavam a Europa, já falava em um "bem público internacional" a ser perseguido por todos os povos,[562] ou seja, um bem comum da humanidade que não poderia ficar somente sob a tutela interna de alguns Estados. A contribuição de Dabin é de alta relevância porque tratava de bem público como reflexo do interesse público, mas que, nesse caso, seria um "interesse público internacional".

Chegamos então na dimensão programática que o constitucionalismo acaba quase sempre assumindo, seja baseado em constituição escrita ou não. Constituir é, ao mesmo tempo, projetar e normatizar o porvir. O estabelecimento de interesses em comum e de uma agenda global em condições de promover a tutela de tais bens é um processo político internacional que se encontra em curso, inquestionavelmente, desde os idos da Liga das Nações (1919-1946), figurando inclusive como pano de fundo político para a terceira e quarta dimensões de direitos humanos. Tutela do meio ambiente, combate ao terrorismo e à violência, bioética e regulação de novas tecnologias são bens cujos efeitos superam os confins dos Estados e atualmente são reconhecidos como bens capazes de formar uma ideia de interesse público verdadeiramente transnacional. Das três funções do constitucionalismo, esta possui implicações mais concentradas no plano filosófico, pois questões que envolvam poder e modo de gestão de tais interesses, bem como possíveis meios de democratização da participação nos processos decisórios, são atribuições das demais funções.

No que concerne a integrar a população nos processos deliberativos (*função 3*), trata-se, a nosso sentir, da mais delicada função a que o constitucionalismo transnacional pode se propor. Em perspectiva

---

[562] Cf. DABIN, Jean. *Doctrine Générale de l'État*: éléments de philosophie politique. Bruxelles: Bruylant, 1939. p. 466-467.

nacional, os quase três séculos de constitucionalismo já provaram ser tarefa árdua democratizar as relações políticas e os processos deliberativos, sobretudo quando estamos tratando de grandes contingentes populacionais e de largas extensões de terra. Basta recordar que mesmo o constitucionalismo liberal estava assentado em critérios restritivos, como o voto censitário e a proibição de votar para as mulheres. Com isso, torna-se de difícil definição o próprio sentido da palavra democracia.

No que diz respeito ao objeto normativo dessa constituição histórica, pode-se ressaltar que, por um lado, os direitos da dimensão transnacional exigem uma nova fase do constitucionalismo, enquanto, por outro, as estruturas de poder e a forma de integração econômica, política, social e cultural acabam por corroborar esse processo e, portanto, constituem sua finalidade. Quanto ao conceito, tem assumido várias definições nos últimos anos (constitucionalismo pós-nacional, constitucionalismo global,[563] interconstitucionalidade,[564] transconstitucionalismo,[565] para citar algumas possibilidades).

No plano conceitual, ainda é necessário discutir qual forma de constituição seria compatível com um possível constitucionalismo transnacional. A resposta a essa possível dúvida parece já ter sido dada pela tentativa frustrada de internalizar o Tratado de Lisboa em 2004 em todos os países da União Europeia, criando o que seria a "Constituição Europeia". Os fracassos na França e na Holanda desencadearam uma série de debates em toda a Europa sobre a viabilidade da unificação em termos constitucionais clássicos.

Embora a existência de uma constituição escrita em nível regional possa ser relevante, entendemos que isso não é replicável em nível global/supranacional. A existência de documentos jurídicos historicamente garantidos e legitimados pelos atores da ordem internacional permite falar da existência, no que diz respeito à forma, de uma constituição histórica, enquanto, no que diz respeito ao conteúdo, de uma

---

[563] Em especial, ver FALK, Richard. *Human rights and State Sovereignty*. New York: Holmes&Meier, 1981; *Id. On Human Governance. Towards a New Global Politics*. Cambridge: Polity Press, 1995; *Id. Predatory Globalization*. Cambridge: Polity Press, 1999; para uma crítica, ver TEIXEIRA, Anderson V. *Teoria Pluriversalista do Direito Internacional*, cit., p. 181-195.

[564] Em especial, ver RANGEL, Paulo Castro. Uma teoria da interconstitucionalidade: pluralismo e constituição no pensamento de Francisco Lucas Pires. *Revista Themis*, ano 1, n. 2, 2000, p. 127-151; e CANOTILHO, Joaquim José Gomes. *'Brancosos' e interconstitucionalidade*. Coimbra: Almedina, 2006.

[565] Em especial, ver NEVES, Marcelo. *Transconstitucionalismo*. São Paulo: WMF Martins Fontes, 2009.

constituição material. Nesse sentido, vale lembrar a contribuição teórica de Costantino Mortati, institucionalista influenciado por Santi Romano e Hauriou. Ele argumentou que "um conceito material de constituição só poderia ser definido por referência a um momento particular no desenvolvimento histórico",[566] isto é, a historicidade será sempre uma característica de uma constituição, qualquer que seja a sua forma. A dimensão unificadora da constituição material é reforçada quando se afirma que o critério material pode permitir unificar as diferentes fontes de produção ao incluir todas as preexistentes em sua dimensão de autonomia.[567] Embora tenha considerado a constituição material do ponto de vista do Estado moderno, vale ressaltar a função de preservar a forma de organização do poder e do próprio regime, uma vez que sua função é "garantir, acima de mudanças de institutos ou objetivos específicos, a manutenção da finalidade essencial que serve para identificar um tipo de Estado ou outro".[568] Uma comparação com a constituição material de Mortati deve servir, por enquanto, apenas para ilustrar o fato de que mesmo categorias apropriadas de constitucionalismo estatal também se aplicam ao constitucionalismo transnacional – e, mais importante, acabam atribuindo maior coerência teórica.

Pode-se até entender o constitucionalismo transnacional como um verdadeiro oxímoro, pois reúne dois objetos historicamente antagônicos: o constitucionalismo, fortemente marcado por sua vocação constitutiva como Estado, especialmente considerando seu aspecto social; e o transnacionalismo, que se distingue pela transposição dos processos de tomada de decisão para órgãos externos aos Estados, nos quais muitas vezes não são chamados a participar de forma contínua, como é o caso da economia internacional, em que os Estados são chamados a participar, ou melhor, a intervir em situações de graves crises e instabilidade. No entanto, essa aparente incompatibilidade pode ser resolvida com um modelo de sistema político-jurídico internacional multinível e multiator, com espaços públicos de cooperação institucionalmente internalizados pelos Estados; trata-se de um sistema em que os agentes estão ligados regionalmente, especialmente por elementos antropológicos, culturais e até mesmo étnicos, uma vez que são elementos historicamente consolidados que aproximam povos e Estados

---

[566] MORTATI, Costantino. *La costituzione in senso materiale*. Milano: Giuffrè, 1998. p. 7.

[567] MORTATI, Costantino. *La costituzione in senso materiale, cit.*, p. 136.

[568] MORTATI, Costantino. *La costituzione in senso materiale, cit.*, p. 182-183 (tradução livre).

para aprofundar a identidade cultural e o reconhecimento mútuo já existentes entre os próprios povos.

Em nossa *Teoria pluriversalista do direito internacional*, essa ideia de um globalismo multinível foi desenvolvida de forma mais precisa, ou seja, uma tentativa de superar o conflito entre os diversos processos de globalização e o princípio da soberania nacional, propondo, em última instância, fortalecer os espaços regionais de integração política e regulação jurídica. Assim, três esferas de normatividade permanente existem simultaneamente: nacional, regional e transnacional/supranacional. Argumentou-se que a competência funcional e normativa do direito transnacional só pode ser entendida como uma competência residual: uma competência para lidar com questões que não se limitam ao domínio dos Estados nacionais ou espaços regionais, como, por exemplo, conflitos entre países pertencentes a dois ou mais espaços regionais, bem como situações que exigiriam cooperação a nível global, nomeadamente no domínio da proteção do ambiente e da luta contra a criminalidade internacional.

Uma objeção poderia ser levantada aqui: o constitucionalismo transnacional correria o risco de assumir igualmente os dois lados mencionados por Fioravanti? O grande problema está no primeiro lado: se o constitucionalismo liberal se voltou para o Antigo Regime e defendeu a concentração de poder em um novo agente, ou seja, no Estado, vemos que o constitucionalismo transnacional, quando pensado em termos universalistas, acaba exercendo o mesmo papel de sua versão liberal, mas agora tomando o Estado como o Antigo Regime e tentando promover a concentração de poder nas instituições supranacionais. Tal leitura distorcida do fenômeno em objeto considera o Estado ainda como centro da própria afirmação do fenômeno constitucional a partir de uma perspectiva transnacional.

Com base na perspectiva pluriversalista das relações internacionais que assumimos, compete ao Estado no nascente constitucionalismo transnacional desenvolver as suas três funções principais:

(i) promover a proteção dos direitos individuais e sociais dos cidadãos, seja por meio de políticas públicas ou por meio do trabalho de tribunais constitucionais e internacionais;

(ii) participar no desenvolvimento regional em conjunto com outros Estados com interesses semelhantes na ordem internacional;

(iii) instrumentalizar a implementação de políticas públicas internacionais, decididas em nível regional e supranacional, uma vez que, por razões práticas, nenhuma instituição internacional de alcance global pode garantir a aplicação de suas normas e a implementação de suas políticas em todas as regiões do mundo.

Seria possível um conceito pluriversalista de constituição da ordem internacional?

Para tentar responder a essa pergunta, torna-se necessário pensar no questionamento clássico do direito constitucional, isto é, "o que é uma constituição?", redimensionando-o para a ordem internacional: seria possível uma constituição para a ordem internacional? Qual a utilidade das tradicionais teorias da constituição para um possível conceito de constituição transnacional?

Conforme visto anteriormente, diversas teorias apontam para certa continuidade evolutiva do constitucionalismo e suas variantes notadamente de matriz nacional rumo ao fenômeno constitucional transnacional. O fato de um constitucionalismo estar em pleno curso de desenvolvimento permite afirmar que, sim, haveria uma constituição.[569] Se pensamos o constitucionalismo como um movimento do pensamento voltado a perseguir as finalidades políticas concretas, essencialmente consistentes na limitação dos poderes públicos e na afirmação de esferas de autonomia normativamente garantidas, torna-se ainda mais relevante sustentar a existência de uma constituição no plano transnacional. Em síntese, o fenômeno constitucional pode ser resumido à necessidade de exercer duas funções essenciais: a limitação do poder político e a tutela de direitos fundamentais. Transpondo para a ordem internacional, a limitação ao poder – seja ele político, econômico ou de outra natureza que tenha expressão transnacional – e a tutela dos direitos humanos serão as funções de qualquer compreensão de constituição que se pense para a ordem internacional.

No âmbito dos Estados nacionais, é altamente expressivo o predomínio de constituições escritas. Todavia, no âmbito internacional, como nas comunidades regionais, é muito discutível a adoção desse

---

[569] Remetemos à seguinte pesquisa já desenvolvida há alguns anos e a partir da qual diversos desdobramentos se seguiram: TEIXEIRA, Anderson Vichinkeski. Constitucionalismo transnacional: por uma compreensão pluriversalista do Estado constitucional. *Revista de Investigações Constitucionais*, vol. 3, n. 3, 2016, p. 141-166.

formato de constituição, como se tem visto sobretudo desde a criação da União Europeia e os insucessos de todos os projetos de constituição da UE. Logo, em nível global/supranacional soaria até mesmo utópica a crença em um documento único e universalmente válido. A existência de documentos jurídicos historicamente garantidos e legitimados pelos atores da ordem internacional permite falar da existência, no que concerne à forma, de uma *constituição histórica*, ao passo que, no que toca ao conteúdo, de uma *constituição material*.

Nesse aspecto formal, convém lembrar de Burke e sua defesa das instituições garantidoras da liberdade contra os arbítrios da monarquia. A Constituição britânica, por ser produto de uma evolução histórica, estaria em condições de enfrentar com maior legitimidade eventuais crises políticas circunstanciais, sem que a constituição em si fosse questionada. Atualmente, a ordem internacional está diretamente vinculada aos eventos ocorridos logo em seguida ao final da Segunda Guerra Mundial, sobretudo ao surgimento da Organização das Nações Unidas e de uma série de documentos jurídicos internacionais protetivos dos direitos humanos. Por mais que os princípios westfalianos se mantenham conservados, uma constituição histórica da ordem internacional teria como marco temporal imediato a própria instituição das Nações Unidas e os documentos jurídico-normativos mais relevantes que se sucederam na tutela dos direitos humanos.

Nesse sentido, recordamos a contribuição teórica de Costantino Mortati quando afirmava que um conceito material de constituição somente poderia ser dado fazendo referência a um momento determinado do desenvolvimento histórico. A historicidade será sempre um aspecto a se destacar em uma constituição, independentemente de qual forma assuma. Uma comparação com a constituição material de Mortati deve servir, no momento, apenas para ilustrar que mesmo categorias próprias do constitucionalismo de matriz estatal também se aplicam a um constitucionalismo de matriz transnacional – e, mais do que isso, terminam por atribuir maior consistência teórica a este. Embora Mortati pensasse a constituição material a partir da perspectiva do Estado nacional, a função de conservação da forma de organização do poder e da própria ordem merece também ser sublinhada, pois aquela terá por função "garantir, acima das modificações dos institutos ou de finalidades específicas, a manutenção do fim essencial que serve para identificar um tipo de Estado frente a outros".[570]

Convém ainda recordar como mesmo contribuições como as de Lassalle, ao pensar a constituição como ordenação dos fatores reais de poder, ou de Schmitt, ao conceber a necessidade de ordem como pressuposto para a superação da exceção e estabelecimento de uma normalidade, encontram condições de possibilidade para que sejam reconfiguradas em seus elementos teóricos e redimensionadas para além das fronteiras estatais. A perenidade de uma teoria é, em larga medida, dependente das suas condições de adequação e de redefinição aos novos contextos que o futuro tratará.

É notório que, para o paradigma nacional do constitucionalismo, mostra-se relevante a existência de uma constituição escrita, havendo pouquíssimos Estados que optaram por constituições não escritas ao longo da história moderna. No entanto, Michel Verpeaux salienta que as "constituições escritas constituem um fenômeno recente na história das sociedades políticas. A Constituição Federal dos EUA, de 1787, embora seja uma das mais antigas constituições escritas ainda em vigor, não foi a primeira".[571] Verpeaux recorda que a Constituição da República de San Marino e as de alguns Estados americanos, como as da Virgínia e de New Hampshire, todas ainda do século XVII, marcam o início das constituições escritas.[572] Em contrapartida, o mesmo autor lembra que, antes do século XVII, a quase totalidade dos Estados era regida por uma organização política consuetudinária, o que resulta falar em constituições históricas.[573]

Sem se enlear irrestritamente a todos os pressupostos de uma específica perspectiva epistemológica – e, assim, incorrer no perigo de se afastar da realidade fenomênica do mundo da vida –, verifica-se que um possível conceito de constituição para a ordem internacional necessita compreender o constitucionalismo transnacional como parte de um processo evolutivo do fenômeno constitucional originado nos Estados nacionais. As constantes crises no cenário internacional permitem concluir que, ao longo do século XXI, o Estado nacional permanecerá desempenhando seu papel de primeira referência político-jurídica para

---

[570] MORTATI, Costantino. *La costituzione in senso materiale, cit.*, p. 182-183 (tradução livre).
[571] VERPEAUX, Michel. *Droit constitutionnel français*. Paris: P.U.F., 2013. p. 69 (tradução livre).
[572] *Ibidem.*
[573] Cf. VERPEAUX, Michel. *Droit constitutionnel français, cit.*, p. 68.

as coletividades humanas, mas cada vez mais enfrentando discussões sobre a necessidade de uma expressa e limitada relativização da soberania nacional em benefício exclusivo de instituições supranacionais capazes de transcender as vontades políticas circunstanciais das grandes potências e dar representatividade – no sentido de uma democracia radical e contínua[574] – aos indivíduos e aos países que atualmente se encontram marginalizados tanto do mercado internacional quanto do cenário político internacional.

A tutela de bens jurídicos universais, como a vida, a segurança, a solidariedade e o meio ambiente, é flagrante exemplo que aponta para a necessidade de uma constituição transnacional que tenha por finalidade última garantir aos Estados nacionais e aos espaços regionais[575] o fortalecimento dos seus objetivos específicos. A ubiquidade da existência humana é um fato posto e inegável; já a proteção de sua dignidade, enquanto corolário da existência humana, é um fim a buscar nas suas múltiplas dimensões essenciais.

Um constitucionalismo transnacional precisaria conformar-se com as ordens constitucionais existentes, concentrando suas competências em matérias notadamente transnacionais, como, por exemplo, Günter Teubner e Andreas Fischer-Lascano referem o direito constitucional transnacional voltado para a solução de conflitos normativos.[576]

No entanto, ao direito constitucional transnacional seria necessário atribuir um número maior de competências do que simplesmente a solução de conflitos normativos, pois existem diversos desequilíbrios nas relações internacionais e demandas por inclusão, bem como pelo reconhecimento de direitos, que precisam ser enfrentados por uma área do direito que esteja devidamente estruturada. Há autores como Anne Peters que sustentam que novas demandas globais requerem um "constitucionalismo compensatório". Ela fala em três consequências do enfraquecimento das ordens constitucionais nacionais pelos processos

---

[574] Sobre o tema, ver ROUSSEAU, Dominique (org.). *La démocratie continue*. Paris: LGDJ, 1996; *Id. Radicaliser la démocratie*: propositions pour une refondation. Paris: Seuil, 2015; *Id*. Direito Constitucional contínuo: instituições, garantias de direitos e utopias. *RECHTD. Revista de Estudos Constitucionais, Hermenêutica e Teoria do Direito*, vol. 8, n. 3, 2016, p. 261-271.

[575] Para uma definição de "espaços regionais", enquanto atualização da categoria "comunidades regionais" a partir da crítica à noção schmittiana de "grande espaço" (*grossraum*), remetemos ao nosso *Teoria Pluriversalista do Direito Internacional, cit.*

[576] Ver TEUBNER, Günther; FISCHER-LESCANO, Andreas. Regime-Collisions: The Vain Search for Legal Unity in the Fragmentation of Global Law. *Michigan Law Journal of International Law*, vol. 25, 2004, p. 999-1045.

de globalização: (i) os Estados nacionais estão sendo progressivamente desconstitucionalizados mediante a transferência de poder e prerrogativas para atores não estatais característicos da esfera transnacional; (ii) a ausência de legitimidade democrática das formas de direito criadas pelas ações dos agentes que atuam na ordem transnacional; (iii) a ausência de mandato democrático no âmbito da *governance* transnacional.[577] Peters afirma que "a conclusão que se pode tirar de tudo isso, caso se queira preservar um nível mínimo de governança democrática, é de que devemos então mover para além do Estado e estabelecer estruturas democráticas, transnacionais e compensatórias".[578]

Günter Teubner sustenta que estamos diante de uma *new constitutional question*, pois o tradicional paradigma nacional não responde mais pelo fenômeno constitucional, visto que os diversos processos de globalização passaram a promover a privatização e a transnacionalização da política.[579] Ele afirma que "[a]s organizações internacionais, os regimes transnacionais e suas redes estão sendo não apenas juridicizados, mas também passando por um processo de constitucionalização".[580] Todas essas principais instituições transnacionais surgidas após os anos 1940, em especial, após o *Washington Consensus*, formam aquilo que Teubner chama de uma *global societal constitution*.

Como referido anteriormente, as constituições possuem a função de institucionalizar a limitação do poder político, mas, ao mesmo tempo, na medida em que tutelam os direitos fundamentais, também devem constituir toda a sociedade. Cria-se assim uma oscilação constante entre regulação política e regulação social, uma vez que contemporaneamente deverá a constituição regular ambas as esferas. Todavia, Teubner destaca que o advento da globalização transferiu para a ordem internacional os polos responsáveis por tal oscilação, uma vez que as influências externas tanto ao fenômeno político quanto ao social são

---

[577] Cf. PETERS, Anne. Compensatory Constitutionalism: the Function and Potential of Fundamental International Norms and Structure. *Leiden Journal of International Law*, vol. 19, 2006, p. 591.

[578] PETERS, Anne. *Compensatory Constitutionalism, cit.*, p. 592 (tradução livre).

[579] TEUBNER, Günther. *Constitutional fragments*: Societal constitutionalism and globalization. Oxford: Oxford University Press, 2012. p. 14. Registre-se que ele fala em privatização da política no sentido de que muitas questões de ordem política que eram decididas pelo Estado nacional agora são objeto de deliberação por parte de estruturas decisórias desvinculadas da matriz estatal e pertencentes à ordem internacional.

[580] TEUBNER, Günther. *Constitutional fragments, cit.*, p. 19 (tradução livre).

constantes e incontroláveis.[581] Ele recorda que, diferentemente do conceito de "governo", que sempre decorre de um poder político instituído, o conceito de *governance* é definido com base nas intervenções sociais, políticas e administrativas que atores públicos e privados adotam para resolver problemas sociais.[582] A chamada *societal governance* exerceria então o papel de assumir, no âmbito da ordem internacional, muitas daquelas intervenções que eram realizadas internamente pelos Estados nacionais.[583]

Dentre os teóricos do constitucionalismo societal, destaca-se, pela originalidade da tese na época, o sociólogo estadunidense David Sciulli. Partindo do paradoxo do processo de racionalização que caracterizaria a Modernidade sob a perspectiva weberiana, Sciulli questiona quais forças deveriam existir para enfrentar uma deriva evolutiva (*evolutionary drift*) que se faz presente em quatro eixos distintos rumo ao autoritarismo: (i) a fragmentação das racionalidades de ação, tendo como consequências a diferenciação, a pluralização e a compartimentação social das diversas esferas sociais; (ii) a predominância da racionalidade instrumental como a única racionalidade em condições de obter reconhecimento em todos os domínios; (iii) a progressiva substituição dos processos informais de coordenação social por processos de organização burocratizados; (iv) a proliferação de organizações formais nas mais diversas esferas sociais, conduzindo o indivíduo a um processo abrangente de controle absoluto das suas orientações individuais segundo parâmetros impostos por essas organizações formais.[584] Sciulli, em seu texto de 1992, focava-se em problemas predominantemente internos aos Estados nacionais e apontava o constitucionalismo societal como suposta única alternativa para essa *massive evolutionary drift*, por já ter apresentado efeitos no passado e poder ainda ser útil.[585] Tratar-se-ia da institucionalização de procedimentos empiricamente identificados

---

[581] Cf. TEUBNER, Günther. Societal constitutionalism: alternatives to State-centred Constitutional Theory. *In*: JOERGES, Christian; SAND, Inge-Johanne; TEUBNER, Günther (eds.). *Constitutionalisation and Transnational Governance*. Oxford: Oxford University Press, 2004. p. 8.

[582] Cf. TEUBNER, Günther. *Constitutional Fragments, cit.*, p. 21.

[583] Para um melhor estudo do conceito de *societal governance*, ver KOOIMAN, Jan. Societal Governance: Levels, Models, and Orders of Social-Political Interaction. *In*: PIERRE, Jon (ed.). *Debating Governance*: Authority, steering and democracy. Oxford: Oxford University Press, 2000. p. 138-163.

[584] Cf. SCIULLI, David. *Theory of Societal Constitutionalism*. Cambridge: Cambridge University Press, 1992. p. 56-57.

[585] Cf. SCIULLI, David. *Theory of Societal Constitutionalism, cit.*, p. 80.

e legitimados pelas próprias esferas sociais (subsistemas sociais, em outras palavras), formando uma vasta e ampla rede de normatividade com diferentes fontes de legitimidade.[586]

Questionando os moldes em que Sciulli concebia o constitucionalismo societal, Teubner chama a atenção para o fato de que ele pode acabar agravando o problema que se propõe a resolver, pois tenta eliminar as externalidades negativas dos subsistemas autônomos mediante pressões externas que os forcem a estabelecer meios para suas próprias autolimitações sem claramente ter a tão necessária institucionalização consolidada em cada subsistema autônomo.[587] A alta complexidade e capacidade de diferenciação funcional da sociedade global demandaria um constitucionalismo transnacional – semelhante em certo modo à versão societal bem ilustrada com a obra de Sciulli – focado em processos internos aos subsistemas sociais autônomos existentes na ordem internacional que sejam devidamente codificados em termos de uma racionalidade que possa ser compartilhada, ainda que minimamente, com os demais subsistemas. Surge aqui um ponto que, na obra de Teubner, se mostra elementar para qualquer concepção de constitucionalismo transnacional: a codificação binária híbrida.[588] Em outras palavras, o sistema binário de identificação do código constitucional – por exemplo, lícito/ilícito – é mantido, mas os conceitos operacionais e mesmo materiais de um sistema normativo podem ser definidos por outro sistema.

Com isso, as redes transnacionais de normatividade seriam compostas por constituições sociais parciais (*societal constitutions*), as quais se formariam dentro de um sistema funcional autônomo constituído em escala global e tendo como centro referencial um campo específico de regulação (economia, educação, saúde etc.).[589] Thomas Vesting ressalta o fato de que as identidades são, primordialmente, construídas dentro de constituições parciais que refletem e organizam em estruturas comunicacionais os fragmentos da sociedade global, isto é, as etnias, religiões, culturas, nações, sistemas funcionais específicos, entre outras formas de identificação.[590]

---

[586] Cf. SCIULLI, David. *Theory of Societal Constitutionalism, cit.*, p. 81.

[587] Cf. TEUBNER, Günther. *Constitutional Fragments, cit.*, p. 41.

[588] Cf. TEUBNER, Günther. *Constitutional Fragments, cit.*, p. 110-111.

[589] Cf. TEUBNER, Günther. *Constitutional Fragments, cit.*, p. 148-151.

[590] Cf. VESTING, Thomas. *Legal Theory and Media of Law.* Cheltenham: Elgar Publishing, 2018. p. 442-443.

A sociologia das constituições, notadamente a partir da obra de Christopher Thornhill, aproxima o sistema jurídico do sistema político, diferentemente do que faz a teoria sistêmica de Teubner, ao colocar tais sistemas em uma rede transnacional dinamizada pelos acoplamentos estruturais entre eles. Entretanto, o britânico se inspira em Teubner para definir a constituição social transnacional (*transnational societal constitution*) como o princípio da autoconstitucionalidade funcional que legitima um dado domínio funcional a ser autônomo para gerar um aparato normativo e estabilizar a si próprio como independente em relação aos tradicionais centros referenciais de produção de normatividade.[591] A perspectiva sociológica de Thornhill enfatiza o fato de que os direitos humanos induzem princípios jurídicos de uma estrutura constitucional transnacional autoconstituinte que permite a inclusão de diferentes sistemas com processos internos de produção normativa.[592] Essa autonomia funcional constitutiva fez surgir uma constituição política transnacional (*transnational political constitution*), isto é, uma ordem normativa pervasiva, que se desenvolve a partir das complexas interações entre diferentes instituições situadas no sistema político transnacional.[593]

Embora partindo de perspectiva teórica distinta, uma síntese conceitual sobre o constitucionalismo societal pode ser encontrada em J. J. Gomes Canotilho, que o define como um fenômeno normativo característico da ordem internacional e que se baseia em verdadeiras constituições jurídicas que se destinam a conter mecanismos de produção jurídica para o estabelecimento de marcos regulatórios para dado setor específico da economia, de modo que o elevado grau de especialização normativa lhes atribui uma suposta legitimidade,

---

[591] "Indeed, at the very center of the concept of the transnational societal constitution is the principle of functional auto-constitutionality: that is, namely, that one functional domain can autonomously generate a normative apparatus for its exchanges, and these exchanges stabilize themselves as normatively independent of conventionally centered resources of the legal and political system." THORNHILL, Christopher. A Sociology of Constituent Power: The Political Code of Transnational Societal Constitutions. *Indiana Journal of Global Legal Studies*, vol. 20, n. 2, 2013, p. 597.

[592] Cf. THORNHILL, Christopher. *A Sociology of Transnational Constitutions*: Social Foundations of the Post-National Legal Structure. Cambridge: Cambridge University Press, 2016. p. 366-368.

[593] "In both of these respects, we can see the emergence of a recursively founded transnational political constitution: that is, a pervasive normative order, which arises from complex interactions between different institutions (primarily courts), situated at different tiers of a transnational political system." THORNHILL, Christopher. *A Sociology of Constituent Power, cit.*, p. 569.

como se fossem normas constitucionais.[594] A compreensão de constitucionalismo societal, independentemente da versão que se tome em consideração, implica em uma redefinição da própria ideia de direito; de uma concepção que, no Ocidente, historicamente esteve vinculada ao poder político, sobretudo poder estatal, vemos que o fenômeno constitucional societal permitiria que o conceito de direito viesse a ser definido como uma categoria multifacetada e dependente das fontes sociais, econômicas e políticas a lhe atribuir, por um lado, legitimidade e, por outro, efetividade.

Verifica-se, desse modo, que o constitucionalismo transnacional é incompatível com uma estrutura funcional centralizada de poder, pois existem diferentes fontes de poder que se encontram dispersas em diversas esferas transversais e em atores com diferentes e variadas competências normativas ou jurisdicionais.

Sintetizando em termos conceituais o fenômeno em tela, o constitucionalismo transnacional pode ser concebido como um processo global de afirmação da ubiquidade da existência humana como um bem em si, independentemente de concessões de direitos ou atribuições de sentido estatais, que demanda reconhecimento de direitos não mais vinculados apenas a um Estado nacional específico e que termina redefinindo os objetivos finalísticos do próprio Estado, pois pressiona rumo à integração política internacional e promove, por um lado, diversas esferas transversais de normatividade, enquanto, por outro, reforça o papel do Estado na proteção interna dos direitos individuais, na afirmação dos direitos culturais e na instrumentalização das políticas globais.[595]

9.3 Os direitos humanos como um porvir discursivo do constitucionalismo

Como último item desta obra, há ainda uma questão a ser enfrentada: como um realismo discursivo pluriversalista pode conceber os

---

[594] Cf. CANOTILHO, Joaquim José Gomes. Constitucionalismo político e constitucionalismo societal no mundo globalizado. *In*: *Id. Brancosos e interconstitucionalidade*: itinerário dos discursos sobre a historicidade constitucional. Coimbra: Almedina, 2006. p. 281-300.

[595] Para a primeira formulação dessa definição de constitucionalismo transnacional, remetemos ao nosso TEIXEIRA, Anderson V. Qual a função do Estado constitucional em um constitucionalismo transnacional? *In*: STRECK, Lenio; ROCHA, Leonel Severo; ENGELMANN, Wilson (org.). *Constituição, Sistemas Sociais e Hermenêutica*: Anuário do Programa de Pós-Graduação da UNISINOS. vol. 9. Porto Alegre: Livraria do Advogado, 2013. p. 9-32.

direitos humanos enquanto fundamento substancial de um possível constitucionalismo transnacional? Antes de tudo, a resposta pressupõe ter definido como esses direitos humanos seguirão sendo construídos.

Por se tratar de uma categoria conceitual em constante desenvolvimento, os direitos humanos assumem a condição de porvir discursivo, de projeto a realizar, a partir de uma progressiva evolução global das condições intersubjetivas de formação dos pressupostos epistemológicos do discurso jurídico. Assim, duas dimensões teóricas precisam ser diferenciadas: (i) a dimensão pré-normativa, chamada aqui de dimensão ontológica; e a (ii) dimensão normativa, constituída com base no realismo discursivo das interações humanas criadoras de sentido para os direitos humanos.

Quanto à dimensão pré-normativa, ao longo da Parte II sustentou-se nesta obra que a definição de uma ontologia mínima é pressuposta como condição de possibilidade do fenômeno constitucional transnacional; em outras palavras, como atributo inerente desse constitucionalismo, os direitos humanos decorrem de uma noção de ser em si que perfectibiliza linguisticamente o bem a ser tutelado. Quando tratamos de bens jurídicos universais, como a *vida*, a *segurança*, a *solidariedade* e o *meio ambiente*, foram esses quatro bens referidos como os que apontam para a necessidade de uma constituição transnacional que tenha por finalidade última garantir os Estados nacionais, os espaços regionais e as instituições notadamente globais para fins de sua proteção normativa multinível.

Quanto à dimensão normativa, tendo em vista que os direitos humanos estão diretamente fundados em uma ontologia pré-normativa constituída por meio da afirmação progressiva de bens jurídicos universais e de todo um vasto corolário de normas que deles decorrem, resta atribuído a essa categoria jurídica um elevado nível de essencialidade nos sistemas de fontes normativas existentes na ordem internacional. Na Parte II (ver 5.2, *supra*) foi destacado o modo como as recentes crises globais expuseram a insuficiência da mera normalização de crises por meio dos tradicionais mecanismos de controle das exceções dentro do Estados nacionais, o que torna ainda mais urgente pensar em novas formas de proteção e afirmação dos direitos humanos.

Algumas considerações precisam ainda ser feitas sobre as interações da proposta aqui sustentada com outras possibilidades de compreensão do fenômeno constitucional transnacional. Primeiramente, um realismo discursivo pluriversalista aproxima-se e complementa outras abordagens possíveis, como a perspectiva transconstitucional de Marcelo Neves, na medida em que traz os direitos humanos para o plano da construção discursiva multicultural e amplia para além das cortes os espaços de construção de normatividade constitucional.

Nesse sentido, o acesso a jurisdições constitucionais dos Estados e, sobretudo, a jurisdições internacionais e supranacionais assume uma maior relevância. Xavier Philippe destaca como o direito de acessar jurisdições internacionais permite continuamente reforçar a essencialidade do sentido normativo dos direitos humanos nas realidades locais, pois é dentro dessas realidades que os conflitos se afloram e expõem as fragilidades do existir humano.[596] Crises de alcance mundial, como a pandemia de COVID-19, as crises humanitárias decorrentes de guerras e a crise ambiental, colocam ainda mais em evidência a necessidade de respostas coletivas fortes a tais problemas, exigindo, para tanto, uma consciência humana global acerca da própria condição humana.[597]

A referida consciência humana global conjuga a temporalidade da existência humana e as intersecções entre formações culturais que atualmente existem ou que estiveram na origem das atuais formações. Por isso, é necessário compreender qual a natureza da sociedade global, como ocorrem as interações sistêmicas dentro dela e como uma ideia de constituição transnacional deve estar aberta ao presente e atenta ao futuro.

Partindo do pressuposto de que a sociedade global é pós-colonial e ainda sente o legado da Guerra Fria, Emmanuelle Jouannet salienta que dois tipos de reivindicações perpassam indivíduos e povos pelos quatro cantos do mundo: o direito ao desenvolvimento e o direito ao reconhecimento.[598] O desenvolvimento seria tomado em seu sentido mais amplo, incluindo dimensões culturais, econômicas e políticas. Já o reconhecimento abarcaria a ideia de que o indivíduo está em constante mutação e, por consequência, marcado por uma incompletude que se constrói a partir de seu passado próprio e que aponta para diferentes possibilidades de realizações futuras. Segundo a hipótese teórica

---

[596] Cf. PHILIPPE, Xavier. Le droit de participer aux affaires publiques au niveau international: un tournat historique vers le global? *In*: ROUSSEAU, D.; FROUVILLE, O. de (org.). *Démocratiser l'espace monde*. Paris: Mare & Martin, 2024. p. 47-59.

[597] Cf. PHILIPPE, Xavier. *Le droit de participer aux affaires publiques au niveau international, cit.*, p. 56.

[598] Ver JOUANNET, Emmanuelle. *Qu'est-ce qu'une société internationale juste? Le droit international entre développement et reconnaissance*. Paris: Pedone, 2011, trad. port. *O que é uma sociedade internacional justa?* Tradução: A. Pozzatti. Porto Alegre: Sulina, 2023.

adotada pela autora, os direitos humanos perdem sentido quando o reconhecimento é esvaziado pelo esquecimento, pois o contexto de uma história compartilhada exerce importância determinante na formação das identidades individuais e coletivas.

Em termos de intersubjetividade reflexiva, o porvir discursivo dos direitos humanos precisa ter uma consciência crítica sobre si mesmo. Já nos anos 1980, em diálogo com a Escola de Frankfurt, sobretudo com Habermas e a teoria do agir comunicativo, Seyla Benhabib acentuava que o poder emancipatório da razão requer uma constante autocrítica acerca dos meios adotados para a realização da justiça e da liberdade.[599] Embora adotando uma perspectiva cosmopolita kantiana, Benhabib se insere na tradição da teoria crítica e busca enfrentar os problemas teóricos de como realizar, pragmaticamente, as promessas de liberdade trazidas pela emancipação da razão na era moderna. O porvir discursivo dos direitos humanos seria então uma utopia, isto é, uma crença na capacidade da razão em transformar a realidade a partir dos ideais de justiça e liberdade.

Uma tese muito atual e difundida acerca da relação entre os direitos humanos e a formação de uma constituição global pode ser vista também em Olivier de Frouville, para quem a constituição internacional seria orientada por um direito constitucional cosmopolita capaz de democratizar o espaço-mundo e, assim, promover a liberdade humana.[600] Inspirado na perspectiva kantiana, sobretudo no projeto de paz perpétua, esse referido direito demandaria a transposição em escala global das instituições estatais para fins de construção de uma constituição supranacional como constituição cosmopolita, em especial mediante a superação do trinômio Estado/Constituição/Povo. Segundo Frouville, o único caminho possível para o processo de transição cosmopolita "consiste, portanto, em adaptar os conceitos e instrumentos da democracia deliberativa e participativa para a escala global".[601]

O cosmopolitismo como perspectiva filosófica para um constitucionalismo global tem em Jürgen Habermas um dos seus principais

---

[599] Cf. BENHABIB, Seyla. *Critique, norm, and utopia*: a study of the foundations of critical theory. New York: Columbia University Press, 1986. p. 382.

[600] Cf. FROUVILLE, Olivier de. Repenser le concept de constitution. *In*: ROUSSEAU, D.; FROUVILLE, O. de (org.). *Démocratiser l'espace monde*. Paris: Mare & Martin, 2024. p. 73-91.

[601] No original: "Consiste donc à adapter les concepts et les utils de la démocratie délibérative et participative à l'échelle globale". FROUVILLE, Olivier de. *Repenser le concept de constitution, cit.*, p. 91.

CAPÍTULO 9
RUMO A UM CONSTITUCIONALISMO TRANSNACIONAL PLURIVERSALISTA? | 269

autores. No entanto, ele rejeita toda e qualquer proposta que aponte para um modelo de Estado mundial.[602] Segundo o autor, "a institucionalização procedimental que possui a tarefa de harmonizar globalmente os interesses, de generalizá-los, de construir com inteligência interesses comuns, e assim por diante, não é realizável no quadro estrutural de um Estado mundial".[603] Contentando-se com um fundamento de legitimidade menos ambicioso, a política mundial de atuação do direito cosmopolita deverá se realizar por meio das "formas organizativas não-estatais dos sistemas internacionais de negociação já hoje existentes para outros setores da política".[604]

Para Habermas, há ainda uma questão intersubjetiva a superar: nem mesmo um amplo consenso mundial sobre os direitos humanos teria condições de substituir a solidariedade cívica que o Estado-Nação pode construir.[605] Segundo ele, "a solidariedade cosmopolita deve se fundar somente no universalismo moral representado pelos direitos humanos".[606] A transição do direito internacional, isto é, do direito pactuado apenas entre Estados, para um direito cosmopolita centrado no gênero humano deveria pressupor a afirmação moral da universalidade dos direitos humanos.[607] Nesse sentido, a proposta teórica de Habermas pode ser resumida na sua ideia, manifestada em debate com Danilo Zolo, de que a ordem internacional deveria ser concebida como um "sistema político multinível com uma organização mundial, no nível

---

[602] "A institucionalização dos procedimentos por meio de uma harmonização pragmática dos interesses em nível mundial, por uma generalização dos interesses e por uma inteligente construção de interesses comuns não poderá ocorrer na figura organizacional de um 'Estado mundial' (que por certos aspectos não é nem menos desejável). Ela deverá, mais do que isso, levar em consideração a independência, as preferências e a especificidade de Estados precedentemente soberanos." HABERMAS, Jürgen. *Die postnationale konstellation*. Frankfurt: Suhrkamp Verlag, 1998, trad. it. *La costellazione postnazionale*. Milano: Feltrinelli, 2002. p. 27. Em outro momento, o autor alemão afirma também que: "No temor que uma república mundial, ainda que sua estrutura seja federal, deva fatalmente levar ao nivelamento das diferenças sociais e culturais, oculta-se a objeção, em princípio, que de um Estado de povos globais decorra, por razões funcionais, a tendência a degenerar em uma 'monarquia universal'. Em última análise, é a alternativa entre o domínio mundial de um único monopolista do poder e o sistema existente de mais Estados soberanos o que preocupa Kant, e de onde ele busca uma saída com a sua substituição por uma 'liga de povos'". *Id., Der gespaltene Westen*. Frankfurt: Suhrkamp Verlag, 2004, trad. it. *L'Occidente diviso*. Roma-Bari: Laterza, 2007. p. 122 (tradução livre).

[603] HABERMAS, Jürgen. *Die postnationale konstellation*, trad. it. *cit.*, p. 96 (tradução livre).

[604] HABERMAS, Jürgen. *Die postnationale konstellation*, trad. it. *cit.*, p. 97 (tradução livre).

[605] Cf. HABERMAS, Jürgen. *Die postnationale konstellation*, trad. it. *cit.*, p. 95.

[606] HABERMAS, Jürgen. *Die postnationale konstellation*, trad. it. *cit.*, p. 96 (tradução livre).

[607] Cf. HABERMAS, Jürgen. *Die einbeziehung des Anderen*. Frankfurt: Suhrkamp Verlag, 1996, trad. it. *L'Inclusione dell'altro*. Milano: Feltrinelli, 2002. p. 229-232.

máximo, amplamente reformada, Estados nacionais domesticados, no nível mais inferior, e uma rede de regimes transnacionais entre".[608]

Convergindo em meio a filosofias da história e a teorias do discurso, Dominique Rousseau introduz uma possível definição de constituição global como "constituição conectada".[609] Trata-se de uma adaptação para a teoria constitucional da ideia de história conectada (*Connected History*) sustentada pelo historiador indiano Sanjay Subrahmanyam, para quem não é possível ficar limitado apenas ao Estado-Nação como referência para a história; desde a época dos grandes impérios, haveria uma história global conectando, em maior ou menor escala, as diferentes partes do mundo e possibilitando que a circulação de bens, pessoas e mesmo ideias pudesse ter tido influência em outros locais.[610] Ao se desvincular das convencionais concepções de história que adotam referências geopolíticos ocidentais, sobretudo a figura do Estado-Nação, para analisar a genealogia e possíveis historiografias das civilizações e povos, a escola da história conectada possibilita que a hibridação, a descentralização e a experiência humana fiquem no centro de observação do estudioso. Dominique Rousseau enfatiza o modo pelo qual uma possível noção de constituição conectada promove, de modo descentralizado, a hibridação entre imaginários constitucionais e concepções que se encontram latentes em ordens constitucionais de tradições históricas por completo distantes, pois essa ideia de constituição encontra no processo de integração global "outros modos de representação da política, outros imaginários constitucionais produzidos por tradições e culturas singulares".[611]

---

[608] HABERMAS, Jürgen. A Short Reply. *Ratio Juris*, vol. 12, n. 4, 1999, p. 451 (tradução livre).

[609] Cf. ROUSSEAU, Dominique. De la constitution étatico-nationale à la constitution connectée, imaginaire de l'espace démocratique mondial. *In*: ROUSSEAU, D.; FROUVILLE, O. de (org.). *Démocratiser l'espace monde*. Paris: Mare & Martin, 2024. p. 61-72.

[610] Sobre a história conectada, ver SUBRAHMAYAM, Sanjay. *Explorations in Connected History. From the Tagus to the Ganges*. Oxford: Oxford University Press, 2005; e *Id.* Par-delà l'incommensurabilité: pour une histoire connectée des empires aux temps modernes. *Revue d'histoire moderne et contemporaine*, n. 5 (54-4bis), 2007, p. 34-53; *Id. Aux origines de l'histoire globale*: leçon inaugurale au Collège de France, Paris, Fayard, 2014; e também a análise mais ampla de DOUKI, Caroline; MINARD, Philippe. Histoire globale, histoires connectées: un changement d'échelle historiographique?. *Revue d'histoire moderne et contemporaine*, n. 54-4, 2007/5, p. 7-21.

[611] No original: "D'autres modes de représentation du politique, d'autres imaginaires constitutionnels produits par des traditions et cultures singulières". ROUSSEAU, Dominique. *De la constitution étatico-nationale à la constitution connectée, imaginaire de l'espace démocratique mondial, cit.*, p. 71.

A perspectiva pluriversalista de construção futura dos direitos humanos em um constitucionalismo transnacional residirá no modo como essa categoria de direitos se desenvolve e se reafirma a partir de diferentes formações culturais, cujos acordos e desacordos demonstram a universalidade de determinados bens e direitos, quando em contraste com outros. Uma perspectiva que não se mostra relativista, pois apenas reconhece que o indivíduo, antes de ser pensado globalmente, tem a construção da sua subjetividade iniciada localmente em um contexto sociocultural definido.

Em um mundo formado enquanto pluriverso de formas de vidas existentes e outras possíveis, a preeminência ontológica dos bens universais que subjazem aos direitos humanos possibilita que o constitucionalismo transnacional proteja esses direitos ao mesmo tempo em que cria condições para o seu livre e pleno desenvolvimento futuro.

REFERÊNCIAS

PARTE I – HISTÓRIA

Três pressupostos históricos do constitucionalismo transnacional

BLOCH, Marc. *Apologie pour l'histoire ou métier d'historien*. Paris: Armand Colin, 1960.

DE MERVILLE, Dumesnil; FAYARD, d'Alby de; BERTIN, Henri. *Idée de citoyenneté ou seigneurie de Périguex, & de la défense qui en a* été *proposée*. Paris: Quillau, 1780.

FOUCAULT, Michel. *L'archéologie du savoir*. Paris: Gallimard, 1969.

GAUCHET, Marcel. *La Révolution des droits de l'homme*. Paris: Gallimard, 1989.

GRANDMAISON, Olivier Le Cour. *Les citoyennetés en révolution*. Paris: PUF, 1992.

Capítulo 1 – A Constituição como limitação do poder político

1.1 Constitucionalismo britânico e a Revolução de 1688

ANTOINE, Aurélien. *Droit constitutionnel britannique*. 2. ed. Paris: L.G.D.J., 2018.

BOGDANOR, Vernon. *The New British Constitution*. Oxford: Hart Publishing, 2009.

BLICK, Andrew. *Beyond Magna Carta*: a constitution for the United Kingdom. Oxford: Hart Publishing, 2015.

BOUTMY, Émile. *Études de Droit Constitutionnel*: France, Angleterre, États Unis. Paris: Librairie Plon, 1885.

COKE, Edward. *The first part of the Institutes of the Laws of England*. 1st American, from 19th London Ed. Philadelphia: Robert H. Small, 1853.

CREIGHTON, Louise. *England, a continental power*: from the conquest to Magna Charta. Toronto: A. Miller, 1877.

DAVID, René. *Les grands systèmes du droit contemporains (droit comparé)*. Paris: Dalloz, 1964, trad. port. *Os grandes sistemas do direito contemporâneo*. Tradução: Hermínio A. Carvalho. 4. ed. São Paulo: Martins Fontes, 2002.

DICEY, Albert Venn. *Introduction to the Study of the Law of the Constitution*. 8th ed. London: Macmillan, 1915.

HILL, Christopher. *Puritanism and revolution*: studies in interpretation of the English Revolution of the seventh century. New York: St. Martin's Press, 1997.

LOEWENSTEIN, Karl. *Political Power and the Governmental Process*. Chicago: University of Chicago Press, 1957.

POCOCK, J. G. A. *Ancient Constitutional and the Feudal Law*. Cambridge: Cambridge University Press, 1967.

SANTORO, Emilio. Rule of law e 'libertà degli inglesi'. L'interpretazione di Albert Venn Dicey. *In*: COSTA, Pietro; ZOLO, Danilo (org.). *Lo stato di diritto. Teoria, storia, critica*. Milano: Feltrinelli, 2002. Também em *Id*. Rule of law e 'liberdade dos ingleses'. A interpretação de Albert Venn Dicey. *In*: COSTA, Pietro; ZOLO, Danilo (org.). *O Estado de direito. Teoria, história, crítica*. São Paulo: Martins Fontes, 2006. p. 201-263.

SEABERG, R. B. The Norman Conquest and the Common Law: the Levellers and the Argument from Continuity. *The Historical Journal*, v. 24, n. 4, 1981, p. 791-806.

U.K. PARLIAMENT. *Joint Committee on Draft Civil Contingencies Bill*. First Report. London, 2003.

1.2 O constitucionalismo revolucionário francês de 1789

AVRIL, Pierre, VINCENT Gérard. *La IVe République*: Les noms, les thèmes, les lieux. Paris: MA Éditions, 1988.

BERGOUGNOUS, Georges. Le Conseil constitutionnel et le législateur. *Les nouveaux cahiers du Conseil Constitutionnel*, n. 38, janvier 2013. Disponível em: https://www.conseil-constitutionnel.fr/node/1466/pdf.

CARRÉ DE MALBERG, Raymond. *La loi expression de la volonté générale*. Paris: Economica, 1984.

CONSTANTINESCO, Vlad; PIERRÉ-CAPS, Stéphane. *Droit constitutionnel*. Paris: PUF, 2004.

DUGUIT, Léon. *Traité de droit constitutionnel. Tome troisième*: La théorie générale de l'Etat, suite et fin. Paris: Fontemoing, 1928.

ESMEIN, Adhémar. *Éléments de droit constitutionnel français et comparé*. 6. éd. Paris: Sirey, 1914.

FACCHINI NETO, Eugênio; HENDGES, Carla Evelise Justino. E a França piscou: a questão prioritária de constitucionalidade e o fim do controle exclusivamente prévio de constitucionalidade. *A&C. Revista de Direito Administrativo e Constitucional*, ano 17, n. 67, 2017, p. 153-183.

GAUTIER, Alfred. *Précis de l'histoire du droit français*. 3. ed. Paris: L. Larose et Forcel, 1887.

GIRARD, Didier. Le Président de la République: une autorité juridictionnelle méconnue. La justice retenue sous l'empire de la Constitution du 4 octobre 1958. *Revue du droit public et de la science politique en France et à l'étranger*, n. 3, 2013, p. 673-705.

HAURIOU, Maurice. *Précis élémentaire de droit constitutionnel*. Paris: Recueil Sirey, 1930.

LAMBERT, Édouard. *Le gouvernement des juges et la lutte contre la législation sociale aux États-Unis*. Paris: Dalloz, 2005.

PINON, Stéphane. *Les réformistes constitutionnels des années trente. Aux origines de la Ve République*. Paris: LGDJ, 2003.

REFERÊNCIAS | 275

RIOUX, Jean-Pierre. *Nouvelle histoire de la France contemporaine*. Tome 15: *La France de la Quatrième République*: 1. L'ardeur et la nécessité, 1944-1952. Paris: Éditions du Seuil, 1980.

ROUSSEAU, Dominique. *Justiça constitucional francesa*. Belo Horizonte: Editora Fórum, 2021.

ROUSSEAU, Dominique. Constitutionnalisme et démocratie. *Vie de las idées*, vol. 123, nº 6, 2008, p. 1476-1486, trad. port. Constitucionalismo e democracia. *RECHTD. Revista de Estudos Constitucionais, Hermenêutica e Teoria do Direito*, vol. 10, n. 3, 2018, p. 228-237.

ROUSSEAU, Dominique. *Radicaliser la démocratie*: propositions pour une refondation. Paris: Gallimard, 2015.

TOCQUEVILLE, Alexis de. *De la démocratie en Amérique*. 2. éd. Tome I. Paris: Rosa, 1837.

TROPER, Michel. *La séparation des pouvoirs et l'histoire constitutionnelle française*. Paris: LGDJ, 1980.

TROPER, Michel. *La théorie de l'État, le droit, l'État*. Paris: PUF, 2001.

VERPEAUX, Michel. *La question prioritaire de constitutionnalité*. Paris: Hachette Livre, 2013.

Capítulo 2 – A constituição como documento político e jurídico: a genealogia do constitucionalismo liberal americano

ALFANGE JR., Dean. Marbury v Madison and Original Understandings of Judicial Review: In Defense of Traditional Wisdom. *The Supreme Court Review*, vol. 1993, n. 1, 1993, p. 329-446.

BIRKBY, Robert H. Politics of Accommodation: The Origin of the Supremacy Clause. *The Western Political Quarterly*, vol. 19, n. 1, 1966, p. 123-135.

BOMAN, Dennis K. The Dred Scott Case Reconsidered: The Legal and Political Context in Missouri. *The American Journal of Legal History*, vol. 44, n. 4, 2000, p. 405-428.

BYBEE, Keith J. The Political Significance of Legal Ambiguity: The Case of Affirmative Action. *Law & Society Review*, vol. 34, n. 2, 2000, p. 263-290.

CORWIN, Edward S. Marbury v. Madison and the Doctrine of Judicial Review. *Michigan Law Review*, vol. 12, n. 7, 1914, p. 538-572.

COVER, Robert M. The Origins of Judicial Activism in the Protection of Minorities. *The Yale Law Journal*, vol. 91, 1982, p. 1287-1316.

DAY, John Cocchi. Retelling the Story of Affirmative Action: Reflections on a Decade of Federal Jurisprudence in the Public Workplace. *California Law Review*, vol. 89, n. 1, 2001, p. 59-127.

EHRLICH, Walter. Was the Dred Scott Case Valid? *The Journal of American History*, vol. 55, n. 2, 1968, p. 256-265.

EISGRUBER, Christopher L. 'Marbury', Marshall, and the Politics of Constitutional Judgment. *Virginia Law Review*, vol. 89, n. 6, Marbury v. Madison: A Bicentennial Symposium, 2003, p. 1203-1234.

GOMES, Joaquim Barbosa. *Ação Afirmativa & Princípio Constitucional da Igualdade. A Experiência dos EUA*. Rio de Janeiro: Renovar, 2001.

KILLENBECK, Mark R. Pushing Things up to Their First Principles: Reflections on the Values of Affirmative Action. *California Law Review*, vol. 87, n. 6, 1999, p. 1299-1407.

KMIEC, Keenan D. The Origin and Current Meaning of 'Judicial Activism'. *California Law Review*, vol. 92, n. 5, 2004, p. 1441-1477.

LAMBERT, Edouard. *Les gouvernement des juges et la lutte contre la législation sociale aux Etats-Unis*: l'expérience américaine du controle judiciaire de la constitutionnalité de lois. Paris: Dalloz, 1995.

MOSES, Michele. Affirmative Action and the Creation of More Favorable Contexts of Choice. *American Educational Research Journal*, vol. 38, n. 1, 2001, p. 3-36.

PFANDER, James E. 'Marbury', Original Jurisdiction, and the Supreme Court's Supervisory Powers. *Columbia Law Review*, vol. 101, n. 7, 2001, p. 1515-1612.

ROSE, Winfield H. Marbury v. Madison: How John Marshall Changed History by Misquoting the Constitution. *Political Science and Politics*, vol. 36, n. 2, 2003, p. 209-214.

SUNSTEIN, Cass R. Lochner's Legacy. *Columbia Law Review*, vol. 87, n. 5, 1987, p. 873-919.

SUNSTEIN, Cass. Foreword: Leaving the Things Undecided. *Harvard Law Review*, vol. 110, 1996, p. 4-101.

VAN ALSTYNE, William W.; MARSHALL, John. A Critical Guide to Marbury v. Madison. *Duke Law Journal*, vol. 1969, n. 1, 1969, p. 1-47.

Capítulo 3 – A constituição e a era dos direitos fundamentais

3.1 Jellinek e a doutrina dos direitos públicos subjetivos: do direito natural aos direitos fundamentais

ALEXY, Robert. *Theorie der Grundrechte*. Frankfurt: Suhrkamp, 1985, trad. esp. *Teoria de los Derechos Fundamentales*. Madrid: Centro de Estudios Políticos y Constitucionales, 2002.

ARENDT, Hannah. *Entre o Passado e o Futuro*. São Paulo: Perspectiva, 1972.

ARENDT, Hannah. *A Condição Humana*. São Paulo: Forense, 2002.

BARRETTO, Vicente de Paulo. Ética e Direitos Humanos: Aporias Preliminares. *In*: TORRES, Ricardo Lobo (org.). *Legitimação dos Direitos Humanos*. Rio de Janeiro: Renovar, 2002.

BOBBIO, Norberto. *L'età dei diritti*. Torino: Einaudi, 1997.

CANOTILHO, José Joaquim Gomes. *Direito Constitucional*. 6. ed. Coimbra: Almedina, 1993.

FARIA, José Eduardo. O judiciário e os direitos humanos e sociais: notas para uma avaliação da justiça brasileira. *In*: FARIA, José Eduardo (org.). *Direitos Humanos, Direitos Sociais e Justiça*. São Paulo: Malheiros, 1994. p. 94-112.

REFERÊNCIAS | 277

HESSE, Konrad. *Grundzüge des verfassungsrechts der Bundesrepublik Deutschland*. Heidelberg: C. F. Müller, 1978, trad. port. *Elementos de direito constitucional da República Federal Alemã*. Porto Alegre: SAFE, 1998.

HÖFFE, Otfried. *Derecho interculturale*. Barcelona: Gedisa, 2000.

HÖFFE, Otfried. A coexistência de culturas na globalização. *In*: TEIXEIRA, Anderson V. *et al*. (org.). *Correntes contemporâneas do pensamento jurídico*. São Paulo: Manole, 2009. p. 318-341.

JELLINEK, Georg. *System der subjektiven offentlichen Rechte*. Freiburg: J. C. B Mohr, 1892, trad. it. *Sistema dei diritti pubblici subiettivi*. Milano: Società Editrice Libreria, 1912.

KANT, Immanuel. *Fundamentação da Metafísica dos Costumes*. São Paulo: Martin Claret, 2003.

MIRANDA, Jorge. *Manual de Direito Constitucional*. 3. ed. Vol. IV. Coimbra: Almedina, 1988.

PARIOTTI, Elena. *I diritti umani. Tra giustizia e ordinamenti giuridici*. Torino: UTET, 2012.

REALE, Miguel. *Experiência e Cultura*. Campinas: Bookseller, 1999.

SARLET, Ingo W. *A eficácia dos direitos fundamentais*. 10. ed. Porto Alegre: Livraria do Advogado, 2010.

STRAUSS, Leo. *Natural Right and History*. Chicago: Chicago University Press, 1953, trad. fr., *Droit naturel et histoire*. Paris: Flammarion, 1986.

3.2 A Constituição de Weimar e o constitucionalismo dos direitos sociais

BONAVIDES, Paulo. *Curso de Direito Constitucional*. 7. ed. São Paulo: Malheiros, 1999.

DIPPEL, Horst. What to celebrate? The place of the Weimar constitution within the history of modern constitutionalism. *Giornale di storia costituzionale*, vol. 38, n. 2, 2019, p. 13-26.

GARCIADIEGO, Javier. *La Revolución Mexicana. Crónicas, documentos, planes y testimonios*. México: Universidad Nacional Autónoma de México, 2003. p. 195-196.

GARCIADIEGO, Javier. ¿Por qué, cuándo, cómo y quiénes hicieron la Constitución de 1917? *Historia Mexicana*, vol. 66, n. 3, 2017, p. 1183-1270.

SARLET, Ingo W. *A eficácia dos direitos fundamentais*. 10. ed. Porto Alegre: Livraria do Advogado, 2010.

VASAK, Karel (org.). *The International Dimensions of Human Rights*. Vol. 1. Westport: Greenview Press, 1982.

3.3 O novo constitucionalismo latino-americano no início do século XXI

BALLESTRIN, Luciana Maria de Aragão. América Latina e o giro decolonial. *Revista Brasileira de Ciência Política*, n. 11, 2013, p. 89-117.

BELLO, Enzo. O pensamento descolonial e o modelo de cidadania do novo constitucionalismo latino-americano. *RECHTD. Revista de Estudos Constitucionais, Hermenêutica e Teoria do Direito*, vol. 7, n. 1, 2015, p. 49-61.

BELLO, Enzo. *A cidadania no constitucionalismo latino-americano*. Caxias do Sul: EDUCS, 2012.

BRAGATO, Fernanda Frizzo. Para além do discurso eurocêntrico dos direitos humanos: contribuições da descolonialidade. *Novos Estudos Jurídicos*, vol. 19, n. 1, 2014, p. 201-230.

BRAGATO, Fernanda Frizzo. O que há de novo no constitucionalismo latino-americano: reflexões sobre o giro descolonial. *In*: GOMES, Ana Cecília de Barros; STRECK, Lenio L.; TEIXEIRA, João Paulo Allain (coord.). *Descolonialidade e Constitucionalismo na América Latina*. Belo Horizonte: Arras Editores, 2015. p. 52-61.

BRAGATO, Fernanda Frizzo; CASTILHO, Natalia Martinuzzi. A importância do pós-colonialismo e dos estudos descoloniais na análise do novo constitucionalismo latino-americano. *In*: VAL, Eduardo Manuel; BELLO, Enzo (org.). *O pensamento pós e descolonial no novo constitucionalismo latino-americano*. Caxias do Sul: EDUCS, 2014. p. 11-25.

DUSSEL, Enrique. *Filosofia de la liberación*. México: EDICOL, 1977.

DUSSEL, Enrique. *Hacia una filosofía política crítica*. Bilbao: Editorial Desclée de Brouwer, 2001.

DUSSEL, Enrique. *Posmodernidad y Transmodernidad. Diálogos con la filosofía de Gianni Vattimo*. Puebla: Universidad Iberoamericana-Golfo Centro, 1999.

ESCOBAR, Arturo. Beyond the Third World: Imperial Globality, Global Coloniality, and Anti-Globalization Social Movements. *Third World Quarterly*, vol. 25, n. 1, 2004, p. 207-230.

FAORO, Raymundo. *Os donos do poder*: formação do patronato político brasileiro. São Paulo: Globo, 2012.

GARGARELLA, Roberto. *La sala de máquinas de la Constitución*: dos siglos de constitucionalismo en América Latina (1810-2010). Buenos Aires: Katz Editores, 2014.

LANDER, Edgardo. Ciencias sociales: saberes coloniales y eurocéntrico. *In*: LANDER, Edgardo (org.). *La colonialidad del saber*: eurocentrismo y ciencias sociales: perspectivas latinoamericanas. Buenos Aires: CLACSO, 2000.

MIGNOLO, Walter. *La idea de América Latina*: la herida colonial y la opción decolonial. Trad. Silvia Jawerbaum e Julieta Barba. 1. ed. Barcelona: Gedisa, 2007.

MIGNOLO, Walter. *Desobediencia epistémica*: retórica de la modernidad, lógica de la colonialidad y gramática de la descolonialidad. Buenos Aires: Ediciones del Signo, 2010.

RAMOSE, Mogobe B. *African philosophy through ubuntu*. Harare: Mond Books, 1999.

QUIJANO, Aníbal. *Modernidad, identidad y utopía en América Latina*. Lima: Ediciones Sociedad y Política, 1988.

VICIANO PASTOR, Roberto; MARTÍNEZ DALMAU, Rubén. Los procesos constituyentes latinoamericanos y el nuevo paradigma constitucional. *IUS – Revista del Instituto de Ciencias Jurídicas de Puebla*, n. 25, 2010, p. 7-29.

YRIGOYEN FAJARDO, Raquel. El horizonte del constitucionalismo pluralista: del multiculturalismo a la descolonización. *In*: RODRÍGUEZ GARAVITO, César (coord.). *El derecho en América Latina*: un mapa para el pensamiento jurídico del siglo XXI. Buenos Aires: Siglo Veintiuno Editores, 2011. p. 139-159.

REFERÊNCIAS | 279

PARTE II – ONTOLOGIA

Natureza e conteúdo do constitucionalismo transnacional

Capítulo 4 – O que é uma constituição? Teorias da constituição

LEMAIRE, Andrè. *Les Lois Fondamentales de la Monarchie française. D'après les théoriciens de l'ancien régime*. Paris: Fontemoing, 1907.

MATHIEU, Bertrand; ARDANT, Philippe. *Droit constitutionnel et institutions politiques*. 29 éd. Paris: LGDJ, 2017-2018.

MIRANDA, Jorge. *Teoria do Estado e da Constituição*. 3. ed. Rio de Janeiro: Forense, 2011.

MORTATI, Costantino. *La costituzione in senso materiale*. Milano: Giuffrè, 1998.

VERPEAUX, Michel. *Droit constitutionnel français*. Paris: Presses Universitaires de France, 2013.

4.1 Concepções jusnaturalistas

BEAUD, Oliver. L'histoire du concept de constitution en France. De la constitution politique à la constitution comme statut juridique de l'Etat. *Jus Politicum: Revue de droit politique*, n. 3, 2009. Disponível em: https://juspoliticum.com/article/L-histoire-du-concept-de-constitution-en-France-De-la-constitution-politique-a-la-constitution-comme-statut-juridique-de-l-Etat-140.html.

BUSAALL, Jean-Baptiste. *Le spectre du jacobinisme*: l'expérience constitutionnelle française et le premier libéralisme spagnol. Madrid: Casa de Velázqvez, 2012.

CHEVALLIER, Jean-Jacques. *Histoire de la pensée politique*. Tome I – *De la Cité-État à l'apogée de l'État-Nation monarchique*. Paris: Payot, 1979.

HOTMAN, François. *Francisci Hotomani Commentariorum in Orationes M. T. Ciceronis Volumen Primum*, 1554. Traduction française: *La Gaule Française*. Paris: Fayard, 1991.

LOYSEAU, Charles. *Traité des Seigneuries*. Paris, 1609.

LOYSEAU, Charles. *Traité des Ordres et Simples Dignités*. 2. éd. Paris, 1613.

4.2 Edmund Burke (1729-1797) e a constituição histórica

BURKE, Edmund. Reform of representation in the House of Commons (1782). *In*: *Id. Works*. Vol. VI. London: Bohn, 1861.

BUTTERFIELD, Herbert. *George III, Lord North and the People*. London: Bell and Sons, 1949.

POCOCK, J. G. A. Burke and the Ancient Constitution. *The Historical Journal*, Vol. III, n. 2, 1960, p. 125-143.

POCOCK, J. G. A. *Ancient Constitutional and the Feudal Law*. Cambridge: Cambridge University Press, 1967.

SABINE, George H. *A History of Political Theory*. Dryden Press, Hindsale, 1937, trad. it. *Storia delle dottrine politiche*. 4. ed. Trad. Luisa de Col. Milano: Edizioni di Comunità, 1962.

4.3 Ferdinand Lassalle (1825-1864) e a constituição sociológica

FLEURY, Victor. Les idées politiques de Lassalle et Marx. *Revue d'Histoire du XIXe siècle*, vol. 169, 1939, p. 45-54.

LASSALLE, Ferdinand. *Qu'est-ce qu'une Constitution?* Paris: Sulliver, 1999, trad. port. *A essência de uma constituição*. Rio de Janeiro: Lumen Juris, 2013.

MARX, Karl. *Révolution et contre-révolution*. Trad. fr. Laura Lafargue. Paris: V. Giard et E. Brière éd., 1900.

MOYSSET, Henri. Notes sur Lassalle et la Révolution de 1848 d'après des publications recentes. *Revue d'Histoire du XIXe siècle*, vol. 15, "La Révolution de 1848", 1906, p. 129-144.

4.4 Karl Marx (1818-1883) e a constituição como superestrutura?

BELLO, Enzo; LIMA, Martônio Mont'Alverne B.; BERCOVICI, Gilberto. O fim das ilusões constitucionais de 1988? *Revista Direito e Práxis*, vol. 10, n. 3, 2019, p. 1769-1811.

BELLO, Enzo. Cidadania, alienação e fetichismo constitucional. *In: Idem*; LIMA, Martônio Mont'Alverne B. (orgs.). *Direito e Marxismo*. Rio de Janeiro: Lumen Juris, 2010. p. 7-33.

MARX, Karl. *Contribution à la critique de l'économie politique*. Trad. fr. Laura Lafargue. Paris: V. Giard et E. Brière éd., 1909.

MIAILLE, Michel. *Une introduction critique au droit*. Paris: Maspero, 1976.

MIAILLE, Michel. *L'Etat du droit*: une introduction à une critique du droit constitutionnel. Paris: Maspero, 1980.

MIAILLE, Michel. Droit constitutionnel et marxisme. *Revista Culturas Jurídicas*, vol. 1, n. 2, 2014, p. 1-34.

LYRA FILHO, Roberto. *Karl, meu amigo*: diálogo com Marx sobre o Direito. Porto Alegre: Fabris, 1983.

MASCARO, Alysson Leandro. *Estado e forma política*. São Paulo: Boitempo Editorial, 2013.

4.5 Maurice Hauriou (1856-1929) e a constituição como instituição

FOULQUIER, Norbert. Maurice Hauriou, constitutionnaliste (1856-1929). *Jus Politicum: Revue de droit politique*, n. 2, 2009. Disponível em: https://juspoliticum.com/article/Maurice-Hauriou-constitutionnaliste-1856-1929-75.html.

GAZZOLO, Tommaso. Santi Romano e l'ordinamento giuridico. *Jura Gentium*, vol. XV, n. 2, 2018, p. 115-127.

HAURIOU, Maurice. *Précis de droit constitutionnel*. 2. éd. Paris: Recuiel Sirey, 1929.

HAURIOU, Maurice. *Aux sources du droit*: le pouvoir, l'ordre et la liberté. Paris: Librairie Bloud & Gay, 1933.

MORTATI, Costantino. *La costituzione in senso materiale*. Milano: Giuffrè, 1998.

ROMANO, Santi. *L'Ordinamento giuridico*. Pisa: Mariotti, 1918.

REFERÊNCIAS | 281

4.6 Hans Kelsen (1881-1973) e a constituição positiva

KELSEN, Hans. *Reine Rechtslehre*. Wien-Leipzig: Verlag Franz Deuticke, 1934, trad. port. *Teoria pura do direito*. São Paulo: Martins Fontes, 1999.

KELSEN, Hans. Les rapports du système entre le droit interne et le droit international public. *Recueil des cours de l'Académie de droit internacional*, vol. 13, n. 4, 1926, p. 227-332.

KELSEN, Hans. Théorie du droit international public. *Recueil des cours de l'Académie de droit international*, vol. 84, n. 3, 1953, p. 1-204.

KELSEN, Hans. *Das Problem der Souveränität und die Theorie des Völkerrechts*: Beitrag zu einer Reinen Rechtslehre. Tubingen, 1920, trad. it. *Il problema della sovranità e la teoria del diritto internazionale*: contributo per una dottrina pura del diritto. Milano: Giuffrè, 1989.

TEIXEIRA, Anderson Vichinkeski. *Teoria Pluriversalista do Direito Internacional*. São Paulo: WMF Martins Fontes, 2011.

WOLFF, Christian. *Jus gentium methodo scientifica pertractatum* (orig. 1749). Oxford: Clarendon Press, 1934.

ZOLO, Danilo. *I signori della pace*. Roma: Carocci, 1998.

4.7 Carl Schmitt (1888-1985) e o realismo da constituição

FRANKENBERG, Günter. *Autorität und Integration*: Zur Grammatik von Recht und Verfassung. Frankfurt am Main: Suhrkamp, 2003, trad. port. *A gramática da constituição e do direito*. Belo Horizonte: Del Rey, 2007.

JESTAEDT, Matthias. La double constitution: une stratégie positiviste. *Jus Politicum: Revue de droit politique*, n. 6, 2011. Disponível em: https://juspoliticum.com/article/La-double-constitution-Une-strategie-positiviste-404.html.

JESTAEDT, Matthias. *Die Verfassung hinter der Verfassung*. Paderborn: Verlag Schöningh, 2009.

SCHMITT, Carl. *Verfassungslehre*. München-Berlin: Duncker & Humblot, 1928, trad. fr. *Théorie de la Constitution*. Paris: Presses Universitaires de France, 1993; trad. esp. *Teoría de la Constitución*. Madrid: Alianza, 2011.

SCHMITT, Carl. *Der Begriff des Politischen*. Berlim: Duncker&Humblot, 1963, trad. it. *Le categorie del politico*. Bologna: Il Mulino, 1972.

SCHMITT, Carl. *Der Nomos der Erde im Völkerrecht des Jus Publicum Europaeum*. Berlim: Duncker&Humblot, 1974, trad. it. *Il nomos della terra nel diritto internazionale del Jus Publicum Europaeum*. Milano: Adelphi, 2003.

Capítulo 5 – A internacionalização do direito e o início do constitucionalismo transnacional

5.1 As origens do direito internacional dos direitos humanos

BONAVIDES, Paulo. A quinta geração de direitos fundamentais. *Direitos Fundamentais & Justiça*, vol. 2, n. 3, 2008, p. 82-93.

CASSESE, Antonio. *I Diritti Umani Oggi*. Roma-Bari: Laterza, 2005.

COMPARATO, Fábio Konder. *A Afirmação Histórica dos Direitos Humanos*. São Paulo: Ed. Saraiva, 2003.

DUMONT, Lorraine. *Le droit international des droits humains comme métathéorie de la justice*. Direction: Ludovic Hennebel. Thèse de doctorat. Aix-en-Provence: École Doctorale Sciences Juridiques et Politiques (Aix-en-Provence), 2022.

FALK, Richard. *Human rights and State Sovereignty*. New York: Holmes & Meier, 1981.

FARIA, José Eduardo. *Direitos Humanos, Direitos Sociais e Justiça*. São Paulo: Malheiros, 1999.

KANT, Immanuel. *Per la pace perpetua*. Milano: Feltrinelli, 2005.

KEYNES, John Maynard. *The General Theory of Employment, Interest and Money*. New York: Harcourt, 1964.

MORABITO, Marcel. *Histoire constitutionnelle de la France*: de 1789 à nos jours. 14. ed. Paris: L.G.D.J., 2016.

TEIXEIRA, Anderson Vichinkeski. *Estado de Nações*. Porto Alegre: SAFE, 2007.

TRINDADE, Antônio Augusto Cançado. *Tratado de Direito Internacional dos Direitos Humanos*, vol. I. Porto Alegre: SAFE, 2003.

VASAK, Karel. Le droit international des droits de l'Homme. *Recueil des cours de l'Académie de La Haye*, vol. 140, n. 4, 1974, p. 333-415.

VILLEY, Michel. *Le droit et les droits de l'homme*. Paris: P.U.F, 1983.

5.2 Entre a "doutrina" dos direitos humanos e a "ontologia" dos direitos humanos

BRAGATO, Fernanda Frizzo. O papel dos estudos pós-coloniais para a ressignificação do discurso de fundamentação dos direitos humanos. *In*: CALLEGARI, André Luís; STRECK, Lenio Luiz; ROCHA, Leonel Severo (org.). *Constituição, Sistemas Sociais e Hermenêutica*. Porto Alegre. Livraria do Advogado, 2011. p. 105-119.

BRAGATO, Fernanda Frizzo. Contribuições Teóricas Latino-Americanas para a Universalização dos Direitos Humanos. *Revista Jurídica da Presidência*, vol. 13, n. 99, 2011, p. 11-31.

CAROZZA, Paolo. From conquest to Constitutions: retrieving a Latin American tradition of the idea of human rights. *Human Rights Quarterly*, vol. 25, n. 2, 2003, p. 281-313.

CAROZZA, Paolo. Esboços históricos de uma tradição latino-americana da ideia de direitos humanos. *In*: BAEZ, Narciso Leandro; CASSEL, Douglass (org.). *A Realização e a Proteção Internacional dos Direitos Humanos Fundamentais*: Desafios do Século XXI. Trad. Fernanda Frizzo Bragato. Joaçaba: UNOESC, 2011.

CASTRO, Daniel. *Another Face of Empire*: Bartolomé de Las Casas, Indigenous Rights, and Ecclesiastical Imperialism. Durham & London: Duke University Press Books, 2007.

LAS CASAS, Bartolomé de. *A Short Account of the Destruction of the Indies*. Trad. Nigel Griffin. London: Penguin Books, 1992.

REFERÊNCIAS | 283

VILLEY, Michel. *Le droit et les droits de l'homme*. Paris: P.U.F, 1983.

ZAVALA, Silvio. *The defence of human rights in Latin America*: sixteenth to eighteenth centuries. Paris: UNESCO, 1964.

ZOLO, Danilo. Il multiculturalismo pacifista de Las Casas (Prefácio). *In*: LAS CASAS, Bartolomé de (organizado por G. Tosi). *De Regia Potestate*. Roma-Bari: Laterza, 2007.

5.3 A dupla vocação do constitucionalismo transnacional

ARISTOTLE. *Politics*. Cambridge: Harvard University Press, 1950.

BRUNNER, Otto. *Land und Herrschaft. Grundfragen der territorialen Verfassungeschichte Österreichs im Mittelalter*. Viena, 1965, trad. it. *Terra e potere*. Milano: Giuffrè, 1983.

CUNHA, Paulo Ferreira da. *O ponto de Arquimedes*: natureza humana, direito natural, direitos humanos. Coimbra: Almedina, 2001.

FIORAVANTI, Maurizio. *Costituzionalismo. Percorsi della storia e tendenze attuali*. Roma: Laterza, 2009.

GOYARD-FABRE, Simone. *Les fondements de l'ordre juridique*. Paris: Presses Universitaires de France, 1992.

HEIDEGGER, Martin. *Sein und Zeit*. Tübingen: Niemeyer, 1927, trad. fr. *Être et Temps*. Paris: Gallimard, 1986.

HOLMES, Pablo. The politics of law and the laws of politics: The political paradoxes of transnational constitutionalism. *Indiana Journal of Global Legal Studies*, vol. 21, n. 2, 2014, p. 553-583.

Capítulo 6 – A dimensão ontológica do fenômeno constitucional transnacional

6.1 O problema da legitimidade do poder

BERELSON, Bernard; LAZARSFELD, Paul; MCPHEE; William (orgs.). *Voting*. Chicago: Chicago University Press, 1954.

BOURDIEU, Pierre. Sur le pouvoir symbolique. *Annales*, vol. 32, n. 3, 1977, p. 405-411.

BOURDIEU, Pierre. *La domination masculine*. Paris: éditions du Seuil, 1998.

BOURDIEU, Pierre. *Langage e pouvoir symbolique*. Paris: Editions du Seuil, 2001.

CASSESE, Sabino. *La crisi dello Stato*. Roma-Bari: Laterza, 2002.

DAHL, Robert A. Hierarchy, Democracy and Bargaining in Politics and Economics. *In*: EULAU, Heinz *et al.* (org.). *Political Behavior*. Glencoe: Free Press, 1956.

DAHL, Robert A. *Polyarchy. Participation and opposition*. New Haven/London: Yale University Press, 1971.

DAHL, Robert A. *On Democracy*. New Haven-London: Yale University Press, 1998.

DRYZEK, John S. Transnational Democracy in an Insecure World. *International Political Science Review*, vol. 27, n. 2, 2006, p. 101-119.

DUNCAN, Graeme; LUKES, Steven. The New Democracy. *Political Studies*, vol. XI, n. 2, 1963, p. 156-177.

FERRARESE, Maria Rosaria. *Il diritto sconfinato*. Roma-Bari: Laterza, 2006.

FIORAVANTI, Maurizio. La forma politica europea. *In*: BERTOLISSI, M.; DUSO, G.; SCALONE, A. (a cura di). *Ripensare la Costituzione*. Monza: Polimetrica, 2008.

FOUCAULT, Michel. *La volonté de savoir*. Paris: Gallimard, 1976.

FOUCAULT, Michel. *Dits et écrites*. Paris: Gallimard, 1994.

FUKUYAMA, Francis. *The End of History and the Last Man*. New York: Free Press, 1992.

GAUTHIER, David. *Logic of Leviathan*. Oxford: Clarendon Press, 1969.

GIDDENS, Anthony. *The Consequences of Modernity*. Stanford: Stanford University Press, 1991.

GÖRG, Christoph; HIRSCH, Joachim. Is International Democracy Possible? *Review of International Political Economy*, vol. 5, n. 4, 1998, p. 585-616.

HABERMAS, Jürgen. *Die postnationale konstellation*. Frankfurt: Verlag, 1998, trad. it. *La costellazione postnazionale*. Milano: Feltrinelli, 2002.

HELD, David. *Democracy and Global Order*. Cambridge: Polity Press, 1995.

HELD, David. *Global Covenant. The Social Democratic Alternative to the Washington Consensus*. Cambridge: Polity Press, 2004, trad. it. *Governare la globalizzazione. Una alternativa democratica al mondo unipolare*. Bologna: il Mulino, 2005.

HELD, David. *Models of Democracy*. 3. ed. Stanford: Stanford University Press, 2006.

HIRST, Paul; THOMPSON, Grahame. *Globalization in Question*. Cambridge: Polity Press, 1999.

HOBBES, Thomas. *Leviathan*. London: Penguin Classics, 1985.

JAKAB, András. Neutralizing the Sovereignty Question. Compromise Strategies in Constitutional Argumentations about the Concept of Sovereignty before the European Integration and since. *European Constitutional Law Review*, vol. 2, 2006, p. 375-397.

KEOHANE, Robert. International Institutions: can interdependence work? *Foreign Policy*, Special Edition: Frontiers of Knowledge, 1998. p. 82-96.

KYMLICKA, Will. Citizenship in an era of globalization. *In*: SHAPIRO, Ian; HACKER-CORDÓN, Casiano (orgs.). *Democracy's Edges*. Cambridge: Cambridge University Press, 2001. p. 112-126.

MACPHERSON, C. B. *The Political Theory of Possessive Individualism*: Hobbes to Locke. Oxford: Clarendon Press, 1964.

MCGREW, Anthony. Models of Transnational Democracy. *In*: *Id*.; HELD, David. *The Global Transformations Reader*. 2. ed. Cambridge: Polity Press, 2003.

PIZZORUSSO, Alessandro. *Sistemi giuridici comparati*. Milano: Giuffrè, 1998.

REFERÊNCIAS | 285

RAWLS, John. Political Liberalism: Reply to Habermas. *The Journal of Philosophy*, vol. 92, n. 3, 1995, p. 132-180.

RAWLS, John. *A Theory of Justice*. Cambridge: Harvard University Press, 2003.

SABINE, George H. *A History of Political Theory*. Hindsale: Dryden Press, 1937, trad. it. *Storia delle dottrine politiche*. 4. ed. Milano: Edizioni di Comunità, 1962.

STIGLITZ, Joseph. *Globalization and its Discontents*. New York: W.W. Norman & Company, 2002, trad. it. *La globalizzazione e i suoi oppositori*. Torino: Einaudi, 2003.

TATE, Neal; VALLINDER, Torbjörn (orgs.). *The Global Expansion of Judicial Power*. New York: New York University Press, 1995.

TEIXEIRA, Anderson Vichinkeski. Globalização, soberania relativizada e desconstitucionalização do direito. *In*: TEIXEIRA, Anderson Vichinkeski; LONGO, Luís Antônio (orgs.). *A Constitucionalização do Direito*. Porto Alegre: SAFE, 2008. p. 31-50.

WEBER, Max. *La domination*. Paris: La Découverte, 2015.

ZARKA, Yvez-Charles. *Figures du pouvoir*. Paris: PUF, 2001.

ZOLO, Danilo. *Globalizzazione. Una mappa dei problemi*. Roma-Bari: Laterza, 2004.

6.2 Entre a normalidade e o caos normativo

ARISTOTE. *Étique à Nicomaque*. Trad. Richard Bodéüs. Paris: Flammarion, 2004.

ARISTOTE. *Rhétorique*. éd. Pierre Chiron. Paris: Flammarion, 2007.

BOLZAN DE MORAIS, José Luis. *As Crises do Estado e da Constituição e a Transformação Espaço temporal dos Direitos Humanos*. 2. ed. Porto Alegre: Livraria do Advogado, 2011.

CARRINO, Agostino. *Sovranità e Costituzione nella crisi dello Stato moderno*. Torino: Giappichelli, 1998.

CASSESE, Sabino. *La crisi dello Stato*. Roma-Bari: Laterza, 2002.

HELL, Julia. Katechon: Carl Schmitt's Imperial Theology and the Ruins of the Future. *The Germanic Review: Literature, Culture, Theory*, vol. 84, n. 4, 2009, p. 283-356.

HENNETTE-VAUCHEZ, Stéphanie. *La démocratie en état d'urgence*: quand l'exception devient permanente. Paris: Seuil, 2022.

HÉSIODE. *La Théogonie*. Trad. Thomas Gaisford. Paris: éditions Ernest et Paul Fièvre, 2017.

HIRST, Paul; THOMPSON, Grahame. *Globalization in question*. Cambridge: Polity Press, 1999.

HIRST, Paul. The global economy: myths and realities. *International affairs*, vol. 73, 1997, p. 669-684.

HORTON, Richard. Offline: COVID-19 is not pandemic. *The Lancet*, vol. 396, n. 10255, September 26, 2020, p. 874.

MATTEI, Roberto de. *La sovranità necessaria. Riflessioni sulla crisi dello Stato moderno.* Roma: Il Minotauro, 2001.

MENDENHALL, Emily. The COVID-19 syndemic is not global: context matters. *The Lancet*, vol. 396, n. 10264, November 28, 2020, p. 1731.

POINCARE, Henri. *La Science et l'hypothèse.* Paris: Flammarion, 1902.

POINCARE, Henri. *Sciences et méthode.* Paris: Flammarion, 1908.

POLANYI, Karl. *The Great Transformation*: The Political and Economical Origins of Our Time. New York: Rinehart & Co., 1944.

ROUSSEAU, Dominique. L'état d'urgence, un état vide de droit(s). *Revue Projet*, vol. 291, n. 2, 2006, p. 19-26.

SANTI ROMANO. *Lo Stato moderno e la sua crisi.* Milano: Giuffrè, 1969.

SCALONE, Antonino. 'Katechon' e scienza del diritto in Carl Schmitt. *Filosofia politica* (Bologna), vol. 12, fasc. 2, 1998, p. 283-292.

SCHMITT, Carl. *Théologie politique.* Trad. J.-L. Schlegel. Paris: Gallimard, 1988.

SCHMITT, Carl. *Le nomos de la Terre.* 2. éd. Paris: PUF, 2012.

SCHMITT, Carl. *Unità del mondo e altri saggi.* Introdução e nota bibliográfica de Alessandro Campi. Roma: Pellicani, 1981.

SINGER, Merrill. *Introduction to Syndemics*: A Critical Systems Approach to Public and Community Health. San Francisco: Jossey-Bass, 2009.

SINGER, Merrill; SNIPES, Charlene. Generations of Suffering: Experiences of a Treatment Program for Substance Abuse During Pregnancy. *Journal of health care for the poor and underserved*, vol. 3, n. 1, 1992, p. 222-234.

SINGER, Merrill; BULLED, Nicola; OSTRACH, Bayla; MENDENHALL, Emily. Syndemics and the biosocial conception of health. *The Lancet*, vol. 389, n. 10072, 2017, p. 941-950.

TEIXEIRA, Anderson Vichinkeski. Le chaos en droit constitutionnel: au-delà des états d'exception. *Questions constitutionnelles: revue de droit constitutionnel*, n. 11, mars 2024, p. 1-18. Disponível em: https://questions-constitutionnelles.fr/le-concept-de-chaos-en-droit-constitutionnel-au-dela-des-etats-dexception/.

6.3 A noção de bem jurídico universal: a dupla natureza da solidariedade

AGO, Roberto. Le droit international dans la conception de Grotius. *Recueil des cours de l'Académie de droit international*, vol. 182, n. 4, p. 375-398, 1983.

ALLEN, Kye J. An Anarchical Society (of Fascist States): Theorising Illiberal Solidarism. *Review of International Studies*, vol. 48, n. 3, 2022, p. 583-603.

BEDIN, Gilmar; OLIVEIRA, Tamires de Lima de. O pensamento de Hugo Grócio e o resgate do ideal de justiça internacional. *Sequência*, vol. 41, n. 85, p. 227-248, 2020.

REFERÊNCIAS | 287

BETTATI, Mario. *Le droit d'ingerence. Mutation de l'ordre international.* Paris: Editions Odile Jacob, 1996.

BULL, Hedley. The Importance of Grotius in the Study of International Relations. *In*: BULL, H.; KINGSBURY, B.; ROBERTS, A. (org.). *Hugo Grotius and International Relations.* Oxford: Clarendon Press, 1992. p. 65-93.

BULL, Hedley. The Grotian Conception of International Society. *In*: ALDERSON, Kai; HURREL, Andrew (eds.). *Hedley Bull on International Society.* New York: St. Martin Press, 2000. p. 95-124.

BULL, Hedley. The State's Positive Role in World Affairs. *In*: ALDERSON, Kai; HURREL, Andrew (eds.). *Hedley Bull on International Society.* New York: St. Martin Press, 2000. p. 139-156.

BULL, Hedley. Hobbes and the International Anarchy. *In*: ALDERSON, Kai; HURREL, Andrew (eds.). *Hedley Bull on International Society.* New York: St. Martin Press, 2000. p. 188-205.

BULL, Hedley. *The Anarchical Society*: a Study of Order in World Politics. London: Macmillan, 1977, trad. it. *La società anarchica. L'ordine mondiale nella politica mondiale.* Milano: Vita e Pensiero, 2005.

BUZAN, Barry. *From International to World Society? English School Theory and the Social Structure of Globalisation.* Cambridge: Cambridge University Press, 2004.

BUZAN, Barry. *An Introduction to the English School of International Relations.* Cambridge: Polity Press, 2014.

CLAUSEWITZ, C. Von. *On War* (1832). Harmondsworth: Penguin, 1968.

DAL RI JÚNIOR, Arno. Hugo Grotius entre o Jusnaturalismo e a Guerra Justa: pelo resgate do conteúdo ético do Direito Internacional. *In*: MENEZES, Wagner (org.). *O Direito Internacional e o Direito Brasileiro.* Ijuí: Unijuí, 2004. p. 76-95.

FIORAVANTI, Maurizio. *Costituzionalismo. Percorsi della storia e tendenze attuali.* Roma-Bari: Laterza, 2009.

GROSS, Leo. The Peace of Westphalia, 1648-1948. *American Journal of International Law,* vol. 42, n. 1, p. 20-41, 1948.

GROTIUS, Hugo. *De jure belli ac pacis.* Paris, 1625, trad. fr. *Le droit de la guerre et de la paix.* Paris: PUF, 2005.

HOBBES, Thomas. *Leviathan.* London: Penguin Classics, 1985.

LORETO, Luigi. *Il bellum justum e i suoi equivoci.* Napoli: Jovene Editore, 2001.

LOPEZ, Antonio Marín. La doctrina del derecho natural en Hugo Grocio. *Anales de la Cátedra Francisco Suárez,* vol. 2, n. 2, p. 203-234, 1962.

KANT, Immanuel. *Zum ewigen Frieden.* Königsberg: Friedrich Nicolovius, 1795, trad. it. *Per la pace perpetua.* Milano: Feltrinelli, 2005.

SOUZA, Emerson Maione de. Re-evaluating the Contribution and Legacy of Hedley Bull. *Brazilian Political Science Review*, vol. 2, n. 1, p. 96-126, 2008.

TEIXEIRA, Anderson Vichinkeski. *Teoria Pluriversalista do Direito Internacional*. São Paulo: WMF Martins Fontes, 2011.

TEIXEIRA, Anderson Vichinkeski. *Estado de nações*: Hobbes e as relações internacionais no séc. XXI. Porto Alegre: SAFe, 2007.

TEIXEIRA, Anderson Vichinkeski. O solidarismo de Hugo Grócio como princípio normativo de um constitucionalismo transnacional. *Revista Brasileira de História & Ciências Sociais*, v. 16, p. 439-458, 2024.

WIGHT, Martin. *International Theory*: Three Traditions. London: Leicester University Press, 1991.

WOLFF, Christian. *Jus gentium methodo scientifica pertractatum* (orig. 1749). Oxford: Clarendon Press, 1934.

ZOLO, Danilo. *I signori della pace*. Roma: Carocci, 1998.

ZOLO, Danilo. *Cosmopolis*. Milano: Feltrinelli, 2001.

ZOLO, Danilo. Por um direito supranacional mínimo. *In*: TEIXEIRA, Anderson Vichinkeski; OLIVEIRA, Elton Somensi de (orgs.). *Correntes Contemporâneas do Pensamento Jurídico*. São Paulo: Manole, 2010. p. 403-418.

PARTE III – EPISTEMOLOGIA

A construção crítica de uma nova teoria

Capítulo 7 – A dimensão epistemológica: as contribuições do direito constitucional comparado

7.1 O comparatismo jurídico como método ou ciência?

ANCEL, Marc. *Utilité et méthodes du droit comparé*: éléments d'introduction générale à l'étude comparative des droits. Neuchatel: Editions Ides et Calendes, 1971.

CONSTANTINESCO, Léontin-Jean. *Traité de droit comparé*, t. I, *Introduction au droit comparé*. Paris: LGDJ, 1973.

DAVID, René. *Les grands systèmes du droit contemporains (droit comparé)*. Paris: Dalloz, 1964, trad. port. *Os grandes sistemas do direito contemporâneo*. Tradução: Hermínio A. Carvalho. 4. ed. São Paulo: Martins Fontes, 2002.

FIORAVANTI, Maurizio. *Costituzionalismo. Percorsi della storia e tendenze attuali*. Roma: Laterza, 2009.

FIORAVANTI, Maurizio. *Costituzione*. Roma: Laterza, 2007.

FIORAVANTI, Maurizio. *Costituzione e popolo sovrano. La Costituzione italiana nella storia del costituzionalismo moderno*. Bologna: Il Mulino, 2004.

REFERÊNCIAS | 289

FIORAVANTI, Maurizio. *Stato e Costituzione. Materiali per una storia delle dottrine costituzionali.* Torino: Giappichelli, 1993.

HÄBERLE, Peter. *Rechtsvergleichung im Kraftfeld des Verfassungsstaates.* Berlin: Duncker & Humblot GmbH, 1992.

HÄBERLE, Peter. Per una dottrina della costituzione europea. *Quaderni costituzionali,* vol. XIX, n.1, 1999, p. 3-30.

JAMIN, Christophe. Le vieux rêve de Sailelles et Lambert revisité. À propos du centenaire du Congrès international de droit comparé. *RIDC. Revue internationale de droit comparé,* n. 4, 2000, p. 733-751.

MADURO, M. P. *A constituição plural:* constitucionalismo e União Europeia. Cascais: Principia, 2006.

MAINE, Henry Sumner. *Ancient law:* its connection with the early history of society and its relation to modern ideas. London: Oxford University Press, 1861.

MALDONADO, Daniel Bonilla. *Los bárbaros jurídicos:* identidad, derecho comparado moderno y el Sur global. Bogotá: Siglo del Hombre Editores, 2020.

POLLOCK, Frederick. The History of Comparative Jurisprudence. *Journal of the Society of Comparative Legislation,* vol. 5, n. 1, 1903, p. 74-89.

POPPER, Karl. Popper. *The Logic of Scientific Discovery.* 4. ed. London: Hutchinson, 1968.

RICOEUR, Paul. *Écrits et conférences 1:* autour de la psychanalyse. Paris: Seuil, 2008.

RIVERO, Jean. *Cours de droit administratif comparé.* Paris: Les Cours de Droit, 1957.

ROSSI, Pellegrino. *Cours de droit constitutionnel.* Paris: A. Porée, 1866.

ROUSSEAU, Dominique. Constitutionnalisme et démocratie. *Vie de las idées,* vol. 123, n. 6, 2008, p. 1476-1486, trad. port. Constitucionalismo e democracia. *RECHTD. Revista de Estudos Constitucionais, Hermenêutica e Teoria do Direito,* vol. 10, n. 3, 2018, p. 228-237.

SACCO, Rodolfo. *Introduzione al diritto comparato.* Torino: UTET, 1980.

ZWEIGERT, Konrad; KÖTZ, Hein. *Einführung in die rechtsvergleichung.* Vol. 1. Tübingen 1971, trad. it., *Introduzione al diritto comparato.* Vol. 1. Milano: Giuffrè 1998.

7.2 A especificidade do objeto da comparação constitucional

BELAÏD, Sadok. *Essai sur le pouvoir créateur et normatif du juge.* Paris: Librairie Générale de Droit et de Jurisprudence, 1974.

BLONDEL, Jean. Généralités: le comparatisme. *In:* GRAWITZ, M.; JECA, J. (dir.). *Traité de science politique.* Vol. 2. Paris: PUF, 1985.

COVER, Robert M. The Origins of Judicial Activism in the Protection of Minorities. *The Yale Law Journal,* vol. 91, 1982, p. 1287-1316.

KMIEC, Keenan D. The Origin and Current Meaning of 'Judicial Activism'. *California Law Review,* vol. 92, n. 5, 2004, p. 1441-1477.

LAMBERT, Édouard. *Le gouvernement des juges et la lutte contre la législation social aux Etats-Unis*. Paris: Dalloz, 2005 (orig. Paris: Giard, 1921).

MORTATI, Carlo. *La costituzione in senso materiale*. Milano: Giuffrè, 1998.

PIZZORUSSO, Alessandro. *La Costituzione ferita*. Roma-Bari: Laterza, 1999.

PIZZORUSSO, Alessandro. *Sistemi giuridici comparati*. Milano: Giuffrè, 1998.

RIALS, Stéphane. Réflexions sur la notion de coutume constitutionnelle. *La Revue administrative*, n. 189, 1979, p. 265-273.

RODOTÀ, Stefano. Magistratura e política in Italia. *In*: E. B. Liberati, A. Ceretti, A. Giasanti (a cura di). *Governo dei giudici*: la magistratura tra diritto e politica. Milano: Feltrinelli, 1996.

SEILER, Daniel-Louis. *La méthode comparative en science politique*. Paris: Armand Colin, 2004.

SUNSTEIN, Cass R. Lochner's Legacy. *Columbia Law Review*, vol. 87, n. 5, 1987, p. 873-919.

STRECK, Lenio L. *Verdade e Consenso*: constituição, hermenêutica e teorias discursivas. 4 ed. São Paulo: Saraiva, 2011.

VIANNA, Luiz Werneck. *A judicialização da política e das relações sociais no Brasil*. Rio de Janeiro: Revan, 1999.

YOUNG, Ernst A. Judicial activism and conservative politics. *University of Colorado Law Review*, vol. 73, n. 4, 2002, p. 1140-1216.

ZAGREBELSKY, Gustavo. *Sulla consuetudine costituzionale nella teoria delle fonti del diritto*. Torino: UTET, 1970.

7.3 Por uma metodologia constitucional comparada

CONSTANTINESCO, Léontin-Jean. *Traité de droit comparé*, t. II, *La méthode comparative*. Paris: LGDJ, 1974.

GADAMER, Hans-Georg. *Wahrheit und Methode*, Tübingen: J. C. B. Mohr, 1960, trad. fr. *Vérité et méthode*. Paris: Seuil, 1996.

GLENN, H. Patrick. *Legal Traditions of the World*. 3. ed. Oxford: Oxford University Press, 2007.

JALUZOT, Béatrice. Méthodologie du droit comparé: bilan et prospective. *Revue internationale de droit compare*, vol. 57, n. 1, 2005, p. 29-48.

LEGRAND, Pierre. *Negative comparative law*: a strong programme for weak thought. Cambridge studies in international and comparative law. Cambridge: Cambridge University Press, 2022.

LUTHER, Jorg. Ragionevolezza e Verhältnismässigkeit nella giurisprudenza costituzionale tedesca. *Diritto e Società*, n. 1-2, 1993, p. 307-327.

MALMSTRÖM, Ake. The System of Legal Systems: notes on a problem of classification in Comparative Law. *Scandinavian Studies in Law*, vol. 13, 1969, p. 127-149.

MATTEI, Ugo; MONATERI, Pier Giuseppe. *Introduzione breve al diritto comparato*. Padova: CEDAM, 1987. p. 56-58.

MIRKINE-GUETZÉVITCH, Boris. Les méthodes d'étude du droit constitutionnel compare. *RIDC. Revue internationale de droit comparé*, vol. 1, n. 4, 1949, p. 397-417.

PEGORARO, Lucio; RINELLA, Angelo. *Diritto Costituzionale Comparato*: aspetti metodologici. Padova: CEDAM, 2013.

PICARD, Etienne. L'état du droit comparé en France. *RIDC. Revue internationale de droit comparé*, vol. 51, n. 4, 1999, p. 885-915.

PONTHOREAU, Marie-Claire. Le droit comparé en question(s). Entre pragmatisme et outil épistémologique. *RIDC. Revue internationale de droit comparé*, vol. 57, n. 1, 2005, p. 7-27.

PONTHOREAU, Marie-Claire. *Droit(s) constitutionnel(s) comparé(s)*. Paris: Economica, 2010.

SCHULZE-FIELITZ, Helmuth. L'arrêt Lüth: 50 ans après. *Trivium, Revue franco-allemande de sciences humaines et sociales / Deutsch-französische Zeitschrift für Geistesund Sozialwissenschaften*, vol. 30, 2019, p. 34-52.

TEIXEIRA, Anderson Vichinkeski. La méthode en droit constitutionnel comparé: propositions pour une méthodologie constitutionnelle comparative. *Revue du Droit Public et de la Science Politique en France et a l'Etranger*, n. 1, 2019, p. 217-234.

TRIBE, Laurence H. *The Invisible Constitution*. Oxford: Oxford University Press, 2008.

WATSON, Alan. *Legal transplants*: an approach to comparative law. 2 ed. Athens: The University of Georgia Press, 1993.

WATSON, Alan. From Legal Transplants to Legal Formants. *The American Journal of Comparative Law*, vol. 43, n. 3, 1995, p. 469-476.

7.4 Quais são os objetivos do direito constitucional comparado?

CUVELIER, Claire; HUET, Delphine; JANSSEN-BENNYNCK, Clémence. La science française du droit constitutionnel et le droit comparé: les exemples de Rossi, Barthélémy et Mirkine-Guetzévitch. *RDP. Revue du droit public et de la science politique en France et à l'étranger*, n. 6, 2014, p. 1534-1577.

DAVID, René. Le droit comparé: enseignement de culture générale. *RIDC. Revue internationale de droit comparé*, vol. 2, n. 4, 1950, p. 682-685.

DELMAS-MARTY, Mireille. Les modèles d'harmonisation. *In*: DELMAS-MARTY, M.; PIETH, M.; SIEBER, U. (eds.). *Les chemins de l'harmonisation pénale*. Paris: Société de législation comparée, 2008.

DELMAS-MARTY, Mireille (ed.). *Critique de l'intégration normative*: L'apport du droit comparé à l'harmonisation des droits. Paris: PUF, 2004.

PEGORARO, Lucio; RINELLA, Angelo. *Sistemi costituzionali comparati*. Torino: Giappichelli, 2017.

SACCO, Rodolfo. *La comparaison juridique au service de la connaissance du droit*. Paris: Economica, 1991.

TEIXEIRA, Anderson Vichinkeski. Constitucionalismo transnacional: por uma compreensão pluriversalista do Estado constitucional. *Revista de Investigações Constitucionais*, vol. 3, n. 3, 2016, p. 141-166.

TEUBNER, Günther. *Constitutional fragments*: Societal constitutionalism and globalization. Oxford: Oxford University Press, 2012.

VON BOGDANDY, Armin; GOLDMANN, Matthias; VENZKE, Ingo. From Public International to International Public Law: Translating World Public Opinion into International Public Authority. *Max Planck Institute for Comparative Public Law & International Law (MPIL) Research Paper*, n. 2, 2016, p. 1-37.

WALKER, Neil. Postnational Constitutionalism and Postnational Public Law: a tale of two neologisms. *University of Edinburgh School of Law Research Paper Series*, n. 20, 2012, p. 1-28.

WALKER, Neil *et al*. (eds.). *After Public Law*. Oxford: Oxford University Press, 2013.

WATT, Horatia Muir. La fonction subversive du droit comparé. *RIDC. Revue internationale de droit comparé*, vol. 52, n. 3, 2000, p. 503-527.

7.5 Funcionalismo como princípio hermenêutico

ACKERMAN, Bruce. The rise of world constitutionalism. *Virginia Law Review*, vol. 83, n. 4, 1997, p. 771-797.

CURY, Paula Maria Nasser. Métodos de Direito Comparado: desenvolvimento ao longo do século XX e perspectivas contemporâneas. *RECHTD. Revista de Estudos Constitucionais, Hermenêutica e Teoria do Direito*, vol. 6, n. 2, 2014, p. 176-185.

DE CONINCK, Julie. The Functional Method of Comparative Law: Quo Vadis? *Rabels Zeitschrift für ausländisches und internationales Privatrecht / The Rabel Journal of Comparative and International Private Law*, Bd. 74, H. 2, 2010, p. 318-350.

DUTRA, Déo Campos; VIEIRA, José Ribas. O Direito Constitucional Comparado entre renascimento e consolidação. *Seqüência*, vol. 38, n. 76, 2017, p. 69-94.

FRANKENBERG, Günter. *Comparative Law as Critique*. Cheltenham: Edward Elgar Publishing Limited, 2016.

GERBER; David J. Sculpting the Agenda of Comparative Law: Ernst Rabel and the Facade of Language. *In*: RILES, Annelise (editor). *Rethinking the masters of comparative law*. Portland: Hart publishing, 2001. p. 190-208.

HIRSCHL, Ran. *Comparative matters*: the renaissance of comparative constitutional law. Oxford: Oxford University Press, 2014.

HIRSCHL, Ran. The realist turn in comparative constitutional politics. *Political Research Quarterly*, vol. 62, n. 4, 2009, p. 825-833.

HIRSCHL, Ran. The rise of comparative constitutional law. *Indiana Journal of Constitutional Law*, vol. 31, 2008, p. 11-37.

KÖTZ, Hein. Konrad Zweigert (1911-1996). *RIDC. Revue internationale de droit compare*, vol. 49, n. 1, 1997, p. 199-201.

MICHAELS, Ralf. The functional method of comparative law. *In*: REIMANN, Mathias; ZIMMERMANN, Reinhard. *The Oxford Handbook of Comparative law*. 2 ed. Oxford: Oxford University, 2019.

MICHAELS, Ralf. Explanation and Interpretation in Functionalist Comparative Law – a Response to Julie de Coninck. *Rabels Zeitschrift für ausländisches und internationales Privatrecht / The Rabel Journal of Comparative and International Private Law*, Bd. 74, H. 2, 2010, p. 351-359.

PONTHOREAU, Marie-Claire. *Droit(s) constitutionnel(s) comparé(s)*. Paris: Economica, 2010.

RÖSLER, Hannes. Ernst Rabel e a sua influência sobre um direito mundial dos contratos. *Meritum*, vol. 3, n. 1, 2008, p. 5-29.

TUSHNET, Mark. The Inevitable Globalization of Constitutional Law. *Virginia Journal of International Law*, vol. 49, n. 4, 2009, p. 985-1006.

ZWEIGERT, Konrad. Rechtsvergleichung als universale interpretationsmethode. *Zeitschrift für ausländisches und internationales Privatrecht*, vol. 15, Jahrg., H. 1, 1949/50, p. 5-21.

ZWEIGERT, Konrad. Methodological problems in comparative law. *Israel Law Review*, vol. 7, n. 4, 1972, p. 465-474.

Capítulo 8 – A dimensão objetiva do fenômeno constitucional transnacional

8.1 Do território ao espaço como conceito essencial

BAUDRILLARD, Jean. *The Gulf War Did Not Take Place*. Bloomington: Indiana University Press, 1995.

DUPUY, René-Jean. *La Communauté internationale entre le mythe et l'histoire*. Paris: Economica/UNESCO, 1986.

DUPUY, René-Jean. Les espaces hors souveraineté. *Revue Pouvoirs*, vol. 67, 1993, p. 99-106.

GALLI, Carlo. *Spazi politici*: l'età moderna e l'età globale. Bologna: il Mulino, 2001.

HIRST, Paul. *Space and Power*: Politics, War and Architecture. Cambridge: Polity, 2005.

JELLINEK, Georg. *Ausgewählte Schriften und Reden*. Berlim: O. Häring, 1911, trad. fr. *L'état modern et son droit*. Vol. I. *Théorie générale de l'état*. Paris: Panthéon Assas, 2005.

LESZCZYNSKI, Agnieszka. Spatial mediation. *Progress in Human Geography*, vol. 39, n. 6, 2015, p. 729-751.

LEVEAU, Philippe. Territorium urbis. Le territoire de la cité romaine et ses divisions: du vocabulaire aux réalités administratives. *Revue des Études Anciennes*, vol. 95, n. 3-4, 1993, p. 459-471.

MALBERG, Raymond Carré. *Contribution à la Théorie générale de l'État*. Paris: Dalloz, 2004 [orig. 1922].

MÉNESSIER, Thierry. Principauté et souveraineté chez Machiavel. *In*: CAZZANIGA, Gian Mario; ZARKA, Yves-Charles (orgs.). *Penser la souveraineté*. Paris: Vrin, 2001.

SCHMITT, Carl. *Land und Meer*. Maschke-Hohenheim: Köln-Lövenich, 1981, trad. it. *Terra e mare*. Milano: Giuffrè, 1986.

SUZOR, Nicolas P. *Lawless*: The Secret Rules That Govern our Digital Lives. Cambridge: Cambridge University Press, 2019.

SUZOR, Nicolas P. Digital Constitutionalism: Using the Rule of Law to Evaluate the Legitimacy of Governance by Platforms. *Social Media + Society*, vol. 4, n. 3, 2018, p. 1-11.

8.2 A dinâmica da criação constitucional: da pirâmide às redes

CARBONNIER, Jean. *Flexible droit. Pour une sociologie du droit sans rigeur*. Paris: LGDJ, 1992.

CASTELLS, Manuel. *The Rise of the Network Society*. Vol. I. The Information Age: Economy, Society and Culture. Cambridge/Oxford: Blackwell, 1996.

KUHN, Thomas. *The Structure of Scientific Revolutions*. Chicago: University of Chicago Press, 1962, trad. fr. *La structure des révolutions scientifiques*. Paris: Flammarion, 1970.

MARTIN-CHENUT, Khatia. Porosités entre soft et hard law: l'exemple da la Responsabilité Sociétale des Entreprises (RSE). *In*: V. G. Curran (sous la dir.). *Porosités du droit*. Paris: Société de legislation comparée, 2021. p. 43-61.

MERRY, Sally E. Legal Pluralism. *Law & Society Review*, vol. 22, 1988, p. 869-901.

NASSER, Salem Hikmat. *Fontes e normas do direito internacional*: um estudo sobre a soft law. São Paulo: Atlas, 2006.

NEVES, Marcelo. *Transconstitucionalismo*. São Paulo: WMF Martins Fontes, 2009.

NEVES, Marcelo. (Não) Solucionando problemas constitucionais: transconstitucionalismo além de colisões. *Lua Nova*, vol. 93, 2014, p. 201-232.

OST, François; KERCHOVE, Michel van de. *De la pyramide au réseau? Pour une théorie dialectique du droit*. Bruxelles: Publications des Facultés universitaires Saint-Louis, 2002.

ROCHA, Leonel Severo. *Epistemologia Jurídica e Democracia*. 2. ed. São Leopoldo: Unisinos, 2003.

TEUBNER, Gunther. The two faces of Janus: rethinking legal pluralism. *Cardozo Law Review*, vol. 13, 1992, p. 1443-1462.

TSAGOURIAS, Nicholas. The constitutional role of general principles of law in international and European jurisprudence. *In*: TSAGOURIAS, Nicholas. (ed.). *Transnational Constitutionalism: International and European Perspectives*. Cambridge: Cambridge University Press, 2007. p. 71-106.

8.3 Da unidade do sistema à pluralidade das esferas constitucionais transnacionais

DELMAS-MARTY, Mireille. *Une boussole des possibles*: gouvernance mondiale et humanismes juridiques. Paris: Éditions du Collège de France, 2020.

DELMAS-MARTY, Mireille. *Sortir du pot au noir. L'humanisme juridique comme boussole.* Paris: Buchet Chastel, 2019.

DELMAS-MARTY, Mireille. *Aux quatre vents du monde. Petit guide de navigation sur l'océan de la mondialisation.* Paris: Le Seuil, 2016.

DELMAS-MARTY, Mireille. *Les Forces imaginantes du droit.* Vol. I. Le relatif et l'universel. Paris: Le Seuil, 2004.

DELMAS-MARTY, Mireille. *Les Forces imaginantes du droit.* Vol. II. Le pluralisme ordonné. Paris: Le Seuil, 2006.

DELMAS-MARTY, Mireille. *Les Forces imaginantes du droit.* Vol. III. La refondation des pouvoirs. Paris: Le Seuil, 2007.

DELMAS-MARTY, Mireille. *Les Forces imaginantes du droit.* Vol. IV. Vers une communauté de valeurs. Paris: Le Seuil, 2011.

DELMAS-MARTY, Mireille. *Trois défis pour um droit commun.* Paris: Seuil, 1998.

DELMAS-MARTY, Mireille. *Pour un droit commun.* Paris: Le Seuil, 1994, trad. port. *Por um direito comum.* São Paulo: Martins Fontes, 2004.

DELMAS-MARTY, Mireille. *Le flou du droit*: du code pénal aux droits de l'homme. Paris: P.U.F., 1986.

GIDDENS, Anthony. *The Consequences of Modernity.* Cambridge: Polity, 1990.

HÖFFE, Otfried. *Politische Gerechtigkeit*: Grundlegung einer kritischen Philosophie von Recht und Staat. Frankfurt am Main: Suhrkamp Verlag, 1987, trad. port. *Justiça Política*: Fundamentação de uma filosofia crítica do Direito e do Estado. 3. ed. Tradução: Ernildo Stein. São Paulo: Martins Fontes, 2006.

HÖFFE, Otfried. *Visão República Mundial*: Democracia na era da globalização. Trad. Celso de Moraes Pinheiro. *Veritas*, vol. 47, n. 4, 2002, p. 553-566.

OST, François. *Raconter la loi*: aux sources de l'imaginaire juridique. Paris: Odile Jacob, 2004.

PERRUSO, Camila; MARTIN-CHENUT, Kathia; DELMAS-MARTY, Mireille (sous la dir.). *Sur les chemins d'un jus commune universalisable.* Paris: Mare & Martin, 2021.

POLANYI, Karl. *The Great Transformation*: The Political and Economical Origins of Our Time. New York: Rinehart & Co., 1944.

SALDANHA, Jânia Maria Lopes. Mireille Delmas-Marty: uma consciência atemporal para o Direito. *In*: ANDRADE, André Gustavo Corrêa de (org.). *Teorias do Direito e da Justiça*: obras e autores. Rio de Janeiro: Editora GZ, 2024.

TEUBNER, Günther. *Direito, Sociedade e Policontexturalidade.* Tradução: Bruna Vieira de Vincenzi e outros. Piracicaba: Unimep, 2005.

Capítulo 9 – Rumo a um constitucionalismo transnacional pluriversalista?

9.1 Propostas de um realismo discursivo como fundamento epistemológico

ARON, Raymond. *Les désillusions du progrès. Essai sur la dialectique de la modernité.* Paris: Gallimard, 1996.

CARBONE, Sergio. *Principio di effettività e diritto comunitario.* Napoli: Editoriale Scientifica, 2009.

CASSESE, Antonio. *L'apertura degli ordinamenti statali all'ordinamento della comunità internazionale.* Napoli: Editoriale Scientifica, 2009.

COSTA, Pietro. Lo stato di diritto: un'introduzione storica. *In:* COSTA, Pietro; ZOLO, Danilo (orgs.). *Lo stato di diritto. Teoria, storia, critica.* Milano: Feltrinelli, 2002.

GOZZI, G. Il costituzionalismo in Europa e nell'Islam. *In:* D. Zolo, F. Cassano (a cura di). *L'alternativa mediterranea.* Roma-Bari: Laterza, 2007.

GROPPI, Tania. Costituzioni senza costituzionalismo? La codificazione dei diritti in Asia agli inizi del XXI secolo. *Politica del diritto,* vol. 2, 2006, p. 187 ss.

KAUFMANN, Matthias. *Diritti umani.* Napoli: Guida Editore, 2009.

LATOUCHE, Serge. *L'occidentalisation du monde.* Paris: La Découverte, 1989.

LOEWENSTEIN, Karl. *Political Power and the Governmental Process.* Chicago: University of Chicago Press, 1957.

MACPHERSON, Crawford B. *The Political Theory of Possessive Individualism. Hobbes to Locke.* Oxford: Clarendon Press, 1964.

MATTEUCCI, Nicola. *Organización del poder y liberdad*: historia del constitucionalismo moderno. Madrid: Trotta, 1998.

TEIXEIRA, Anderson V. *Estado de nações*: Hobbes e as relações internacionais no séc. XXI. Porto Alegre: SAFe, 2007.

TRINDADE, Antônio Augusto Cançado. *Tratado de Direito Internacional dos Direitos Humanos.* Vol. I. Porto Alegre: Fabris Editor, 2003.

WEILER, Joseph H. H. European Neo-constitutionalism: in Search of Foundations for the European Constitutional Order. *Political Studies,* vol. XLIV, 1996, p. 517-533.

9.2 A força normativa da constituição histórica transnacional

CANOTILHO, Joaquim José Gomes. Constitucionalismo político e constitucionalismo societal no mundo globalizado. *In:* Id. *Brancosos e interconstitucionalidade*: itinerário dos discursos sobre a historicidade constitucional. Coimbra: Almedina, 2006. p. 281-300.

DABIN, Jean. *Doctrine Générale de l'État: éléments de philosophie politique.* Bruxelles: Bruylant, 1939.

FALK, Richard. *Human rights and State Sovereignty.* New York: Holmes & Meier, 1981.

FALK, Richard. *On Human Governance. Towards a New Global Politics.* Cambridge: Polity Press, 1995.

FALK, Richard. *Predatory Globalization.* Cambridge: Polity Press, 1999.

REFERÊNCIAS | 297

HELD, David. *Governare la globalizzazione. Una alternativa democratica al mondo unipolare.* Bologna: il Mulino, 2005.

HIRST, Paul; THOMPSON, Grahame. *Globalization in question.* Cambridge: Polity Press, 1999.

KOOIMAN, Jan. Societal Governance: Levels, Models, and Orders of Social-Political Interaction. *In*: PIERRE, Jon (ed.). *Debating Governance*: Authority, steering and democracy. Oxford: Oxford University Press, 2000. p. 138-163.

MADURO, Miguel Poaires. *A constituição plural*: constitucionalismo e União Europeia. Cascais: Principia, 2006.

PETERS, Anne. Compensatory Constitutionalism: the Function and Potential of Fundamental International Norms and Structure. *Leiden Journal of International Law*, vol. 19, 2006, p. 579-610.

RANGEL, Paulo Castro. Uma teoria da interconstitucionalidade: pluralismo e constituição no pensamento de Francisco Lucas Pires. *Revista Themis*, ano 1, n. 2, 2000, p. 127-151.

ROUSSEAU, Dominique (org.). *La démocratie continue.* Paris: LGDJ, 1996.

ROUSSEAU, Dominique. *Radicaliser la démocratie*: propositions pour une refondation. Paris: Seuil, 2015.

ROUSSEAU, Dominique. Direito Constitucional contínuo: instituições, garantias de direitos e utopias. *RECHTD. Revista de Estudos Constitucionais, Hermenêutica e Teoria do Direito*, vol. 8, n. 3, 2016, p. 261-271.

SCIULLI, David. *Theory of Societal Constitutionalism.* Cambridge: Cambridge University Press, 1992.

TEIXEIRA, Anderson Vichinkeski. Qual a função do Estado constitucional em um constitucionalismo transnacional? *In*: STRECK, Lenio; ROCHA, Leonel Severo; ENGELMANN, Wilson (org.). *Constituição, Sistemas Sociais e Hermenêutica*: Anuário do Programa de Pós-Graduação da UNISINOS. Vol. 9. Porto Alegre: Livraria do Advogado, 2013. p. 9-32.

TEUBNER, Günther. *Constitutional fragments*: Societal Constitutionalism and Globalization. Oxford: Oxford University Press, 2012.

TEUBNER, Günther. Societal constitutionalism: alternatives to State-centred Constitutional Theory. *In*: JOERGES, Christian; SAND, Inge-Johanne; TEUBNER, Günther (eds.). *Constitutionalisation and Transnational Governance.* Oxford: Oxford University Press, 2004.

TEUBNER, Günther; FISCHER-LESCANO, Andreas. Regime-Collisions: The Vain Search for Legal Unity in the Fragmentation of Global Law. *Michigan Law Journal of International Law*, vol. 25, 2004, p. 999-1045.

THORNHILL, Christopher. *A Sociology of Transnational Constitutions*: Social Foundations of the Post-National Legal Structure. Cambridge: Cambridge University Press, 2016.

THORNHILL, Christopher. A Sociology of Constituent Power: The Political Code of Transnational Societal Constitutions. *Indiana Journal of Global Legal Studies*, vol. 20, n. 2, 2013, p. 551-603.

VERPEAUX, Michel. *Droit constitutionnel français*. Paris: Presses Universitaires de France, 2013.

VESTING, Thomas. *Legal Theory and Media of Law*. Cheltenham: Elgar Publishing, 2018.

9.3 Os direitos humanos como um porvir discursivo do constitucionalismo

BENHABIB, Seyla. *Critique, norm, and utopia*: a study of the foundations of critical theory. New York: Columbia University Press, 1986.

CANOTILHO, Joaquim José Gomes. *'Brancosos' e interconstitucionalidade*. Coimbra: Almedina, 2006.

DOUKI, Caroline; MINARD, Philippe. Histoire globale, histoires connectées: un changement d'échelle historiographique? *Revue d'histoire moderne et contemporaine*, n. 54-4, 2007/5, p. 7-21.

FROUVILLE, Olivier de. Repenser le concept de constitution. *In*: ROUSSEAU, D.; FROUVILLE, O. de (org.). *Démocratiser l'espace monde*. Paris: Mare & Martin, 2024. p. 73-91.

HABERMAS, Jürgen. *Die postnationale konstellation*. Frankfurt: Suhrkamp Verlag, 1998, trad. it. *La costellazione postnazionale*. Milano: Feltrinelli, 2002.

HABERMAS, Jürgen. *Der gespaltene Westen*. Frankfurt: Suhrkamp Verlag, 2004, trad. it. *L'Occidente diviso*. Roma-Bari: Laterza, 2007.

HABERMAS, Jürgen. *Die einbeziehung des Anderen*. Frankfurt: Suhrkamp Verlag, 1996, trad. it. *L'Inclusione dell'altro*. Milano: Feltrinelli, 2002.

HABERMAS, Jürgen. A Short Reply. *Ratio Juris*, vol. 12, n. 4, 1999, p. 445-453.

JOUANNET, Emmanuelle. *Qu'est-ce qu'une société internationale juste? Le droit international entre développement et reconnaissance*. Paris: Pedone, 2011, trad. port. *O que é uma sociedade internacional justa?* Tradução: A. Pozzatti. Porto Alegre: Sulina, 2023.

MATTEUCCI, Nicola. *Lo Stato moderno. Lessico e percorsi*. 2. ed. Bologna: il Mulino, 1997.

NEVES, Marcelo. *Transconstitucionalismo*. São Paulo: WMF Martins Fontes, 2009.

PHILIPPE, Xavier. Le droit de participer aux affaires publiques au niveau international: un tournat historique vers le global? *In*: ROUSSEAU, D.; FROUVILLE, O. de (org.). *Démocratiser l'espace monde*. Paris: Mare & Martin, 2024. p. 47-59.

ROUSSEAU, Dominique. De la constitution étatico-nationale à la constitution connectée, imaginaire de l'espace démocratique mondial. *In*: ROUSSEAU, D.; FROUVILLE, O. de (org.). *Démocratiser l'espace monde*. Paris: Mare & Martin, 2024. p. 61-72.

SUBRAHMAYAM, Sanjay. *Aux origines de l'histoire globale*: leçon inaugurale au Collège de France. Paris: Fayard, 2014.

SUBRAHMAYAM, Sanjay. Par-delà l'incommensurabilité: pour une histoire connectée des empires aux temps modernes. *Revue d'histoire moderne et contemporaine*, n. 5 (54-4bis), 2007, p. 34-53.

SUBRAHMAYAM, Sanjay. *Explorations in Connected History. From the Tagus to the Ganges.* Oxford: Oxford University Press, 2005.

TEIXEIRA, Anderson Vichinkeski. Constitucionalismo transnacional: por uma compreensão pluriversalista do Estado constitucional. *Revista de Investigações Constitucionais*, vol. 3, n. 3, 2016, p. 141-166.

WALZER, Michael. *Just and Unjust Wars.* New York: Basic Books, 1977.

WALZER, Michael. *Arguing about War.* New Haven: Yale University Press, 2005.

Esta obra foi composta em fonte Palatino Linotype, corpo 10
e impressa em papel Pólen Bold 70g (miolo) e Supremo 250g (capa)
pela Gráfica Star7.